JN056669

必携英単語

LEAP
Basic

竹岡広信［著］

Learn English vocabulary,
both Active and Passive

CHART INSTITUTE

はじめに

　拙著『必携 英単語 LEAP』(以下,『LEAP』)は,幸いにして,多くの高校生・受験生から支持を得ることができました.最難関校の読解問題や英作文問題にも十分に対応できるように,各見出語に有益な情報をふんだんに掲載した点が高く評価されたようです.

　しかし,同時に「英語が苦手な自分には,情報量が多く,覚えきれない」といったご意見や「発信(Writing・Speaking)に役立つような基本語彙ももっと掲載してほしい」といったご意見も多く聞こえてきました.

　そこで,そのような声に応えるべく,新たな英単語集を発行することにしました.それが本書『必携 英単語 LEAP Basic』です.本書では『LEAP』で好評を博したコンセプトを踏襲しつつ(→下記Ⅰ.～Ⅴ.),学習者の負担を減らすため,見出語の意味や解説は最重要なもののみを厳選して掲載しました.そして,新たに

- ・発信に最重要な「中学レベルの英単語」と「基本イディオム」を収録(→下記Ⅵ.)
- ・見出語の発音記号に補助的なガイドとして「カタカナ表記」を併記(→下記Ⅶ.)

という2つの要素を加えました.

　本書を用いて学習することで,英語学習の土台となる基本語彙をマスターすることができます.そして,本書を使用後に,『LEAP』を継続して使用すれば,大学受験に必要な語彙を完全にマスターできます.

【本書の特長】

Ⅰ. Active Vocabulary と Passive Vocabulary の分類!

　「LEAP」シリーズでは,収録語彙を Writing や Speaking で「使いこなせる」ようにする Active Vocabulary「発信語彙」と,Reading や Listening で「意味が分かる」ようにする Passive Vocabulary「受信語彙」に分類して掲載しています.これは全ての見出語を等しく覚えるのではなく,Active Vocabulary に分類した英単語は「使い方」までしっかり理解する必要があるけれども,Passive Vocabulary に分類した英単語は,まずは「意味」を確実に覚えよう,という提案です.

Ⅱ. CEFR レベルに基づく見出語の選定と語彙難易度の表記!

　見出語の選定は *CEFR-J 発行の Wordlist を軸に,各種データの分析や英国人コンサ

ルタントのご意見，そして，**私自身の英語指導経験**に基づき決定しました．この Wordlist の使用により，従来の曖昧な「試験に出る」という基準ではなく，CEFR レベルという「**客観的な**」基準での選定が可能になりました．また，見出語にはその**語彙難易度**を **CEFR レベル**で表記しています(熟語は独自の頻度表示[★マーク]を掲載)．

これらは，CEFR-J 研究開発チーム代表の東京外国語大学 投野由紀夫教授から，Wordlist の利用許可を頂戴して実現しました．深く御礼申し上げます．

> *欧州共通言語参照枠(CEFR)をベースに，日本の英語教育での利用を目的に構築された，新しい英語能力の到達度指標

Ⅲ．Part 1〜 3 には「使うための情報」(頻出 注意 比較)を掲載！

Part 1「Basic Vocabulary & Idioms」と **Part 2・3「Active Vocabulary」**には，その英単語の「**使うための情報**」を 頻出 注意 比較 という形で提示しています．

頻出 は「英語での発信」に必要な「重要熟語」や「定型表現」などで，注意 は「その英単語を使用する際に間違えやすいポイント」です．そして，比較 では，類義語や語法の似た語を比較することで，「ニュアンスや使い方の違い」を明示しています．

Ⅳ．「語のニュアンス」と「グルーピング」で類義語との使い分けが可能！

見出語の「**語のニュアンス**」を掲載し，さらに，テーマ別に「**グルーピング**」(意味の似た英単語や関連のある英単語をまとめて並べる)をすることで，**類義語との使い分け**ができるようにしました．

例えば，同じ「〜を説明する」という意味でも，404 describe「(人，物などの特徴)を『見た目はこんな感じです』と(言葉で)説明する」と 405 explain「(難しいこと)を(分かりやすいように言葉で)説明する」ではニュアンスが異なります．このように違いを明示することで，例えば，「なくしたバッグ(の特徴)を説明する」を英訳する際に，describe ではなく，explain を用いてしまうといった間違いを防ぐことができます．

Ⅴ．「覚えるための工夫(語源・語呂合わせなど)」が満載！

見出語の**語源**や**語呂合わせ**などを示し，**丸暗記にならないように工夫**しました．「語源＝面倒くさい」と思われがちですが，本書で語源を示す場合は，その連想の過程をかみ砕いて，具体的に示し，さらに，同語源の英単語も適宜紹介することで理解を深められるようにしました．例えば，727 humid「湿気が多い」は，hum-[土]→「(土の周りには)湿気がある」と語源を解説し，同語源の語(*)として，human「人間(←土の上を歩くもの)」を紹介しました．

Ⅵ. 発信に最重要な「中学レベルの英単語」と「基本イディオム」を収録!

英語で発信する際に,最も重要なのは「**中学レベルの英単語**」と「**基本イディオム**」です.しかし,残念ながら,多くの生徒は,それらの意味や使い方を十分に理解できていません.

そのため,今回,「**発信に役立つ**」英単語と英熟語を精選し(計400語句),**Part 1**「**Basic Vocabulary & Idioms**」としてまとめました.「この **Part 1** をマスターすれば,基本的な英語での発信は可能!」という完成度だと自負しており,Speaking や Writing を行う際の「ハンドブック」としても使用できます.

Ⅶ. 見出語の発音記号に「カタカナ表記」を併記!

英語が苦手な生徒にとっては,「発音記号」=「絶対に読めないもの」で,中には,make を「マケ」と読んでしまう生徒もいるようです.そのため,本書では**見出語の発音記号**に補助的なガイドとして**カタカナ表記**を併記しました.

ただし,「カタカナ表記」はあくまで補助ですので,これだけに頼らず,音声と一緒に確認,練習するようにしましょう(＊音声の聴き方については,最後の頁(奥付)に掲載しています).また,適宜,ページの下方に掲載されている「コラム」を参照して,正しい発音を身につけてください.

多くの方々のご尽力により,『必携 英単語 LEAP Basic』は実現しました.共同印刷工業株式会社の皆さん,英文校閲の Helen Rebecca Teele 先生,多くの有用なアドバイスをくださった友人の David James 先生,Stephen Richmond 先生,James Woodham 先生,榎田徹郎 先生,田平稔 先生,谷口祐子 先生,八幡成人 先生,校閲の塩谷昇さん,イラストレーターのサンダースタジオさん,Saya. h.(はしづめさやか)さん,株式会社チャート研究所の皆さん,特に,さまざまなアイデアを提案していただいた編集担当の中原栄太さん,本当にありがとうございました.

「LEAP」という書名は "**L**earn **E**nglish Vocabulary, both **A**ctive and **P**assive"「英語の発信語彙と受信語彙の両方を学ぶ」の頭文字をとったものですが,同時に,皆さんに4技能の英語世界へ「飛翔」してほしいという願いも込めました.

『必携 英単語 LEAP Basic』と『必携 英単語 LEAP』の「LEAP」シリーズを通して,皆さんに「英単語学習って楽しい!」と思っていただけましたら幸いです.

2020年秋

竹岡 広信

本書の使い方

本書では，次の3段階で学習を進めることを推奨する．

① 見出語と語の意味（＋語のニュアンス）を覚える．

② ①の復習＋用例（フレーズ or 例文）で実際の使い方を学ぶ．

③ ①，②の復習＋語の使い方（Part 1〜3）と Tip（秘訣）で単語の知識を深める．

> ☆ 一度に全ての情報を習得しようとするのではなく，**3段階に分けて学習する**ことで，負担が少なく，**スムーズな繰り返し学習**が可能！
>
> ☆ ②と③でそれぞれ**前段階の復習**をするため，**知識の確実な定着**が可能！

音声 DL 用データの使い方

全ての Part で，4種類の音声を提供．（DL方法 ☞ 本書の最後の頁［奥付］を参照）

① 見出語＋語の意味（第一義のみ）　⇒ 英語で「話す」トレーニング

② 用例（英→日）　　　　　　　　　⇒ 英語を「聞く」トレーニング（英文解釈用）

③ 用例（日→英）　　　　　　　　　⇒ 英語で「話す」トレーニング（口頭英作文用）

④ 用例（英文のみ）　　　　　　　　⇒ ディクテーション・シャドウイング用

■目次■

本書の解説

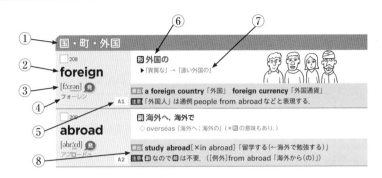

① グルーピング ： 見出語をテーマ別にグルーピング（分類）することで，関連づけて覚えやすく，類義語との違いを理解しやすくなるようにした．

② 見出語（句） ： 1,400の見出語（句）を厳選して掲載した（単語1220＋熟語180）.
   ・＊がついている熟語は「動詞＋副詞」の連語で，「代名詞が目的語となる場合，目的語は動詞と副詞の間に置かれる」ことを意味する.

③ 発音記号 ： 標準的なアメリカ式の発音を示した.
   ・複数の発音・アクセントがある場合，最も一般的な発音記号を表記し，★をつけた.
   ・発音・アクセントに注意すべき語には 発 ア マークをつけた.
   （＊ 発 マークがつく場合，発音記号の注意すべき箇所に下線を引いた.）

④ 発音のカタカナ表記 ： 発音記号の補助的なガイドとしてカタカナ表記を掲載した.
   ・アクセントのある箇所は太字で示した.
   ・後ろに母音のつかない子音はイタリック（斜体）で示した.
   ・th の発音に関しては，s・z と区別するために θ・ð と表記した.

⑤ CEFR レベル ： 『CEFR-J Wordlist Version 1.6』（☞本書奥付）を参考に，見出語（句）に CEFR レベルを表記した. Wordlist に未掲載の英単語には ⊟ を記した.（難易度は A1＜A2＜B1＜B2 の4段階.）
   （＊ただし，熟語には独自の頻度表示[★マーク]を掲載した.）

⑥ 語の意味 ： 見出語の意味を掲載した.
   〈品詞記号〉 名 名詞 代 代名詞 自 自動詞 他 他動詞 形 形容詞 副 副詞 前 前置詞 接 接続詞 熟 熟語

> 一般に動詞の名詞形は「〜すること，〜するもの」と覚えておくのが望ましいが，特殊な意味を持つものについては，その意味を提示した.

⑦ 語のニュアンス ： 単語のイメージを示し，比較参照する語に◇をつけた.

6

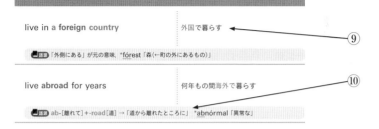

live in a **foreign** country   外国で暮らす ◀─────── ⑨

📖語源 「外側にある」が元の意味. *fórest 「森(←町の外にあるもの)」

live **abroad** for years   何年もの間海外で暮らす ─── ⑩

📖語源 ab-[離れて]+-road[道] → 「道から離れたところに」 *abnórmal 「異常な」

⑧ **語の使い方** ：「英単語を使う」ための情報を以下のとおり示した.
   (Part 1〜3)   （＊特に覚えるべき重要箇所は太字にした.）

  (1) **頻出** ⇒ 「英語での発信」に必要だと思われる「重要熟語」「定型表現」

  (2) **注意** ⇒ 「その単語を使用する際に間違えやすいポイント」

  (3) **比較** ⇒ 類義語や語法の似た語を比較することで, 「ニュアンスや使い方の
                違い」を明示.

⑨ **用例** ：見出語の全ての意味に用例(フレーズ or 例文)を掲載した.

⑩ **Tip**(秘訣) ：覚える手がかりとなる情報(語源や語呂合わせなど)や
              重要派生語, 参考となる語句を以下のとおり示した.

  (1) **📖語源** ⇒ 語源とその連想の過程をかみ砕いて, 具体的に示した.
             また, 理解の助けとなる同語源の英単語(*)も適宜, 紹介した.

  (2) **覚え方** ⇒ 語呂合わせなど, 見出し語(句)の覚え方を掲載した.

  (3) **key** ⇒ 暗記の手がかりとなる解説を掲載した.

  (4) **重要派生語**(**名自他形副** など) ⇒ 見出語の重要な派生語を掲載した.

  (5) **参考語(句)**(參) ⇒ 見出語に関連して覚えておくと有用な語(句)を掲載した.
              （＊參の英単語は基本的に冠詞をつけていないが, 可算名詞と
                不可算名詞の混同をしやすいものにかぎり, 冠詞をつけた.）

  (6) **反意語**(反) ⇒ 見出語の反意語(意味が反対となる語)を掲載した.

本書では, ページの下方に全部で86の英語学習に役立つ「コラム」を掲載した.
〈内容〉「発音のコツ」「前置詞・副詞のイメージ」「ワンポイントアドバイス(文法・語彙などの解説)」

品詞の区別

1. 品詞とは

品詞とは，文法上の役割によって単語を分類したものです．

英語には **8（＋2）品詞**があります．

以下の **4つのグループ**に分類して覚えましょう．

   ① 名詞系（名詞・代名詞）   ② 動詞系（動詞・助動詞）

   ③ 修飾語系（形容詞・副詞）   ④ つなげる語系（前置詞・接続詞）

これ以外に冠詞（a[an]，the）と間投詞（oh，ouch など）があります．

2. それぞれの品詞について

〈名詞系〉

名詞（nouns） ▶ 人・動物・物・事を表す単語です．

（例）**student**「生徒」，**dog**「犬」，**desk**「机」，**love**「愛情」

- Japan のような国名や Smith のような人名などは**固有名詞**といって，最初の1字を大文字にする決まりがあります．
- love や peace「平和」のように形のない感情や概念を表す名詞を**抽象名詞**といいます．
- 数えられる名詞（a[an]をつけたり，複数形にしたりする）を**可算名詞**，数えられない名詞を**不可算名詞**といいます．

     《可算》　（単数）a pen → （複数）pens

     《不可算》music

代名詞（pronouns） ▶ 名詞の代わりに用いられる単語です．

（例）**I**「私」，**you**「あなた（たち）」，**she**「彼女」，**we**「私たち」

- 「人」を指す代名詞を**人称代名詞**といいます．

   ⇨ I have a sister. **She** likes reading.

    「私には姉[妹]がいる．彼女は読書が好きだ．」

（例）**this**「これ」，**that**「あれ」，**these**「これら」，**those**「それら」

- 「物」「事」「人」を指す代名詞を**指示代名詞**といいます．

   ⇨ **That** is her house.「あれが彼女の家です．」

（例）**who**（関係代名詞），**himself**（再帰代名詞），**what**（疑問代名詞）

- ほかに関係代名詞，再帰代名詞，疑問代名詞があります．

〈動詞系〉

動詞（verbs） ▶ 動作や状態を表す単語です.

(例)**go**「行く」, **come**「来る」, **eat**「～を食べる」, **become**「～になる」, **put**「～を置く」
- 日本語で言い切りの形がウ段で終わるものが動詞と考えると分かりやすいでしょう.
- eat「～を食べる」, buy「～を買う」のように, 〈動作〉を表す動詞を**動作動詞**といい, live「住んでいる」, understand「～を理解している」のように, 〈状態〉を表す動詞を**状態動詞**といいます. **状態動詞**は, それ自体が「継続」を表すので通常, 進行形にはしません.

助動詞（auxiliary verbs） ▶ 動詞の前に置いて, 動詞の意味を補足する単語です.

(例)**can**「(能力)～できる, (可能性)～でありうる, (許可)～してもよい」, **may**「(許可)～してもよい, (推量)～かもしれない」, **must**「(義務・必要)～しなければならない, (断定的推量)～にちがいない」
- 助動詞の後ろには, **動詞の原形**(辞書の見出しの形)**が置かれます**.
  - ⇨ It **may** snow.「雪が降るかもしれない.」(推量)
    You **must** come home by six. (義務・必要)
    「君は6時までに帰ってこなければならない.」

〈修飾語系〉

形容詞（adjectives） ▶ 名詞を修飾・説明する単語です.

(例)**happy**「幸せな」, **big**「大きい」, **fast**「速い」
- 「大きな家(a big house)」のように, **名詞に情報を加える**(＝修飾する)**働き**と,
  「その家は大きい.(The house is big.)」のように**名詞の状態を表す**(＝(名詞は)～だ)**働き**があります.
- a car **different** from mine「私のとは違う車」のように, 形容詞に修飾語がついて2語以上の句になる場合, 通例, 後ろから名詞を修飾します.

9

副詞（adverbs）▶ 名詞以外を修飾する単語です.

（例）**today**「今日」, **very**「とても」, **really**「本当に」
- 動詞, 形容詞, 副詞, そして, 文全体に,「時・場所・頻度・程度・様態など」の情報を加える（＝修飾する）働きをします.
  - ⇨ He came to Japan **yesterday**.（動詞を修飾）
    「彼は昨日日本に来た.」

    This flower is **really** beautiful.（形容詞を修飾）
    「この花は本当に美しい.」

    Generally, women live longer than men.（文全体を修飾）
    「一般に, 女性は男性よりも長生きする.」

〈つなげる語系〉

前置詞（prepositions）
▶ 名詞や代名詞の前に置いて,〈前置詞＋名詞〉の形で,「場所」や「時」などを表す単語です.

（例）**at**「〜に, で」   ⇨ I have dinner **at** a restaurant.
　　　　　　　　　　　　　　　「レストランで夕食をとります.」（場所）

　　　after「〜の後に, で」⇨ I studied English **after** dinner.
　　　　　　　　　　　　　　　「私は夕食後に英語の勉強をした.」（時）

接続詞（conjunctions）
　　▶ 要素と要素を結びつける単語です（2 種類）.

①等位接続詞：同じ役割をもった語・☆句・節を結びつける接続詞
　　（例）**and**「〜, そして…」, **but**「〜, しかし…」, **or**「〜か…」
②従位接続詞：☆☆主節に対する従属節を作る（主と従の関係で結びつける）接続詞
　　（例）**when**「〜するとき」, **if**「もし〜なら」, **because**「なぜなら〜」

> ☆ 句：〈S＋V〉をもたない 2 語以上のまとまり
> 　 節：〈S＋V〉をもつ 2 語以上のまとまり
> ☆☆主節 ：文の中心になる〈S＋V〉のまとまり
> 　 従属節：補足情報を表したり, 文の一部になったりする〈S＋V〉のまとまり

学習のスケジュール

Part 1 ー Basic Vocabulary & Idioms〈400語・句〉

（標準ペース）12 weeks

【学習の手順】

本書では次の3段階で(反復[復習]をしながら)学習を進めることを推奨する.

① [見出語]と[語の意味(＋語のニュアンス)]を覚える.

② ①の復習＋[用例(フレーズ or 例文)]で実際の使われ方を学ぶ.

③ ①②の復習＋[語の使い方]＋[Tip]で単語の知識を深める.

	① [見出語]＋[語の意味]	② ①の復習＋[用例]	③ ①②の復習 ＋[語の使い方]＋[Tip]
Week 1	□ 1 〜 34	□ 1 〜 34	□ 1 〜 34
Week 2	□ 35 〜 68	□ 35 〜 68	□ 35 〜 68
Week 3	□ 69 〜 102	□ 69 〜 102	□ 69 〜 102
Week 4	□ 103 〜 136	□ 103 〜 136	□ 103 〜 136
Week 5	□ 137 〜 170	□ 137 〜 170	□ 137 〜 170
Week 6	□ 171 〜 204	□ 171 〜 204	□ 171 〜 204
Week 7	□ 205 〜 238	□ 205 〜 238	□ 205 〜 238
Week 8	□ 239 〜 272	□ 239 〜 272	□ 239 〜 272
Week 9	□ 273 〜 306	□ 273 〜 306	□ 273 〜 306
Week 10	□ 307 〜 340	□ 307 〜 340	□ 307 〜 340
Week 11	□ 341 〜 374	□ 341 〜 374	□ 341 〜 374
Week 12	□ 375 〜 400	□ 375 〜 400	□ 375 〜 400

〈本書で使用する記号について〉

( ) ： 省略可能. ただし, 用例の日本語訳では意訳の理解を助ける ための直訳を示す.

[ ] ：直前の語(句)と入れ替え可能　　⇨ ：用例

〈可算〉 ：可算名詞　　　　　　　　　〈不可算〉：不可算名詞

〈米〉 ：アメリカ英語　　　　　　　　〈英〉 ：イギリス英語

冠詞・代名詞

1

a

★[ə]
ア
A1

冠① ** ある（ 1 つの） ② ～につき**
▶①「（特定できない）ある～」（＊訳さないことも多い.） ②＝per「～につき」

注意 「犬が好きだ.」のように「犬という動物全般」を示す場合，
冠詞をつけず，複数形を用いて I like dogs. とする.

2

the

★[ðə]
ðア
A1

冠① **（暗黙の了解を示す） ②（＋単数形）（総称を示す）**
▶①「（状況などから，話し手と聞き手が）特定できるもの」

注意 ②主に楽器や（科学技術の）発明品，体の部分などに使われる.
比較 the station「（君も知っているその）駅」 a státion「（不特定のある）駅」

3

something

[sʌ́mθìŋ]
サムθィン(グ)
A1

代 **何か，（ある）物** ▶「（存在するが，不明瞭な）何か」
◇ánything「（存在しないかもしれない）何か」

頻出 something else「ほかの物」 something to eat「何か食べる物」
注意 形は後ろにつける.（[○]something new [×]new something）

4

someone

[sʌ́mwʌ̀n]
サムワン
A1

代 **（ある）人** ▶「（存在するが，特定できない）人」
◇ányone「（存在しないかもしれない）誰か，ある人」

注意 単数扱いだが，代は they, their, them を用いるのが普通.

5

oneself

[wʌnsélf]
ワンセゥフ
B1

代① **（他動詞の目的語） ②（前置詞の目的語） ③（主語・目的語の強調）**
▶①主語と目的語が同じ場合には，目的語に oneself を用いる.
③「（ほかの人ではなく）自分自身で」

頻出 (all) by oneself「一人で」 think for oneself「自分で考える」
注意 主語に合わせて，himself, themselves などの形にする.

話す・言う

6

speak

[spíːk] スピーク
A1

自 **話す**
▶「（音として）言葉を発する」（＊「話す相手」はいてもいなくてもよい.）

頻出 speak about ～「～について話す」 speak with[to]（人）「（人）と話す」

発音のコツ①

不要な母音を発音しない！
日本語の発音は〈子音＋母音〉で 1 セットですが，英語には子音だけの発音があります.
例えば，6 speak[spíːk]「話す」の s や k には母音がつきません（[×supíːku]）.
英語の発音にはない不要な母音は発音しないように注意しましょう.

12

① have **a** dog
② three times **a** week

① （ある）犬を飼っている
② 一週間に（つき）3 回

key 本来は an（＝one）だが，後に続く単語が「子音」の発音で始まる場合は，発音のしやすさから a となり，「母音」の発音で始まる場合は an となる．

① Let's meet at **the** station.
② play **the** piano

① （君も知っている その）駅で会おう．
② ピアノ（という楽器）を弾く

key the móon「月」は「誰もが"それ"と特定できる衛星」が元の意味．

I have **something to** tell you.

君に話しておきたいことがある．

图thíng「物，事」 **◉éverything**「全てのもの」

Someone is singing and their singing voice is wonderful.

誰かが歌っている．そして，その歌声はすばらしい．

語源 some-[ある]＋-one[人] →「ある人，誰か」 **◉éveryone**「みんな」

① I like **myself**[×*one*self / ×me].
② She lives **by herself**.
③ He **himself** did it.

① 自分のことが好きだ．
② 彼女は一人で暮らしている．
③ 彼自身がそれをやった．

key 元は〈目的格＋-self〉の形で，myself〈所有格＋-self〉などは本来，誤用だった．

speak about global warming

地球温暖化について話す

图spéech「話，演説」 ⇨ make a speech「スピーチをする」
[活用]speak - spoke [spóuk] - spoken [spóukən]

発音のコツ②
3つの「ア」の音に注意しよう！
① [æ]：アクセントがついて，つづりが主に -a- の場合の「エァ」（[例]21 answer[ǽnsər]）
② [ʌ]：アクセントがついて，つづりが -a- 以外の場合の「ア」（[例]55 run[rʌ́n]）
③ [ə]：アクセントのない所に出てくる「ア」（曖昧母音）（[例]105 appear[əpíər]）
　　　（＊曖昧母音は力を抜いて発音します．）

□ 7 **talk** [tɔ́ːk] 発 トーク A1	自 **話す** ▶「(少人数で誰かと)話をする」(＊「話す相手」が必要.)	

頻出 talk about ～「～について話す」 talk with[to] (人)「(人)と話す」

□ 8 **say** [séi] セイ A1	他 **～と言う** ▶「(情報として)言葉を発する」(＊「言う内容」に焦点がある.)

頻出 say to (人), "～."「(人)に『～』と言う」 say that S V「～と言う」
注意 本や手紙などが主語の場合,「～と書いてある」という意味になる.

□ 9 **tell (人) about ～** ★★★★	熟 **(人)に～のことを話す** ▶「(人)に情報を伝達する」 (＊「誰に話すのか」に焦点があるので, 基本的に, (人)は省略不可.)

注意 tell は目的語に a story「物語」, a lie「うそ」などの「話」が置かれる場合, about は不要で, (人)も省略可.
⇨ He told a joke.「彼は冗談を言った.」

□ 10 **tell (人) (that) S V** ★★★★	熟 **(人)に～と言う** ▶「(人)に情報を伝達する」

注意 接 that の後ろには 1 つの完全な文(S V)が置かれる.
「私は～だと言われる.」は I am told[×said] that S V. と表現する.

見る・聞く

□ 11 **look at ～** [lúk] ルック ★★★★	熟 **～を見る** ▶「(自分の意思で)～に視線を向ける」

注意 look と at の間には up「上を」, down「下を」などの 副 が挿入されることがある. ⇨ look up at the sky「空を見上げる」

□ 12 **see** [síː] スィー A1	他 ① **～が見える** ② **(SVOC) O が～するのを見る** ▶「(自然と)～が目に入ってくる」

頻出 ② see O do[doing, done]「O が～する[している, される]のを見る」(＊本書では do は一般動詞, doing はその -ing 形, done はその過去分詞を表す.)

□ 13 **watch** ★[wátʃ] ワッチ A1	他 ① **～を(じっと)見る** ② **～に注意する, ～を監視する** ▶「(動いている物, 動く可能性がある物)をじっと見る」

頻出 ① watch ～ on TV「テレビで～を見る」
② Watch your step.「足元に注意してください.」

We **talked about** the school festival. ｜ 私たちは文化祭について話した.

目tálk「話, 会談」 **自chát**「おしゃべりをする」

"I love you," he **said to her**.
(＊He said to her, "I love you." も可.) ｜「好きだよ」と彼は彼女に言った.

目sáying「ことわざ」 ［活用］say - said [séd] - said [séd]

Can you **tell me about** your family? ｜ 私にご家族のことを話してくれない？

key この about は「〜について」を意味する蘭. ［活用］tell - told [tóuld] - told [tóuld]

He **told her that** he loved her. ｜ 彼は彼女に君のことが好きだと言った.

key この that は後ろに続く文(SV)を目にまとめる接で省略可能.

Look at the blackboard.
　　　　［blǽkbɔ̀:rd］ ｜ 黒板を見なさい.

key この at は「〜に向かって」という「(行為の)照準」を表す.

① I **saw** him at the park yesterday.
② I **saw her standing** there. ｜ ① 昨日(その)公園で彼を見かけた.
｜ ② 彼女がそこに立っているのを見た.

目síght「見えること, 光景」 ⇨ catch sight of ~「〜が見えてくる」 ［活用］see - saw - seen

① **watch** a game of baseball
② **Watch** my bag. ｜ ① 野球の試合を見る
｜ ② 私のかばんを見ておいて.

key watch「腕時計」は「注意して(時間を)のぞき込むもの」

☐ 14 **listen to ~** [lísn] 発 リスン ★★★★	熟 **～を聴く，～に耳を傾ける** ▶「(自分の意思で)～に耳を傾ける」 比較 I listened to his music.「彼の音楽に耳を傾けた.」 I heard his music.「彼の音楽が(自然と)聞こえた.」
☐ 15 **hear** [híər] ヒァ A1	他 ① **～が聞こえる**　② (SVOC) **O が～するのを聞く** ③ ((that) S V) **～という話を聞いている** ▶①「(自然と)～が耳に入ってくる」 ③「話として知っている」 頻出 ② hear O *do*[*doing*, *done*]「O が～する[している, される]の を聞く」 hear about ～「～について聞く」(＊この表現では 自 となる.)

情報・コミュニケーション

☐ 16 **language** [léŋgwidʒ] レェングウィヂ A1	名 ① **(具体的な)言語〈可算〉**　② **(漠然と)言語〈不可算〉** ◇ a word「(1つの)単語」 頻出 ① a foreign language「外国語」 *one*'s (native) language「母語」 ② sign language「手話」
☐ 17 **news** [njúːz] 発 ニューズ A1	名 **ニュース〈不可算〉** ▶「最近, 起きたことに関する情報」 頻出 watch news on television「テレビでニュースを見る」 the news of[about]～「～の[に関する]ニュース, 知らせ」
☐ 18 **movie** [múːvi] ムーヴィ A1	名 **〈米〉映画** ▶〈英〉では film「映画」と表現する. 比較 see a movie「(映画館で)映画を見る」 watch a movie「(テレビやスマホなどで)映画を見る」
☐ 19 **information** [ìnfərméiʃən] インファメイション A1	名 **情報〈不可算〉** ▶「事実や資料の集合体」 頻出 information about[×of]～「(～に関する)情報」 various kinds of information「様々な情報」
☐ 20 **opinion** [əpínjən] オピニオン A2	名 **意見** ▶「(ある話題に関するまとまった)考えや信念」 頻出 in *one*'s opinion「～の意見では」 express[×say] *one*'s opinion(s)「自分の意見を言う」

Basic Vocabulary & Idioms

Listen to me. 　　　　　　　私の話を聴いてください.

⊛ **a listening comprehension test**「リスニングテスト(←聴解力テスト)」

① Can you **hear** me?
② I **heard** him singing.
③ I **hear that** he is a great golfer.

① 私の声が聞こえますか.
② 彼が歌っているのを聞いた.
③ 彼はゴルフがとても上手らしいね
　(上手だという話を聞いている).

[活用]hear - heard [hə́ːrd] - heard [hə́ːrd]

① **study a foreign language**
② **Language** is a wonderful tool.

① 外国語を勉強する
② 言語はすばらしい道具だ.

■語源 lingua-[舌]+-age[集合] →「みんなの話の集まり」

hear good news 　　　　　　良いニュースを聞く

●key 元は new「新しい」+-s(複数形)で〈可算〉だったが, 今では〈不可算〉なので注意.

see a movie with her 　　　彼女と(映画館で)映画を見る

■語源 moving pictures「動く写真」からできた単語.

a lot of information 　　　　多くの情報

⑩ inform (人) of ~[inform (人) (that) S V]「(人)に~を(公的に)知らせる, 通知する」

express my opinion about the Olympics

オリンピックに関する私の意見を言う

●key -ion で終わる語は, -ion の直前の母音にアクセントがある. ⇨ ónion「玉ねぎ」

17

☐ 21 **answer** [ǽnsər] 発 エァンサ　　動名A1	他① ～に答える　名② 答え ▶①「(質問・電話・手紙など)に対応する」 頻出 ① answer a letter「手紙に返事を書く」 　　　answer the phone「電話に出る」
☐ 22 **write** [ráit] 発 ラィトゥ 　　　　　A1	自① (文を)書く　他② (名前, 文書など)を書く ◇ dráw「(線, 図形など)を描く」　páint「(絵の具, ペンキなどで)絵を描く」 頻出 ① write about ～「～についての文を書く」　write to ～「～に手紙を書く」 注意「文を書く」と表現する場合, write sentences「(複数のバラバラな) 　　　文を書く」ではなく, 自① write のみでよい.
☐ 23 **read** [ríːd] 発 リードゥ 　　　　　A1	自① (本などを)読む　他② ～を読む ▶「(文字で書かれた情報)を読む」 頻出 ① read about ～「～についての文を読む」 　　　② read ～ aloud「～を音読する」
☐ 24 **take a picture** **(of ～)** 　　　　★★★★	熟 (～の)写真を撮る ▶「(カメラ, スマホなどのカメラで)写真を撮る」 注意 a picture は a photo でも可.
☐ 25 **hear from ～** 　　　　★★	熟 ～から連絡がある ▶「人から手紙[電話, メール]をもらう」 注意 hear は通例「～が聞こえる」という 他 だが, この熟語では 自 となる.
☐ 26 **get in touch** [tʌ́tʃ] タッチ **with ～** 　　　　★★	熟 ～に連絡を取る　▶「(普段, あまり会わない人)に連絡する」 ◇ cóntact「(普通, 初めて)～に連絡[接触]する」 注意 write to ～「～に手紙を書く」　call ～「～に電話する」 　　　talk to ～「～と話す」　email ～「～にメールをする」などをまとめた表現.

会う・紹介する・参加する

☐ 27 **meet** [míːt] ミートゥ 　　　　　A1	他① (人)と会う　② ～を出迎える ▶①「(偶然あるいは約束して, 人)と会う」 注意「偶然」であることを強調する場合には, happen to meet ～ 　　　「偶然～と会う」などと表現する.

① answer the question
② the answer to question 5

① その問いに答える
② 問5の答え

①図 ask「～を尋ねる」⇨ ask a question「質問をする」

① write about the U.N.
② write an essay of 800 words

① 国連について（の文を）書く
② 800語の作文を書く

图 writing「執筆, 文書, 筆跡」 ［活用］write - wrote [róut] - written [rítn]

① read about her life
② read a textbook

① 彼女の人生について（の文を）読む
② 教科書を読む

图 réading「読書, 読むこと」 ［活用］read - read [réd] - read [réd]

Could you take a picture of us?

私たちの写真を撮っていただけませんか.

paint[draw] a picture「絵を描く」 ［活用］take - took [túk] - taken [téikən]

Have you heard from her?

彼女から連絡がありましたか.

key この from は「出所, 起源」を示す.

get in touch with him

彼に連絡を取る

key 「～と（with）接触している（in touch）状態になる（get）」が直訳.
be[keep] in touch with ～「～と連絡を取り合っている」

① meet her at ten o'clock
② meet him at the airport

① 10時に彼女と会う
② （その）空港で彼を出迎える

目 méet「会う」 图 méeting「会議, 出会い」 ［活用］meet - met - met

☐ 28 **introduce** [ìntrədjúːs] イントゥロデュース **A1**	他① 〜を紹介する　② (思想・技術など)を導入する ▶①「(初めての人や考えなど)を紹介する」 頻出 **introduce A to B** 「① A を B に紹介する　② A を B に導入する」 ① **May I introduce myself?**「自己紹介してもいいですか.」
☐ 29 **invite** [inváit] インヴァイトゥ **A2**	他 〜を招く ▶日常では ask someone to come to 〜のほうが使われる. 頻出 **invite (人) to (場所)**「(人)を(場所)に招く」 **invite (人) to[for] (会・食事など)**「(人)を〜に招く」
☐ 30 **join** [dʒɔ́in] ヂョイン **A1**	他① 〜に加わる　自② (in 〜) (議論, 活動などに)参加する ▶①「(クラブ, 会社, 人など)に加わる」 頻出 ① **join (人) for 〜**「〜のために(人)に加わる」 ⇨ Join us for lunch.「お昼を一緒に食べようよ.」
☐ 31 **take part (in 〜)** ★★	熟 (〜に)参加する ▶「(何かの役割を持って)〜に参加する」 注意「(その)会議に参加する」の場合, 議長などの「役割」を持つ人以外は, **go to the meeting** などと表現するのが普通.

〜に見える・聞こえる・例示

☐ 32 **look like 〜** ★★★	熟 〜のように見える, 似ている ▶「(外見から)〜のように見える」 注意 この like は「〜のように」という意味の前なので, 後ろには名が置かれる. 〈look＋形〉の形の場合, like は不要. ⇨ She looked tired.「彼女は疲れているようだった.」
☐ 33 **sound like 〜** [sáund] サゥンドゥ ★★	熟 〜のように聞こえる ▶「(耳からの情報で)〜のように聞こえる」 注意 この like の用法は32 look like 〜と同様なので, 後ろには名が置かれる. 〈sound＋形〉の形の場合, like は不要. ⇨ That sounds interesting.「それは面白そうだ.」
☐ 34 **A such as B** ★★★	熟 (例えば) B のような A ▶ A の具体例として B を示す. 注意 A と B には名が置かれる.

① Could you **introduce** me **to** her?
② **introduce** Buddhism **to** the West

① 彼女に私を紹介してもらえませんか.
② 西洋に仏教を導入する

語源 intro-[中へ]+-duce[導く] →「〜の中に新しく導く」 名**introdúction**「紹介, 導入」

invite them **to** our wedding party

私たちの結婚式に彼らを招く

名**invitátion**[invətéiʃən]「招待」

① **join** the brass band
② **join in** their chat

① (その)ブラスバンドに入る
② 彼らのおしゃべりに参加する

① 反**quít**「〜をやめる」 名**jóint**「接合, 関節」

take part in a marathon
[mǽrəθàn]

マラソンに参加する

key 「〜の中で(in)役割(part)を取る(take)」が直訳. ◉**partícipate in** 〜「〜に参加する」(*堅い表現)
[活用]take-took[túk]-taken[téikən]

You **look like** your mother.

君はお母さんに似ているね.

key 「〜のように(like)見える(look)」が直訳.

That **sounds like** a good idea.
[aidíːə]

それは良い考えだね(良い考えに聞こえる).

key 「〜のように(like)聞こえる(sound)」が直訳.

farm animals **such as** cows and pigs

牛や豚のような家畜

key この such は形で as は前.

考える・知るなど

35

feel
[fíːl]
フィーゥ
A1

自① ～と感じる　②～と感じられる
▶①「(主語が)～を感じる」　②「(主語が)～と感じられる」

頻出 ① I am feeling well[bad] today.「今日は調子が良い[悪い].」
feel the same way「同感です(←同じように感じます)」

36

think (that) S V
★★★★

熟 ～と考える

注意 通例，進行形は不可．
また，接 that は口語ではしばしば省略される．

37

think about ～
★★

熟 ～について考える　▶「～について(じっくり)考える」
◇think of ～「～について(直感的に)考える」

頻出 think carefully about ～「～について慎重に考える」
注意「(一時的に)考えている」と表現する場合は進行形にする．

38

**know (程度)
about ～**
★★★★

熟 ～について(程度)知っている　▶「(知識として)～を(程度)知っている」
◇know ～「(直接)～を知っている」(＊知り合いや住んでいる町など)

頻出 (程度)には a lot「多く」, something「ある程度」, a little「少し」
little「ほとんど～ない」, nothing「何も～ない」などが入る．

39

learn
[lớːrn] **発**
ラーン
A1

自① (about ～)(～について)知る，学ぶ　**他**②(知識，技術など)を身につける
▶「(努力によって言語，技能など)を習得する」(＊「結果」に重点.)

頻出 ② learn ～ by heart「(詩など)を暗記する」
注意「一生懸命～を学ぶ」は study ～ hard と表現する．
([×]learn ～ hard は不可.)

40

study
[stádi]
スタディ
A1

自① 学ぶ　**他**②(学科，科目など)を学ぶ
▶「学ぶ，研究する」(＊「過程」に重点.)

頻出 ① study for an exam「試験勉強をする」
比較 study English「英語を勉強する」
learn English「英語を身につける(＝読み書きができるようになる)」

発音のコツ③

2つの「アー」の音に注意しよう！

① [ɑːr]：つづりが主に **-ar-** の場合の「(明るい)アー」([例]85 park[pɑ́ːrk], 254 large[lɑ́ːrdʒ])
「(明るい)アー」は口を大きく開けて発音します．

② [əːr]：つづりが **-ar-** 以外の場合の「(暗い)アー」([例]39 learn[lớːrn], 67 return[ritớːrn])
「(暗い)アー」は口をあまり開けず喉の奥に音をこもらせて発音します．
(例外)heart[hɑ́ːrt]「心」(＊「心」は「明るい」と覚えよう.)

① Are you **feeling all right**?
② This room **feels** cool.

① 大丈夫ですか（大丈夫に感じていますか）．
② この部屋は涼しい（と感じられる）．

名féeling「感じ，感情」〈可算〉（＊「感情」は通例 feelings〈複数形〉と表現．） ［活用]feel - felt - felt

I **think that** this is true.

これは本当だと思います．

名thóught[θɔ́ːt]「考え」 **形thóughtful**「思慮深い」 ［活用]think - thought - thought

I am **thinking about** you.

あなたのことを考えています．

key この about は「〜について」という意味の前．

know a lot about Messi

◇ know Messi very well

メッシについて（知識として）よく知って
いる
◇メッシを（直接の知り合いとして）よく知っ
ている

名knówledge[nɑ́lidʒ]「知識，知っていること」 ［活用]know - knew[njúː] - known[nóun]

① **learn about** English

② **learn** English

① 英語について（英語がどのようなもの
かなどを）学ぶ
② 英語を身につける

名léarning「学問，習得」 ［活用]learn - learned[〈英〉learnt] - learned[〈英〉learnt]

① **study** at university
② **study** math

① 大学で学ぶ
② 数学を学ぶ

名stúdying「勉強」 ［活用]study - studied - studied

発音のコツ④ 語尾の -n は「ン」ではない！
日本語の「ン」は舌を口の真ん中よりやや下に置きます．
ところが，英語では，つづりが -n で終わる単語の場合，舌を上の歯の裏にしっかりとつけて
「ンヌ」のように発音します．
39 learn[lə́ːrn]はしばしば「ラーンヌ」のように聞こえます．
舌を意識的に動かして，発音しましょう．

41 find
[fáind]
ファインドゥ
A1

他① 〜を見つける　② ((that) S V)〜だと分かる　③ (SVOC)OがCであると思う
▶①「(探している人・物)を見つける，(役に立つ人・物)を見つける」
②「(目で見るなどして)〜だと分かる」

頻出 ③ find it easy[hard] to do「〜するのが簡単だ[難しい]と思う」

42 understand
[Àndərstǽnd]
アンダステェンドゥ
A2

他① 〜を理解している　② ((that) S V)〜と聞いている
▶①「(頭を使って)その意味や理由が分かる」
②I hear that S V「〜と聞いている」より堅い表現.

頻出 ① cléarly「はっきりと」, fúlly「十分に」などで修飾する.
注意 「理解している」という〈状態〉なので，進行形は不可.

43 remember
[rimémbər] 発
リメムバ
A1

他① 〜を覚えている　② (to do)(〜すること)を覚えている
▶「記憶に残っている」

頻出 ① remember doing「(過去に)〜したことを覚えている」
cléarly「はっきりと」, váguely「ぼんやりと」などで修飾する.

44 forget
[fərgét]
ファゲットゥ
A1

他① 〜を忘れる　② (to do)(〜すること)を忘れる　目③ 忘れる
▶「記憶から消えている」

注意 forget doing「〜したことを忘れる」の形は，普通，will never
forget doing「〜したことを決して忘れない」の形で用いられる.
比較 I forgot.「忘れていた(←今，思い出した).」
I forget.「忘れた(←思い出せない).」

45 care
[kéər]
ケア
動 B1
名 A1

自① (否定文で)気にする　② 世話をする　名③ 世話〈不可算〉
▶「気を遣う」

頻出 ② care for 〜「〜の世話をする，(否定文・疑問文)〜が好きである」
③ Take care.「お元気で，じゃあね」

46 have no idea
[aidíːə] 発
アイディーア
★★

熟 さっぱり分からない
▶「まったく分からないのでお手上げ状態」

注意 後ろに that 節，wh- 節を置くこともある.
⇒I have no idea who he is.「彼が誰なのかまったく分かりません.」

47 come up with 〜
★

熟 (考え，名前など)を思いつく
▶口語的な表現.

頻出 come up with an idea[a plan]「考え[計画]を思いつく」

① I **found** a nice restaurant.　① 良いレストランを見つけた.

② I **found that** he was out.　② 彼は外出中だと分かった.

③ I **find it hard to** work with her.　③ 彼女とは仕事がやりにくい(と思う).

图 **fínding(s)**「発見, 調査結果」　[活用]find - found [fáund] - found [fáund]

---

① I can't **understand** you.　① 君の言うことが分かりません.

② I **understand that** she is over 50.　② 彼女は50歳を超えていると伺っています.

語源 under-[下]＋-stand[立つ]から「～の下に立つ」→「～がよく見える, 分かる」
图 **understánding**「理解」　[活用]understand - understood - understood

---

① **remember meeting** her here　① 彼女にここで会ったことを覚えている

② **remember to** walk my dog　② (私の)犬を散歩させることを覚えている

語源 re-[再び]＋-mem-[心]から「再び心に留める」→「～を覚えている」　*mémory「記憶」

---

① I **forgot** her birthday.　① 彼女の誕生日を忘れていた.

② Don't **forget to** lock the door.　② ドアに鍵をかけるのを忘れないでね.

③ Let's **forget about** it.　③ それに関することは忘れよう.

◎ **léave** ～(場所)「～を(場所)に置き忘れる」　[活用]forget - forgot - forgot[〈米〉forgotten]

---

① I don't **care about** that.　① 私はそんなことを気にしません.

② **care for** kids　② 子どもたちの世話をする

③ **day care** for babies　③ 赤ちゃんの保育

key 日本語の「ケア(する)」の意味に近い.　图 **dáy care**「〈米〉日帰り保育, 保育園」

Sorry, I **have no idea**.　すみません. さっぱり分かりません.

◎ **Do you have any ideas?**「何か(良い)考えはないの.」　[活用]have - had - had

---

come up with a good idea　良い考えを思いつく

key 元は An idea came up.「ある考えが思い浮かんだ.」という文から.　[活用]come - came - come

☐ 48 **memory** [méməri] メモゥリ **A1**	名① (for ~)(~の)**記憶力** ② (しばしば -ies)**思い出** ▶「覚える力, 覚えていること」 頻出 ② S bring back memories of ~「S で~のことを思い出す」 注意 「~という思い出」は memories of ~ [×that S V]と表現する.

信じる・確信する

☐ 49 **believe** (that) **S V** [bilíːv] ビリーヴ ★★★★	熟 **~を信じる** ▶「(正しいか, 正しくないか)を判断する」 ◇think「(個人の好みなども含めて)考える」 頻出 strongly believe ~「~を強く信じている」 注意 通例, 進行形は不可([×]be believing that S V).
☐ 50 **believe in~** ★★	熟 **~を信じる** ▶「(存在, 価値, 能力など)を信じている」 比較 believe you「君の言うことを信じている」 believe in you「君の力を信じている」
☐ 51 **I am sure** (that) **S V** [ʃúər] シュア ★★★★	熟 **~を確信している** ▶「(主観的に判断して)きっと~だと思う」 注意 [×]〈It is sure that S V.〉の形は不可.
☐ 52 **see if S V** ★★	熟 **~かどうか確認する** ▶「真偽をチェックする」 頻出 I will see if I can do it.「それができるかどうか確認してみます.」

示す・意味する

☐ 53 **show** [ʃóu] ショゥ **A1**	他① **~を見せる, 示す** ② **~を案内する** ▶「相手に見せる, 示す」から「案内する」まで. 頻出 ① this graph shows ~「このグラフは~を示している」 ② show (人) to (場所)「(人)を(場所)に案内する」 show (人) around (場所)「(人)を(場所)のあちこちに案内する」
☐ 54 **mean** [míːn] ミーン **A1**	他① **~を意味する** ② (to do)**~するつもりだ** ▶「発言の真意などを伝える」 頻出 ① mean A by B「B によって A を意味する」 I mean it.「本気だよ.」

26

① **have a good memory for** faces
② happy **memories of** my childhood

① 人の顔をよく覚えている
② (私の)子どもの頃の楽しい思い出

他 **mémorize**「～を暗記する」

I **believe that** you are right.

君は正しいと信じている.

名 **belief**「信じること，信念，信仰」 形 **unbelíevable**「信じられない」

believe in UFOs

UFO(の存在)を信じる

key この in は「行為の対象」を示す.

I'm **sure** we'll win.

私たちが勝つことを確信している.

be sure of (名詞)「(名詞)を確信している」⇒I am sure of his success.「彼の成功を確信している.」

Let's **see if** she can come.

彼女が来れるかどうか確認しよう.

key この if は「～かどうか(ということ)」の意味の接.
(＊やや堅い文では if の代わりに whether を使うこともある.)

① **show** her a picture of my cat
② **show** him **to** my room

① 彼女に(私の)猫の写真を見せる
② 自室まで彼を案内する

[活用]show - showed - shown [showed]

① What do you **mean by** that?
② I didn't **mean to** bother you.

① それはどういう意味ですか.
② 邪魔をするつもりじゃなかったのです.

名 **méaning**「意味」 形 **méaningful**「意味がある」(⇔ **méaningless**「意味がない」)
[活用]mean - meant[mént] - meant[mént]

55
run

[rán]
ラン

A1

自① (人・動物が)走る　他② ～を経営する

▶②「～を走らせる」から.

頻出 ① **run away**「逃げる」

注意「(車が) 疾走する」は **自** speed, run at full speed などを用いて表現する.

56
sit

[sít]
スィットゥ

A1

自① 座っている　② (down)座る

▶「座る」〈動作〉と「座っている」〈状態〉のどちらにも使用可.

頻出 ① **sit at (the) table**「食卓につく」

注意「一時的な状態」であることを強調する場合は **be sitting** とする.

57
stand

[sténd]
ステェンドゥ

A2

自① 立っている　② (up)立ちあがる

▶①「立っている」(*主語が「建物・町」などの場合は「存在している」の意味.)

頻出 ① **stand in (a) line**「列を作る」

注意「一時的な状態」であることを強調する場合は **be standing** とする.

58
sleep

[slíːp]
スリープ

動 A1
名 B1

自① 眠る　名② 睡眠

▶「目を閉じて心身を休ませる」

頻出 ① **sleep well**「よく眠る」 **sleep late**「遅くまで寝ている」
② **get enough sleep**「十分に睡眠をとる」

59
hold

[hóuld] **発**
ホゥォドゥ

A2

他① ～を(しっかり)持つ　② (記録, 地位など)を保持する

▶①「(手や腕で)しっかり押さえておく」→ ②「(記録など)を押さえておく」

頻出 ① **hold chopsticks**「箸を持つ」 **hold** *one's* **hand**「～の手を握る」
hold[×open] a concert「コンサートを開催する」

60
push

[púʃ]
プッシュ

A1

他 ～を押す

▶「圧力を加えて動かす」

頻出 **push a button**「ボタンを押す」
push the door open「ドアを押して開ける」(*このopenは **形**.)

61
climb

[kláim] **発**
クライム

A2

他 (山, 木, 階段など)に登る

▶「(手足を使って)よじ登る」

注意 本格的な「山登り」は **mountain climbing** だが,
「山歩き」なら **hiking in the mountains** と表現する.

① **run** along the river
② **run** a bakery

① (その)川沿いを走る
② パン屋を経営する

名rúnway「(飛行機の)滑走路」 [活用]run - ran [rǽn] - run

① **sit** next to her
② **sit down** at my desk

① 彼女の隣に座る
② 机に(向かって)座る

[活用]sit - sat [sǽt] - sat [sǽt]

① **stand** by the window
② **Stand up**, everyone.

① (その)窓のそばに立つ
② みんな立ってください.

cannot stand ~「~に耐えられない(←立っていられない)」 [活用]stand - stood [stúd] - stood [stúd]

① Did you **sleep well**?
② go to **sleep**

① よく眠れましたか.
② 眠りにつく

形sléepy「眠い」 [活用]sleep - slept - slept

① **hold** a baby in my arms
② **hold** the world record

① 赤ん坊を(両腕の中に)抱く
② 世界記録を保持する

récord-holder「記録保持者」 [活用]hold - held - held

push my bike home

自転車を押して帰る

反púll「~を引く」

climb Mt. Fuji

富士山に登る

語源 cli-[傾く] *clíff「崖」 **名clímbing**「登山」

29

| 62
go up
[góu] 発
ゴゥ
★★ | 熟① ～を上がる　② 上がる
▶「(エレベーターなどを用いて)上がる」

比較① go up the stairs「階段を上がる」(＝go upstairs)
　　climb the stairs「階段を(手足を使って)よじ登る」 |

行く・来る・移動する

63 **go to ～** ★★★★	熟 ～へ行く ▶「(自分がいる所・話題となっている所を離れて)～へ行く」 注意 go home「家に帰る」, go there「そこへ行く」, go abroad「海外へ行く」の場合, home, there, abroad は副なので前 to は不要.
64 **come to ～** ★★★★	熟 ～に来る　▶「(相手のいる所・話題となっている所)へ行く」 (＊「来る」ではなくて,「行く」と訳すほうが自然な場合も多い.) 頻出 Dinner is ready! — I'm coming[×going].「夕食できたよ.」 「今, 行くよ.」(＊(話題の中心となっている)食事の場へ「行く」)
65 **visit** [vízit] ヴィズィットゥ　動名A1	他① ～を訪問する　名② (to ～)(～への)訪問 ▶「～へ行って,時間を過ごす」(＊日常ではgo[come] to ～のほうが使われる.) 頻出② This is my first visit to ～.「～への訪問は今回が初めてだ.」
66 **move** [múːv] ムーヴ A2	自① 動く　他② ～を感動させる ▶①「動く」→ ②「～(の心)を動かす」 頻出② be moved to tears「感動して泣く」 注意「動く」→「引っ越しする」の意味にもなる. 　　⇨ move to Tokyo「東京に引っ越しする」
67 **return** [ritə́ːrn] 発 リターン A2	自① 戻る　他② ～を返却する ▶①≒go[come] back　②≒give[put, take] ～ back (＊堅い語) 頻出① return to ～「～へ戻る」　return home「家に戻る」 ② return A to B「A を B に返却する」
68 **travel** [trǽvəl] ア トゥレェヴォ A1	自① 旅行する,移動する　② (光, 音などが)進む　▶「遠くへ移動する」 ◇a trip to ～「～への(短期から長期の)旅」　a journey「(通例, 陸路の)長旅」 頻出① travel to ～「～へ旅行する」　travel into[×to] space「宇宙へ旅行する」(＊宇宙は「点」ではなく「空間」なのでintoを用いる.)

① **go up**[×climb] Tokyo Skytree
② Prices **went up by** ten percent.

① 東京スカイツリーに登る
② 物価が10％上がった.

key この up は① 前「～の上方へ」 ② 副「上がって」の意味.

---

go to Nara

奈良へ行く

get to ～「～に到着する」 [活用]go - went - gone [gɔ́:n]

I **came to** Japan last year.

昨年日本に来ました.

come back to ～「～へ戻る」 [活用]come - came [kéim] - come

---

① **visit** my old school
② This is my first **visit to** Turkey.
   [tə́:rki]

① 母校を訪れる
② トルコへの訪問は今回が初めてです.

語源 vis-[見る]+-it[行く] →「見に行く」 *éxit「出口」(ex-[外に]+-it[出る]) 名 vísitor「訪問者」

---

① The train started to **move**[×run].
② I **was moved by** the film.

① 列車が走り(動き)出した.
② 私はその映画に感動した.

形 móving「感動的な」 名 móvement「運動,（社会的）運動」

---

① **return to** my hometown
② **return** the book **to** the library

① (私の)故郷に戻る
② (その)図書館に(その)本を返却する

語源 re-[＝back 元へ]+-turn[回る] →「回って元に戻る」 *recáll「～を思い出す」

---

① **travel to** Shikoku once a year
② Light **travels** faster than sound.

① 1年に1回，四国へ旅行する
② 光は音より速く進む.

名 tráveling「旅行」〈不可算〉 **tóurism**「観光（業）」

☐ 69 **enter** [éntər] 🄰 エンタ A2	**他①〜に入る　②〜を入力する** ▶①「(部屋, 建物, 地域など)に入る」 　(＊日常では walk [go, come] into 〜 のほうが使われる.) **注意**「会社に入る」は **join** [×enter] **a company** と表現する. 　(＊ただし,「(学校)に入る」は例外的に enter を用いる. 　　⇨ **enter college**「大学に入学する」)
☐ 70 **toward** ★[tɔ́:rd] 🄰 トードゥ A2	**前〜に向かって** ▶「目的(地)」への「方向」を示す. (＊必ずしも「到達」を意味しない.) ◇ to「〜へ」(＊「目的(地)」への「到達」を意味する.) **注意** 後ろに置かれる語句が「時刻」の場合,「(時刻)に向かっている」 　から「(時刻)頃」となる. ⇨ toward noon「正午頃」

〜に行く

☐ 71 **go to bed** ★★★★	**熟床につく, 寝る**　▶「(寝るために)ベッドへ行く」 ◇ go to sleep「(実際に)眠りにつく」 **注意** この熟語の bed には a, the, my などはつけない. **名**が本来の目 的や機能を表す場合, 冠詞が省略される(＊bed＝「眠る場所」).
☐ 72 **go to school** ★★★★	**熟学校に通う** ▶「(授業を受けに)学校に行く」 **注意** school が「授業」や「学業」など本来の目的や機能を表す場合, 　冠詞はつかない. ⇨ at school「学校で」, after school「放課後」
☐ 73 **go to work** [wə́:rk] 🄰 ワーク ★	**熟仕事に行く** ▶「(サラリーマン, 職人, 教師, 医師などが)職場へ向かう」 **注意**「車[自転車]で仕事に行く」は **drive** [bike] **to work** と表現する.
☐ 74 **go shopping** ★★★★	**熟買い物に行く** **頻出** go shopping at (店) [in (地名)]「〜へ買い物に行く」 **注意** go *doing* は「趣味や娯楽で出かける」ときに使う表現. 　⇨ go fishing「魚釣りに行く」, go skiing「スキーに行く」

① **enter** the building	① その建物に入る
② **enter** my password	② パスワードを入力する

图 éntrance 「入ること, 入学, 入口」⇨ entrance exam 「入学試験」

She ran **toward** him.	彼女は彼のほうへ走った.
	(＊到達したかどうかは不明.)
◇She ran **to** him.	◇彼女は彼の所まで走った(到達した).

key 〈英〉では towards とすることもある.

go to bed at 11 p.m.	午後11時に寝る

反 get up 「起きる」(＝get out of bed)

go to school by bus	バスで学校に通う

⊛go to the school to vote 「投票のために学校へ行く」(＊the school＝「学校の建物」)

go to work by train	電車で通勤する

key この work は 图「職場」を意味する. **⊛go to the office** 「会社に行く」

go shopping in[×to] Kobe	神戸へ買い物に行く

⊛do some[the] shopping[×do shopping]「買い物をする」

発音のコツ ⑥

「ダークエル」について！
68 travel [trævəl] や 178 people [píːpl] のように語尾に置かれた l は,
通常の l の発音ではなく「オ」に近い音になります.
これは「ダークエル」と呼ばれ, travel は「トラボォ」のような発音になります.
なお, 日本語の「オ」は口を丸めますが,「ダークエル」は口を丸めません.

☐ 75 **go out** ★★★★	熟 **外出する** ▶「(ちょっと)出て行く」 ◇ go outside「(家の)外に出る」	
	頻出 **go out for ~**「~を求めて出かける」⇨ go out for a walk「散歩に出かける」, go out for (a) pizza「ピザを食べに出かける」	

☐ 76 **eat out** [í:t] イートゥ ★★	熟 **外食する** ▶「(レストランやカフェなど)家以外の場所で食事する」	
	注意 ファーストフード店などで「こちらでお召し上がりですか, それともお持ち帰りですか。」は "**For here or to go?**" と表現する.	

出発する・到着する

☐ 77 **leave** [lí:v] リーヴ A1	自① (for ~)(~に向かって)**出発する** 他② **~から出て行く** ▶「~を置き去りにして, 離れる」	
	注意「場所」を表す副 を伴って「~を(場所)に置き忘れる」という意味にもなる. ⇨ I left[×forgot] my lunch box at school.「学校に弁当箱を忘れた。」	

☐ 78 **get to ~** ★★★★	熟 **~に着く** ▶「(人が)~に到着する」(*口語表現) ◇ réach「(長い時間や努力を費やして)~にたどり着く」	
	注意 **get home**「家に着く」, **get there**「そこに着く」の場合, home, there は副 なので to は不要.	

☐ 79 **arrive at ~** [əráiv] アライヴ ★★★	熟 **~に到着する** ▶「(人, 乗り物が)~に到着する」	
	比較 **arrive at** London「ロンドンに到着する」 **reach** London「ロンドンにたどり着く」(*この reach は他.)	

乗る

☐ 80 **ride** [ráid] ライドゥ A1	他 **(自転車・馬など)に乗って行く** ◇ get on a bike「自転車に乗る(またがる)」	
	頻出 目的語には **a bicycle[bike]**「自転車」, **a motorbike**「バイク」など自分で操縦するものが置かれる.(*ただし, 〈米〉では a bus なども可.)	

☐ 81 **get on ~** ★★★	熟 **~に乗る** ▶「(立ったままでも乗れそうな大きい乗り物)に乗り込む」	
	頻出 目的語には **a train**「電車」, **a bus**「バス」, **a plane**「飛行機」, **a ship**「船」などが置かれる.	

go out after lunch

昼食後に外出する

> **key** この out は 副「外へ（出て）」を意味する. ⇨ *be* out「外出中である」

Let's **eat out** tonight.

今晩は外食しましょう.

> **key** この out は 副「外で」を意味し, 直訳すると「外で食べる」となる.
> 反 **eat at home**「家で食事する」　[活用] eat - ate [éit] - eaten [í:tn]

① **leave for** Paris
② **leave** the classroom

① パリに向かって出発する
② （その）教室から出て行く

[活用] leave - left - left

We **got to** Kyoto at ten.

私たちは10時に京都に着いた.

> **key** get は「変化」を表すので, get to ～は「～に到着していない状態」から「～に到着している状態」への「変化」を表す表現. ◎ **go to ～**「～に行く」（＊「移動」を表す表現）

Our train **arrived at** Kyoto at ten.

私たちの列車は10時に到着した.

> 名 **arrival**「到着」

ride my bike across Europe

自転車でヨーロッパを縦断する
（自転車に乗って縦断する）

[活用] ride - rode [róud] - ridden [rídn]

get on a bus

バスに乗る

> 反 **get off** (～)「(～を)降りる」

☐ 82 **get into ~** ★	熟 **～に乗る** ▶「(身体を曲げて，比較的小さな乗り物)に乗り込む」 頻出 目的語には **a car**「(自家用)車」，**a taxi**「タクシー」などが置かれる．
☐ 83 **take the train (to ~)** ★★★	熟 **(～まで)電車(列車)を利用する，電車に乗る** ▶ take (交通手段) to ~「～まで(交通手段)を利用する」 注意 (交通手段)には**the bus**「バス」，**the plane**「飛行機」，**the elevator**「エレベーター」なども可(＊**a taxi** などは the ではなく a を用いる)．
☐ 84 **fly** [flái] フライ 動名 A1	自① **飛ぶ** 名② **ハエ** ▶①「(虫や動物が空中を)飛ぶ」から「飛行機で行く」まで． 頻出 ① **fly to ~**「飛行機で～へ行く」 注意「飛行機が恐い」は *be* afraid of flying[×planes]と表現する．
☐ 85 **park** [pá:rk] パーク 動 A2 名 A1	他① **(車・自転車など)を駐車する** 名② **公園** 頻出 ① **park a car[bicycle]**「車[自転車]を駐車する」

人を連れて行く・物を運ぶ

☐ 86 **take A to B** ★★★★	熟 **A を B へ持って行く，連れて行く** ▶「(今いる所・話題となっている所から，ほかの所)に持って[連れて]行く」 (＊go に対応) 注意 **take (人) home**「(人)を家へ連れて行く」 (＊home は 副 なので to は不要．)
☐ 87 **bring A to B** [bríŋ] ブリン(グ) ★★★★	熟 **A を B へ持って来る，連れて来る** ▶「(向こうから，今いる所・話題となっている所)に持って[連れて]来る」 (＊come に対応) 注意 **bring (人) home**「(人)を家へ連れて来る」 (＊home は 副 なので to は不要．)
☐ 88 **carry** [kǽri] ケァリィ A1	他 **～を運ぶ** ▶「(壊れないように)物を抱えて運ぶ」 頻出 **carry ~ with[on] me**「(手に持って[身につけて])～を運ぶ」 ⇨ I always carry my water bottle with me.「私はいつも水筒を持っている．」(＊日本語では「持つ」と訳すことも多い．)

get into a taxi

タクシーに乗る

圞 **get out of** 〜「〜から出る」

---

take the train to Sapporo

札幌まで電車を利用して行く

● key この the train は「(特定の)電車」ではなく,「電車(というもの)」〈総称〉を意味し,「(バスなどではなく)電車で行く」ことを意味する. a train「(いくつかのうちの1つの)電車」でも可.

---

① **fly to** London
② **flies** and mosquitoes
　　　[məskíːtouz]

① 飛行機でロンドンへ行く(飛ぶ)
② ハエと蚊

圉 **flíght**「飛ぶこと,飛行,フライト」 [活用]fly - flew [flúː] - flown [flóun]

---

① **park** my bicycle on the sidewalk
② a national **park**

① (その)歩道に自転車を止める
② 国立公園

圉 **párking**「駐車(すること)」⇨ a parking lot「駐車場」

Take me to the zoo.

私を(その)動物園に連れて行って.

[活用]take - took [túk] - taken [téikən]

Bring your friends to the party.

友達を(その)パーティーに連れて来てね.

[活用]bring - brought [brɔ́ːt] - brought [brɔ́ːt]

---

carry my passport with me

(私の)パスポートを携帯する

[活用]carry - carried - carried

Part 1
Part 2
Part 3
Part 4

☐ 89

*pick ~ up

★★★

熟 ① (人)を(車で)**迎えに行く**，(物)を取りに行く　② ~を拾う
▶「~を拾い上げる」

注意 ①日本語では「…まで迎えに行く」と表現するが，**pick ~ up** は場所を示す **at** を用いて「**~を…で拾い上げる**」と表現する.

受け取る・与えるなど

☐ 90

get

[gét]
ゲットゥ

A1

他 ① ~を受け取る，(病気)になる　② (SVO₁O₂) O₁ に O₂ を買ってやる
▶「~を手に入れる」の意味で最も一般的な語.

頻出 ① **get A from B**「B から A を受け取る」
go (and) get ~「~を取りに行く」

☐ 91

take

[téik]
ティク

A1

他 ① ~を取る　② (時間など)を必要とする

give　take

▶①「手に取る」→ ②「必要とする」

頻出 ① **I'll take it.**「〈買い物〉これにします.」
② **It takes (人)~ to do.**「(人が)…するのに~が必要となる.」

☐ 92

catch

[kǽtʃ] **発**
ケアッチ

A1

他 ① ~を捕まえる　② (ぎりぎりで)~に間に合う
▶①「(動く物)を追いかけて捕まえる」

頻出 **catch (a) cold**「風邪をひく」
be **caught in a shower**「にわか雨にあう」

☐ 93

receive

[risí:v]
リスィーヴ

A2

他 ① (物)を受け取る　② (教育・被害など)を受ける
▶「(具体的な物)を受け取る」から「(賞や謝罪)を受ける」まで.

頻出 ① **receive an email[a package]**「メール[荷物]を受け取る」
注意 **accépt**「~を受け入れる」とは違い，「承諾」のニュアンスはない.

☐ 94

give

[gív]
ギヴ

A1

他 ① (SVO₁O₂) (O₁ に O₂ を)**与える**　② (熟語で)~を行う
▶「(具体的な物)を与える」から「(抽象的な物)を与える」まで.

頻出 ① **give (人) a cold**「(人)に風邪をうつす」
② **give (人) a call**「(人)に電話をする」
注意 ①「与える相手」を強調する場合は〈**give O₂ to O₁**〉の形にする.

☐ 95

send

[sénd]
センドゥ

A2

他 (SVO₁ O₂) (O₁ に O₂ を)**送る**
▶「(物)を送る」から「(人)を派遣する」まで.

頻出 **send ~ by courier**[kɔ́:riər] **service**「宅配で~を送る」
注意 「送る相手」を強調する場合は〈**send O₂ to O₁**〉の形にする.

Basic Vocabulary & Idioms

① **pick** her **up at** the station — ① （その）駅まで彼女を迎えに行く
② **pick up** shells — ② 貝を拾う

🔊**tóothpick**「つまようじ」 反***drop ~ off**「～を（車から）降ろす」

① **get** new information — ① 新しい情報を得る
② **get** him a pizza — ② 彼にピザを（1枚）買ってあげる

［活用］get - got - got[gotten]

① **take** a notebook **from** the shelf — ① （その）棚からノートを取る
② It **took** me a day to get there. — ② そこに着くのに1日かかった.

反**gíve**「～を与える」 ［活用］take - took [túk] - taken [téikən]

① **catch** a big octopus [áktəpəs] — ① 大きなタコを捕まえる
② **catch** the 9:00 bus — ② 9時のバスに間に合う

［活用］catch - caught - caught（＊つづりにaを含む動→-aught（例：teach, catch）その他の動→-ought（例：buy, bring, think））

① **receive** 100,000 yen in cash — ① 現金で10万円を受け取る
② **receive** training as a pilot — ② パイロットとしての訓練を受ける

名**recéption**「受け取ること，（ホテルの）フロント」 名**recéipt**「領収証，レシート」

① **give** her flowers — ① 彼女に花をプレゼントする（与える）
② **Give** it **a try**. — ② それをやってみたら.

反**táke**「～を取る」 ［活用］give - gave [géiv] - given [gívən]

send him a Christmas card — 彼にクリスマスカードを送る

［活用］send - sent - sent

39

96		
*hand ~ in ★★	**熟 ～を提出する** ▶「(宿題・レポートなど)を提出する」	
	頻出 **hand in** *one's* **homework**「宿題を提出する」	

97		
*hand ~ out ★★	**熟 ～を配布する** ▶「(チラシ・食べ物など)を様々な人に与える」	
	頻出 目的語には **a handbill**「ビラ」, **a flier**「チラシ」などが置かれる.	

98		
steal A from B ★★★	**熟 B から A を盗む** ▶「無断で(こっそり)持ち去る」 ◇ rob A of B「A から B を強奪する」 shóplift「万引きをする」	
	注意 目的語には「(お金など)具体的な物」から「(アイデアなど)抽象的 な物」まで置かれる.	

持つ・探す・調べる

99 **keep** [kí:p] キープ	**A1**	**他① ～を取っておく ② (SVOC) (O) を (C の状態に) 保つ** ▶「ある状態を保つ」
		頻出 ① **Keep the change.**「おつりは取っておいて.」 ② **keep ~ (a) secret**「～を秘密にしておく」

100 **own** [óun] オゥン	**形A1** **動B1**	**形① 自分自身の 他② ～を所有している** ▶②「(契約を交わし, マンションや高級外車など)を所有する」
		注意 ① 必ず所有格の**代**の後ろで用いる. (「私自身の車」は[○]my own car [×]own car)

101		
look for ~ ★★★★	**熟 ～を探す** ▶「(無くした物・必要な物)を目で見て探す, 求める」	
	注意 目的語には「具体的な物」から「(仕事など)抽象的な物」まで置か れる. ⇨ look for a new job「新しい仕事を探す」	

102		
*look ~ up ★★	**熟 (単語や電話番号など)を調べる** ▶「(辞書やデータベース, 時刻表などで)調べる」	
	注意 look は通例**自**だが, この熟語では**他**の扱い. 「(辞書など)で～を調べる」という場合, **前**in を用いる.	

hand in my homework by Friday | 金曜日までに(私の)宿題を提出する

key 直訳すると「相手の手の中へ(in)手渡す(hand)」→「～を提出する」

hand out test papers | テスト問題を配る

key 直訳すると「外に(out)手渡す(hand)」→「～を配布する」 **🖎hándout**「(配布用の)プリント」

steal money **from** the drawer | (その)引き出しからお金を盗む

🖎théft「窃盗」 [活用]steal - stole [stóul] - stolen [stóulən]

① **keep** wine **in** a cool place
② **keep** the room **clean** | ① ワインを涼しい所に保管する
② (その)部屋をきれいに保つ

[活用]keep - kept - kept

① **with my own** eyes
② **own** ten companies in India | ① 私自身の目で
② インドに10の会社を所有している

🖎ówner「持ち主」 **🖎A of** *one*'s **own**「自分自身のA」, **on** *one*'s **own**「自分の力で」(＊これらの表現の場合, 名詞的に「自分自身のもの」の意味.)

look for my contact lens | (私の)コンタクトレンズを探す

key この for は「～を求めて(探求)」を意味する 🖎.

look up the word **in** my dictionary | (私の)辞書でその単語を調べる

key 直訳すると「見て(look), それを拾い上げる(up)」→「～を調べる」

起こる・現れる

☐ 103

there is[are]~

★★★★

熟①（事故・火事・地震など）が起きる ②～がある，いる
▶①「（事故や災害）が起こる」の口語的な表現．

注意「（特定の物）が生じる，ある」の場合，使えない．
⇨ My shop is[×There is my shop] on this floor.
「このフロアに私の店がある．」

☐ 104

happen
[hǽpən] **ア**
ヘアプン
A1

自①（to ～）（～に）起こる ②（to do）偶然～する
▶「（偶然，不意に）起こる」

注意①主語は **whát, sómething, nóthing** などが多い．

☐ 105

appear
[əpíər]
アピア
A2

自① 現れる ②（to be ～）～のように思える
▶①「（TV などに）出演する」から「発売される（←市場に出る）」まで．

頻出 ① appear on TV「テレビに出演する」
appear as ～「～として現れる，出演する」

☐ 106

show up

★★

熟 現れる
▶「（友人などが，約束した時間や場所に）現れる」

頻出 show up late「遅れて来る」
注意 turn up「現れる」も同じ意味．

☐ 107

come true

★★

熟 実現する
▶「（夢が）実現する」

頻出 主語は a dréam「夢」，a wísh「望み」，a predíction「予言」などが置かれる．

☐ 108

break out

★

熟 勃発する
▶「（戦争，暴動，疫病などが）勃発する，（火事などが）発生する」
（＊日常では there is ～.のほうが使われる．）

頻出 主語は **a war**「戦争」，**a fire**「火事」，a fighting「けんか」などが多い．

発音のコツ ⑦

p, t, k は破裂音！
喉に手を当てて，take と発音してみてください．
もし，喉が振動していたら，それは日本語の発音になっている証拠です．
英語の p, t, k は「破裂音」と呼ばれる「閉じていた息を破裂させる発音」で，
喉は振動させません．
思いっきり，音を破裂させるように発音しましょう．

42

① **There was a** fire yesterday.
② **There are a** lot of ants in the kitchen.

① 昨日, 火事があった.
② (その)台所にアリがいっぱいいる.

🔑 **key** 日本語では「事故や災害が起きる[生じる]」だが, 英語では There is[are]〜「〜がある」と表現可能.

① **What happened to** her?
② **I happened to** meet him.

① 彼女に何が起こったの.
② 彼にたまたま会った.

🈂 **háppening**「(思いがけない)出来事, (奇妙な)事件」

① The singer **appeared on** the stage.
② He **appears to** be sleeping.
　(＊seem to 〜より堅い表現.)

① その歌手が(その)ステージに現れた.
② 彼は眠っているようだ.

🈂 **appéarance**「出現, 外見」　🈯 **disappéar**「消える」

Tom **showed up** late.

トムは遅れて現れた.

🔑 **key** この up は 勔「上がってくる」→「出てくる」を意味するので, show *oneself* up「自らを見せて出てくる」から *oneself* が省かれた形と覚えよう.

My dream **came true** at last.

ついに(私の)夢が実現した.

🔑 **key** この come は「(プラスイメージで)〜になる」という意味で, 直訳すると「真実(true)になる(come)」となる.

World War II **broke out** in 1939.
　　　　[tú:]

第二次世界大戦は1939年に勃発した.

🔑 **key** 直訳すると「殻を破って(break)外に出て(out)くる」　🈂 **óutbreak**「勃発, 大発生」

発音のコツ⑧

-ear で終わる単語の発音!
105 appear[əpíər] など **-ear** で終わる単語の発音は普通「**イァ**」ですが, **bear**[béər], **pear**[péər], **wear**[wéər], **swear**[swéər], **tear**[téər](＊「〜を引き裂く」の意味)の5語は例外的に「**エァ**」と発音します.
「熊(bear)がナシ(pear)を身につけて(wear)罵り(swear)ながら引き裂く(tear)」と覚えましょう.

109	熟 **事故に遭う**
have an accident [ǽksədənt] エアクスィデントゥ ★★★	▶「不測の出来事」から「交通事故」まで.
	注意 「事故に遭う」だが,[×]<u>meet</u> an accident は不可.

続ける・やめる

110	他① **〜を続ける** 自② **続く**
continue [kəntínju:] カンティニュー A2	▶「(途切れることなく)①続ける,②続く」 continue→
	頻出 ① **continue to do**[**continue doing**]「〜し続ける」 To be continued.「(次回に・次のページに)つづく.」

111	熟 **〜を続ける**
keep on doing ★★	▶「〜し続ける」(＊しばしば「しつこさ」に対する苛立ちを示唆.)
	注意 **keep doing** と言い換え可能だが,「同じ動作の断続的な繰り返し」 の場合,**keep doing** と表現することが多い. ⇒I kept waking up.「何度も目が覚めた.」

112	熟 **〜するのをやめる**
stop doing ★★★★	▶「〜することを途中でやめる」(＊再度行う可能性あり.)
	注意 **stop to do** は「〜するために立ち止まる」の意味. (＊この場合,stop は自で,to do は to 不定詞の副詞的用法.)

113	熟 **〜をあきらめる**
*give 〜 up ★★	▶「(今までやってきたこと)を途中であきらめる」
	注意 「(将来)〜することをあきらめる」は give up the idea of doing と表現する.

家にいる・家で〜する

114	名① **家** 副② **家に[で, を]**
home [hóum] ホウム 名A1 副A2	▶「(家族と住む)家,(故郷など広い意味での)家」 ◇hóuse「(建物としての)家」
	頻出 ② **go home**「家に帰る」 **get home**「帰宅する」 I'm home.「ただいま」 注意 「家を買う」は **buy a house**[×a home]と表現する.

115	名① **階** ② **床**
floor [fló:r] フロー A1	▶①「(建物の)各階の床」
	頻出 ① **on the 〜 floor**「〜階で」⇒ on the second floor「2階で,〈英〉3階で」 注意 ①〈英〉では the ground floor が「1階」,the first floor は「2階」となる.

have an accident at work | 仕事中, 事故に遭う

key この have は「(病気, 困難など)を経験する」の意味. ◉**cause an accident**「事故を引き起こす」

① **continue to** work hard | ① 懸命に働き続ける
② The meeting **continued** for three hours. | ② (その)会議は3時間続いた.

語源 con-[一緒に]+-tinue[保つ] → 「連続させる」 *cóntinent「大陸(←連続している陸地)」
形**contínuous**「連続した」 形**contínual**「継続的な」

keep on talking | 話し続ける

key この on は「継続」を表す 副. [活用]keep - kept - kept

stop talking | 話すのをやめる

key この doing は stop の目的語となる動名詞. [活用]stop - stopped - stopped

give up running | 走るのをあきらめる

key 日本語にも「降参」を意味する「お手上げ(up)」という表現がある.

① My **home** is in Nagoya. | ① 私の郷里(家)は名古屋にあります.
② **get home** at seven | ② 7時に家に帰る

◉*one*'s **hómetówn**「～の故郷の町」 **hómesick**「ホームシックの, 故郷を恋しがる」

① My office is **on the tenth floor.** | ① オフィスは10階にあります.
② sit on the **floor** | ② (その)床に座る

◉**básement**「地下」 **róof**「屋上, 屋根」

□ 116 **live** [lív] リヴ **A1**	圓① **暮らす** 他② (life を伴い)〜な生活を送る ▶「(人・生物が)生きる」から「(人が)暮らす」まで. 頻出 ① live long「長生きする」 live by *oneself*「一人暮らしをする」 注意 ② live a 〜 life, live *one*'s life の形は可だが, [×]live a life は不可.
□ 117 **stay** [stéi] ステイ 動 **A1** 名 **B1**	圓① **(ある場所に)いる** 名② 滞在 ▶①「その場所に留まる」 比較 ① stay (at) home「家にいる」(＊at は省略可.) work at home「在宅で仕事をする」(＊at は省略不可.)
□ 118 **stay with (人)** ★★★	熟 **(人)の家に泊まる** ▶「短期間, 客として泊まる」 注意 「〜に泊まる」は〈stay with (人)〉〈stay at (場所)〉で表現する. ⇨ stay at the hotel for two nights「そのホテルに2泊する」
□ 119 **stay up** ★	熟 **(寝ないで)起きている** ▶「定時に寝ずに何かする」 頻出 stay up late *doing*「〜しながら遅くまで起きている」 stay up all night「徹夜する」
□ 120 **take a bath** [bǽθ] ベアθ ★★★★	熟 **お風呂に入る** ▶英米人にとっては, take a shower「シャワーを浴びる」とほぼ同じ意味であることが多い. 頻出 take a long[quick] bath「ゆっくりと[さっと]風呂に入る」
□ 121 **have 〜 for breakfast** ★	熟 **朝食に〜を食べる** 注意 breakfast, lunch「昼食」, dinner「夕食」は, 形がつく場合以外は無冠詞で用いる. ⇨ have breakfast「朝食を食べる」 have a big breakfast「朝食をしっかり食べる」
□ 122 **call** [kɔ́:l] コーォ **A2**	他① **〜に電話する** ② (SVOC) O を C と呼ぶ ◇ call to (人)「(人)を(大声で)呼ぶ」(＊この場合, call は圓.) 頻出 ① call (人) back「(人)に折り返し電話をする」 ⇨ I'll call you back later.「後で折り返し電話します.」

46

① **live** in New York
② **live** a happy life

① ニューヨークに住む
② 幸福な人生[生活]を送る

> **life** 「命, 人生, 生活」　**live** [láiv] 「生の, ライブの」　**live** [láiv] 「生で, ライブで」

① **Stay** here.
② **during** my **stay** in Fukuoka

① ここにいてね.
② (私の)福岡滞在中

> **stay away (from ~)** 「(~から)足が遠のく, (~に)寄りつかない」

stay with Bob for two days

2日間, ボブの家に泊めてもらう

> **homestay** 「ホームステイ」　**live with** (人) 「(人)の家で暮らす」

stay up late playing video games

テレビゲームをしながら遅くまで起きている

> **key** この up は「起きて」を意味する. ⇨ **sit up** 「(ベッドから)上体を起こしている」

take a bath before going out

出かける前にお風呂に入る

> **bathroom** 「浴室, 〈主に米〉トイレ」　**bathtub** 「浴槽, 湯船」

have toast for breakfast
　　　[tóust]

朝食にトーストを食べる

> **key** この have は eat 「食べる」の婉曲的な表現で「(食事)をとる」という意味. (＊この表現では eat で言い換え可能) 　**make ~ for breakfast** 「朝食に~を作る」

① Could you **call** me later?
② We **call** her Betty.

① 後で電話してもらえますか.
② 私たちは彼女をベティーと呼ぶ.

> **give** (人) **a call** 「(人)に電話をかける」 (＊この場合, call は名.)

☐ 123 *turn ~ on [tə́ːrn] 発 ターン ★★★	熟 (電気・ガスなど)をつける，(水など)を出す ◇*switch ~ on「(電化製品)をつける」 頻出 turn on the light[gas]「明かり[ガス]をつける」

掃除する

☐ 124 clean [klíːn] クリーン 動形A1	他① ～をきれいにする　形② きれいな ▶①「(こすったり，洗ったりして)汚れを除去する」 頻出 ①*clean ~ up「～をすっかりきれいにする」(*この up は完了「すっかり」の意味。)⇨ clean up the streets「街をすっかりきれいにする」
☐ 125 brush [brʌ́ʃ] 発 ブラッシュ A1	他 ～を磨く　▶「(ブラシなどで)ゴシゴシこする」 ◇pólish「(メガネ，床など)を磨く，つや出しをする」 頻出 brush one's teeth「歯を磨く」 brush up (on) one's ~「(忘れかけている外国語など)を勉強し直す」
☐ 126 *put ~ away ★★	熟 ～を片付ける ▶「(散らかった物や布団など)を片付ける」 頻出 put some money away「貯金する(←お金をとっておく)」
☐ 127 *throw ~ away [θróu] θロゥ ★★	熟 ～を捨てる ▶「(ゴミや不要な物など)を処分する」(=*throw ~ out) 注意 目的語には「(ピアノのような)粗大ごみ」から「(プライド(one's pride)のような)抽象的な物」までが置かれる。

服を着る・脱ぐ

☐ 128 clothes ★[klóuz] 発 クロウズ A1	名 服〈複数扱い〉　▶「(集合的に)衣服全般」 ◇clóthing「(帽子や靴まで含めた)身につけるもの全般」 注意 常に複数扱いで，ten「10」などの数詞とは一緒に使わない。 「服1点」は a piece of clothes などと表現する。
☐ 129 wear [wέər] 発 ウェア A1	他 ～を身につけている〈状態〉 ▶服，靴，眼鏡，カツラ(wíg)など「身につけられるもの」に対して幅広く使える。 注意「(普段は身につけないが，一時的に)身につけている」は be wearing と表現する。

48

turn on the air conditioner | (その)エアコンの電源を入れる

> **key** 直訳すると「~のスイッチを回して(turn)オンの状態(on)にする」
> 反 *turn ~ off「(電気・ガス・テレビなど)を消す」

---

① clean the floor with a mop | ① モップで(その)床をきれいにする
② a clean shirt | ② きれいなシャツ

> 名 cléaning「掃除」 副 cléanly「きれいに」 ② 反 dírty「汚い」

---

brush my teeth after dinner | 夕食後, 歯を磨く

> 名 brúshing「ブラシがけ」

---

put away the dishes | (その)皿を片付ける

> **key** 直訳すると「~を離れた所へ(away)置く(put)」→「~を片付ける」になる.

---

throw away old clothes | 古着を捨てる

> **key** 直訳すると「~を遠くに(away)投げる(throw)」→「~を捨てる」になる.
> [活用]throw-threw[θrúː]-thrown[θróun]

---

buy clothes[×my clothes] | (自分の)服を買う
(*my clothesは「(すでに持っている)私の服」の意味.)

> **key** clóth(s)[klɔ́ː(s)]は「布」という意味で,「衣服」は複数のclóth(s)で作られる.

She is wearing pink lipstick today. | 今日, 彼女はピンクの口紅をつけている.

> [活用]wear - wore[wɔ́ːr] - worn[wɔ́ːrn]

□ 130	熟 ~を身につける〈動作〉
	▶「(服以外の物も含めて)~を身体にくっつける」
*put ~ on	頻出 目的語には **a hát**「帽子」, **sócks**「靴下」, **clóthes**「服」, **glásses**
★★★	「眼鏡」, **a wig**「かつら」, **mákeup**「化粧」などが置かれる.

□ 131	熟 ~を脱ぐ
	▶「~を身体から取り外す」
*take ~ off	頻出 目的語には *put ~ on の目的語となる物が置かれる.
★★★	注意 自 の **take off** は「(飛行機などが)離陸する」の意味.

□ 132	熟 服を着る〈動作〉
get dressed	▶「服」以外の物も対象とする put ~ on とは異なり, 「服を着る」の意味.
[drést]	
ドゥレストゥ ★★★	注意 **be dressed** は「服を着ている」〈状態〉の意味.

置く・ひっくり返すなど

□ 133	他① ~を置く, 入れる ② (言葉で)~を表現する
put	▶①「(ある場所に)~を置く」 ◇pláce「(決まった場所に)~を置く」
[pút]	注意 ①日本語は様々な訳語が可能.
プットゥ	put my wallet in my pocket「財布をポケットに入れる」
A1	put English into Japanese「英語を日本語に訳す」

□ 134	他 ~を置く
set	▶「~を(きちんと)置く」(*書き言葉)
[sét]	頻出 *set ~ down「~を下に置く」 *set ~ aside「~を取っておく」
セットゥ	⇒ set aside some money for the trip
A1	「旅行のためにお金を取っておく」

□ 135	他① ~を閉める 形② (to ~) (~に)近い
close	▶①「閉じてすき間のない状態にする」 ◇shút「(手早く)閉じる」
動[klóuz] 発	頻出 ① *close ~ down「(店, 工場など)を閉鎖する」
クロウズ	
形[klóus]	
クロウス 動形A1	注意 ②「人間関係」を示す場合, 「親密な(←関係が近い)」の意味になる.

□ 136	他 ~を打つ ▶「(意図的に)~を打つ, (意図せず)~にぶつかる」(*1回のみ)
hit	◇béat「(繰り返し)~を打つ」(*連続的)
[hít]	頻出 hit A with B「A を B で打つ」 ⇒ hit a ball with a bat「バット
ヒットゥ A2	でボールを打つ」 hit A against[on] B「A を B にぶつける」

put on a jacket 上着を着る

> **key** この on は圖「～をつけて」という意味で，直訳すると「～を身体につけた状態(on)に置く(put)」
> →「～を身につける」になる． ◎***try ～ on**「～を試着する」

take off my hat | (私の)帽子を脱ぐ

> **key** この off は圖「離れて」という意味で，直訳すると「～を取って(take)離れた状態(off)にする」
> →「～を脱ぐ」になる． ◎**change into ～**「～に着替える」

I'm **getting dressed.** | 今，服を着ているところです．

> 图**dréss**「ワンピース，ドレス」

① **put** a kettle **on** the stove[stóuv] | ① (その)コンロにやかんをかける(置く)
② **put** it **plainly** | ② それをはっきりと言う

> [活用]put - put - put

set the box **down** on the floor | (その)床にその箱を置く

> [活用]set - set - set

① **Close** your eyes. | ① 目を閉じてください．
② Our house is **close to** the beach. | ② 私たちの家は(その)浜辺に近い．

> ①反**ópen**「～を開ける」 ①形**clósed**「閉まっている」(⇔ **ópen**「開いている」)

hit my head **on** the doorframe | (私の)頭を(その)ドア枠にぶつける

> [活用]hit - hit - hit

☐ 137 *turn ～ over [tə́ːrn] 発 ターン ★★	熟① ～をひっくり返す ② ～をめくる ▶「回転させて裏面が見えるようにする」	
	頻出② PTO（Please turn over.）「裏面に続く」 （*〈米〉では通例，Over と 1 語で表記する.）	

作る・組み立てる

☐ 138 **build** [bíld] ビォドゥ A1	他 ～を建てる，築く ▶「（部品や材料を組み合わせて）一層ずつ物を作る」 頻出 目的語には a hóuse「家」，a brídge「橋」など **具体的な物** から a system「システム」など **抽象的な物** まで幅広く置かれる.
☐ 139 *be* made of ～ ★★★	熟 ～で作られている ▶～には「材料」（見た目で素材が分かる）がくる. ◇ be made from ～（*～には「原料」（見た目で素材が分からない）がくる.） ⇨ Wine is made from grapes.「ワインはぶどうから作られている.」 頻出 A made of ～「～製のA」⇨ a knife made of silver「銀製のナイフ」
☐ 140 *put ～ together ★★	熟（考えなど）をまとめる，（機械など）を組み立てる ▶「バラバラの物をまとめる」（*様々な訳語が可能.） 注意 目的語には a plastic model「プラモデル」など **具体的な物** から one's thoughts「考え」など **抽象的な物** まで幅広く置かれる.

～したい・うれしい・楽しい

☐ 141 **want to** *do* ★★★★	熟 ～したい ▶「～したいと思う」 注意 ストレートな表現で，やや幼稚に聞こえる場合があるため，英作文やスピーキングでは would like to *do* を用いるほうがよい.
☐ 142 **would like to** *do* ★★★★	熟 ～したい ▶「（よかったら）～したいのですが」（*want to *do* より丁寧な表現.） 頻出 would like（名詞）「（名詞）が欲しい（のですが）」 ⇨ I would like some more tea.「もう少し紅茶が欲しい.」

発音
の
コツ
⑨

名詞は前に，動詞とその派生語は後ろにアクセント！

アクセントは一般に「名詞は前に，動詞とその派生語は後ろに」と覚えましょう.
例えば，48 memory[mémэri]，202 homework[hóumwàːrk] は名詞なのでアクセントは
語の前に，28 introduce[ìntrədjúːs]，105 appear[əpíər] は動詞なのでアクセントは語の
後ろにあります. 例外として，154 動 advise[ædváiz] と 名 advice[ædváis] はどちらも語
の後ろにアクセントがあります.

① **turn over** the steak[stéik] | ① (その)ステーキをひっくり返す
② **turn over** the pages | ② (その)ページをめくる

🔑**key** 直訳すると「~を弧を描いて(over)回す(turn)」→「~をひっくり返す」になる.

---

build a house | 家を建てる

名**building**「建物」 [活用]build - built - built

This bag **is made of** leather. | このかばんは皮製だ(皮で作られている).

🔑**key** この of は「材料・構成要素」を表す前で,「~で(of)作られている(made)」という意味.
働**hómemáde**「(料理などが)手作りの」 **hándmáde**「(服などが)手作りの」

---

put a table **together** | テーブルを組み立てる

🔑**key** 直訳すると「~を一緒に(together)置く(put)」→「~をまとめる」になる.
反 ***take ~ apart**「~を分解する」

---

want to be an actor | 役者になりたい

🔑**key** この to do は to 不定詞の名詞的用法. 働**wanna do**「~したい」(*want to do の口語表現.)

---

would like to drink something | 何か飲みたい

🔑**key** 助**would**「~するつもりだが」+**like to do**「~するのが好きだ(したいと思う)」
→「~したいと思うつもりだが」が直訳.

発音のコツ ⑩

マジック e !

《母音+子音+e》で母音にアクセントがある場合, その母音はアルファベット読みをします.
164 life[láif]なら i を「アィ」と発音します.
中学レベルの単語ではこの原則の例外が多くありますが([例] gíve[gív], lóve[lʌ́v],
líve[lív]), 大切な原則ですから是非覚えましょう.

Part 1
Part 2
Part 3
Part 4

143 **feel like *doing*** ★★	熟 **〜したい気がする** ▶「(楽しそうだから)〜したい」 頻出 **feel like (名詞)**「(名詞)を欲しい気がする」 ⇨ I feel like a coffee.「コーヒーが飲みたい.」
144 **enjoy** [indʒɔ́i] インヂョイ A1	他 **〜を楽しむ** ▶「(時間・活動・食べ物など)を楽しむ」 頻出 **enjoy *one*self**「楽しいときを過ごす」 注意 **enjoy *doing***「〜して楽しむ」は可だが, **enjoy to do** は不可. ([×]enjoy to play basketball)
145 **have fun** [fʌn] ファン ★★★	熟 **楽しむ** ▶「(何かをして)楽しむ」 頻出 **have a lot of fun**「とても楽しむ」 **Have fun!**「楽しんできて！」 注意 **fun**「楽しみ」は〈不可算〉なのでa[an]は不要.
146 ***be* glad to *do*** [glǽd] グレェドゥ ★★★	熟 **〜してうれしい** ▶「(何か良いことが起きたの)を見て[聞いて, 知って]うれしい」 頻出 **I'd be glad to.**「(誘いに対して)よろこんで.」 注意 ***be* glad that S V**「〜ということをうれしく思う」の形も可.
147 ***be* interested in 〜** [íntərəstid] ⑦ インタレスティッドゥ ★★★	熟 **〜に興味を持っている** ▶「(面白そう・楽しそうなので)興味をそそられている」〈状態〉 注意 「興味の対象」が主語の場合, 形 **interesting**「興味深い」を用いる. ⇨ Cooking is interesting to me.「料理は私にとって興味深い.」
148 **look forward to 〜** [fɔ́:rwərd] ⑦ フォーワドゥ ★★	熟 **〜を楽しみにしている** ▶「(楽しいこと)を待つ」 注意 口語的な表現では, しばしば ***be* looking forward to 〜**と進行形 にするが, ビジネスの email などでは, 進行形にしない.
149 **laugh at 〜** [lǽf] レェフ ★★	熟 **〜を笑う** ▶「(声をあげて)笑う」(*「〜を馬鹿にする」の意味でも用いる.) ◇ smíle「にっこり笑う」 注意 〈受け身〉**be laughed at (by 〜)**「(〜に)笑われる」 ⇨ I was laughed at (by them).「私は(彼らに)笑われた.」

feel like singing loudly　　　　　　　　大声で歌いたい気分だ

> **key** この like は 前「〜のような」を意味する.

enjoy playing basketball　　　　　　　バスケットボールをして楽しむ

> **語源** en-[動詞化]＋-joy[楽しみ] →「〜を楽しみとする」
> 形**enjóyable**「(あることが)楽しい」 名**enjóyment**「楽しみ」

have fun at the party　　　　　　　　(その)パーティーで楽しむ

> 形**fúnny**「面白い」

I **am glad to** hear that.　　　　　　　それを聞いてうれしいです.

> **key** この to 不定詞は「理由」を表す副詞的用法で, この表現のように感情を示す 形 と共に使われることが多い. ⇨ be pleased to do「〜してうれしい」

I **am interested in** cooking.　　　　　料理に興味があります.

> 名**ínterest**「興味, (-s)利益」

I **am looking forward to** seeing
[×see] you again.　　　　　　　　　　またお目にかかることを楽しみにしています.

> **key** この fórward は 副「前方を」, to は 前「〜のほうへ」という意味で, 直訳すると「〜のほうを(to)前を向いて(forward)見る(look)」→「〜を楽しみに待つ」になる.

laugh at his jokes　　　　　　　　　彼の冗談に笑う

> 名**láughter**「笑い」

55

Part 1
Part 2
Part 3
Part 4

☐ 150 **favorite** [féivərit] 発 フェイヴァリットゥ 形名A1	形① (one's ~) (最も)気に入った 名② お気に入りの人[物] ▶「一番気に入っている物[人]」 注意 favorite は最上級の意味を含むので, **most** を伴わない. 「最も好きなユーチューバー」は my ~~most~~ favorite YouTuber.

人への働きかけ

☐ 151 **tell (人) to *do*** ★★★	熟 (人)に〜するように言う ▶「(人)に"やれ"と命じる」 頻出 **tell (人) not to *do*** 「〜しないように言う」 〈受け身〉**be told to *do*** 「〜するように言われる」
☐ 152 **ask (人) to *do*** ★★	熟 (人)に〜するように頼む ▶ ask は「(助け・忠告・情報など)を求める」の意味. 比較 ask him to do it「彼にそれをするように頼む」 ask him for it「彼にそれをくれるように頼む」
☐ 153 **would like (人) to *do*** ★★★★	熟 (人)に〜してほしい ▶「(自分ではなく)ほかの人に〜をしてほしい」 比較 I would like him to buy this.「彼にこれを買ってほしい.」 I would like to buy this.「これを買いたい.」
☐ 154 **advise (人) to *do*** [ədváiz] 発 アドゥヴァイズ ★★★	熟 (人)に〜するように忠告する ▶「よく知る人が『こうすれば』と言う」イメージ. 注意 強調するときは advise の前に **strongly** などを置く.

感情

☐ 155 **happy** [hǽpi] ヘェピィ A1	形 (人が)幸せな, うれしい ▶「(良いことがあって)幸福な[満足した]」 頻出 **be happy about ~[to *do*]** 「〜のことで[〜して]うれしい」 注意 通例, (物)は主語にはならないので,「休みはうれしい.」は [×]Holidays are happy. [○]I am happy on holidays.
☐ 156 **sad** [sǽd] セェッドゥ A1	形① (人が)悲しい ② (事柄が)悲しい ▶「(嫌なことがあって)悲しい」 注意 主語は(人)も(物)も可で, 主語が(人)→①,(物)→②.

① He is **my favorite** YouTuber.
② Hamburger steaks are **my favorite**.

① 彼は私のお気に入りのユーチューバーです.
② ハンバーグは私のお気に入りだ.

◉ *be* **crazy about** ～「～が大好きだ, ～に夢中だ」

I **told him to** be quiet.
(=I said to him, "Be quiet.")

彼に静かにするように言った.

[活用]tell - told[tóuld] - told[tóuld]

---

ask him to help me

彼に私を手伝うように頼む

◉ **ask A for B**「A に B を要求する」⇨ ask her for help「彼女に助けを求める」

---

would like him to come with me

彼に一緒に来てほしい
(彼が私と一緒に来ることを望む)

⊠ **would like (人) not to** *do*「(人)に～しないでほしい」

---

advise him to write in large letters

彼に大きな字で書くように忠告する

⊠ **advíce**[ædváis]「忠告」⇨ a piece of advice「一つの忠告, ワンポイントアドバイス」

I **am happy about** starting a new class.

新しいクラスが始まって(新しいクラスを始めて)うれしい.

⊠ **háppiness**「幸福」 ⊠ **unháppy**「不幸せな」

① I **am sad to** hear that.
② It **was sad to** see the poor children.

① それを聞いて悲しい.
② そのかわいそうな子どもたちを見るのは悲しかった.

⊞ **sádly**「悲しく, 悲しいことに」 ①⊠ **háppy**「幸せな」 ②⊠ **fórtunate**「幸運な」

☐ 157 **afraid** [əfréid] アフレイドゥ **A1**	**形**① (be − of 〜)(〜を)**恐れる** 　② (be − (that) S V)(〜ではないかと)**心配する**　▶「恐れる」の最も一般的な語. 　◇ fríghtened「(不快な物事)におびえる」　scáred「(危険な状況)におびえる」 **頻出** I am afraid (that) S V.「残念ですが〜.」 　be afraid to do「怖くて〜できない」
☐ 158 **sorry** [sɑ́ri] サァリ **A1**	**形**① (自分の過失を)**すまなく思って**　② (相手のことを)**気の毒に思って** 　▶「心を痛める」(自分のこと→①, 相手のこと→②) **頻出** ① I am sorry, but S V.「すみませんが〜.」 　② be sorry about 〜「〜について残念に思う」　be sorry for (人) 　「(人)のことを気の毒に思う」(＊死亡・事故などの場合に使用.)
☐ 159 **angry** [ǽŋgri] エァングリ **A1**	**形怒って** 　▶「(相手の言動に)かんかんに怒っている」 **頻出** get angry with[at] (人)「(人)に対して怒る」 　(＊「機嫌を損ねる」程度なら, get upset「気を悪くする」と表現する.)
☐ 160 **cry** [krái] クライ **動 A2** **名 A1**	**自**① **泣く**　**名**② **泣き声, 叫び声** 　▶①「(悲しくて)涙が出る」 **頻出** ① cry over[about] 〜「〜に対して泣く」　cry out「大声で叫ぶ」 **注意** ①書き言葉では「(痛みや興奮で)叫ぶ」の意味にもなる.
☐ 161 **worry** [wə́:ri] **発** ウァリ **動 A2** **名 A1**	**自**① **心配をする**　**名**② **心配(事)** 　▶「不安でそのことが頭から離れない」 **頻出** ① worry about 〜「〜について心配する」 　worry (that) S V「〜ということで心配する」
☐ 162 **be surprised** **at 〜** [sərpráizd] サプライズドゥ ★★★	**熟 〜に驚く** 　▶「(予期しないこと)に驚く」 **頻出** be surprised to do「〜して驚く」 　be surprised that S V「〜ということに驚く」の形も可. **注意**「驚きの対象」が主語の場合, **形** surprísing「驚くべき」を用いる. 　⇒The news was surprising to me.「そのニュースは驚きだった.」
☐ 163 **be proud of 〜** [práud] プラウドゥ ★★	**熟 〜を誇りに思っている** 　▶「(自分の所有物や業績, 関連する物事)をすごいだろうと思う」 **注意** 日本人には少し違和感があるが, 英語では You must be proud 　of your daughter.「お嬢さん大したもんだね(←あなたは娘さん 　を誇りに思っているに違いない).」のような表現がある.

① Don't **be afraid of** making mistakes.
② I **am afraid that** it will snow.

① ミスをすることを恐れてはいけない.
② 雪になるかもしれないと心配している.

🔑**key** この of は「対象」を示す. ⇨ *be* proud of ～「～を誇りに思う」

① I **am sorry that** I let you down.
② I **am sorry for** your loss.

① がっかりさせてすみません.
② お悔み申し上げます
(お気の毒に思います).

名**sórrow**「悲しみ, 悔い」

Mr. Smith **is angry with** me.

スミス先生は私に対して怒っている.

名**ánger**「怒り」 熟**get mad**「怒る」(＊口語的な表現)

① Don't **cry**, Sam.
② give a **cry** for help

① サム, 泣くな.
② 助けを求めて悲鳴を上げる

😊**覚え方** 暗い部屋で「泣く」

① Don't **worry about** it.
② Life is full of **worries**.

① そんなことを気にするな.
② 人生は心配事が多い.

形**wórried**「心配して」⇨ *be* worried about ～「～について心配している」

I **was surprised at** the news.

そのニュースに驚いた.

📖**語源** sur-[上]＋-prise[つかむ] →「上からつかまれる」 ＊**súrface**「表面」

I **am proud of** my team.

自分のチームを誇りに思っている.

名**príde**「誇り」⇨ take pride in ～「～を誇りに思っている」

運命・人生・勝敗

164 life
[láif]
ライフ
A1

名① 生活　② 人生　③ 生命
▶①②③は実質的に同じ意味だが，訳語は状況に応じて使い分ける.

頻出 ① lead [live] **a ～ life**「～な生活を送る」(＊①②③いずれも基本的に〈不可算〉だが，①は 形 がつくと〈可算〉になる.)

165 dream
[drí:m]
ドゥリーム
名A1
動A2

名① 夢　自② 夢を見る
▶①「(寝ている間に見る)夢」から「理想」まで.

頻出 ① have a ～ dream「～な夢を見る」
② dream of doing [×to do]「～することを夢見る」

166 marry
[mǽri] ⟨ア⟩
メァリ
A2

他 ～と結婚する
▶日常では，〈A marry B〉よりも〈A get married to B〉や〈A and B get married〉のほうが使われる.

頻出 be married (to ～)「(～と)結婚している」〈状態〉
get married (to ～)「(～と)結婚する」〈動作〉

167 be born
[bɔ́:rn]
ボーン
★★★

熟 生まれる
▶英語では「産み落とされる」という受け身のニュアンス.

注意 受け身の形だが，日本語では「生まれる」と表現する.「子どもを産む」は have a baby または give birth (to a baby)と表現する.

168 die
[dái]
ダイ
A2

自① (人・生物が)死ぬ　② (植物が)枯れる
▶「(電池が)切れる」から「(人が)亡くなる」まで.
(＊「(人が)亡くなる」は婉曲的な表現の pass away を用いることが多い.)

頻出 die of ～「(がんのような病気など直接的原因で)死ぬ」
die from ～「(過労など間接的原因)で死ぬ」

169 win
[wín]
ウィン
A1

他① ～に勝つ，(賞など)を勝ち取る　自② 勝つ
▶①「(試合)に勝つ，(競技などで) 1 番になる」

頻出 ①目的語は a game「試合」や a race「競争」などが置かれる.
注意「彼に勝つ」は beat [×win] him と表現する.

170 lose
[lú:z] ⟨発⟩
ルーズ
A2

他① ～を失う　自② (試合・戦争などに)負ける
▶「(必要な物)をなくす」→ ①「(物や人)をなくす」　②「(勝利)をなくす」

頻出 ① lose interest in ～「～への興味を失う」　lose one's way「道に迷う(←自分の行く道を失う)」(＝get lost)
② lose the final game「決勝で負ける」(この場合，lose は 他.)

60

① live a happy life in Canada
② Life is short.
③ the origin of life

① カナダで幸せな生活を送る
② 人生は短い.
③ 生命の起源

live「生きる, 暮らす」

① have[×see] a strange dream
② dream of becoming a chef

① 変な夢を見る
② シェフになることを夢見る

dreamlike「夢のような」

get married to[×with] an actor

俳優と結婚する

marriage「結婚」(⇔ **divorce**「離婚」) **a wedding (ceremony)**「結婚式」
bride「花嫁(←「bread」(パン)を焼く人」から)」 **bridegroom**「花婿」

I was born in India.

私はインドで生まれた.

key born は bear「～を産む」の過去分詞. **birth**「誕生」

① die of a heart attack
② The cherry tree has died.

① 心臓発作で死ぬ
② その桜の木は枯れた.

death[déθ]「死」 **dead**[déd]「死んだ」 [活用]die - died - died(＊進行形は dying となる.)

① win the match
② win easily

① その試合に勝つ
② あっさり勝つ

come in second「(競技などで)2 着になる」 [活用]win - won[wán] - won[wán]

① lose my bag on the train
② lose by one goal

① 電車で(私の)カバンをなくす
② 1 ゴールの差で敗れる

loss「失うこと, 損失, 敗北」 [活用]lose - lost[lɔ́ːst] - lost[lɔ́ːst]

61

171

health

[hélθ] 発
ヘォθ
A1

名 健康〈不可算〉
▶「(全体的な)身体の状況」

頻出 ~ **is good[bad] for** *one*'s **health.**「〜は健康に良い[悪い].」
improve[ruin] *one*'s **health**「健康を増進する[害する]」

172

get sick

[sík]
スィック ★★★

熟 病気になる，気分が悪くなる
▶〈英〉では become sick と表現する.

注意 *be* **sick**「病気である」，*be* **sick in bed**「病気で寝ている」，**feel sick**
「気分が悪い」，*be* **sick of** ~「〜にうんざりしている」の形もある.

173

get well

★★★★

熟 健康になる
▶「すっかり回復する」

注意 *be* **well**「健康である」，**get better**「気分が良くなる」の形もある.

174

stay healthy

[hélθi]
ヘォθィ ★

熟 健康を保つ ▶「健康を保つ」の最も一般的な表現.
◇ keep fit「(運動して)健康を保つ」

注意「健康を保つ」に対応する英語は様々なものが考えられるが，まずは，
この表現を確実に使えるようにする.

175

have a cold

[kóuld] 発
コゥオドゥ ★★★

熟 風邪をひいている〈状態〉
▶ have (病気)「(病気)にかかっている」

注意 **get[catch]** (病気)「(病気)になる」〈動作〉
⇒ get[catch] (a) cold「風邪をひく」(＊catch は「流行病」のみ可.)

176

human

[hjú:mən]
ヒューマン
名B1
形A2

名① 人間〈可算〉 形② 人間の
▶「(動物やロボットなどとの対比としての)人間」

頻出 ②a **human being**「人間」(＊①より堅い表現) **human rights**「人権」
注意 a **man**「男」の複数形は **men** だが，a **human** の複数形は **humans**.

発音のコツ ⑪

-ai- は「エィ」と発音！
-ai- は主に「エィ」と発音します．ローマ字読みで「アイ」と読まないように気をつけましょう．
(〔例〕157 afraid[əfréid]，1381 aim[éim]，paid[péid] (＊188 pay「支払う」の過去形・
過去分詞).
例外は said[séd](＊8 say「言う」の過去形・過去分詞)と939 aisle[áil]を覚えましょう．

Walking is good for your health. | 歩くことは健康に良い.

形 héalthy「健康な」

---

get sick in class | 授業中, 気分が悪くなる

🔑key この get は「〜の状態になる」という意味. 名 síckness「病気」

---

get well soon | すぐに良くなる

🔑key この well は形「健康な」の意味なので「健康(well)になる(get)」となる.

---

play tennis to stay healthy | 健康を保つためにテニスをする

🔑key héalthy は形「健康な」の意味で, このように〈名詞＋y〉の形(health「健康」＋y)は形になることが多い. ⇒ ráiny「雨の, 雨降りの」, lúcky「幸運な」, sléepy「眠い」

---

have a bad cold | ひどい風邪をひいている

◉the flú「インフルエンザ」(＊通例, the が必要.) ◉be getting a cold「風邪気味で」

---

① Only humans[×human] can use fire. | ① 人間だけが火を使うことができる.
② the human brain | ② 人間の脳

📕語源 hum-[土]→「土の上を歩くもの」 *húmid「湿気のある(←土に近い)」

発音のコツ⑫

-ate と -ite は 2 つ前にアクセント!
-ate と -ite で終わる 3 音節以上の単語は, 語尾から数えて 2 つ前にアクセントがあります.
例えば, chócolate(cho-co-late)は -ate から数えて 2 つ前の cho にアクセントがあります.
150 fávorite(fa-vor-ite)も -ite から数えて 2 つ前の fa にアクセントがあります.
なお, -ous, -ise, -ize も同様です. 例えば, 416 émphasize(em-pha-size)や
497 ádvertise(ad-ver-tise)などです.

□ 177

person

[pə́:rsn] 発
パースン

A1

名 人〈可算〉
▶「(1 人の)人」

頻出 in person「(代理でなく)本人自ら」
（＊この熟語の場合，person は〈不可算〉.）

注意 複数形「人々」は **pérsons** ではなく **péople** と表現するのが普通.

a person   people

□ 178

people

[pí:pl]
ピープォ

A1

名 人々
▶「(2 人以上の)人々」（＊someone, a person「(1 人の)人」の複数形）

注意 -s の形ではないが複数形なので，後に続く be 動詞は **are**[**were**]となる.
a péople〈可算〉の場合，「民族, 国民」の意味.

□ 179

neighbor

[néibər] 発
ネィバ

A1

名 近所の人
▶「隣り，または近くに住む人」

頻出 **a next-door neighbor**「隣の家の人」

□ 180

help

[hélp]
ヘォプ

動 A1
名 A2

他① (人)を手伝う，助ける　名② 助け
▶「(誰かが何かをするのに)手を貸す」◇ sáve「(命など)を救う」

頻出 **help (人) with ~**「(人)の~を手伝う」（＊~に動名詞は不可.）
help (人) (to) do「(人) が~するのを手伝う」⇨ I helped him
(to) repair his bike.「彼が自転車を修理するのを手伝った.」

□ 181

grow

[gróu]
グロゥ

A1

自① 成長する，大人になる　他② (農作物)を栽培する
▶①「(人間が)成長する，(植物が)育つ」　②「(仕事として)~を栽培する」

頻出 ① **grow up**「(人・動物が)成長する，大人になる」
注意 ②「(趣味で)~を栽培する」は take care of ~と表現する.

□ 182

*bring ~ up

★★

熟 ~を育てる
▶「(子ども)に行動の仕方, 考え方を教える」

頻出 S was born and brought up in ~.「S は~で生まれ育った.」

□ 183

take care of ~

★★

熟 ~の世話をする，~を処理する
▶「(子どもや庭などの)世話をする」から「(問題など)を処理する」まで.

頻出 **take good care of ~**「~を十分に世話する」
take care of oneself「体に気をつける」

David is a **kind person**. | デイビッドは親切な人だ.

形**pérsonal**「個人の」 名**personálity**「人柄」

Many people were dancing. | 多くの人々が踊っていた.

名**éveryone**「みんな, 全ての人」(＊〈単数〉扱い)　**those who** ～「～な人々」

chat with **a next-door neighbor** | 隣の家の人とおしゃべりする

形**néighboring**「近所の, 隣接した」
名**néighborhood**「(ある町や都市の人が住む)地域」(＊日本語の「近所」より幅広い地域を指す.)

① **help** him **with** his homework
　　[×helped his homework] | ① 彼の宿題を手伝う
② Thank you for all your **help**. | ② 色々助けてくれてありがとう.

形**hélpful**「役立つ」　形**hélpless**「どうしようもない」　名**give** (人) **a hand**「(人)を手伝う」(＊口語)

① **grow up** in Osaka | ① 大阪で育つ
② **grow** potatoes | ② (仕事として)ジャガイモを栽培する

名**grówth**「成長」　名**grówn-up**「大人」　[活用]grow - grew[grúː] - grown[gróun]

bring up five children | 5 人の子どもを育てる

key 直訳すると「～を上に(up)持ってくる(bring)」→「～を育てる」　動〈主に米〉**ráise**「～を育てる」

take care of my tortoise
　　　　　　[tɔ́ːrtəs] | 亀の世話をする

key care は 名「世話(をすること)」の意味.　動〈主に英〉**look after** ～「～の世話をする」

184	**熟 ～とうまくやっていく**
get along with ～	▶「～と良好な人間関係を保つ」
★★★	頻出 **get along well with ～**「～ととてもうまくやっていく」

185	**熟 (～と)友達になる**
make friends	◇ get to know ～「～と知り合いになる」
(with ～)	頻出 **make friends with ～ again**「～と仲直りする」
★★	注意 make は become に言い換え可. ⇨ become friends (with ～)

186	**熟 (学校・職場など)の友達**
a friend from ～	▶「数多くいる友達のうちの1人」
	頻出 **a friend from work**「仕事仲間, 職場の友達」
★	注意 my friend という表現はすでに話題に出ていて, 聞き手も特定できる場合に用いるのが普通.

187	**熟 (～と)別れる**
break up (with ～)	▶「～と縁がすっかり切れる」
★★	注意 恋人だけでなく「(人)と縁が切れる」でも使える.

お金

188	**他① ～を支払う 自② 支払う ③ (仕事などが)割に合う**
pay	**名④ 給料** ▶「物やサービスの対価として支払う」
[péi]	
ペイ	頻出 ① **pay A for B**「Bの代金としてAを支払う」
動名A1	② **pay for A**「Aの代金を支払う」

189	**他① ～を買う ② (SVO₁O₂) (O₁にO₂を)買ってやる, おごる**
buy	▶「(お金を出して)何かを受け取る」
[bái] 発	
バイ	頻出 ① **buy A for B**「Bを出してAを買う」
A1	**buy ～ at a convenience store**「コンビニで～を買う」

190	**他① ～を売る 自② (副を伴い)売れる**
sell	▶①「(お金と引き換えに物)を売る」
[sél]	
セォ	頻出 ② **sell out**「売り切れる」(=be sold out)
A1	**sell well[badly]**「よく売れる[あまり売れない]」

get along with other people | 他人とうまくやっていく

> **key** 直訳すると「～と一緒に(with)沿った状態(along)を手に入れる(get)」から「～と並走する」
> →「～とうまくやっていく」となる.

make friends with a classmate | 同級生と友達になる

> **key** 「自分」と「相手」が友達になるため, friends と複数形になる.
> ◉ *be* friends with ～「～と友達である」

a friend **from** high school | (現在あるいは過去の)高校の友達

> **key** この from は「出自, 出所」を表す. ⇨ I am from India.「私はインドの出身だ.」

Glen and I **broke up** last year. | グレンと私は昨年別れた.

> **key** 直訳すると「すっかり(up)バラバラになる(break)」となる.
> ⇔ *be* seeing ～ [go out with ～]「～と付き合う」 ◉ make up (with ～)「～と仲直りする」

---

① **pay** five dollars **for** the book | ① その本の代金として5ドルを支払う
② **pay for** the room | ② (その)部屋代を支払う
③ Honesty does not **pay**. | ③ 正直者がばかをみる(正直は割に合わない).
④ take a vacation **with pay** | ④ 有給休暇を取る

> 图 **páyment**「支払い」 [活用]pay - paid[péid] - paid[péid]

① **buy** this scarf **for** 5,000 yen | ① 5千円でこのマフラーを買う
② **buy** him lunch | ② 昼食を彼におごる

> [活用]buy - bought[bɔ́ːt] - bought[bɔ́ːt]

① **sell** my car **for** 500,000 yen | ① 車を50万円で売る
② Her books **sell** very well. | ② 彼女の本は売れ行きがとてもよい
 | (とてもよく売れる).

> 图 **sále**「販売, 売上高」⇨ for sale「販売中で」 [活用]sell - sold[sóuld] - sold[sóuld]

☐ 191 **expensive** [ikspénsiv] イクスペンスィヴ　A1	**形 高価な** ▶主語になるのは「値段」ではなく「品物(名)」など. (＊cheap も同様.) **注意** **príce**「価格」, **sálary**「給料」, **íncome**「収入」が「高い」は, expensive ではなく, **high** を用いる. (［○］The price is high. ［×］The price is <u>expensive</u>.)	

☐ 192 **cheap** [tʃíːp] チープ　形A2 副 −	**形① 安価な　副② 安く**　▶「値段が安い」(＊しばしば「質が悪い」ことを示唆.) ◇inexpénsive「(質が良くて)安い」 **頻出** ② buy, get, sell と共に用いる. ⇨ buy A cheap「A を安く買う」 **注意** **príce**「価格」, **sálary**「給料」, **íncome**「収入」が「安い」は cheap ではなく, **low** を用いる. ⇨ The price is low.	

☐ 193 **on sale** [séil] セイォ　★★★	**熟 特売で, バーゲンで** ◇for sale「(主に家, 車などが)販売中で」 **頻出** buy ～ on sale「～を特価で買う」 **注意** 「バーゲンセールをする」は英語では have a sale と表現する.	

仕事

☐ 194 **job** [dʒáb] チャブ　A1	**名 仕事〈可算〉**　▶「(定期的に賃金をもらってする)仕事」 ◇tásk「(義務として課せられた骨の折れる)仕事」 **頻出** find a job「仕事を見つける」 lose one's job「仕事を失う」 **注意** 「お仕事は何ですか？」は **What do you do?** と尋ねるのが普通.	

☐ 195 **work** [wə́ːrk] 発 ワーク　名動A1	**名① 仕事〈不可算〉　② (芸術などの)作品〈可算〉　自③ 仕事をする** ▶①「宿題」「家事」なども含む「作業全般」 **頻出** ③ work hard「熱心に働く」 work part-time「アルバイトをする」 **注意** ①〈不可算〉なので「多くの仕事」は a lot of work と表現する.	

☐ 196 **report** [ripɔ́ːrt] リポートゥ　名A2 動B1	**名① 報告書　他② ～を報じる**　▶①「(調査・研究の)報告書)」 ◇a páper「(学生の)レポート」 **頻出** ① a report card「通知表, 通信簿」 ② It has been reported that S V.「～と報じられている.」	

☐ 197 **work for ～** ★★★★	**熟 ～で働いている** ▶「勤務先」を伝える表現 **注意** 「どちらへお勤めですか？」は **Who[×Where] do you work for?** と表現する.	

This lipstick is too **expensive** for me. | この口紅は私には高すぎる.

名 expénse「出費」 **反 inexpénsive**[**chéap**]「安い」

① a **cheap** air ticket | ① 安い航空券
② **buy** the bag **cheap** | ② そのかばんを安く買う

（原級）cheap -（比較級）cheaper -（最上級）cheapest

T-shirts **are on sale** today. | 今日は T シャツがバーゲンです.

key この on は「継続」を意味し, 直訳すると「特売(sale)をしていて(on)」→「特売で」となる.
⇨ on the increase「増加中」 **a bárgain**「特価品, お買い得品」

How is your new **job**? | 新しい仕事はどう.

形 jóbless「失業中の」

① do **a lot of work** | ① 多くの仕事をする
② Mishima's early **works** | ② 三島（由紀夫）の初期の作品
③ **work** very hard | ③ とても熱心に働く

fírework「花火」〈可算〉 **hómework**「宿題」〈不可算〉

① finish this **report** | ① この報告書を仕上げる
② The news was **reported** nationwide. | ② そのニュースは全国的に報じられた.

副 repórtedly「報道によると」

work for a TV station | テレビ局で働いている

work at (場所)「(場所)で働く」⇨ work at a department store「デパートで働く」

198	
vacation ★[veikéiʃən] 発 ヴェイケイション A1	名 **(何日か続く)休暇** ▶「(夏休みのような)長期休暇」 ◇hóliday「〈米〉祝日, 休日」 注意 〈米〉では **vacation**「休暇」と **holiday**「祝日」を使い分けるが, 〈英〉では「休暇全般」を **holiday** と表現することが多い.

199	
take (期間) off ★	熟 **(期間)の休みを取る** ▶「(決まった休日以外で)休みを取る」 頻出 **take two days off**「2日間休みを取る」 **take tomorrow off**「明日を休みにする」

200	
on business [bíznis] ビズニス ★★	熟 **仕事で** ◇for sightseeing「観光で」 注意 主に「仕事で(〜に行く)」という文脈で使われるので,「私は10年 前仕事でドイツにいました.」は, I worked in Germany ten years ago. と表現するほうが普通.

学校・教育・学問

201	
class [klǽs] クレェス A1	名 **授業** ▶「(集団の)授業」 ◇lésson「(個人的な)授業」(＊「授業時間」の意味では言い換え可能.) 頻出 **in class**「授業中に」(⇔ in a class「クラスの中で」) **have an English class**「英語の授業がある」

202	
homework [hóumwə̀ːrk] 発 ホゥムワーク A1	名 **宿題**〈不可算〉 ▶「(学生に与えられる)学習課題」 頻出 **do (one's[the]) homework**「(自分の[その])宿題をする」 注意 〈不可算〉なので「多くの宿題」は[○]a lot of homework [×]a lot of homeworks と表現する.

203	
paper [péipər] ペィパ A1	名 ① **(学生の)レポート, 研究論文** ② **新聞** ▶「紙に書かれた物」(＊②は néwspàper より口語的.) 頻出 ① **a paper on 〜**「〜に関するレポート, 研究論文」 注意 ①「(学生の)レポート」は report ではなく paper を用いるのが普通.

204	
interview [íntərvjùː] インタヴュー A1	名 **面接(試験), 面談** ▶「(試験の)面接」から「(公式の)面談」まで. 頻出 **have an interview (for 〜)**「(〜のための)面接試験を受ける」 **a job interview**「就職の面接試験」

| take a long vacation | 長い休暇を取る |

語源 vac-[空]+-ation[すること]→「家を空にすること」 *vácuum「真空」

| take a day off | 1日休暇を取る |

key 直訳すると「仕事から離れた状態(off)で(期間)を取る(take)」→「(期間)の休みを取る」となる. *be off*「(会社, 学校などを)休んでいる」 **on *one*'s day off**「休みの日に」

| go abroad on business | 仕事で海外へ行く |

key この on は「継続」を表し, 直訳すると「仕事(business)をしていて(on)」→「仕事で」になる. ⇨ on duty「勤務中」

| The next class is Japanese. | 次の授業は国語だ. |

the upper[middle] class「上流[中流]階級」

| have a lot of homework to do | やるべき宿題がたくさんある |

hóusework「家事」

| ① write a paper on wild animals
② Have you read today's paper? | ① 野生動物についてのレポートを書く
② 今日の新聞を読みましたか. |

語源「パピルス(古代エジプト人が作っていた紙の一種)」が語源. **pápers**「書類」

| have an interview for a part-time job | アルバイトの面接を受ける |

語源 inter-[相互に]+-view[見る]→「お互いを見ること」 **ínterviewer**「面接する人」 **interviewée**「面接を受ける人」

	205 **teach** [tíːtʃ] ティーチ A1	他 ～を(…に)教える　▶「(学問, 知識, やり方など理解が難しいもの)を教える」 ◇téll「(道順, 住所など情報)を教える」　shów「(図示して)～を教える」 比較 <u>teach</u> him math「彼に数学を教える」 　　 <u>tell</u> him the way「彼に道を教える」
	206 **on my way to school** ★★★	熟 学校へ行く途中で　▶「学校へ向かう道で」 ◇in one's way「～の邪魔になって」 注意 on my way home「家へ帰る途中で」(*home は 副 なので to は不要.) 　　 on my way from the library「図書館から帰る途中」などの形も可.
	207 **on a school trip** ★	熟 学校の旅行で ▶「遠足」から「修学旅行」まで. 頻出 go on a school trip「遠足[修学旅行]に行く」

国・町・外国

	208 **foreign** [fɔ́ːrən] 発 フォーレン A1	形 外国の ▶「異質な」→「遠い外国の」 頻出 a foreign country「外国」　foreign currency「外国通貨」 注意 「外国人」は通例 people from abroad などと表現する.
	209 **abroad** [əbrɔ́ːd] 発 アブロードゥ A2	副 海外へ, 海外で ◇overséas「海外へ；海外の」(*形 の意味もあり.) 頻出 study abroad[×in abroad]「留学する(←海外で勉強する)」 注意 副 なので 前 は不要. ([例外]from abroad「海外から(の)」)
	210 **international** [ìntərnǽʃənl] インタネェショノォ A2	形 国際的な ▶「様々な国が関わる, 国家間の」 注意 「彼は国際的だ.」は [×] He is international. ではなく, 普通, 　　 He is internationally-minded.「彼は国際感覚がある.」と表現する.

発音のコツ ⑬

[f]や[v]の発音は歯の位置がポイント！

[f]は下唇の上に歯を軽く置き，「フー」と息を出す発音です.
([例]35 feel[fíːl], 164 life[láif], 208 foreign[fɔ́ːrən])
次に，同じ要領で「ヴー」と息を出してみてください. その音が[v]の発音です.
([例]66 move[múːv], 93 receive[risíːv], 198 vacation[veikéiʃən])

72

teach him how to ski | 彼にスキーの仕方を教える

[活用]teach - <u>taught</u> - <u>taught</u>（＊つづりに a を含む 動 → -aught（例：tea<u>ch</u>, ca<u>tch</u>）
その他の 動 → -ought（例：buy, bring, think））

I felt dizzy on my way to school. | 学校へ行く途中で目まいがした.

● key 直訳すると「〜へ(to)行く道(my way)の上で(on)」→「〜へ行く途中で」となる.

---

go to Ise on a school trip | 学校の遠足で伊勢に行く

● key この on は「継続」を表し, 直訳すると「学校の旅行(school trip)をしていて(on)」
→「学校の旅行で」になる.

---

live in a foreign country | 外国で暮らす

■語源 「外側にある」が元の意味. ＊<u>fó</u>rest「森（←町の外にあるもの）」

---

live abroad for years | 何年もの間海外で暮らす

■語源 ab-[離れて]＋-road[道] →「道から離れた所に」 ＊<u>ab</u>nórmal「異常な」

---

an international flight | 国際便
◇ a domestic flight | ◇国内便

副 internátionally「国際的に」 形 nátional「国の, 国内の」

発音のコツ ⑭	**war- と wor- の発音について！** arm, card などの -ar- は主に「アー」と発音しますが, 語頭の **war-** の形では「ウォー」と発音します. （例 435 aw<u>ar</u>d[əwɔ́ːrd], 1100 w<u>ar</u>n[wɔ́ːrn]） また, pork[pɔ́ːrk]や short[ʃɔ́ːrt]などの -or- は「オー」と発音しますが, **wor-** の形では「ワー（暗いアー）」と発音します. （例 161 w<u>or</u>ry[wə́ːri], 195 w<u>or</u>k[wə́ːrk]）

☐ 211 **country** [kʌ́ntri] 発 カントゥリィ A2	**名**① 国 ② (the-) 田舎 ▶①「(地理的な)国」 ◇nátion「(政治的，経済的な構造における)国」 státe「(政治的な)国家」 **注意**②「田舎」と表現する場合，慣用的に **the country** とする. 「その国で」は in <u>that</u> country と表現するのが無難.
☐ 212 **town** [táun] タウン A1	**名**町 ▶《大きさ》víllage「村」< town < cíty「都会」 **注意** in town「町で」，out of town「町の外で」，leave town「町を出る」，go to town「町へ行く」などの定型表現では，冠詞は不要.
☐ 213 **street** [strí:t] ストゥリートゥ A1	**名**① 通り ② 街 ▶①「(家や商店が並ぶ)通り」 ◇róad「(町から町へと続く)公道」 **頻出**② on the street(s)「街で(←歩道の上にいる)」

始める・終える

☐ 214 **begin** [bigín] ビギン A1	**他**① 〜を始める **自**② 始まる ▶stárt「〜を始める」よりも堅い語. **頻出** begin to *do*[*doing*]「〜し始める」 begin with 〜「〜から始める」 to begin with 〜「まず第一に」
☐ 215 **finish** [fíniʃ] フィニッシュ A1	**他**〜を終える，仕上げる ▶「最後までやり遂げる」 **頻出** finish *doing*「〜し終える」([×]finish to *do* は不可.) **注意** 目的語には**名**あるいは動名詞が置かれる.
☐ 216 ***be* over** [óuvər] 発 オゥヴァ ★★	**熟** 終わった ▶「(一定の期間，継続していた出来事[状態]が)終わっている」 **注意**「終わっている」という〈状態〉を示すので，「〜が終わった」は [×]was[were] over ではなく，is[are] over と現在形で表す.
☐ 217 ***be* done with 〜** ★	**熟** (仕事や関係など)を終えている ▶「終えたことで気持ちがすっきりしている」イメージ. **注意** 目的語には，「早く終わらせたいもの」が置かれる.

74

① all over the **country**
② live **in the country**

① 国中で
② 田舎に住む

◉**the cóuntryside**「(美しいイメージの)田舎, 田園」

a **town** by the sea

海辺の町

dówntówn名「町の中心部」 副「町の中心部へ」 ◉**one's hómetówn**「～の故郷の町」

① Go down this **street**.
② see him **on the street**

① この通りを行ってください.
② 街で彼を見かける

⚫key street children は「路上生活の子どもたち」のこと.

① It has **begun to** rain.
② School **begins** at[×from] nine.

① 雨が降り始めた.
② 学校は9時から始まる.

名**begínning**「始まり」 名**begínner**「初心者」 [活用]begin - began - begun

finish the race

そのレースを完走する(レースを終える)

◢語源 fin-[終わり] *fínal「決勝戦」

Our romance **is over**.

(私たちの)恋は終わった.

⚫key over の基本的なイメージ「(弧を描いて) 向こう側に行く」から「向こう側に (over) ある (be)」
→「終わった」

Are you **done** with this plate?

このお皿をお下げしてもよろしいですか
(食べ終えていますか).

⚫key この done は形「(仕事などが) 済んだ」という意味. ⇨ Well done!「よくやった！(←うまく済
ませた)」

218

become

[bikÁm]
ビカム

A1

自 〜になる ▶「別のものに成り変わる」

◇ get「(瞬間的に)〜(の状態)になる」⇨ get angry「怒る(←怒った状態になる)」

頻出 *be becoming popular*「人気が出てくる」

注意「〜するようになる」は[×]become to *do*, [○]get[come] to *do*.

219

turn

[tə́:rn] 発
ターン

A1

自① (色, 年齢などが)〜に変わる ② 曲がる

▶「回る」→ ②「曲がる」→ ①「変化する」

頻出 ①turn(数字)「(ある年齢)になる」

②turn around「振り返る」 turn back「引き返す」

220

change

[tʃéindʒ] 発
チェインヂ

A1

自① 変わる 他② 〜を変える :☼: → :☼:

▶「別の物に変わる[変える]」

頻出 ①change a lot[greatly]「大きく変わる」

②change trains「電車を乗り換える」

221

learn to *do*

★★★★

熟 (技能など)〜ができるようになる

▶「(努力をして)技能などを身につける」

注意 learn how to *do*「〜の仕方を覚える」も同じ意味.

222

come to *do*

★

熟 〜をするようになる

▶「(徐々にある状態)になる」

頻出 come toの後ろには主にthink, believe, feel, likeなどが置かれる.

223

get used to 〜

[júːst]
ユーストゥ

★★

熟 〜に慣れる ▶「(何度も経験することで)〜に慣れる」〈動作〉

◇ get accustomed to 〜「〜に慣れる」(堅い表現)

注意 〈状態〉を表す場合は, *be* used to 〜「〜に慣れ<u>て</u>いる」と表現する.
このtoは 前 の扱いなので, 後ろには 名 あるいは動名詞がくる.

224

go bad

★

熟 悪くなる ▶「(食品が)腐る」から「(事態が)悪化する」まで.

頻出 Things are going bad.「事態が悪化しつつある.」

He **became**[×got] a doctor.

彼は医者になった.

[活用] become - became[bikéim] - become

---

① The lights **turned** green.
② **Turn right** at the next crossing.

① (その)信号が青に変わった.
② 次の交差点で右に曲がってください.

图 **túrn**「順番」⇨ My turn has come.「私の順番が来た.」

---

① Our town has **changed a lot**.
② **change** my hairstyle

① 私たちの町は大きく変わった.
② (私の)髪型を変える

图 **chánge**「変化」 圈 **chángeable**「(天気などが)変わりやすい」

---

learn to cook

料理ができるようになる

图 **léarning**「学問, 習得」

---

come to like reading

読書が好きになる

◉ **fall in love with** ～「(突然)～が好きになる」

---

get used to this heat

この暑さに慣れる

● key この used は 圈「慣れて」という意味で, get used to ～を直訳すると「～に(to) 慣れた状態 (used)になる(get)」→「～に慣れる」になる.

This meat has **gone bad**.

この肉は悪くなってしまった.

● key この go は「(好ましくない状態に)なる」の意味. ⇨ go wrong「うまくいかない」

解決する・決定する

☐ 225

problem

[prábləm]
プラブレム A1

名 (厄介な)**問題**〈可算〉

▶「(数学などの)問題」から「(身体の)不調」「厄介な人」まで.

頻出 have a problem「トラブル(問題)を抱える」

注意「～に関する問題」は a problem with ～と表現する.

☐ 226

solve

[sálv]
サォヴ A1

他 ～を解決する ▶「(困難や問題)を解き切る」

◇ ánswer「(問題)を解く, (アンケートなど質問)に答える」

注意「問題を解決する」は solve a problem[×question]と表現する.
また,「～を解こうとする」は try to solve ～と表現する.

☐ 227

do well

★★

熟 (学校・試験・仕事などを)**うまくやる**

▶「うまくやる」という意味で様々な文脈で使用可.

頻出 do well at school「学校の成績がよい」 do well in *one*'s exam
「試験がうまくいく」 do well at work「仕事がうまくいく」

☐ 228

decide

[disáid]
ディサイドゥ A2

他 (to *do*) (～すること)を**決定する, 決心する**

▶「(様々な可能性を考慮した上で)決定する」

注意「このクラブに決める」は, [×]decide this club ではなく,
[○]decide to join this club と具体的に表現する.

☐ 229

choose

[tʃúːz]
チューズ A1

他①～を選ぶ 自② 選ぶ

◇ seléct「(注意深く)精選する」

頻出 ② choose from[between]～「～から選ぶ」

壊す・落下する

☐ 230

break

[bréik] **発**
ブレイク A1

他① (固いもの)**を壊す, 割る ②～を骨折する**

▶「(有形・無形の物)を力を加えて破壊する」

頻出 break the law「法律を破る」

☐ 231

break down

★★

熟 故障する

▶「(車・機械が)故障する」から「(人が)泣き崩れる」まで.

注意「(機械などが正常に)動く」は work を用いる.
⇨ The light does not work.「電灯がつかない.」

78

have a serious problem	深刻な問題を抱えている

> **key** （名詞）＋problem で「～（の）問題」となる. ⇨ a health problem「健康問題」

solve a math problem	数学の問題を解く

> 名 **solútion**「解決策」⇨ a solution to a problem「問題の解決策」

She **does well at school**.	彼女は学校の成績がよい （学校でうまくやっている）.

> **key** 直訳すると「上手に（well）行う（do）」 反 **do badly**「失敗する」

decide to live on my own	一人で暮らすことを決心する

> **語源** de-[下]＋-cide[切る]から「（ほかの選択肢を）切り離す」→「～を決定する」
> *súicide「自殺（←自分を切る）」 名 **decísion**「決定」⇨ make a decision「決定する」

① **choose** a new captain	① 新しいキャプテンを選ぶ
② **choose between** the two	② その 2 つから選ぶ

> 名 **chóice**「選択」（*日本語でしばしば「チョイスする」と表現するが, choice は 名 なので注意.）
> [活用]choose - chose[tʃóuz] - chosen[tʃóuzn]

① **break** the vase	① （その）花瓶を割る
② **break** my right leg	② 右脚を折る

> 名 **bréak**「休憩」⇨ take a break「休憩する」 形 **bróken**「壊れた, 故障した」⇨ broken English
> 「片言の英語（文法などに誤りのある英語）」 [活用]break - broke - broken

My bike has **broken down** again.	自転車がまた壊れた.

> **key** この down は 副「完全に, すっかり」の意味. ◉ **be broken**「故障中で」
> **out of order**「（公共物が）故障して」⇨ The elevator is out of order.「そのエレベーターは故障している.」

☐ 232

fall

[fɔ́:l]
フォーォ
動 A2
名 B1

自① 落ちる　名② 落下, 滝
▶「(高い所から低い所へ)落ちる」

頻出 ① fall from ~「~から(垂直に)落ちる」　**fall off** ~「~から(離れて)落ちる」　**fall down the stairs**「階段から落ちる」
注意「試験に落ちる」は fail the exam と表現する.（＊この場合は他）

☐ 233

drop

[dráp]
ドゥラップ
A1

他① ~を落とす　自② 落ちる
▶「(意図的にあるいは偶然に)落とす」（＊ストンと落ちるイメージ）

頻出 **drop in[by]**「ひょっこり立ち寄る」（＊訪問先を表す場合,
drop in on(人), **drop in at**(場所)と表現する.）

人の性格・状態

☐ 234

busy

[bízi] 発
ビズィ
A1

形忙しい
▶「ふさがっている」→「(人が)やることが一杯ある」から「(道路や電話回線が)混んでいる」まで.

頻出 **be busy with A**[×A be busy]「Aで忙しい」　**be busy doing**
「~するのに忙しい」　**a busy street**「にぎやかな通り」

☐ 235

free

[frí:]
フリー
A1

形① 自由の　② 無料の, ただの
▶「束縛されていない自由な状態」

頻出 ① **be free from**[of] ~「~がない」　**be free to do**「自由に~する」　**Feel free to do.**「遠慮せず~してください.」

☐ 236

careful

[kέərfəl]
ケァフォ
A1

形注意深い　▶Be careful!!「(これから起こる危険に対して)気をつけて.」
◇Watch[Look] out!「(今起こっている危険に対して)気をつけて.」

頻出 **be careful of**[about] ~「~に注意する」
be careful not to do「~しないように気をつける」

☐ 237

kind

[káind]
カィンドゥ
形 A2
名 A1

形① 親切な　名② 種類
▶② He is our kind.「彼は私たちと同じ種類だ.」→ ①「親切な奴だ.」

頻出 ① **be kind to** ~「~に親切にする」
② **many kinds of** ~「多くの種類の~」

☐ 238

poor

[púər] 発
プァ
A1

形① 貧しい　② 下手な
▶①「(経済的に)乏しい」　②「(技能が)乏しい」

頻出 ① **the poor**「貧しい人々」　② **be poor at**[in] ~「~が苦手だ」
注意「かわいそうな」と訳すこともある. ⇨ Poor thing!「かわいそうに！」

① **fall off** a horse
② the **fall** of the Berlin Wall

① 馬から落ちる
② ベルリンの壁の崩壊

> **語源** fall「秋」は「葉が落ちる季節」の意味から．[活用]fall - fell - fallen

① **drop** my wallet
② Land prices have **dropped**.

① 財布を落とす
② 土地の値段が下がった．

> **名drópping**「(鳥獣の)ふん, 落下」 [活用]drop - dropped - dropped

I **am busy with** my homework.
[×My homework is busy.]

宿題で忙しい．

> **語源** **派búsiness**「仕事」は「手がふさがっていること」が元の意味．

① I am **free** in the afternoon.
② a **free** ticket

① 午後は空いています．
② 無料の券

> **形-frée**「〜がない」⇨ a smoke-free building「禁煙の(たばこのない)建物」
> **名frées**「自由」 **副fréely**「自由に」 **熟for free**「ただで, 無料で」

Be careful of jellyfish.
(＊jellyfish は単複同形．)

クラゲに注意しなさい．

> **語源** care-[注意]＋-ful[＝full 一杯] **反cáreless**「不注意な」 **副cárefully**「注意深く」

① **Be kind to** everyone.
② What **kind of** music do you listen to?

① 誰に対しても親切にしなさい．
② どんな種類の音楽を聴きますか．

> **副kindly**「親切に」 **名kíndness**「親切」 **反unkínd**「不親切な」
> **熟kind of**「いくぶん, まあ」⇨ I kind of like it.「まあ好きかな．」

① I am just a **poor** office worker.
② I am **poor at** sports.

① 私はただの貧しいサラリーマンです．
② スポーツが苦手です．

> **名póverty**「貧困」 **反rích**「金持ちの」

239	
shy [ʃái] シャィ　　A1	**形 恥ずかしがりの** ▶「(知らない人などに対して)おどおどしてしまう」 **類出** *be* shy with strangers「人見知りする」

240	
***be* good at ~** ★★★★	**熟 ～が得意だ** ▶「(ある技能)に秀でている」 **注意** 「(人・手・お金など)の扱いが得意だ」は *be* good with ～と表現する. 　⇒ She is very good with her hands.「彼女は手先が器用だ.」

241	
be* able to *do ★★★	**熟 ～する能力がある** ▶日常では can のほうが使われるが, 「能力がある」ことを強調する場合には 　*be* able to *do* も使われる. **注意**〈未来〉「～できるだろう」は **will be able to *do*** と表現する. 　become able to *do*「～できるようになる」の形もある.

242	
***be* tired from ~** [táiərd] タィアドゥ　　★	**熟 ～で疲れる** ▶「(精神的・肉体的に)疲れている」 **注意** from は **前** なので後ろには **名** か **代**, 動名詞が置かれる.

物事の形態・状態

243	
easy [í:zi] イーズィ　　A1	**形 簡単な** ▶「あまり努力を要さずに目的を果たせる」 **類出** It is easy for ～ to *do*.「～が…するのは簡単だ.」 　⇒ It is easy for me to do it.「私がそれをするのは簡単だ.」 　([×]I am easy to do it.)

244	
difficult [dífikʌlt] ディフィカォトゥ　　A1	**形 難しい** ▶ hárd より堅い語. **類出** It is difficult for ～ to *do*.「～が…するのは困難だ.」

発音のコツ
⑮

シーの発音！
日本語の「シー」は, あまり力を入れずに発音できます.
しかし, 12 see などの[si:]は, 止めた息を一気に出しながら「スゥィー」という感じで発音します.
また, she や sheet などの[ʃi:]は, 日本語の「静かに！」の意味の「シー！」に近い音です.

I am very **shy** at school.	私は学校ではとても内気だ.

名**shýness**「内気」 ●**naíve**「世間知らずの, だまされやすい」

She **is good at playing** the violin.	彼女はバイオリンの演奏が得意だ.

反**be bad[poor] at ~**「(ある技能)が苦手だ」(*「ピーマンが苦手だ.」は「技能」に関することではないので, I do not like green peppers. などと表現する.)

I **was able to**[×could] answer the question.	その質問に答えることができた (回答する能力があった).

名**abílity**「能力」 反**be unable to do**「~できない」

I **am tired from doing** housework.	家事で疲れている.

●**be tired of ~**「(繰り返される)~にうんざりしている」
⇒ I am tired of his complaints.「彼の愚痴にはうんざりだ.」

The quiz was **easy** for me.	その小テストは私には簡単だった.

副**éasily**「簡単に」 名**éase**「簡単さ」 (原級)easy - (比較級)easier - (最上級)easiest

---

The quiz was **difficult** for me.	その小テストは私には難しかった.

名**dífficulty**「苦労, 困難」 ⇒ have difficulty doing「~するのに苦労する」

発音のコツ⑯

「ジ($_3$)」か「ヂ(d$_3$)」か！

日本語には, 「ヂ」の発音はあまりなく, 多くの場合, 「ジ」と発音します.
しかし, 英語では, 428 apologize[əpάlədʒàiz], 475 judge[dʒʌ́dʒ] など
「ヂ(dʒ)」の発音は多くあります.
380 usually[júːʒuəli] や 1212 vision[víʒən] など -s-, -z- の単語は「ジ($_3$)」ですが,
それ以外の「ジ」の音は全て「ヂ(dʒ)」の発音です.

Part 1
Part 2
Part 3
Part 4

245 □ **quiet** [kwáiət] クワィアットゥ **A1**	**形**① **静かな** ② **(人が)物静かな** ▶①「(邪魔な音や動きがなく)静かな」 ◇sílent「(声も音もまったくせず)静かな」
	頻出① **keep quiet**「静かにしておく」
246 □ **safe** [séif] セィフ **A2**	**形 安全な** ▶「危険がない」
	注意 しばしば **come, arrive, keep** などの **動** の後ろで，補語として用いる．⇨ come home safe「無事に帰宅する」
247 □ **true** [trú:] トゥルー **A1**	**形**① **真実で** ② **(for[of] ～) (～に)当てはまる** ▶①「真実だ」→ ②「(～に関して)真実だ」に意味が派生．
	頻出① **It is true that S V, but S′ V′.**「確かに S V だが，S′ V′ だ．」
248 □ **wrong** [rɔ́:ŋ] ローン(グ) **A1**	**形**① **間違っている** ② **(機械などが)おかしい** ▶「本来の姿とは違う」
	頻出② **There is something wrong with ～.** **[Something is wrong with ～.]**「～の何かがおかしい．」 **go wrong**「うまくいかない」(＊この場合，wrong は **副** ．)
249 □ **different** [dífərənt] ディファレントゥ **A1**	**形**① **(from ～) (～と)異なる** ② **(＋〈可算〉複数形)様々な** ◇várious「様々な」(＊②より堅い語．)
	頻出① ***be* different from A (in B)**「(B において)A と違う」 **completely different**「まったく違う」
250 □ ***be* covered with ～** [kʌ́vərd] カヴァッドゥ ★★	**熟 ～で覆われている** ▶「うっすらと全体が覆われている」
	注意「(雪などで)すっぽり覆われている」という場合には，***be* covered in ～** と表現する．
251 □ ***be* full of ～** [fúl] フォ ★★★	**熟 ～でいっぱいだ** ▶「(容器や建物，人などが)～でいっぱいだ」(＝*be* filled <u>with</u> ～)
	頻出 ***be* full of life**「(人・町などが)活気に満ちた」 ***be* full of excitement**「(人が)とても興奮して」

① a **quiet** engine	① 静かなエンジン
② a **quiet** person	② 物静かな人

語源 qui-[停止した] *qúit「〜をやめる」 反nóisy「騒々しい」

a **safe** place	安全な場所

名sáfety「安全」 反dángerous「危険な」 ◉sáfe「金庫」（← a safe box から）

① That is **true**.	① それは真実だ．
② The same **is true for** everybody else.	② 同じことがほかの人にも当てはまる．

名trúth「真理」 副trúly「本当に」 ①反fálse「誤った」

① You are **wrong** about that.	① それに関して君は間違っている．
② **Something is wrong with** this PC.	② このパソコンは何かがおかしい．

名wróng「悪」⇨ right and wrong「善悪」 ①反ríght「正しい」

① I **am different from** you in this way.	① 私は君とこの点で異なる．
② **different parts** of the world	② 世界中の様々な地域

●key この from は「遠ざかる」というイメージ．名dífference (in ~)「（〜における）違い」
自díffer「異なる」 反the same (as ~)「（〜と）同じ」

The top of the mountain **is covered with** snow.	(その)山頂は雪で覆われていた．

●key この with は「道具・手段・材料」を示す前．⇨ be filled with ~「〜でいっぱいだ」

The supermarket **was full of** people.	そのスーパーマーケットは人であふれていた．

●key この of は「材料・構成要素」を示す前．⇨ be made of ~「〜で作られている」

85

□ 252

important

[impɔ́:rtənt] ア
イムポータントゥ　A1

形 重要な ▶「(人や物に)影響力をもつ」

頻出 **It is important that A (should) do.**「Aが〜することが重要である.」
It is important (for A) to do.「(Aが)〜することが重要である.」

□ 253

necessary

[nésəsèri]
ネサセリィ　A2

形 必要な ◇néed「(人が)〜を必要とする」

頻出 *be* **necessary for** 〜「〜 に 必 要 だ」 **It is necessary to do.**
「〜することが必要だ.」 **if (it is) necessary**「必要ならば」

□ 254

large

[lá:rdʒ]
ラーヂ　A1

形 大きい ▶「(客観的に見て)大きい」 ◇bíg「(主観的に判断して)大きい」

注意 日本語では様々な訳語が可能. ⇨ a large room「広い部屋」
a large population「多い人口」 a large number「大きい数字」

□ 255

small

[smɔ́:l]
スモーォ　A1

形 小さい ▶「(客観的に見て)小さい」 ◇líttle「(主観的に判断して)小さい」

比較 a small dog「小さい犬(小型犬)」
a little dog「小さくてかわいい犬」

□ 256

tall

[tɔ́:l]
トーォ　A1

形 ① (人・木・建物が)高い ② (数字＋)身長〜
▶①「(細長くて)高い」 ◇hígh「(幅広くて)高い」

比較 a high wall[ceiling]「高い壁[天井]」
a tall tree[tower]「高い木[塔]」

□ 257

short

[ʃɔ́:rt]
ショートゥ　A1

形 短い
▶「(時間・距離などが)短い, (身長が)低い」

short ▷
long ▷

頻出 *be* **short of** 〜「(金・時間など) が不足している (←短くて足りな
い)」 **run short of** 〜「(金など)を切らす」

□ 258

only

[óunli] 発
オゥンリィ　副形A1

副① ただ〜にすぎない 形② ただ1つの ▶「それ以外にはない」

比較 ①He is only a child.「彼は子どもにすぎない.」
②He is an only child.「彼は一人っ子だ.」

an **important** game	重要な試合

> **語源** im-[=in 中に]+-port-[運ぶ] → 「(運び入れたくなるほど)重要な」
> *pórter「運搬人, ポーター」　**名importance**「重要性」　**反unimpórtant**「重要でない」

Food **is necessary for** life.	食料は生命に必要です.

> **名necéssity**「必要性」　**反unnécessary**「不必要で」

a **large** family	大(人数の多い)家族

> (原級)large - (比較級)larger - (最上級)largest

a **small** country	(面積の)小さい国

> (原級)small - (比較級)smaller - (最上級)smallest

① Mark is very **tall**[×high].	① マークはとても背が高い.
② Mike is **170 cm tall**.	② マイクは身長170センチだ.

> ①**反short**「背が低い」

a **short** pencil	短い鉛筆

> **名shórtage**「不足」　**副shórtly**「すぐに」

① He is **only** in his teens.	① 彼はまだ10代にすぎない.
② the **only** way to win	② 勝つための唯一の方法

> **語源** on-[=one 1つ]+-ly[の]

259

even

[íːvən]

イーヴン

A2

副 ① さえも　② (比較級の前で)さらに

▶「平らな, 同じ高さの」→「(「結局は同じ」の意から強意語として)(~で)さえも, さらに」

頻出 even though S V「~だけれど」　even so「たとえそうでも」

260

each

[íːtʃ]

イーチ

代形 A1

代 ① (ある特定グループの)各々　**形** ② 各々の

▶「(2つ以上の物[人]が別々に存在する)個々」
◇every「(3つ以上の物[人]から成る1つのグループの中の)個々」

頻出 ① each of ~「~のそれぞれ」
注意 ② each の後ろには単数形の **名** が置かれる.

261

other

[ʌ́ðər]

アðァ

代 A2
形 A1

代 ① ほかの物・人〈可算〉　**形** ② ほかの

注意 ① the other「もう一方」　the others「それ以外の物[人]」
(＊「物が2つある」とき, 1つを取ったら, 残りは the other,「物が3つ以上ある」とき, 1つを取ったら, 残りは the others となる.)

262

another

[ənʌ́ðər]

アナðァ

代 A2
形 A1

代 ① ほかの1つ[1人]　**形** ② ほかの

▶①「不特定のもう1つの物[もう1人]」

頻出 ① one after another「次々と」

263

each other

★★★

熟 お互い

▶「(2人が)お互い」だけでなく「(3人以上が)お互い」も可.

注意 「お互いに」ではなく「お互い」を意味する **代** なので,
自 の後ろに置く場合は **前** が必要.

264

either A or B

★[íːðər] **発**

イーðァ

★★

熟 A か B かのどちらか(一方)

▶A or B「A か B」の強調表現.

注意 (否定文の後で) not either「~もまた…ない」⇨ I don't like cats.
My wife doesn't either.「私は猫が嫌いです. 妻もそうです.」

265

neither A nor B

★[níːðər] **発**

ニーðァ

★

熟 A も B も~ない

▶not A or B「A も B も~ない」の強調表現.

比較 I know neither A nor B.「A も B も知らない.」
I do not know both A and B.「A と B の両方は知らない.」

① It is cool here **even** in summer.
② Things became **even** more difficult.

① ここは夏でも涼しい.
② 事態はさらに難しくなった.

形 **éven**「均一の, 偶数の」 副 **évenly**「均等に」

① **Each of** us has[×have] a locker.
② **Each** country has its own flag.

① 私たち一人ひとりにロッカーがある.
② それぞれの国にそれぞれの国旗がある.

熟 **each and every**「どの〜も」(＊each の強調表現)

① help **others**[×other]
② on the **other** side of the street

① 他人を助ける
② (その)通りの反対側(ほかの側)に

🔑 key ①〈単数形〉**another**「もう１つ[１人]」 〈複数形〉**others**「ほかの物[人]たち」

① Show me **another**.
② study **another** language

① ほかの物を見せて.
② ほかの言語を勉強する

🔑 key an＋other の合成語(＊すでに不定冠詞 an がついているので,[×]the another は不可.)

We looked <u>at</u> **each other**.

私たちはお互いを見た.

熟 **one another**「(3人以上が)お互い」

Either you or he **is** wrong.

君か彼かのどちらかが間違えている.

éither 代①「(2つのうち)どちらか」 形②「(2つのうち)どちらかの」

I speak **neither** Spanish **nor** German.

私はスペイン語もドイツ語も話さない.

néither 代①「(2つのうち)どちらも〜ない」 形②「(2つのうち)どちらの〜も…でない」

☐ 266 **both A and B** [bóuθ] 発 ボゥθ ★★★★	熟 **A も B も両方とも** ▶ A and B 「A と B」の強調表現. 注意 not both A and B 「A と B の両方とも〜わけではない」
☐ 267 **not A but B** ★	熟 **A ではなくて B** ▶ 間違いを正すための表現 (=B, (and) not A). 注意 A や B に〈前+名〉の句が置かれる場合, 〈not 前+名, but 前+名〉 の語順にするのが普通.
☐ 268 **not only A but (also) B** ★	熟 **A だけでなく B までも** ▶ A よりも B に重点がある表現. ◇ A as well as B 「B だけでなく A も」(＊主に A に重点がある表現.) 注意 also だけでなく but も省略されることがある.
☐ 269 **at least** [líːst] リーストゥ ★★★	熟 **少なくとも** ▶「最低でも」 頻出 at least (数量)「少なくとも〜」
☐ 270 **the same ～** [séim] セィム ★★★★	熟 **同じ〜** ▶ 必ず the をつける. 頻出 exactly the same ～「まったく同じ〜」 the same A as B 「B と同じ A」
☐ 271 **especially** [ispéʃəli] イスペシャリィ A2	副 **特に** ▶「(同じ種類のグループの中で)特に, とりわけ」 注意 通例, 修飾する語句の直前に置かれるが, 主語の前は不可. ([×]Especially Jack likes hamburgers.)
☐ 272 **have (程度) to do with ～** ★	熟 **〜と (程度) の関係がある** ▶「(人・物が)〜と(程度)関係している」 注意 (程度) の部分には something, a lot などが置かれて, それぞれ 「〜と多少関係がある」「〜と大いに関係がある」の意味となる.

I can **both** speak **and** read English. 私は英語を話すことも読むことも両方でき
きる.

bóth 代 ①「両方」 形 ②「両方の」

I went **not to** France **but to** Italy. 私はフランスではなくイタリアに行った.

●key この not は副で but は接.

She speaks **not only** English **but also** 彼女は英語のみならずフランス語も話す.
French.

I read **at least two** books a week. 私は 1 週間に本を少なくとも 2 冊読む.

●key least は little の最上級で, 直訳すると「最小(least)では(at)」となる.
反 at most「せいぜい(←最大では)」

We go to **the same** school. 私たちは同じ学校に通っています.

● the same「同じこと[もの]」⇨ This looks the same.「これは同じに見える.」

I get a lot of exercise, **especially** on 私は運動をしっかりやっています.
weekends. 特に週末は.

■語源 spécial「特別な」と同じ語源.

I **have nothing to do with** him. 彼とは一切関係がありません.

●key 直訳すると「～と一緒に(with)するための(to do)(程度)を持っている(have)」となる.

91

that of ~

★

熟 ~のそれ ▶(人以外の)**名** の反復を避ける表現.

(＊英語では同じ単語の繰り返しは避ける傾向がある.)

注意 日本語に訳さない場合も多い.

複数形の **名** を言い換える場合には **those of ~** となる.

数量・割合・計算

□ 274

some

[sʌ́m]

サム

A1

形 ① (中には)～もある　② いくらかの, 何らかの

▶「存在するが, 不明瞭な」

◇séveral「(明確に存在する)いくつかの」

頻出 ① **Some ～, and others** ...「～もあれば, …もある」

注意 ②「不定の数量」を表し, 日本語に訳さない場合も多い.

□ 275

any

[éni] **発**

エニィ

A1

形 ① (疑問文で)何か　② (否定文で)少しも(～ない)

③ (肯定文で)どんな(～でも) ▶「存在しないかもしれないが, もしあれば」

注意 ② not がなくても stop や without など否定を含む語と共に使う

ことも可. ⇨ without any money「お金を持たないで」

□ 276

many

[méni] **発**

メニィ

A1

形 (+〈可算〉複数形)多くの～

▶口語では a lot of ～のほうが使われる.

頻出 **How many +〈可算〉複数形 ～?**「いくつの～?」

注意 通例, 疑問文・否定文で使われ, 肯定文の場合は主語につくことが多い.

□ 277

much

[mʌ́tʃ]

マァチ

形副 A1

形 ① (+〈不可算〉単数形)多くの～　副 ② ずっと, とても

注意 ①主に, 疑問文・否定文で使われ, 肯定文では a lot of ～が使われる.

②主に, 比較級, 最上級, 一部の動詞を強調する.

□ 278

a few ~

[fjúː]

フュー

★★★

熟 (+〈可算〉複数形)いくらかの～

▶「(数)が少しある」(＊「ある」ということに焦点.)

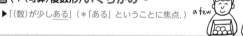

注意 few +〈可算〉複数形「ほとんど～ない」⇨ I have few questions

for you.「あなたに質問はほとんどありません.」

The population of Tokyo is larger than **that of** Osaka.	東京の人口は大阪の(それ)より多い.

🔑 **key** 用例では, <u>the population of</u> Osaka を <u>that of</u> Osaka と言い換えている.

---

① **Some** people like dogs, **and others** like cats. ② I want to drink **some** water.	① 犬を好きな人もいるし, 猫を好きな人もいる. ② (いくらかの)水が飲みたい.

🔊 **sóme**「いくらか, 若干」

① Do you have **any** questions? ② I do **not** have **any** money. ③ We will help **any** child.	① 何か質問はありますか. ② お金は少しも持っていません. ③ 私たちはどんな子どもでも助けます.

🔊 **ány**「どれか, 何か, 誰か」

I do not have **many** books.	私は本をあまり持っていない (多くの本を持っていない).

🔊 **mány**「多くの物[人]」 (原級)many - (比較級)more - (最上級)most

① I do **not** have **much time**. ② That is **much** better.	① あまり時間がない(多くの時間を持っていない). ② そのほうがずっと良い.

🔊 **múch**「多量, たくさん」 (原級)much - (比較級)more - (最上級)most

I have **a few questions** for you.	あなたにいくつか質問があります.

🔑 **key** a がつくと「肯定的」で, a がつかないと「否定的」な意味になる. 🔊 **a few**「少数の物[人]」

発音のコツ ⑱

-ng[ŋ]で終わる単語は日本語の「ン」に近い!
ping-pong[píŋpàŋ]「卓球, ピンポン」を「ピングポング」とは発音しません.
-ng で終わる単語の場合, 最後の **g** は口の中に飲み込む感じで発音します.
この原則によって, listening や walking も正しい音は「リスニン」「ウォーキン」のような発音になります.

279

a little ~

[lítl]
リトゥォ
★★★★

熟 (＋〈不可算〉単数形) **少量の~**
▶「(量)が少しある」(＊「ある」ということに焦点.)

注意 little＋〈不可算〉単数形「ほとんど~ない」⇨ I had little money in my wallet.「財布にはお金がほとんどなかった.」

280

a lot of ~

★★★★

熟 (＋〈可算〉複数形／〈不可算〉単数形) **多くの~**
▶「(客観的に見て, 数や量が)たくさんの」(＊口語的な表現.)
◇plenty of ~「(主観的に判断して, 十分足りるほど)たくさんの~」

注意 主に肯定文で使われる.
lots of ~は同じ意味だが, よりカジュアルな表現.

281

a piece of ~

★★★★

熟 (＋〈不可算〉単数形) **1つの~**
◇one＋〈可算〉単数形「1つの~」

注意 páper「紙」のような具体的な物だけでなく advíce「忠告」のような抽象的な物にも使える. ⇨a piece of information「1つの情報」

282

a couple of ~

[kápl]
カプォ
★★

熟 (＋〈可算〉複数形) ① (同種のものが) **2つの** ② **2, 3の**
▶①から②へ意味が派生. (＊意味は文脈によって判断する.)

比較 a couple of shoes「(ペアとは限らない)靴2つ」
a pair of shoes「(ペアの)靴1足」

283

thousand

[θáuzənd]
θアゥザンドゥ
A2

名 1,000

1,000,000,000
billion　million　thousand

頻出 **ten thousand**「1万(10,000)」
one hundred thousand「10万(100,000)」

284

thousands of ~

★★★

熟 **何千もの~**
▶「千」がたくさんある.

注意 ~には〈可算〉の複数形が置かれる.
thousand はこの熟語以外では -s をつけない.

285

(数字)＋percent

[pərsént] ア
パセントゥ
B1

名 **~パーセント**
▶〈英〉では per cent の形(2語)が多い.

注意 〈(数字)＋**percent**〉の形で使い, s はつけない([×]30 percents).
数字を伴わない「パーセント(割合)」は percéntage を用いる.

I had **a little money** in my wallet. | 財布には少しお金があった.

● **key** a がつくと「肯定的」で, a がつかないと「否定的」な意味になる. **名** **a little**「少し[少量]の物」

We had **a lot of snow** last year. | 昨年は雪が多かった.

■ **語源** 元は「〜の(of)ひとかたまり(a lot)」という意味. **副** **a lot**「とても, ずっと」

---

a piece of pie | 一切れのパイ

■ **語源** 元は「〜の(of)一片(a piece)」という意味. **名** **píece**「破片」

---

① **a couple of tickets**
② **a couple of days** ago | ① 2 枚のチケット
② 2, 3 日前

■ **語源** 元は「〜の(of)一対(a couple)」という意味. **名** **cóuple**「(夫婦などの)カップル」

---

eighteen **thousand** yen | 1 万 8 千円

■ **語源** 元は「ふくれた数字」という意味. *thúmb「親指(←ふくれた指)」

---

thousands of birds | 何千羽もの鳥

◉ **hundreds of** 〜「何百もの〜」 **millions of** 〜「何百万もの〜」

About **25 percent** of Japanese hold a passport. | およそ25パーセントの日本人はパスポートを所持している.

■ **語源** ラテン語の per centum「100につき」から.

| 286
all
[ɔ́ːl]
オーォ   **形代 A1** | **形** ① (+〈可算〉複数形 /〈不可算〉単数形) 全ての～
代 ② 全てのもの〈単数扱い〉,全ての人〈複数扱い〉 |
| | **頻出** ① all the ～「その全ての～」 ② **All you have to do is (to) do**.「～するだけでよい(←やるべき全ては～だ).」 |

| 287
whole
[hóul]
ホゥォ   **A2** | **形** (the を伴って)～全体
▶「丸ごと全部」 |
| | **比較** the whole country「国中(←(その)国全体)」
all the countries「(その)全ての国々」 |

時に関する動詞

| 288
have a～time
★★★ | **熟** ～な時を過ごす   ▶「過ごした時間の質」に重点がある. |
| | **注意**「楽しい時を過ごす」なら,～に **wonderful, nice, great** などが,
「つらい目に遭う」なら,～に **hard, bad** などが置かれる. |

| 289
spend
[spénd]
スペンドゥ   **A1** | **他** ① (時間)を費やす   ② (お金)を使う
▶「お金・時間・労力を何に使ったか」に重点があり, doing や副詞(句)を伴う. |
| | **頻出** ① spend (時間) doing[副詞(句)]「～するのに[～で](時間)を費やす」
spend (時間)[(お金)] (on ～)「(～に)(時間)を費やす,(お金)を使う」 |

| 290
waste
[wéist] **発**
ウェイストゥ   **動名 B1** | **他** ① ～を浪費する   **名** ② 浪費,無駄   ③ 廃棄物〈不可算〉
▶「(時間,金,努力)を無駄に使う」 |
| | **頻出** ① waste (時間) doing[副詞句]「(時間)を～に浪費する」
waste (お金) on ～「(お金)を～に浪費する」 |

| 291
*put ～ off
★★ | **熟** ～を延期する
▶「(試合,会議などの日程)を後ろにずらす」 |
| | **頻出** put ～ off (until A)「～を(A まで)延期する」
注意 postpóne「～を延期する」は同じ意味だが, put ～ off より堅い語. |

予定する・計画する・実行する

| 292
be going to
do
★★★ | **熟** ～するつもりだ   ▶「(すでに)～することを決めている」 |
| | **比較** I am going to eat here.「ここで食べるつもりだ(←すでに決めていた).」
I will eat here.「ここで食べることにするよ(←その場で決めた).」 |

① open all the windows
② All you have to do is to wait here.

① (その)全ての窓を開ける
② ここで待つだけでよい(やるべき全てのことはここで待つことだ).

the whole village

村全体

名 whóle「全体」⇨ as a whole「全体として」

have[×spend] a wonderful time

とても楽しい時を過ごす

◉ Have a nice weekend!「よい週末を.」

① spend time with friends
② spend too much money on clothes

① 友達と遊ぶ(時を過ごす)
② 洋服にお金をかけすぎる

語源 s-[=ex 外]+-pend[重さを量る, 支払う] *expénsive「高価な」
[活用]spend - spent - spent

① waste money on watches
② It's a waste of time.
③ plastic waste

① 時計にお金を浪費する
② そんなの時間の無駄だ.
③ プラスチックゴミ(廃棄物)

語源 wa-[=va 空っぽの]から「空っぽにする」→「無駄にする」 *vácant「空いている」

put off the game until Monday

月曜日までその試合を延期する

key 直訳すると「~を離して(off)未来のどこかに置く(put)」となる.

I am going to leave at ten.

10時に出かけるつもりだ.

key *be* gonna *do* は *be* going to *do* の口語的な言い換え表現.

☐ 293 **try** [trái] トゥライ A2	他① ～を試す　② ～を試しに食べてみる ▶①「～を実現するために努力する」 **頻出** ① **try to** *do*「～しようと努める」　**try ～ on**「～を試着する」 **注意** 日本語の「チャレンジする」は try を用いて表現することが多い.
☐ 294 **plan** [plǽn] プレァン 動B1 名A1	他① ～を計画する　名② 計画 ▶②「(個人的な)予定」から「(大規模な)計画」まで. ◇**próject**「(主に, 大がかりな)計画」 **頻出** ① **plan to** *do*[**plan on** *doing*]「～することを計画する」 ② **make a plan for ～**「～の計画を立てる」
☐ 295 ＊**carry ～ out** ★★	熟 (約束・義務・命令・実験など)を実行する ▶日常では do のほうが使われる. ⇨ do an experiment「実験を行う」 **注意** 比較的, 堅い文脈で使う表現なので,「(個人のちょっとした)計画 を実行する」という文では不適切.
☐ 296 **behind schedule** ★★	熟 予定より遅れて ◇on schedule「予定どおりに」　ahead of schedule「予定より早く」 **頻出** **～ hours**[**days**] **behind schedule**「予定より～時間[日]遅れて」 **注意** schedule は〈米〉[skédʒuːl]〈英〉[ʃédʒuːl]で発音が異なる.

待つ・間に合う・遅れる

☐ 297 **wait for ～** ★★★★	熟 ～を待つ ▶「誰か[何か]が来るまで同じ場所にいる」 **頻出** **wait for A to** *do*「A が～するのを待つ」 **注意** wait「待つ」は自なので「～を待つ」とするためには **for** が必要.
☐ 298 **keep (人) waiting** ★	熟 (人)を待たせる　▶keep O C「O を(意識的に)C の状態にしておく」 ◇leave O C「O を(元の状態のまま)C にしておく」〈放置〉 **注意** 1 語で「～を待たせる」を意味する動はないので, この表現を用いる.
☐ 299 **in time (for ～)** ★★	熟 (～に)間に合って ▶「(何かが開始するのに)間に合って」 **頻出** 強調のため副 **just** を伴うことがある. ⇨ just in time「ちょうど間に合って」

① try to forget him | ① 彼のことを忘れようとする
② Try this soup. | ② このスープを試しに飲んでみて.

图 tríal「試み, 裁判」

① plan to study in the U.K. | ① イギリス留学を計画する
② make a plan for the weekend | ② 週末の計画を立てる

🔑key 日本語で「プラン」は 图 として使われている.

carry out a plan | 計画を実行する

🔑key この out は 圓「最後まで, 徹底的に」という意味で, 直訳すると「〜を最後まで(out)運ぶ(carry)」
→「〜を実行する」になる.

arrive behind schedule | 予定より遅れて到着する

🔑key 直訳すると「予定(schedule)の後ろに(behind)」→「予定より遅れて」となる.

wait for you in the staff room | 職員室で君を待つ

🔑key この for は 圓「〜を求めて」という意味で, 直訳すると「〜を求めて(for)待つ(wait)」
→「〜を待つ」になる.

He kept me waiting for two hours. | 私は彼に 2 時間待たされた
| (彼は私を 2 時間待たせた).

🔑key 直訳すると「(人)が待っている状態(waiting)に保つ(keep)」→「(人)を待たせる」になる.

We were in time for the last train. | 私たちは終電に間に合った.

🔑key この in は 圓「〜のうちに」という意味で, 直訳すると「予定の時間(time)のうちに(in)」
→「間に合って」になる.

300		
on time	熟 **時間どおりに**	
	▶「定刻に遅れずに」	
★★	頻出 **arrive on time**「時間どおりに到着する」 （人）**is always on time.**「（人）はいつも時間を守る.」	

301		
late	形 ① **遅れた, 遅くの** 副 ② **遅れて, 遅くに**	
[léit] レイトゥ	▶「時間・時期が遅い」	
形副 A1	比較 ① in the <u>late</u> afternoon「午後遅くに」 ② <u>late</u> in the afternoon「午後遅くに」	

早く・すぐに

302		
early	副 ① **(時間, 時期が)早く, 初期に** ② **(予定より)早く** 形 ③ **早い, 初期の**	
[ə́ːrli] 発 アーリ	▶「(ある期間の中で時間[時期]が)早い」 ◇ fást「(速度が)速い」 rápid「(変化が)急な」	
副 A1 形 A2	比較 ① in my <u>early</u> teens「10代前半に」 in my <u>late</u> teens「10代後半に」	

303		
quickly	副 **急いで, 素早く**	
[kwíkli] クウィックリィ	▶「(動きが)素早く, 機敏に」	
A1	注意 「急いで(〜に)行く」は, go quickly より hurry や run を使って 表現するのが普通. ⇨ hurry to the airport「急いで空港に行く」	

304		
soon	副 **すぐに**	
[súːn] スーン	▶「今から短時間のうちに」(＊「今すぐに」という切迫感はない.)	
A1	頻出 **as soon as S V**「〜するとすぐに」 **as soon as possible(＝ASAP)**「できるだけ早く」	

305		
right away	熟 **すぐに**	
	▶「今すぐに」(＊soon よりも切迫感がある口語的な表現.)	
★★	注意 immédiately「ただちに, すぐに」は同じ意味だが, 堅い表現.	

306		
at once	熟 ① **すぐに** ② **同時に**	
	▶① ＝right away ② ＝at the same time	
★★	注意 強調のため 副 all を伴うことがある. ⇨ all at once「①突然 ②まったく同時に」	

arrive at the station **on time**	時間どおりに駅に到着する

> **key** on は「接触」が基本的なイメージなので，直訳すると「時間(time)にぴったりくっついて(on)」
> →「時間どおりに」になる.

① I was ten minutes **late for** school.	① 学校に10分遅刻した.
② arrive **late**	② 遅れて到着する

> 形 **látest**「最新の」　副 **látely**「最近」　(原級)late - (比較級)later - (最上級)latest

① **early** in the morning	① 朝早くに
② arrive **early**	② 早く到着する
③ have an **early** lunch	③ 早めの昼食をとる

> 反 **láte**「遅く，遅い」　(原級)early - (比較級)earlier - (最上級)earliest

Get ready **quickly**!	急いで準備しなさい.

> 形 **quick**「敏速な」

Soon it will be Christmas. (＊このit は「時間」を示す.)	もうすぐクリスマスだ.

> 熟 **sooner or later**「遅かれ早かれ」

Send this **right away**.	すぐにこれを送りなさい.

> 熟 **right now**「①ちょうど今　②今すぐに」(＊②の場合, right away とは違い, 現在時制にしか使えない.)

① Come back **at once**.	① すぐに戻りなさい.
② do two things **at once**	② 2つのことを同時にする

> **key** at は「点(〜で[に])」が基本的なイメージなので，直訳すると「一度(once)に(at)」から
> 「(2つの物事が)一度に(起こる)」→「①すぐに　②同時に」となる.

☐ 307 **(期間) later** ★	**熟 (期間)後に** ▶「ある過去の出来事から,(期間)後に」 **注意** later は単独で用いて「あとで」の意味になる(未来または過去の文). ⇒ I will call you later.「あとで電話します.」
☐ 308 **in (期間)** ★★★	**熟 ① (今から)(期間)で ② (所要時間)かかって, 費やして** ▶① 「今から,(期間)が過ぎれば」 **注意** 「2時間以内に」は within two hours と表現する.

最初・最後

☐ 309 **at first** [fə́ːrst] **発** ファーストゥ ★★	**熟 最初は** ▶「最初のうちは」(＊後で状況が変化することを示唆.) **頻出** At first S V, but later S′ V′.「最初はS Vだったが, 後でS′ V′.」
☐ 310 **for the first time** ★★★★	**熟 初めて** ▶「(人生において)初めて」(＊2回目があることを示唆.) **頻出** for the first time in ~ years「~年ぶりに(←~年の中で初めて)」 for the first time in years[ages]「久しぶりに」
☐ 311 **in the end** ★★	**熟 最後には** ▶「(良くも悪くも結末を示して)最後には」 **注意** at the end of ~「~の終わりに」との違いに注意. ⇒ at the end of this month「この月末に」
☐ 312 **at last** ★★	**熟 とうとう** ▶「(待ち望んでいたことが)ついに(できた)」 **注意** 文頭か文末で用いる.

発音のコツ ⑲

[r]は小さな「ウ」を言ってから発音するイメージ!

[r]は舌を後ろに思いっきり引いて, 舌先をどこにもつけずに発音します.
慣れないうちは, 唇を丸めて小さな「ウ」を最初に発音するつもりでやるといいでしょう.
[l]は舌先を上の前歯の裏側にしっかりと押しつけて発音します.
red[réd]と led[léd](lead の過去形・過去分詞)で[r]と[l]の違いを練習しましょう.

Two years later, we met again. ┊ 2年後に, 私たちは再会した.

⊛ (期間) **agó**「(期間)前に」⇨ I came back to Japan two years ago.
「2年前に, 私は日本に戻ってきた.」

① I will be back **in two hours**. ┊ ① 2時間で戻ります.
② I cleaned the room **in two hours**. ┊ ② その部屋を2時間で掃除した.

key この in は「現在を始点とする未来の期間の終点」を意味するため, in two hours は
「現在から2時間という期間の終点に」→①「(今から)2時間後に」 ②「2時間かかって」となる.

At first I was worried, **but later** I relaxed. ┊ 最初は心配していたが, 後で落ち着いた.

key at は「点」を示すので, 直訳すると「最初 (first) の時点 (at) では」→「最初のうちは」となる.

for the first time in my life ┊ 生まれて初めて

In the end, I walked home. ┊ 最終的には, 歩いて家に帰った.

key in は「～の中に」という意味なので, 直訳すると「(物事が進行して) その終点 (the end) の中で (in)」
→「最後には」となる.

At last, my dream came true. ┊ ついに夢が実現した.

key at は「点」を示すので, 直訳すると「最後 (last) の時点 (at) で」→「ついに」となる.

発音のコツ ⑳

A of B の of の発音に注意しよう！
一般に, **A of B** の of は「オヴ」ではなく, 「オ」や「ア」に近い発音になります.
some of them なら「サムオヴゼム」ではなくて「サマゼム」の感じです.
同様に, that of ～も「ザットオヴ」ではなくて「ザラ」, none of them なら「ナナゼム」
に近い音になります.

□ 313	熟① (主に文末で) 結局　② (主に文頭で) そもそも
after all	▶①「(予想に反して) 結局」　②補足的な理由として用いる.
★★	注意 ①「予想に反した結果」が出たときに使用.

順番

□ 314	形① 第1の　副② 初めて　③ (文頭で) まず第1に
first	▶③〈英〉では firstly と表現.
[fə́ːrst] 発 ファーストゥ　　形副 A1	頻出 ②主に 動 の前に置かれる. 強調形は for the first time「初めて」

□ 315	形① (the−) 第2の　副② 第2に
second	▶②〈英〉では sécondly と表現.
[sékənd]　　形 A1 セカンドゥ　　副 B1	注意 a second ~は「もう1つの~」(=another ~) という意味. ⇒ Give me a second chance.「もう1度チャンスをください.」

□ 316	副① (列挙して) 最後に　② 最終的に
finally	▶②客観的な表現として, プラスのことでもマイナスのことでも使う.
[fáinəli] ファイナリィ　　A2	頻出 ①first(ly)「最初に」, second(ly)「2番目に」と共に列挙されることが多い.

経験

□ 317	熟 ~へ行ったことがある　▶「~へ行ったことがある」〈経験〉
	◇ have gone to ~「~へ行ってしまった (今はここにいない)」〈完了〉
have been to ~	注意 疑問文では ever「今までに」を伴うことが多いが, 平叙文では不可.
★★★	([〇]Have you <u>ever</u> been to ~?　[×]I have <u>ever</u> been to ~)

□ 318	副 (否定文・疑問文で) 今までに
ever	▶=at any time「(ないかもしれないが, もしあれば) いつか」
[évər] エヴァ　　A2	注意 通例, 平叙文では使われないが, the first time「初めて」や最上級の文の後ろでは可. ⇒ This is the first time I have ever met him.「彼に会ったのは今回が初めてだ.」

□ 319	副 決して~ない
never	▶「(過去から未来まで) 一度もない」
[névər] ネヴァ　　A1	頻出 **Never mind.**「気にするな.」(＊Don't mind. は和製英語.) 比較 I will <u>not</u> meet him tomorrow.「明日彼とは会わない.」 I will <u>never</u> meet him.「彼とは (一生) 決して会わない.」

① Our team lost **after all**. | ① 私たちのチームは（予想に反して）結局負けた.

② **After all**, money is not everything. | ② そもそも, お金が全てとは限らない.

> **key** 堅い文では, ②の意味で用いることが多い.

---

① win **first** prize | ① 1等賞をとる
② When I **first** met her, she was ten. | ② 初めて会ったとき, 彼女は10歳だった.
③ **First**, e-books are less expensive. | ③ まず第1に, 電子書籍のほうが安い.

> **形 fírst-aid**「応急の（←医者が来るまでの<u>最初の手助け</u>）」　**形 fírst-cláss**「一流の, 最高級の」

① after **the second** period | ① 2時間目終了後
② **Second**, bicycles are cheap. | ② 第2に, 自転車は安い.

> **名 sécond**「秒」（← a <u>second</u> minute hour「2番目に細かい時間」から. *60進法で「秒」は「分」の次の2番目の分類）

① **Finally**, I would like to thank you. | ① 最後に, あなたがたに感謝したいと思います.

② **Finally**, I decided not to go. | ② 最終的に行かないことに決めた.

> **key** final+ly なので"l"は2つ.　**fínal 名**「決勝」　**形**「最後の」

I **have been to** Hawaii three times. | ハワイへは3回行ったことがあります.

> **key** 直訳すると「～に到達した(to)状態になったことがある(have been)」となる.

Have you ever seen a koala before?
[kouá:lə] | 今までにコアラを見たことはありますか.

> **key** 肯定文での「今まで（ずっと）」は until now と表現する.

I **have never spoken** with him. | 私は彼と話したことは一度もない.

> **key** not+ever(=at any time)の合成語.　**副 álways**「いつも」

105

320 experience	**名① 経験　他② 〜を経験する**
[ikspíəriəns] イクスピァリァンス　**名 A2**　**動 B1**	▶「今までに得た知識や技術」 頻出 ①**the experience of 〜**[×that S V]「〜という経験」 注意 ①「(漠然とした)経験」→〈不可算〉「(具体的な)体験」→〈可算〉

すでに・まだ

321 already	**副 (肯定文で) すでに**
[ɔːlrédi] **発　ア** オーォレディ　**A1**	▶「もうすでに(終わっている)」 注意 通例, be 動詞や 助 (完了時制の have を含む)の後ろに, be 動詞や 助 がない場合は 動 の前に置かれる.

322 yet	**副① (否定文で) まだ　② (疑問文で) もう　接③ しかし**
[jét] イェットゥ　**副 A1**　**接 B1**	▶①「(いずれ起きるだろうが)今はまだ」　③ but+「驚きの感情」のイメージ. 頻出 ①**have not (過去分詞) yet**[**have not yet (過去分詞)**] 「まだ〜していない」 注意 yet another 〜は「さらにもう1つの〜」という意味.

323 still	**副① (肯定文で) まだ　形② (熟語で) じっとした**
[stíl] スティォ　**副 A2**　**形 A1**	▶①「長く続いていること」への「驚き」を示す. 頻出 ②**sit still**「じっと座っている」　**stand still**「じっと立っている」

時・期間を示す語句

324 at 9 a.m.	**熟 午前9時に**　▶「時刻」の前には at を用いる.
★★★★	頻出 **at 9 p.m.**「午後9時に」　**at nine o'clock**「9時(ちょうど)に」 **at midnight**「夜の12時に(深夜0時に)」 注意 「およそ」を表す about や around を伴う場合, at は省略可.

325 on February 14th	**熟 2月14日に**
★★★★	▶「特定の日」「曜日」の前には on を用いる. 頻出 **on Sunday**「日曜日に」　**on Christmas Eve**「クリスマスイブに」 注意 「月」の前には in が置かれる. ⇨ in February「2月に」

326 on weekends	**熟 週末に**
★★★★	▶「Saturday(土曜日)と Sunday(日曜日)に(←金曜日の夜を含めることもある)」 注意 〈英〉では at weekends と表現することもある.

① learn from experience
② experience something new

① 経験から学ぶ
② 新しいことを経験する

形 expérienced「経験豊かな」(⇔ inexpérienced「経験不足の」)

I have **already** eaten lunch.

お昼はすでに済ませました.

■語源 元は「すっかり(all)準備完了している(ready)」の意味.

① I have **not** eaten lunch **yet**.
② Is my shirt dry **yet**?
③ Bob was busy, **yet** he made time to listen to me.

① お昼はまだ食べていません.
② 私のシャツはもう乾いていますか.
③ ボブは忙しかった. しかし, 私の話を聴く時間を作ってくれた.

① He **still** lives with his parents.
② These kids cannot sit **still**.

① 彼はまだ実家で暮らしている.
② これらの子どもたちはじっと座っていられない.

■語源 元は「静止した」という意味. *stáy *stánd

School begins **at** 9 a.m.

学校は午前9時に始まる.

● key 「(時の流れにおける)ある一点に(at)」のイメージ.

receive a lot of chocolates **on** February 14th

2月14日に多くのチョコをもらう

● key 「(カレンダーの日付の部分に)接触して(on)」のイメージ.

go to a hot spring **on** weekends

週末に温泉に行く

◉ on weekdays「平日に」(← Monday「月曜日」, Tuesday「火曜日」, Wednesday「水曜日」, Thursday「木曜日」, Friday「金曜日」)

327 every day ★★★★	熟 毎日 ▶ éveryday と1語にすると 形「日常の」の意味. 注意 〈every＋(月日や数を表す語)〉で「毎〜」の意味になる. ⇨ every morning「毎朝」 every week「毎週」
328 one day ★★★	熟 ある日(に) ▶「(過去あるいは未来の)ある日に」 ◇ some day「(未来の)ある日」 注意 〈one＋(時を表す語)〉で「ある〜」の意味になる. ⇨ one morning「ある朝」 one Monday「ある月曜日」
329 these days ★★★	熟 この頃, 最近 ▶「(昔と違い)今では」(＊現在時制で使う.) ◇ récently「最近」(通例, 過去時制・現在完了で使う.) 注意 this morning「今朝」と同様に 副 として働くので, 前 は不要. nówadays「近頃」とほぼ同じ意味.
330 the other day ★★	熟 先日 ▶「数日前」(＊日本語の「先日」よりも近いことがある.) 頻出 just the other day「つい先日」 注意 3語で 副 として働くので, 前 は不要.
331 in 2020 ★★★★	熟 2020年に ▶「年」の前には in を用いる. (＊「月」「季節」「世紀」も同様.) 注意 2020は "twenty twenty" あるいは "two thousand twenty" と読む. なお, 2008は "two thousand eight" と読む.
332 last year ★★★★	熟 昨年(に) ▶「現在に一番近い年に」(＊last は「一番最近の」という意味.) 注意 〈last[this, next]＋(時を表す語)〉は 副 として働くので, 前 は不要. ⇨ last[this, next] Tuesday「この前の[この, 次の]火曜日に」
333 time [táim] タイム A1	名① (漠然とした)時間 ② (ある長さの)時間 ③ 回数 ④ 倍(＊②③④ は〈可算〉.) 頻出 ② for a long time「長い間」 ③ many times「何回も」 注意 ③④「1回」は ónce, 「2回, 2倍」は twíce と表現するのが普通.

study **every day**[×everyday]	毎日勉強する

◉**every other day**「1日おきに，2日に1回（←ほかの日ごとに）」

One day, he visited me.	ある日，彼は私の所にやって来た.

◉**one summer evening**（=on a summer evening）「ある夏の午後に」

These days, e-books are popular.	この頃，電子書籍は人気がある.

◉**in those days**「その当時」（＊前 in が必要.）

I saw Jack **the other day**.	先日，ジャックを見かけた.

●key 直訳すると「（今日とは）違う（other）日（day）に」となる.

Jim was born **in 2020**. 	ジムは2020年に生まれた.

◉**in the 2020s[2020's]**「2020年代に」　**in my twenties**「私の20代に」

I saw a hundred movies **last year**. [×in last year]	昨年，映画を100本見た.

◉**this year**「今年（に）」　**next year**「来年（に）」

① Help me if you have **time**.	① 時間があれば手伝ってよ.
② wait **for a long time**	② 長い間待つ
③ change jobs **many times**	③ 職を何回も変える
④ This box is **three times** as large as that one.	④ この箱はあれの3倍の大きさだ.

■**tímetable**「予定表，〈英〉（交通機関の）時刻表，（学校の）時間割」

109

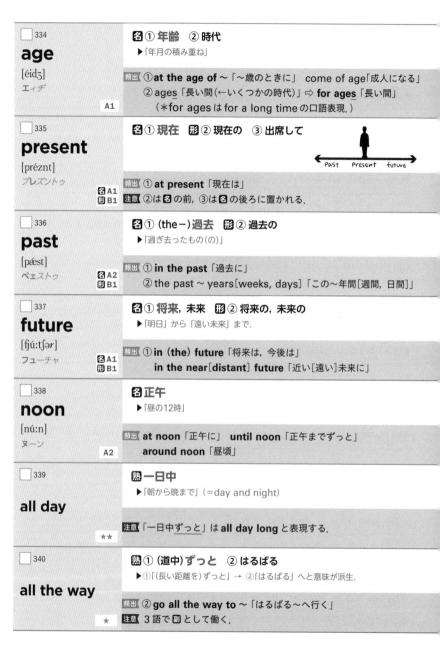

☐ 334

age

[éidʒ]
エィヂ

A1

名① 年齢 ② 時代
▶「年月の積み重ね」

頻出 ① **at the age of ～**「～歳のときに」 **come of age**「成人になる」
② **ages**「長い間(←いくつかの時代)」 ⇨ **for ages**「長い間」
(＊for ages は for a long time の口語表現.)

☐ 335

present

[préznt]
プレズントゥ

名A1
形B1

名① 現在 **形**② 現在の ③ 出席して

頻出 ① **at present**「現在は」
注意 ②は**名**の前, ③は**名**の後ろに置かれる.

☐ 336

past

[pǽst]
ペェストゥ

名A2
形B1

名① (the－)過去 **形**② 過去の
▶「過ぎ去ったもの(の)」

頻出 ① **in the past**「過去に」
② **the past ～ years[weeks, days]**「この～年間[週間, 日間]」

☐ 337

future

[fjúːtʃər]
フューチャ

名A1
形B1

名① 将来, 未来 **形**② 将来の, 未来の
▶「明日」から「遠い未来」まで.

頻出 ① **in (the) future**「将来は, 今後は」
in the near[distant] future「近い[遠い]未来に」

☐ 338

noon

[núːn]
ヌーン

A2

名正午
▶「昼の12時」

頻出 **at noon**「正午に」 **until noon**「正午までずっと」
around noon「昼頃」

☐ 339

all day

★★

熟一日中
▶「朝から晩まで」(＝day and night)

注意「一日中ずっと」は **all day long** と表現する.

☐ 340

all the way

★

熟① (道中)ずっと ② はるばる
▶①「(長い距離を)ずっと」 → ②「はるばる」へと意味が派生.

頻出 ② **go all the way to ～**「はるばる～へ行く」
注意 3語で**副**として働く.

---

① **at the age of** seventeen
② **in** the Stone **Age**

① 17歳のときに
② 石器時代に

> 🔧 **áged**「〜歳の」⇨ high school students aged 15-16「15〜16歳の高校生」
> 🔊 **an aging society**「高齢化社会」(＊áging は「高齢化している」という意味の🔧.)

① live **in** the **present**
② my **present** address
③ the people **present** at the party

① 今(現在)を生きる
② (私の)今の住所
③ (その)パーティーに出席している人々

> 🔤 **présence**「出席, いること」　🔤 **presentátion**「発表, プレゼン」

① learn from **the past**
② for the **past**[×for this] **two years**

① 過去から学ぶ
② この(過去の) 2 年の間

> 🔑 **key** pass「過ぎる」の過去分詞 passed[pæst]「過ぎ去った」から派生した語(発音も同じ).
> 🔤 **pást**「〜を過ぎて」

① think about my **future**
② a **future** city

① 自分の将来のことを考える
② 未来の都市

> 🔑 **key** 君たちの future は明るい(bright) !

Our lunch break is from **noon** to one.

(私たちの)昼休みは正午から 1 時までです.

> 🔊 **afternóon**「午後」(＊元は「正午(noon)の後(after)」という意味)　🔤 **mídnight**「真夜中, 夜の12時」

babysit my sister **all day**

一日中妹の子守をする

> 🔊 **around the clock**「24時間ぶっ通しで」⇨ *be* open around the clock「24時間営業だ」

① stand **all the way to** Tokyo
② bike **all the way to** Akita

① (列車で)東京までずっと立っている
② はるばる秋田まで自転車で行く

> 🔑 **key** way は「道のり」を意味するので, 直訳すると「道のり(the way)を全て(all)」→「道中ずっと」となる.

時を示す前置詞・接続詞

341 **by** [bái] バィ A1	**前 ～までには** ▶「～までには」〈期限〉 3P.M. by ...... 2:50 till ➡
	注意 後ろにSV(節)が続く場合は, **by the time SV** という形にする. ⇨ by the time I come back「私が帰ってくるまでには」

342 **until** [əntíl] ア アンティォ 前A1 接B1	**前① ～まで(ずっと) 接② ～まで(ずっと)** ▶「ある時間まで行為が継続していること」を示す.(=till)
	頻出 ① **It is not until ～ that SV.**「～(して)初めてSV.」 ⇨ It was not until yesterday that I met him. 「昨日初めて彼に会った.」

343 **during** [djúəriŋ] デュアリン(グ) A2	**前① ～の間(ずっと) ② ～の間(のいつか)** ▶①「ある期間中ずっと」 ②「ある期間中の1時点で」
	注意 during は前なので後ろには名が置かれる. ただし, [×]during doing の形は不可なので,「～している間」は接 while を用いて表現する.

344 **while** [hwáil] ワィォ A2	**接① ～している間に ② ～だが, 一方で** ▶②「譲歩(～だが)」「対照(一方で)」の意味.
	注意 ① **while (S be) doing**「(Sが)～している間」 (＊S be が自明の場合は省略可能.)

345 **since** [síns] スィンス 前A2 接B1	**前① ～以来 接② ～以来 ③ ～なので** ▶①②通例, 完了時制で用いる. ③「自明で常識的な理由」を示す.
	注意 ③「(君も知っているとおり)～なので」の意味で, 通例, 主節の前で用いる.

かつて・もう～ない

346 **once** [wʌ́ns] ワンス A1	**副① かつて ② 一度** ▶①過去時制で用いる.
	頻出 ① **once upon a time**「昔々」 ② **once more**「もう一度」 once in a while「時々」 once and again「何度も」

発音のコツ ㉑
-a- は「エ」とは発音しない！
日本語で change は「チェンジ」, lady は「レディ」と言いますが, それぞれの正しい発音は [tʃéindʒ] と [léidi] で,「チェインヂ」「レィディ」に近い音です.
このように, -a- にアクセントが置かれる場合,「エ」ではなく,「エィ」に近い発音になります.
(例外：275 any[éni], 276 many[méni] など.)

112

I'll be back **by 3 p.m.** | 午後3時までには戻ります.

⊛**by the end of the week[month]**「週[月]末までに」

① We are open **until 11 p.m.** | ① 午後11時まで(ずっと)営業しています.
② Stay here **until** I get back. | ② 私が戻るまで(ずっと)ここにいて.

⚫**key** "by は「〜までには」 until は「〜までずっと」と暗記しよう.

① stay abroad **during** the summer | ① 夏の間(ずっと), 海外にいる
② go abroad **during** the summer | ② 夏の間に海外に行く

📕**語源** dur(e)-[続く] *dúrable「耐久性のある」

① **While** traveling in Spain, I went to Barcelona. | ① スペイン旅行中に, バルセロナに行った.
② **While** I like him, I do not trust him. [trʌ́st] | ② 彼のことは好きだが, 彼のことは信頼していない.

⊛**for a while**「しばらくの間」(＊この while は 图 で「時間」の意味.)

① I **have lived** here **since** 2020. | ① 2020年からずっとここに住んでいます.
② I **have known** him **since** he was a child. | ② 子どものときから彼を知っている.
③ **Since** you are a high school student, you should not stay out so late. | ③ 君は高校生なのだから, こんなに遅くまで外にいないほうがいい.

① I **once lived** in Kumamoto. | ① かつて熊本に住んでいた.
② **once a week** | ② 週に一度

接 **ónce**「いったん〜すると」

発音のコツ㉒ **[tʃ] と [dʒ] の音!**
[tʃ] は **child** などに使われる「チャ」「チュ」「チョ」の音で, その有声音 [dʒ] は「ヂャ」「ヂュ」「ヂョ」の音です. 日本語には「ヂャ」「ヂュ」「ヂョ」という発音はないので難しいですね. jelly は日本語では「ゼリー」と表記しますが, 正しくは [dʒéli] で「ヂェリー」のような発音です.

347		
used to [júːst] 発 ユーストゥ ★★	**熟 以前は〜だった, よく〜したものだ** ▶「現在」と比較した「過去の状態や習慣」を表す. 頻出 **S used to V, but nowadays S′ V′.** 「昔はS V だが今ではS′ V′.」	過去　　現在

348	
not 〜 anymore ★★★	**熟 もう〜ない** ▶「過去のことで, もう〜ではなくなった」 注意 **not anymore** と単独で使われることも多い. ⇨ No, not anymore.「いや, もうそうじゃない.」

349	
no longer ★★	**熟 もはや〜ない** ▶ not 〜 anymore と同じ意味だが, より丁寧な表現. 注意 no longer を1つのかたまりとみなして, **be** 動詞や 助 (完了形の **have** を含む)の後ろに置かれる(＝not の位置).

場所を示す語句

350	
here [híər] 発 ヒア A1	**副 ここに[で, へ]** ▶「この場所に[で, へ]」 頻出 **Here is 〜.**「(ほら,)ここに〜があるよ.」 **Here you are.**「(人に物を渡すとき)はいどうぞ.」 注意 「ここはどこですか」は普通 Where am I? と表現する.

351	
there [ðéər] 発 ðエア A1	**副 そこに[で, へ]** ▶「(ある1つの)遠い場所に[で, へ]」 頻出 **over there**「向こうに」(＊over のイメージ「(弧を描いて)向こう 側に」から, 「ボールを山なりに投げて届く所に」のイメージ.

352	
outside [áutsáid] アゥトゥサイドゥ　副A1 　　　　　　　形B2	**副① 外に[で, へ]　形② 外の** ▶「(物の内側に対する)外側」 注意 前「〜の外に」(⇨ outside the house「家の外に」), 名「外」(⇨ from outside「外側から」)　　　の意味もある.

353	
at home ★★★★	**熟① 家で[に]　② くつろいで** ▶②「(家のように, 自分のよく知っている環境で)くつろいで」 頻出 ① **stay (at) home**「家にいる」(＊しばしば at が省略される.) 注意 「家で」と表現する際に in my house はあまり用いない.

I **used to** bike to school,
but nowadays I take the train.

以前は**自転車**で通学していたが,
今は電車を利用している.

◉**would (often)**「よく〜した」（＊「現在」とは比較せず,「過去の習慣」のみを表す.）
⇨ I would often go fishing in the sea when I was young.「若い頃,よく海に釣りに行った.」

I'm **not** a child **anymore**.

もう子どもではありません.

She is **no longer** my girlfriend.

彼女はもはや私の彼女ではない.

◉**key** 直訳すると「(今)より長く(longer)は決してない(no)」から「これ以上には〜ない」
→「もはや〜ない」となる.（＊not 〜 any longer と言い換え可能.）

Can you wait **here** a moment?

しばらくここで待っててくれない.

◉**this place**「この場所」

There is a restaurant **over there**.

向こうにレストランがあります.

◉**key** their[ðéər]「彼らの,それらの」と同じ発音.　◉**that place**「その場所」

---

① It is getting dark **outside**.
② look at the **outside** world

① 外は暗くなってきている.
② 外の世界を見る

反**inside**「内に;内の」

---

① have dinner **at home**
② **feel at home**

① 家で夕食をとる
② くつろぐ

反**at work**「仕事中で」　**at school**「学校で」

354

between A and B

★★★★

熟 A と B との間に ▶「(時間・空間において)〜の間に」

◇ amóng「(３つ以上の物が存在している空間において)〜の間に」

注意 〈**between**＋〈可算〉複数形〉の形でも使われる．⇨ There is a house between a lot of trees.「多くの木の間に家がある.」

355

in front of〜

[fránt]
フラントゥ ★★★

熟 〜の前に ▶「〜の正面に位置する」

◇ befóre「(主に順序が)〜の前に」

注意 日本語の「〜の前に」とはニュアンスが異なる．例えば，「駅前」は「駅の近く」の意味なので, near the station などと表現するのが普通.

356

behind

[biháind] 発
ビハインドゥ

前副 A1

前① 〜の後ろに 副② 後ろに

▶「〜の後ろに位置して」から「〜に遅れて」まで.

頻出 ① behind the times「時代に遅れて」
② leave 〜 behind「〜を置き忘れる」

357

next to〜

★★★

熟① 〜の隣に ② ほとんど

▶①「〜の隣」→ ②「ほとんど」へと意味が派生.

注意 ② almost と言い換え可能で, impossible や nothing などの否定語を修飾. ⇨ next to nothing「ほとんどない」

358

far away from〜

★

熟 〜から遠い

▶「〜から距離が遠い」(＝a long way from 〜)

注意 far from 〜「決して〜ではない(←〜からほど遠い)」と区別.
⇨ It is far from easy.「それは決して簡単ではない.」

359

near

[níər]
ニァ A2

前 〜の近くに

▶「(場所・時間・関係が)近い」

注意 「近くの銀行」は a nearby[×near] bank と表現する.
(＊形 néar は特定の熟語のみに用いられる.)

360

across from〜

★

熟 〜の向かい側に

▶「通りを隔てた反対側」(＝on the opposite side of 〜)

注意 across は前「〜を横切って」という意味.
⇨ swim across the river「川を泳いで横断する」

Come here **between** one and two.	1時と2時の間にここに来なさい.

> **語源** betwéen は「2つのものの間に」が元の意味. *twín「双子(の1人)」 *twíce「2倍, 2回」

Our house is **in front of** the bus stop.	私たちの家はバス停の前にある.

> 反**behínd**「~の後ろに」
> ●**in the front of** ~「~の(中の)前方に」⇨ sit in the front of the bus「バスの(中の)前のほうに座る」

① a big tree **behind** my house	① 家の裏の大きな木
② **leave** my wallet **behind**	② 財布を忘れる(財布を後ろに残す)

> ①反**in front of** ~「~の前(正面)に」

① sit **next to** him	① 彼の隣に座る
② It is **next to** impossible.	② それは不可能に近い (ほとんど不可能だ).

> **語源** néxt は「最も近い」が元の意味. *néar「~の近くに」

My house is **far away from**[×far from] yours.	私の家は君の家から遠い.

> 反**néar**「~に近い」 形**fáraway**「遠くの」⇨ a faraway[×far] school「遠くの学校」

a bank **near** my house	家の近くの銀行

> 形**néar**「(熟語で)近くの」⇨ in the near future「近い将来に」 形**nearbý**「近くの, 付近の」

Our house is **across from** the bank.	私たちの家は銀行の向かい側にある.

> **key** across the street from ~「~から通りを横切って」から the street が省略された表現と考えよう.

361	**熟 ～中で**
all over ～	▶「(広い地域の)全体で」
★★★	**頻出 all over the world**「世界中で」

362	**熟① ～から　② ～がなくて**
out of ～	▶①「～から(外へ出る)」→　②「(外へ出てしまったので)～がなくなって」
	頻出 get out of bed「起きる(←ベッドから外へ出る)」
★★	**注意** out of の 2 語で **前** の働きをする.

状態を示す語句

363	**副 一緒に**　▶「バラバラな人や物が集まって」
together	
[təɡéðər]	**比較 Ben <u>and</u> Tom work <u>together</u>.**「ベンとトムは一緒に働いている.」
トゥゲアァ　A1	Ben works <u>together with</u> Tom.「ベンはトムと一緒に働いている.」

364	**前 ～なしに**　▶「あるべきものがない状態で」
without	
[wiðáut]	**頻出 do without ～**「～なしに済ます」　**without** *doing*「～しないで」
ウィðアウトゥ　A2	**注意 前** なので後ろには **名**, 動名詞が置かれる.

365	**副 一人で**　▶「単独で」
alone	◇(all) by *one*self「(たった)一人で, 自力で」
[əlóun]	**頻出 live alone**「一人で暮らす」
アロウン　A2	**leave ～ alone**「～をそのままにしておく, 一人にしておく」

理由・原因を示す語句

366	**名① 理由　② 理性**
reason	▶①「(ある行為[出来事]の)理由」を示す最も一般的な語.
[ríːzn]	**頻出①the reason for ～**「～の理由」　**for ～ reason**「～の理由で」
リーズン　A1	**the reason (why) S V**「～する理由」

367	**接 ～なので**
because	▶「原因・理由」となる文を従える.
[bikɔ́ːz]	**注意** 文と文をつなぐので〈**S V**(,) **because S′ V′**.〉または〈**Because S′ V′**,
ビコーズ　A1	**S V**.〉の形となる.　([×]〈S V. Because S′ V′.〉という形は不可.)

English is spoken **all over the world**. 英語は世界中で話されている.

● key この all は強調を表す 圓 で, over は「全面を覆って」の意味.

① run **out of** the house
② We are **out of** salt now.

① その家から走って出る
② 今, 塩を切らしている.

● key 直訳すると「~の(of)中から外へ(out)」→「~から(外へ出る)」になる. 園into「~の中へ」

Let's sing **together**.
[×Let's sing with me.]

一緒に歌いましょう.

■語源 to-[に]+-gather[集まる] 圓 gáther「集まる」

We cannot **live without** water. 私たちは水なしには生きられない.

園with「~とともに」 ◉withín「~以内に」

My grandmother lives **alone** in Fukui. 私の祖母は福井で一人暮らしをしている.

■語源 al-[=all まったく(強調)]+-one[ひとり] ◉lónely「寂しい」

① I agree with you **for two reasons**.
② Humans have **reason**.

① 私は2つの理由で君に賛成だ.
② 人間には理性がある.

■語源 元は「計算する, 考える」という意味. 圖réasonable「道理にかなった,(値段が)手頃な」

I do not like coffee, **because** it is bitter. コーヒーは苦いので, 苦手です.
[×I do not like coffee. Because it is bitter.]

■語源 be-[=by ~によって]+-cause[原因] →「~という原因によって」

119

☐ 368 **because of ~** ★★	**熟 ~のために** ▶「原因・理由」となる 名 を従える. 注意 2 語で 前 の働きをする. 前 なので後ろには 名, 代 が置かれる.
☐ 369 **thanks to ~** [θǽŋks] θェンクス　　★	**熟 ~のおかげで** ▶主にプラスイメージの「原因・理由」となる 名 を従える. （*ただし,「~のせいで」という皮肉の意味にも用いる.） 注意 to は 前 なので, 後ろには 名, 代 が置かれる.

方法・目的を示す語句

☐ 370 **way** [wéi] ウェイ　　A1	**名① 方法　② (in ~ way) (~の)点(で)　③ 道** ▶①「やり方」を示す最も一般的な語. ③「目的地までの行き方」 頻出 ① the way (that) S V「~する方法」 注意 ① ③ in this[that] way の形では in が省略されることがある.
☐ 371 **how to *do*** ★★★	**熟 いかに~するのか, ~の仕方**　▶「(これから)どのようにするか」 ◇ the way to *do*「(1 つしかない)~のやり方」 比較 how to live「これからどのように生きるか」 　　 how I live「(私が)今のように生きているか」
☐ 372 **in order to *do*** [ɔ́:rdər] オーダァ　　★★	**熟 ~するために** ▶「~することを目的として」 注意 to 不定詞の副詞的用法 to *do*「~するために」の強調形.
☐ 373 **by train** ★★★	**熟 電車(列車)で** ▶「(交通・通信手段)で」は〈by+(無冠詞の単数形)〉で表現する. 頻出 by bus「バスで」 by bicycle[bike]「自転車で」 by email「メールで」 注意「車で」は by car だが,「私の車で」は in[×by] my car と表現する.
☐ 374 **with a pencil** ★★★	**熟 鉛筆で** ▶「(手に持って使う道具)で」は with を用いる. 頻出 with scissors「ハサミで」 with a pen「ペンで」 注意 with my eyes[hand]「自分の目[手]で」という表現も可.

Because of the accident, the train was an hour late.	その事故のために，電車は1時間遅れた．

Thanks to the Internet, we can access news easily.	インターネットのおかげで，簡単にニュースを入手できる．

key thánks の -s は「強調」のための複数形．

① my **way** of studying ② We differ **in this way**. ③ Please come (**in**) **this way**.	① 私の勉強の仕方 ② この点で私たちは異なる． ③ こちら（こちらの道）へどうぞ．

key 口語では圖「ずっと」の意味で使う．⇨ way up in the sky「ずっと上空に」

show her **how to use** this camera	このカメラの使い方（いかに使うか）を彼女に説明する

key how は「どのようにして」という「方法」を表す圖．

travel to Italy **in order to study** music	音楽を勉強するためにイタリアに行く

key to do「～するために」に in order「順を追って，きちんと」が付け加えられた表現で，「～するために（しっかりと）」だと考えると覚えやすい．

go to Yamagata **by train**	山形まで電車で行く

◉**How** did you come here?「どのような手段でここに来ましたか．」

write **with** a pencil	鉛筆で（文字を）書く

◉**things to write with**「筆記用具」

☐ 375	熟 **ユーチューブで**	
on YouTube	▶「(何らかの媒体)を用いて(画面で見る)」は on を用いる.	
[jú:tú:b] ア	頻出 **on TV**「TV で」 **on DVD**「DVD で」 **on the Internet**「インターネットで」 **on one's smartphone**「スマートフォンで」	
ユートゥーブ ★★★		

☐ 376	副① **オンラインで, インターネットで** 形② **オンラインの**
online	▶①=on the Internet
[ɔ́nláin]	頻出 ① **buy ~ online**「インターネットで~を買う」
オンライン 副形 A2	② **online lessons**「オンライン授業」

☐ 377	熟 **英語で**
	▶「(言語)で」は in を用いる.
in English	頻出 **in broken English**「片言の英語で」
★★	注意 speak in (言語)「(言語)で話す」の場合, しばしば in が省略される.

頻度を示す語句

☐ 378	副 **いつも**
always	▶「(例外なく)いつも」
[ɔ́:lweiz]	注意 頻度を示す 副 は, 通例, be 動詞や 助 (完了時制の have を含む)の
オーォウェイズ A1	後ろに, be 動詞や 助 がない場合は 動 の前に置かれる.

☐ 379	熟 **必ずしも~ない**
	▶「例外もある」ことを強調する表現.
not ~ always	注意 〈not+全体[完全]性を表す語句〉は「部分否定(~というわけではな
★	い, ~とは限らない)」となる.

☐ 380	副 **普段は, 普通**
usually	▶「(例外はあるが)いつもは」
[jú:ʒuəli]	注意 usual+ly なので "l" が 2 つ.
ユジュアリィ A1	

発音のコツ ㉓ **リエゾンに注意しよう!**
英語では子音と母音が隣り合わせになると, それを続けて(連結して)発音するのが普通です.
この現象をリエゾンといいます.
例えば, 372 in order to do は「イン オーダー」ではなくて「イノーダ」,
377 in English は「イン イングリッシュ」ではなく「イニングリッシュ」となります.

Part 1

watch a video **on YouTube** ユーチューブで（ある）動画を見る

◉ **YóuTuber**「ユーチューバー（← YouTube に動画を投稿する人）」

Part 2

① **buy** an airline ticket **online**
② **online** bookstores

① インターネットで航空券を買う
② オンライン書店

■語源 「コンピュータやネットワーク（line）につながって（on）」が元の意味.
ófflíne副「オフラインで」　形「オフラインの」

write **in English**　英語で書く

● key 直訳すると「英語（English）（というフィールド）の中で（in）」→「英語で」となる.

Part 3

He is **always** late.　彼はいつも遅刻する.

■語源 al-[＝all]＋-way-[道]＋-s[副詞化語尾]から「道中ずっと」→「いつも」 *nówadays「近頃」

Parents are **not always** right.　親がいつも正しいとは限らない.

● key 「全体[完全]性を表す語句」は, **all**「全ての」, **always**「いつも」, **every**「全ての」,
each「それぞれの」, **both**「両方の」, **completely**「完全に」など.

Part 4

I **usually** do the shopping on Saturdays.　買い物は普通土曜日にします.

形 **úsual**「いつもの」⇨ as usual「いつものように」, earlier than usual「いつもより早く」

発音のコツ㉔
[br-] や [bl-] を発音する際に, [b] の後に母音を入れない！
[br-] や [bl-] を発音する際には, [b] を破裂させて発音しましょう.
そうしないと, [b] の後ろに母音が入ってしまいます. 例えば, blog[blɔːg]を「ブログ」と発音すると「ブ」の部分に（「グ」の部分にも）母音が入ってしまうので注意しましょう（[×] bulogu）. なお, これは [pl-] なども同様です.

381	副 しばしば
often	▶《頻度》sometimes（時々）＜ often ＜ usually（普段は）＜ always（いつも）
★[ɔ́ːfən] 発 オーフン A1	頻出 **How often ～?**「どれくらいの頻度で～?」

382	副 時々
sometimes	▶「いつもではないが，時には」
[sʌ́mtàimz] サムタイムズ B1	注意 普通，**not** の位置に置かれるが，文頭や文末に置かれることもある.

383	熟 偶然に ▶「偶発的に」
	◇ by accident「（マイナスの結果を示唆して）偶然に」
by chance ★★	注意 日本語の「チャンス」は「好機」の意味だが，英語ではそうとは限らない. この chance は「偶然，運」の意味.

程度・比較を示す語句

384	副① ほとんど ② (動 の前で)あやうく～しかける
almost	▶①「～まであと少し足りない」
★[ɔ́ːlmoust] オーォモゥストゥ A1	頻出 ① **all**, **every**, **no** などの前に置かれる. ⇨ almost all people「ほとんど全ての人」（[×]almost people）

385	副① (最上級を作る)最も 形② 大半の 名③ 大半
most	▶①から②③へと意味が派生.
[móust] 発 モゥストゥ 副名A2 形A1	比較 most[×most of] people「大半の人々」 most of these people「これらの人々の大半」

386	副 最も～でなく
least	▶「程度が一番低い」
[líːst] リーストゥ B1	比較 the most important hint of all「全ての中で一番大切なヒント」 the least important hint of all「全ての中で一番重要度の低いヒント」

387	副① 本当に ② (間投詞的に)本当?
really	▶「(主観的な)感情」を表す表現.
[ríːəli] 発 リーァリ A1	注意 re- は R だが，lly は L の発音なので注意.（*「リアリ」ではなく，「リーァリ」と [iː] をゆっくり読むと，R と L を発音しやすい.）

I **often** use Skype.

私はよくスカイプを利用する.

He is **sometimes** quite funny.

彼は時々かなり面白い.

語源 some-[ある]＋-time-[時]＋-s[副詞語尾]

meet him **by chance**

彼と偶然出会う

key 直訳すると「ある偶然の機会(chance)によって(by)」→「偶然に」となる.

① play video games **almost every** day
② We **almost** missed the train.

① テレビゲームをほぼ毎日やる
② その電車にあやうく乗り遅れそうになった.

語源 al-[＝all 全て]＋-most[ほとんど]→「ほとんど全て」

① **the most beautiful** lake in the world
② **Most**[×Most of] students walk to school.
③ **Most of the students** can play the piano.

① 世界で最も美しい湖
② 大半の生徒は学校まで歩いて行く.
③ (その)生徒の大半はピアノが弾けます.

語源 元は much, many の最上級.

That is **the least interesting** of these comics.

これらの漫画の中でそれが一番面白くない.

語源 元は little の最上級. **móst**「最も～」

① I **really** like it.
② **Really?**

① それが本当に気に入っている.
② 本当に？

語源 real-[現実の]＋-ly[副詞語尾]

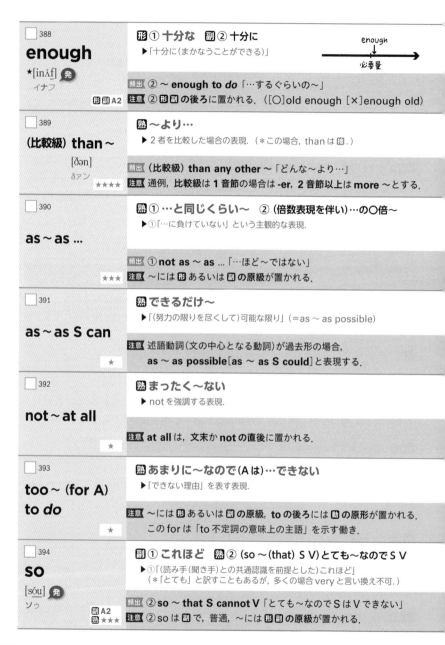

388 **enough** ★[inʌ́f] 発 イナフ 形副A2	形① **十分な**　副② **十分に**　　　　　enough ▶「十分に（まかなうことができる）」　　　↓ 　　　　　　　　　　　　　　　　　　　必要量 頻出 ② ～ **enough to** *do*「…するぐらいの～」 注意 ② 形副の後ろに置かれる．（[○]old enough [×]enough old）
389 **(比較級) than ~** [ðən] ðアン ★★★★	熟 **～より…** ▶2者を比較した場合の表現．（＊この場合，than は接．） 頻出 (比較級) **than any other** ~「どんな～より…」 注意 通例，比較級は**1音節**の場合は **-er**，**2音節**以上は **more** ～とする．
390 **as ~ as ...** ★★★	熟① **…と同じくらい～**　② **(倍数表現を伴い)…の○倍～** ▶①「…に負けていない」という主観的な表現． 頻出 ① **not as** ~ **as** ...「…ほど～ではない」 注意 ～には形あるいは副の原級が置かれる．
391 **as ~ as S can** ★	熟 **できるだけ～** ▶「(努力の限りを尽くして)可能な限り」（＝as ～ as possible） 注意 述語動詞（文の中心となる動詞）が過去形の場合， 　　**as ~ as possible**[as ~ as S could]と表現する．
392 **not ~ at all** ★	熟 **まったく～ない** ▶not を強調する表現． 注意 **at all** は，文末か **not** の直後に置かれる．
393 **too ~ (for A) to** *do* ★	熟 **あまりに～なので(Aは)…できない** ▶「できない理由」を表す表現． 注意 ～には形あるいは副の原級，to の後ろには動の原形が置かれる． 　　この for は「to 不定詞の意味上の主語」を示す働き．
394 **so** [sóu] 発 ソゥ 副A2 熟★★★	副① **これほど**　熟② **(so ～(that) S V) とても～なのでS V** ▶①「(読み手(聞き手)との共通認識を前提とした)これほど」 　（＊「とても」と訳すこともあるが，多くの場合 very と言い換え不可．） 頻出 ② **so ~ that S cannot V**「とても～なのでSはVできない」 注意 ② so は副で，普通，～には形副の原級が置かれる．

126

① You should get **enough** sleep.

② We are **old enough to** drive.

① 十分な睡眠を取りなさい.

② もう車の運転ができる(のに十分な)年齢だ.

名 enóugh 「十分」⇨ I've had enough. 「もう十分いただきました.」

Tom is **taller than** I am.

トムは私より背が高い.

key 用例は than I am tall から tall が省略された形だが, 口語では than me と表現することもある.

---

① Mike is **as good** at singing **as** his brother.

② The earth is **four times as large as** the moon.

① マイクはお兄ちゃんと同じくらい歌が上手いよ.

② 地球は月の 4 倍の大きさだ.

key 最初の as は 副 「〜と同じ程度に」, 2 番目の as は 接 「〜ぐらい」 の意味.

Run **as fast as you can.**

(＝Run as fast as possible.)

できるだけ速く走って.

熟 as soon as possible (＝ASAP) 「できるだけ早く」

I do **not** remember him **at all**.

(＝I do **not at all** remember him.)

彼のことはまったく覚えていない.

熟 Nót at áll. 「①どういたしまして. (←誰かに感謝されたときの返事) ②かまいませんよ. (←誰かに謝罪されたときの返事)」

This sweater is **too small for me to**
　　[swétər]
wear.

このセーターは小さすぎて私は着られない.

key この too は 副 「あまりに〜」 を意味する.

---

① Tokyo is **so** expensive.

② He was **so shocked that** he **could not** speak.

① 東京って物価が(これほど)高いよね.

② 彼はとてもショックを受けて話すことができなかった.

key ②は 「…ほど〜」 という訳で〈程度〉を示すこともある.
(＊用例の場合, 「話せないほどショックだった」となる.)

395 such

[sʌ́tʃ]
サッチ

形 A2
熟 ★★★

形① そのような　熟② (such 〜(that) S V)とても〜なのでS V

▶①「(読み手(聞き手)との共通認識を前提とした)そんなに，こんなに」

注意 such a big car「そのような大きい車」を 副 so を用いて表現すると，so big a car の語順になる.

396 quite

[kwáit]
クワイトゥ

A2

副① (程度)かなり　② まったく，完全に

注意 ①は góod や háppy のように程度が変化する 形 の前に，②は ríght や wróng のように程度が変化しない 形 の前に置かれる.

状態・状況を示す語句

397 could

[kúd] 発
クッドゥ

A1

助① 〜かもしれない　② 〜できた

▶①「現在・未来の推量」②「(過去の)能力，可能性」を表す.

注意 ②主に「〜する能力があった」という意味や否定文で使われる.「(過去に1度きり)〜ができた」は，could ではなく，助 の過去形，または was[were] able to などを用いて表現する.

398 should

[ʃúd] 発
シュッドゥ

A1

助 〜すべきだ　▶「穏やかなアドバイス」を表す.

◇ had better「〜したほうがよい」(＊強い口調のアドバイスで口語表現.)

頻出 should have (過去分詞)「〜すべきだったのに(実際はしなかった)」

注意 日本語では「〜したらどう？」くらいのニュアンス.

399 have to *do*

(母音の前)[hǽftu]ヘァフトゥ
(子音の前)[hǽftə]ヘァフタ
★★★

熟 〜しなければならない　▶「外的条件による義務」

◇ must *do*「〜しなくてはならない」(＊「話し手の意志，命令による義務」)

注意 否定は do[does] not have to *do*「〜する必要がない」〈不必要〉となる.

400 do *one*'s best

★★

熟 全力を尽くす

▶「自分の持っている全てを出す」

頻出 do *one*'s best to *do*「〜するのに全力を尽くす」

---

① I do not need **such a big car**. | ① そのような大きい車は要らない.
② I was in **such a hurry that** I left my wallet at home. | ② とても急いでいたので, 財布を家に忘れた.

① That's **quite an interesting** opinion. | ① それはかなり面白い意見だ.
② You are **quite wrong**. | ② 君は完全に間違っている.

◉ **not ... quite** ～「まったく～というわけではない」(＊部分否定)

① We **could** be late. | ① 私たちは遅刻するかもしれない.
② Yesterday we **could not** catch the last bus. | ② 昨日は, 最終バスに乗ることができなかった(可能性がなかった).

🔖語源 ①元は can「～できる, ～でありうる」の過去形だが, 今では独立した1つの助となった.

You **should** go to bed early. | 早く寝たほうがいいよ.

🔖語源 元は shall「～だろう」の過去形だが, 今では独立した1つの助となった.

I **have to stay** here until noon. A guest is coming. | 私は正午までここにいなければならない. お客さんが来ますから.

🔑key 〈過去〉**had to do**「しなければならなかった」 〈未来〉**will have to do**「しなければならないだろう」

I **did my best** to win. | 私は勝つために全力を尽くした.

◉ **try one's best**「全力を尽くす」(＊do one's best と同じ意味.)

発音のコツ ㉖

-al, -aw は「オゥ(ou)」ではなく「オー(ɔ:)」と発音する!
low「低い」と610 law「法律」の発音の違いが分かりますか?
つづりは似ていますが, 発音はそれぞれ, [lóu]「ロゥ」と[lɔ́:]「ロー」で異なります.
これは -al, -aw は「オゥ」ではなく「オー」と発音するためです.
255 small[smɔ́:l], 256 tall[tɔ́:l]などで[ɔ:]の発音を練習しましょう.

129

⑴ **That's right.**「そのとおり.」

▶相手の発言全体を肯定するフレーズ.
会話では省略して "Right." と表現する場合もある.

⑵ **by the way**「ところで」

▶話の途中で話題を変えるときに使うフレーズ. インターネットや SNS（英語では social media と表現）, メールなどでは "BTW" と省略されることがある.

⑶ **Come on.**「(呼びかけ)さあ来なさい.」「(反語的に)冗談じゃないよ.」
　　　　　　　　「(応援して)がんばれ.」

▶さまざまな場面で使うことができるフレーズ. 状況によって意味が異なるので注意.

⑷ **See you.**「またね.」

▶「すぐにまた会える」と分かっているときの別れのフレーズ.
一方, Goodbye.「さようなら.」は,「次にいつ会えるか分からない」
「二度と会わないかもしれない」という場面で使う.

⑸ **Good for you!**「よかったね！」「おめでとう！」

▶人の成功や良いニュースを聞いたときに使う相づちのフレーズ.

⑹ **Good luck!**「幸運を祈る！」「がんばれ！」

▶人を応援したり激励したりするときに使うフレーズ.

⑺ **No problem.**「問題ないよ.」「お安い御用です.」

▶小さなお願いに対して喜んで引き受けるときに使うフレーズ. 特に目上の人からの依頼に対して, "Sure." や "OK." よりも熱意があるように聞こえる.

⑻ **Good point.**「(発言に対して)いいこと言うね.」「いいところをついているね.」

▶**That is a good point.** とも表現する. この point は「論点」の意味で,
You have a point.「君の言うことはもっともだ(的を射ているね).」という表現もある.

⑼ **That's a good question.**「良い質問ですね.」

▶質問の返答を, 時間をかけて考えたいときに使うフレーズ.
回答に困ったときに, 沈黙を避けるのに便利である.

⑽ **What a good idea!**「なんて良い考えなんだ！」

▶提案に賛成しているときに使うフレーズ.
What a good idea it is! から it is が省略された形.

学習のスケジュール

Part 2 － Active Vocabulary ① 〈300語〉

(標準ペース) 9 weeks

【学習の手順】

本書では次の3段階で(反復[復習]をしながら)学習を進めることを推奨する.

① [見出語]と[語の意味(＋語のニュアンス)]を覚える.

② ①の復習＋[用例(フレーズ or 例文)]で実際の使われ方を学ぶ.

③ ①②の復習＋[語の使い方]＋[Tip]で単語の知識を深める.

	① [見出語]＋[語の意味]	② ①の復習＋[用例]	③ ①②の復習 ＋[語の使い方]＋[Tip]
Week 1	□ 401 ～ 433	□ 401 ～ 433	□ 401 ～ 433
Week 2	□ 434 ～ 466	□ 434 ～ 466	□ 434 ～ 466
Week 3	□ 467 ～ 500	□ 467 ～ 500	□ 467 ～ 500
Week 4	□ 501 ～ 533	□ 501 ～ 533	□ 501 ～ 533
Week 5	□ 534 ～ 566	□ 534 ～ 566	□ 534 ～ 566
Week 6	□ 567 ～ 600	□ 567 ～ 600	□ 567 ～ 600
Week 7	□ 601 ～ 633	□ 601 ～ 633	□ 601 ～ 633
Week 8	□ 634 ～ 666	□ 634 ～ 666	□ 634 ～ 666
Week 9	□ 667 ～ 700	□ 667 ～ 700	□ 667 ～ 700

☐ 401

make

[méik]
メイク　A1

他 (SＶＯＶ原形)〇 に〜をやらせる
▶〈人が主語〉「(強制的に)〜させる」〈物が主語〉「(無意識に)〜させる」

注意 〈make O be 〜〉の形の場合，be は省略される．
⇒The news made her happy.「その知らせは彼女を幸せにした.」

☐ 402

have

[hǽv]
ヘァヴ　A1

他 (SＶＯＶ原形)〇 に〜してもらう
▶「(プロや同僚などに)やってもらう」

注意 〈have＋(物)＋過去分詞〉の形でも用いる.
⇒I had my car repaired.（＊My car was repaired. の関係）
「車を(誰かに)修理してもらった.」

☐ 403

let

[lét]
レットゥ　A1

他 (SＶＯＶ原形)〇 が〜するのを許す
▶「Oがやりたいことを自由にやらせる」（＊allow O to do より口語的.）

頻出 Let me know 〜.「〜を教えてください.（←私が知るのを許して）」
Let me see.「(会話の合間に)ええーっと」

☐ 404

describe

[diskráib]
ディスクライブ　A1

他 〜を説明する
▶「(人, 物などの特徴)を『見た目はこんな感じです』と(言葉で)説明する」

頻出 describe A as B「AをBだと言う, 表現する」

☐ 405

explain

[ikspléin] 発
イクスプレイン　A2

他 〜を説明する ▶「(難しいこと)を(分かりやすいように言葉で)説明する」
◇shów「(言葉に加え, 実際にやってみせたりして)説明する」

頻出 explain 〜 to (人) [explain to (人) 〜]「〜を(人)に説明する」
注意 他なので[×]explain about 〜 は不可.

☐ 406

communicate

[kəmjú:nəkèit]
コミューニケイトゥ　A2

自① (with 〜)(〜と)意思の疎通をはかる　他② 〜を伝える
▶「(考えや意見, 情報を)相手に伝える」

注意 ①「お互いに意思の疎通をはかる」は communicate with each other と表現する. ([×]communicate each other)

前置詞のイメージ①

at

「時刻や場所などをピンポイントで示す点に」
① at three o'clock「3 時に」(←時刻をピンポイントで示す)
② at the station　「駅で」(←場所をピンポイントで示す)
③ at work　　　　「仕事中で」(←状況をピンポイントで示す)
④ be at a loss　　「途方に暮れて」(←状態をピンポイントで示す)

She **made her son** **eat** vegetables.	彼女は息子に野菜を食べさせた.

[活用]make - made - made

I **had him** **repair** my car. ◇I repaired my car.	彼に車を修理してもらった. ◇私は(自分で)車を修理した.

[活用]have - had - had

His father **let him** **study** abroad.	彼の父親は彼が留学することを許した.

[活用]let - let - let

describe my lost bag	なくしたバッグ(の特徴)を説明する

名 **descríption**「説明, 描写」⇨ beyond description「描写できないほどの」

explain the rules of rugby **to** him	彼にラグビーのルールを説明する

語源 **ex-**[外に]＋**-plain**[平ら]→「平らに(分かりやすく)して出す」 *pláin「平野」
名 **explanátion**「説明」

① **communicate with** each other happily ② **communicate** my feelings in English	① 楽しそうにお互いに意思の疎通をはかる ② 英語で自分の気持ちを伝える

名 **communicátion**「意思疎通, コミュニケーション」

ワンポイントアドバイス①

他動詞の意味の覚え方！

目的語を必要としない動詞を「**自動詞**」([例] 406 communicate ①「意思の疎通をはかる」), 目的語を必要とする動詞を「**他動詞**」([例]405 explain「～を説明する」)と言います. **他動詞は必ず「～を」なども意味の一部として覚えましょう**. そうすれば, 英作文のときに, [×]explain about ～のように, 目的語の前に前置詞をつけてしまうミスは防げます.

☐ 407

express

[iksprés]
イクスプレス
動 B1
名 A2

他① (意見, 気持ち)を表現する　**名**② 急行(列車, バス)
▶①「(考えや気持ち)を(言葉や行動, 作品などで)表現する」

頻出① express *oneself*「自分を表現する」
　　express *one*'s feelings[thanks]「感情[感謝の意]を表す」

☐ 408

greet

[grí:t]
グリートゥ
A1

他～に挨拶する, 出迎える　▶「(一般的に広い意味で)挨拶する, 出迎える」
◇wélcome「(初めて来た人)を出迎える」

注意 日常で「(～に)挨拶する」は say hello[hi](to ～)のほうが普通.
⇨I'll go and say hello to Sophia.「ソフィアにちょっと挨拶してくるよ.」

☐ 409

bow

[báu] **発**
バウ
名 B1
動 B2

名① おじぎ　**自**② おじぎする
▶「(役者[ホテルなどの従業員, 召使い]が観客[客, 主人]に)おじぎする」

頻出① give a bow to ～「～におじぎする」
注意 欧米では握手(shake hands(with ～))が一般的な挨拶.

賛成する・反対する

☐ 410

agree

[əgrí:]
アグリー
A1

自賛成する
▶「同じ意見を持つ」

頻出 agree with ～「(人, 人の意見)に賛成する」
　　agree to ～「(計画, 提案)に同意する」

☐ 411

disagree

[dìsəgrí:]
ディサグリー
A2

自① (with ～)(～に)反対である　② (主語の中で)意見が一致しない
▶「意見が合わない」(誰かと→①, 主語の中で→②)

頻出 agree / disagree を強調する場合, strongly「強く」, totally「全面的に」, completely「完全に」などを用いる.

☐ 412

against

[əgénst]
アゲンストゥ
A2

前① (意見など)に反対で　② (壁など)にもたれて, 押しつけて
▶「何かに向かってぶつかる」

頻出① against the rule「規則に反して」　against *one*'s will「～の意志に反して」　② lean against ～「～に寄り掛かる」

☐ 413

oppose

[əpóuz]
オポウズ
A2

他～に反対する
▶「(何らかの行動を伴って)反対する」

頻出 *be* opposed to ～「～に反対している, 同意しない」

134

① express[×say] your opinions clearly
② the 9:00 a.m. express (train)

① はっきりと意見を言う(を表現する)
② 午前 9 時の急行列車

■語源 ex-[外に]+-press[押す]から「外に押し出す」→「表現する」
名 expréssion「表現, 表情」 ⑳a local train「普通列車」

---

greet each other

お互いに挨拶をする

名 gréeting「挨拶」⇨ a New Year's greeting card「年賀状」

---

① give a deep bow to the audience
② bow to each other

① 観客に深々とおじぎをする
② お互いにおじぎをする

■語源 「曲げる」が元の意味で「腰を曲げる」→「おじぎする」 ⑳bów[bóu]「弓」

I agree with you a hundred percent.

私は100%君に賛成する.

熟 agree that S V「～ということに賛成する」 名 agréement「一致, 協定」

---

① I strongly disagree with you.
② You and I disagree about everything.

① 私はあなたに強く反対です.
② 君と私ではことごとく意見が合わない.

■語源 dis-[否定]+-agree[同意する]→「同意しない」 *disappéar「消える」

---

① Are you for or against this plan?

② set a ladder against the wall

① あなたはこの計画に賛成ですか
　　反対ですか.
② 壁にはしごを立てかける

①反fór「～に賛成して」

I am opposed to the idea.

私はその考えに反対だ.

■語源 op-[=ob 反対の方向]+-pose[置く] *posítion「位置」
名 opposítion「反対, 対立」 形 ópposite[ápəzit]「反対の」

☐ 414

argue

[ɑ́ːrɡjuː] ア

アーギュー

A2

他① (that S V)〜と主張する 自② (with 〜) (〜と)言い争う

▶「自分の意見を明らかにする」(「一方向」の場合→①,「双方向」の場合→②)

注意 ②「〜とけんかをする」はhave a fight with 〜 と表現することが多い.

☐ 415

claim

[kléim]

クレィム

A2

他① (that S V)〜と主張する ② 〜を要求する

▶①「(当然のこととして)声高に言う」 ②「所有権を主張する」

注意 「クレーム(=苦情)」は和製英語で,英語では compláint「不平,不満」という.

☐ 416

emphasize

[émfəsàiz]

エンファサイズ

B1

他 〜を強調する

▶「(重要な点)を強く示す」

頻出 emphasize the importance of 〜「〜の重要性を強調する」
emphasize that S V「〜ということを強調する」

☐ 417

complain

[kəmpléin] 発

コンプレィン

A2

自 文句を言う,苦情を言う

▶「(不満や体の痛みなどを)声に出して言う」

頻出 complain (to A) about[of] B「(A に)B について文句を言う」
complain (to A) that S V「(A に)〜だと文句を言う」

☐ 418

criticize

[krítəsàiz]

クリティサィズ

A2

他 〜を批判する

▶「(人や物)が気に食わないと言う」

頻出 criticize A for B「A を B の理由で批判する」
注意 [×]criticize that S V の形は不可.

☐ 419

discuss

[diskʌ́s]

ディスカス

A1

他 〜について話し合う

▶talk about 〜より堅い表現だが,日本語の「議論する」ほど堅くない.

注意 他 なので,[×]discuss about 〜 は不可.

☐ 420

debate

[dibéit]

ディベィトゥ

A2

名 討論 ▶主に「公開の場での(賛成,反対に分かれての)議論」

◇ discússion「(ある問題についての)意見の交換」

頻出 have[hold] a debate「討論をする」
注意 通例,専門的な話題は(on 〜),一般的な話題は(over[about]〜)

① **argue that** laughing is important	① 笑うことは大切だと主張する
② **argue with** her about soccer	② サッカーのことで彼女と言い争う

●覚え方 あー牛丼食べたいと「主張する」 名**árgument**「主張, 議論」

① **claim that** the money is mine	① そのお金は私のだと主張する
② **claim** this land	② この土地(の所有権)を要求する

名**cláim**「主張, 要求」 ◉**baggage claim**「(空港の)荷物受取所(←荷物の所有権を主張する場所)」

emphasize the importance of reading	読書の重要性を強調する

■語源 em-[強意]+-pha-[出現]→「明確に現す」 *phántom「幻, 幽霊」
名**émphasis**「強調」⇨ place[put, lay] an emphasis on ~「~を強調する」

complain about the neighbor's loud music	隣人のうるさい音楽に文句を言う

●覚え方 このプレーと「文句を言う」 名**compláint**「不満, 文句, クレーム」

criticize him **for** being rude	失礼だと彼を批判する

■語源 cri-[判定] *critérion[kraitíəriən]「基準」 形**crítical**「批判的な」 名**críticism**「批判」

discuss the problem **with** her	彼女とその問題について話し合う

名**discússion**「話し合い, 議論」⇨ have a discussion「議論する」

have a debate on whaling	捕鯨に関する討論をする

■語源 de-[強意]+-bate[=bat たたく]→「たたき合い」 *báttle「戦い」

137

□ 421		
aloud [əláud] 発 アラゥドゥ **B1**	**副 声を出して** ◇lóudly「大声で」⇨ read loudly「大声で読む」 頻出 think aloud「心の声が出る,思わず独り言を言う」	

感謝する・謝る・許す

□ 422	
thank [θǽŋk] θエァンク **A1**	**他 (for ～) (～のことで) (人) にお礼を言う** ▶「人に感謝する」 頻出 **Thank you for ～.**「～をありがとうございます。」⇨ Thank you for your time.「お時間を取っていただき,ありがとうございます.」

□ 423	
appreciate [əprí:ʃièit] アプリーシエィトゥ **A2**	**他 ① (物・事) に感謝する ② ～を (正しく) 理解する** ▶対象は ①「人の好意」(＊通例,「人」は不可) ②「価値,重要性,芸術,味」など 頻出 ①**I would appreciate it if you could *do*.** 「～していただけたらありがたいのですが.」(＊itはif以下の内容を示す.)

□ 424	
owe [óu] オゥ **B1**	**他 (A to B) ① (A) は (B の) おかげだ ② (A) を (B に) 借りている** ▶「恩義[借り]がある」〈状態〉 ◇bórrow「～を借りる」〈動作〉 頻出 〈会話〉Thanks, I really owe you.「ありがとう.恩に着ます.」 注意 ②〈owe B A〉の形も可.(＊この場合,Aに重点がある.)

□ 425	
grateful [gréitfəl] グレィトゥフォ **A2**	**形 感謝している** ▶「誰かの努力や行為に対して恩義に感じる」(＊thánkful より堅い語) 頻出 *be* grateful **(to A) for B**「Bのことで(Aに)感謝している」 「深く(感謝している)」と強調する場合,deep などをつける.

□ 426	
excuse 名[ikskjú:s] イクスキュ(ー)ス 名A1 動[ikskjú:z] 発 動B1 イクスキューズ	**名① 言い訳 他② ～を許す** ▶②「過ちなどを大目に見る」→①「大目に見てくれと言うこと」 比較 ②<u>Excuse me.</u>「(軽い許しを求めて)すみません.」 I'm sorry.「(自分の非を認めて謝罪)すみません.」

前置詞のイメージ②	**in**	「何かの(空間の)中に」
		① in Okinawa 「沖縄で」(←空間の中に) ② in the morning 「朝に」(←時間枠の中に) ③ fall in love 「恋に落ちる」(←状態の中に) ④ in black 「黒い服を着た」(←服の中に)

read aloud[×loudly]	音読する（声に出して読む）

lóud 形「（音・声などが）大きい」 副「大声で」（＊lóudly よりもくだけた感じ.）

---

thank her **for** the present	彼女にプレゼントのお礼を言う

名**thánks**「感謝」 形**thánkful**「感謝して」

---

① **appreciate** his hard work	① 彼の頑張りに感謝する
② **appreciate** his humor	② 彼のユーモアが分かる

語源 ap-[＝ad 方向]＋-preci-[＝précious 貴重な]から「～を貴重だと思う」→「～を正しく理解する」
名**appreciátion**「理解, 鑑賞, 評価」

---

①I **owe** my success **to** him.	① 私の成功は彼のおかげだ.
②I **owe** 2,000 yen **to** him.	② 彼に2,000円を借りている.

覚え方 日本語の「負うている」と音が似ている. 前**ówing to** ～「～が原因で」（＊堅い表現.）

I **am grateful for** your help.	ご助力に感謝しています.

語源 gra-[感謝]＋-ful[＝full 一杯] ＊**grátitude**「感謝」

---

① Don't **make excuses**.	① 言い訳をするな.
② **Excuse** me **for** interrupting you.	② お話し中にすみません.

「間違った用法」が「正しい用法」になることがある！
A lot of boys are running.「多くの少年が走っている.」の主語は a lot「たくさん」です.
a lot は 3 人称単数形なので, 本来は A lot of boys is running. とすべきです.
しかし, 多くの人が **A lot of boys are running.** と誤用したため, 現在では「間違い」が「正解」となりました. 日本語の「やばい（＝危険・不都合である）」が, 昨今, プラスイメージで使われているのもこれと似た現象です.

427
forgive
[fərgív]
ファ(ー)ギヴ **B1**

他 (主に人)を許す ▶「(人の過ち)を責めない, 責めるのをやめる」
◇excúse「(ささいな失礼)を許す」

頻出 forgive (人) for ~「(人)が~したことを許す」
Please forgive me.「お許しください.」

428
apologize
[əpálədʒàiz]
アパロヂャイズ **A2**

自 (to ~)(~に)謝る
▶「(過失を)わびる」(＊日常では be very sorry と表現することが多い.)

頻出 apologize to A for B「A(人)に B(過失)のことで謝る」

祝う・感心する

429
celebrate
[séləbrèit]
セレブレィトゥ **A1**

他 (物・事)を祝う
▶「(記念日や特定の出来事)を祝福する」

頻出 目的語には New Year「新年」, Christmas「クリスマス」,
birthday「誕生日」, anniversary「記念日」などが置かれる.

430
congratulate
[kəngrǽtʃulèit]
コングレェチュレィトゥ **B1**

他 (人)を祝う
▶「(努力・幸運について, 人)を祝う」

頻出 congratulate (人) on ~「~に関して(人)を祝う」

431
impress
[imprés]
インプレス **A2**

他 ~に感銘を与える, ~を感心させる
▶「印象づける」

頻出 be impressed (by[with]~)「(~に)感銘を受ける」
強調する場合, gréatly や déeply, véry などをつける.

432
admire
[ædmáiər]
エァドゥマィア **A2**

他 ~を称賛する, ~に感心する
▶respéct より強い語で「すごい, 自分もそうなりたい」と思う.

頻出 admire A for B「B(の理由)で A を称賛する」

433
respect
[rispékt]
リスペクトゥ **B1**

他 (人)を尊敬する, (物)を尊重する
◇look up to ~「(人)を尊敬する」

頻出 respect A for B「B(の理由)で A を尊敬する」
respect one's privacy「(人)のプライバシーを尊重する」

forgive him **for** what he said ：彼の発言に対して彼を許す

■語源 for-[強意]＋-give[与える]から「すっかり与える」→「免除する」→「許す」
[活用]forgive - forgave - forgiven

apologize to her **for** going too far ：言い過ぎたことを彼女に謝る

■語源 apo-[〜から]＋-logi-[言葉]から「罪から逃れるために話す」→「謝る」
*mónologue「一人芝居，独白」 名apólogy「謝罪」

celebrate her 18th birthday ：彼女の18歳の誕生日を祝う

名celebrátion「祝うこと，祝賀会」 名celébrity「(芸能界などの存命の)有名人，著名人」

congratulate her **on** her exam results ：試験結果について彼女を祝福する

名congratulátion「祝いの言葉，祝うこと」⇨ Congratulations on winning first prize!
「一等賞おめでとう！」(＊強調のため複数形にする.)

I **was deeply impressed by** his speech. ：彼の演説に深い感銘を受けた
　　　　　　　　　　　　　　　　　　　　：(感銘を与えられた).

■語源 im-[＝in 中に]＋-press[押しつける] →「心の中に押しつける」
名impréssion「印象」⇨ make a ~ impression on ...「…に~な印象を与える」

admire him **for** his great performance ：すばらしい演技に対して彼を称賛する

■語源 ad-[方向]＋-mire[感嘆する] *míracle「奇跡」 名admirátion「称賛」

respect Gandhi ：ガンジーを尊敬する

■語源 re-[再び]＋-spect[見る] →「振り返って見る」 形respéctable「(人,家庭などが)ちゃんとした」
名respéct「尊敬，尊重，(in ~ respect)~の点」 形respéctful「(人が)礼儀正しい」

141

☐ 434 **praise** [préiz] 発 プレイズ 名 B1 動 B2	**名① 賞賛　他② ～を褒める** ▶②「(作品や功績)を評価する」 頻出 ① win[receive] high praise from ～「(人, 物が)～から絶賛される」 ② praise A for B「BのことでAを褒める」
☐ 435 **award** [əwɔ́:rd] 発 アウォードゥ 名 A2 動 B1	**名① 賞　他② ～を授与する** ▶「(審査員などによって決められる)賞」 頻出 ② award A B[award B to A]「AにBを授与する」
☐ 436 **prize** [práiz] プライズ B1	**名賞** ▶「(競争やコンテストなどで得る)賞品, 賞金など」 頻出 win ～ prize in ...「…で～賞を取る」 a Nobel Prize winner「ノーベル賞受賞者」
☐ 437 **reward** [riwɔ́:rd] 発 リウォードゥ B1	**名報酬, 褒美** ▶「(奉仕や功労などに対する)報酬」 頻出 a reward for ～「～に対する報酬, 褒美」 give (人) a reward「(人)に報酬を与える」
☐ 438 **reputation** [rèpjutéiʃən] レピュティション B1	**名 (人, 物の)評判〈可算〉** ▶「何かに対する人々の意見」 頻出 have a good[bad] reputation (for ～)「(～で)よい[悪い]評判である」 develop[damage] one's reputation「～の評判を上げる[落とす]」

応援する・支持する

☐ 439 **cheer** [tʃíər] チア A2	**他① (on)～に声援を送る　② (up)～を励ます** ▶「(みんなで)声を上げて応援する」 頻出 ①強調する場合, wildly「熱狂的に」などをつける. 注意 ①②共に 自 でも使用可. ⇨ Cheer up!「元気を出せ.」
☐ 440 **support** [səpɔ́:rt] サポートゥ 動 B1 名 A2	**他① ～を支持する　② (家族など)を養う　名③ 支持, 支援** ▶「(物理的, 精神的, 経済的に)支える」 頻出 ① strongly support ～「～を強く支持する」 目的語には, 「人, 家族, 団体, 考え, 行為」などが置かれる.

142

① His novel **won high praise**. ｜ ① 彼の小説は絶賛された（高い賞賛を得た）.
② **praise** him **for** his cooking ｜ ② 彼の料理を（彼を料理のことで）褒める

覚え方 ráise「〜を上げる」に p- がついた形と覚えよう.

① win an Academy **Award** ｜ ① アカデミー賞を取る
② She **was awarded** first prize. ｜ ② 彼女は一等賞をもらった（授与された）.

形 awárd-winning「賞をもらった」

win first prize in the high jump ｜ 高跳びで一等賞を取る

語源 元は「賞金, 値段」の意味. *príce「値段」 *précious「貴重な」

get a reward for hard work ｜ 重労働に対する報酬を受け取る

語源 re-[再び]+-ward[見る]→「（よく見て）褒美を与える」 *awárd「賞（←しっかり見て与える）」

have a good reputation for customer service ｜ 接客で評判がよい

語源 re-[再び]+-puta-[考える]から「（人々に）何度も考えられる」→「評判」 *compúter「コンピュータ（←共に考える[計算する]物）」

① **cheer** the players **on** ｜ ① 選手たちに声援を送る
② His arrival **cheered** me **up**. ｜ ② 彼の到着で元気が出た（私を励ました）.

key 「チアガール」は和製英語で, 正しくは chéerleader と表現する.
形 chéerful「陽気な, 明るい」 Cheers!「乾杯！」

① **strongly support** her plans ｜ ① 彼女の計画を強く支持する
② **support** my family of four ｜ ② 4 人家族を養う
③ receive financial **support** ｜ ③ 財政的援助を受ける

名 suppórter「支持者, サポーター, ファン」

143

☐ 441

recommend
[rèkəménd]
レコメンドゥ　B1

他 ～を推薦する, 勧める
▶「(相手にとって有益なこと)を勧める」

[頻出] 目的語には **名**, 動名詞, that S (should) *do* をとる。

参加する・所属する

☐ 442

attend
[əténd]
アテンドゥ　B1

他 ～に出席する, 通う
▶堅い表現なので, 日常で「パーティーに出席する」は go to a party が普通.

[頻出] attend school「学校に通う」
attend *one*'s wedding「～の結婚式に出席する」

☐ 443

represent
[rèprizént]
レプリゼントゥ　A2

他 ① ～を代表する　② ～を表す
▶②「シンボルとして～を示す」→①「(会社や国など)を代表する」

[注意]「(略記号が)～を表す」は stand for ～ で表現.
⇨U.K. stands for the United Kingdom.「U.K.はイギリスを表す.」

☐ 444

belong
[bilɔ́ːŋ]
ビローン(グ)　A2

自 (to ～)① (～に)所属している　② (～の)所有物である
▶「(長期[恒久]的な所属→)あるべき場所にある」　◇jóin「～に所属する」

[注意]「学校のテニス部に所属している.」は
I am in[a member of] the tennis club. のほうが自然.

☐ 445

independent
[ìndipéndənt]
インディペンデントゥ　B1

形 独立した, 無所属の
▶「依存していない」→「独立した, 無所属の」

[頻出] *be* independent of ～「～から独立している」
[注意]「国から独立している」場合に限り *be* independent from ～ と表現する.

行動する・振る舞う

☐ 446

act
[ǽkt]　動B1
エァクトゥ　名A2

自 ① 行動する　名 ② 行動〈可算〉
▶①「(単発的に)何かを行う」②「(単発的な)行為」

[頻出] act to *do*「～するために行動を起こす」
act like (名詞)[act like S V]「～のように行動する」

<table>
<tr><td rowspan="2">前置詞のイメージ ③</td><td>**on**</td><td>「何かに接触して」</td></tr>
<tr><td></td><td>① on the table　「テーブルの上に」(←物体の上面に接触)
② on the wall　「壁に」(←物体の側面に接触)
③ *be* on duty　「勤務中で」(←状況に接触)
④ on January 10th「1月10日に」(←日付に接触)</td></tr>
</table>

What would you **recommend**?

〈レストランなどで〉
何がお勧めですか(何を勧めますか).

🔵覚え方 リコ(の)面倒を見ることを「勧める」　图 recommendátion「推薦(状)」

---

attend my sister's wedding

姉の結婚式に出席する

■語源 a-[＝ad 方向]＋-tend[伸びていく]　图 atténdance「出席(率, 者)」

---

① **represent** Japan at the World Cup
② This symbol **represents** a temple.

① ワールドカップ日本代表となる
② このマークは寺を表す.

■語源 re-[再び→強意]＋-present[提示する] → 「示す」
图 represéntative「代表者」　图 representátion「代表, 表現」

---

① **belong to** a local tennis club
② This scarf **belongs to** Julia.

① 地元のテニスクラブに所属している
② このマフラーはジュリアのものだ.

图 (one's) belóngings「(〜の)持ち物」

I **am** now **independent of** my parents.

今, 私は両親の世話になっていない
(両親から独立している).

图 indepéndence「独立」⇨ Independence Day「アメリカ独立記念日(7月4日)」
反 depéndent「依存した」

---

① **act** quickly
② a kind **act**

① 素早く行動する
② 親切な行為

图 áction「行動」　形 áctive「積極的な, 活発な」(⇔ pássive「消極的な, 受動的な」)

発音のコツ㉗

-ic, -ics, -ical, -ity で終わる語は直前にアクセント！
「イック, イクス, イカル, イティは直前にアクセント」と覚えましょう.
([例]pícnic, tráffic, mathemátics, electrónics, eléctrical, médical, ability, actívity)
例外は pólitics「政治」と Cátholic「カトリックの」の2つを覚えておけば十分です.
なお, このルールは "-ial, -ual" "-tion, -sion" にも当てはまり, それらも「直前にアクセント」となります.

447 behave

[bihéiv] 発
ビヘイヴ
B1

自 振る舞う
▶「(普段の)行動の仕方」に重点.

頻出 通例,「行動の仕方」を表す副詞(句)を伴う. ⇨**behave well**[**badly, like a child**]「行儀よく[行儀悪く, 子どものように]振る舞う」

448 pretend

[priténd]
プリテンドゥ
A2

自 (to do / that S V)(～する/～である)ふりをする
◇ make believe that S V「～ごっこをする」

頻出 pretend to be ill「仮病を使う」
pretend to be out「居留守を使う」

449 tend

[ténd]
テンドゥ
B1

自 (to do)～する傾向にある
◇ be apt to do「(本来的な性質で)～しがちだ」(＊aptは形.)

注意 動 なので[×]be tend to do の形は不可.

450 bear

[béər] 発
ベア
A2

他① (can ―)～に耐える ② ～を持つ
▶①「(騒音, 暑さなど)に耐える」 ②「(責任, 負担など)を引き受ける」

頻出 ②**bear ～ in mind**「～を心に留める」
注意 ① 通例, cannot bear ～の形で使われる.

451 obey

[oubéi] 発
オウベイ
B2

他 ～に従う
▶「(人, 命令, 規則など)に従う」

頻出 目的語には「権威ある人」や「(権威ある人が出す)命令」などが置かれる.
注意 「～の忠告に従う」は **follow**[**take**] **one's advice** と表現する.

452 imitate

[ímətèit]
イミティトゥ
B1

他 ～をまねる
▶「(手本として)～をまねる」から「(笑わせるために)～をまねる」まで.

注意 「母のまねをしてフランス語を習う」のように, 「～と同じ振る舞いをする」の場合は, copy(人)[(人)の行動]で表現する.

453 attitude

[ǽtitjùːd]
エァティテュードゥ
A2

名 態度, 姿勢 ▶「(何かに対する)考え方」
◇ behávior「(行動としての)態度, 振る舞い」

頻出 **have a ～ attitude toward**[**to**] ...「…に対して～な態度をとる」
注意 「彼は態度(＝行動)が悪い.」は He behaves badly. と表現する.

behave badly in class	授業中の態度が悪い(行儀悪く振る舞う)

■語源 be-[強意]+-have[持つ]から「自分自身をしっかり持つ」→「(正しく)振る舞う」
图 **behávior**「(ある人の全般的な)行動」 ◉ **Behave yourself.**「行儀よくしなさい.」

pretend to be sleeping	寝ているふりをする

■語源 pre-[前に]+-tend[伸ばす]→「みんなに気づかれる前に自分をある方向に持って行く」

People **tend to** talk about themselves.	人は自分自身について話す傾向がある.

■語源 「伸びていく」が元の意味で「~のほうへ伸びていく」→「~する傾向にある」
*exténd「~を延長する,広げる」 图 **téndency** (to do)「(~する)傾向」

① **cannot bear** the noise	① その騒音に耐えられない
② **bear** it **in mind**	② それを心に留めておく(心の中に持つ)

●覚え方 「クマ(béar)が何かを背負って運んでいる」→「~を持つ,~に耐える」
[活用] bear - bore[bɔ́ːr] - borne[bɔ́ːrn]

obey the rules	規則に従う

■語源 ob-[=against に対して]+-ey[audi(聞く)の変形]→「~の言うことを聞く」

imitate his Kansai accent	彼の関西なまりをまねる

图 **imitátion**「模倣,模造品」⇨ Children learn by imitation.「子どもはまねることで学ぶ.」

have a positive **attitude toward** life	人生に対して前向きな姿勢でいる

●key 英検の二次試験(面接)の評価欄には "attitude" がある.

147

□ 454

manner

[mǽnər]
メェナ
A2

名 ① (−s) **マナー** ② **方法，流儀**
▶「(ある人に特有の)行為や態度」

頻出 ① **It is bad manners to do.**「～するのはマナー違反だ.」
注意 ①日本語では「マナー」だが英語では常に manners と複数形で使う.
(＊「マナー」とはいくつかの「方法」の組み合わせと考える.)

許可する・認める

□ 455

allow

[əláu] **発**
アラゥ
A2

他 ① **(人が)〜を許可する** ② **(物が)〜を可能にする**
▶「許可を与える」(＊lét の堅い語.)

頻出 ①② **allow A to do**「A が〜するのを許す[可能にする]」

□ 456

admit

[ædmít]
エァドゥミットゥ
A2

他 ① **〜を認める** ② **〜へ入ることを許す**
▶①「(自分に不利，不快なこと)を(しぶしぶ)認める」

頻出 ①目的語には that 節や動名詞をとることが多い.
② 〜には「学校・劇場・病院」などが置かれる.

□ 457

accept

[æksépt]
エァクセプトゥ
A2

他 〜を受け入れる ▶「(同意して，申し出，招待など)を受け入れる」
◇ recéive「(意思や同意はなく，受動的に)〜を受け取る」

頻出 目的語は an óffer「申し出」, an invitátion「招待」, a fáte「運命」など.
注意「(仕事)を引き受ける」は táke を使う.

□ 458

take ~ for granted
★

熟 〜を当然のことと思う
▶「当然と考え，感謝の気持ちがない」

頻出 **take it for granted that S V**「〜を当然のことと思う」

□ 459

natural

[nǽtʃərəl]
ネァチュラォ
A2

形 ① **当然の** ② **自然の，生まれつきの**
▶①「(何かが起きるのが)自然な」

頻出 ① **It is natural (for A) to do.**「A が〜するのは当然だ.」
(＝It is natural that A (should) do.)

思う・みなす

□ 460

seem

[síːm]
スィーム
A2

自 〜のように思われる
▶「(見た目や状況，自分の考えなどから)〜のようだ」

頻出 **It seems (to A) that S V.**「(A には)〜と思われる.」
S seem(s) to do.「S は〜のように思われる.」

148

① have［×know］no manners
　（＊マナーは「知識」ではなく「身についているもの」
　　なのでhaveを使う.）

① マナーを知らない

② behave in a friendly manner

② 友好的に（友好的な方法で）振る舞う

---

① Dad allowed me to use his car.

① 父は私が父の車を使うことを許してくれた.

② This app allows you to edit photos.

② このアプリで写真を加工することができます（写真を加工することを可能にする）.

語源 al-［＝ad方向］＋-low［下げる］から「ハードルを下げる」→「許可する」　图 allówance「手当, 小遣い」

---

① I admitted that I was wrong.

① 私は自分が悪いと認めた.

② Mark was admitted to (the) hospital.

② マークは入院した（許可された）.

語源 ad-［方向］＋-mit［送る］から「～へ送る」→「～に入るのを許す」
图 admíssion「入学(許可), 入場(料), 入会(金)」　[活用]admit - admitted - admitted

---

accept other people's opinions

他人の意見を受け入れる

語源 ac-［＝ad方向］＋-cept［取る］　 图 accéptable「受け入れられる, 容認可能な」

He takes his wife for granted.

彼は妻の存在を当然と考える
（感謝の気持ちがない）.

key grantは「～を認める」の意味なので,「（世間で）認められている（granted）と捉える（take）」のニュアンス.

---

① It is natural for babies to cry.

① 赤ん坊が泣くのは当然だ.

② natural beauty

② 自然美

副 náturally「当然, 自然に」

It seems that he has a big problem.
(＝He seems to have a big problem.)

彼は大きな問題を抱えているようだ.

副 séemingly「一見」⇨ a seemingly easy task「一見簡単そうに思える仕事」

□ 461	他① ～を(よく)考える, 考慮する
consider	② (A to be) B (A)を(Bと)みなす
[kənsídər] コンスィダ	頻出 ① considering (that) S V「～を考慮すれば」
A2	consider *do*ing「～することを考える」

□ 462	他 (A as B) (A)を(Bと)みなす
regard	▶「AをBみたいなものとみなす」
[rigá:rd] リガードゥ	注意「AをBと思う」は think (that) A is[are] B, または,
B1	consider A (to be) B と表現するほうがよい.

□ 463	他① ～を解釈する ② ～を通訳する
interpret	▶「二者間を仲介する」
[intá:rprit] ア 発 インタァプリトゥ	頻出 ① interpret A as B「AをBと解釈する」
B2	注意 ②は 自 としても使われる.

推測する・予測する

□ 464	他 ～を想像する
imagine	▶「どうなるかなと考える」
[imædʒin] イメェヂン	注意 目的語には 名, 動名詞, that節, wh-節など様々な形がくる.
A1	「イメージ(する)」は和製英語なので注意.

□ 465	他 ～を推測する, 言い当てる
guess	▶「(事実などを持ち合わせずに)推測する」
[gés] ゲス	頻出 guess (名詞)[wh- 節]「～を[と]推測する」
A1	Guess what?「あのねえ, 何だと思う.」

□ 466	他 ～を予期する, (A of[from] B) (BにA)を期待する
expect	▶「(主観的な判断に基づいて)予期する」(＊良いことだけでなく悪いことにも使う.)
[ikspékt] イクスペクトゥ	頻出 expect to *do*「～するつもりだ」 expect (人・物) to *do*「(人・
A2	物)が～するだろうと思う」expect (that) S V「～だと思う」

前置詞のイメージ④	**for**	「向かっているほうに」
	●→‥‥●	① leave Tokyo for Osaka「東京を出て大阪に向かう」(←目的地に向かう)
		② jog for my health 「健康のためジョギングをする」(←目的に向かう)
		③ books for children「子どものための本」(←人の利益に向かう)
		④ for a week 「1 週間」(←ある範囲に向かう)

① **consider going** to Italy ／ ① イタリアに行くことを考える
② **consider it (to be)** meaningless ／ ② それは無意味だとみなす

图 **considerátion**「考慮, 思いやり」 形 **consíderable**「(数量が)かなりの(←考えられる限りの)」
形 **consíderate**「思いやりのある」

regard Canada **as** my second home ／ カナダを第2の故郷だと思う

語源 re-[再び]＋-gard[＝guard 見守る]から「何度も注意して見る」→「みなす」
前 **regárding**「(新たな話題を提供して)〜に関しては」

① **interpret** her smile **as** an agreement ／ ① 彼女の笑顔を同意と解釈する
② **interpret** foreign languages ／ ② 外国語を通訳する

語源 inter-[間]＋-pret[つかむ] →「間に入ってつかむ」 *comprehénd「〜を理解する」
图 **interpretátion**「解釈, 通訳」 图 **intérpreter**「通訳者」

imagine life on the moon ／ 月での生活を想像する

图 **imaginátion**「想像, 想像力」 图 **ímage**[ímidʒ]「像」

Guess who is coming tonight. ／ 今晩, 誰が来るかを当ててごらん.

图 **gúess** ⇨ make a wild guess「当て推量をする」

expect a typhoon ／ 台風が来るらしい(台風を予期する)

語源 ex-[外に]＋-pect[＝spect 見る] →「未来を見る」 图 **expectátion**「予期, 期待」

ワンポイントアドバイス③
「月(1〜12月)」の名前は大丈夫?
January「1月」**February**「2月」**March**「3月」**April**「4月」**May**「5月」**June**「6月」
July「7月」**August**「8月」**September**「9月」**October**「10月」**November**「11月」
December「12月」
英語の月名は, ローマ神話の神の名前に由来するものもあります[(例)January →「事の始まりと終わり」を司る神 Janus(ヤヌス)]. それぞれの月名の語源を調べてみましょう.

☐ 467 **predict** [pridíkt] プリディクトゥ **A2**	他 ～を予測する，予言する ▶「山勘」から「（信頼できるデータに基づく）予測」まで. 頻出 predict that S will V「～だろうと予測する」
☐ 468 **estimate** [éstəmèit] エスタメィトゥ **B1**	他 ～を見積もる，推定する ▶「（大きさや数量）をおおよそ見積もる」 頻出 It is estimated that S V.「～と見積もられている.」 （＊S is[are] estimated to *do* の形も可.）

分かる・疑う

☐ 469 **recognize** [rékəgnàiz] レキグナィズ **B1**	他 ① (知り合いなど)が誰だか分かる ② (that S V)～を認識する ▶①「（以前の記憶や経験などから）その人物であると認識する」 ②「（真実だ）と認める」 頻出 recognize A as B「A を B だと認識する」
☐ 470 **realize** [ríːəlàiz] リーアラィズ **A2**	他 ① ～を(はっきり)理解する ② (夢，計画など)を実現する ▶「（重要性，深刻さなど）に気づく」 ◇nótice「（見たり，聞いたりして）気がついている」 find out「（外からの情報で）突き止める」 頻出 ①目的語には，主に that 節，wh- 節 を置く. ⇒ realize how important S is[are]「S の重要性が分かる」
☐ 471 **aware** [əwéər] アウェア **B1**	形 気づいている ▶「（問題や危険などを感覚的に）気づいている」 頻出 *be* aware of ～[*be* aware that S V] 「～に[～ということに]気づいている」
☐ 472 **concerned** [kənsə́ːrnd] 発 コンサーンドゥ **B1**	形 ① (with ～)(～に)関心を持っている，関与している ② (about ～)(～を)心配している ▶「関心を向ける」 注意 ① 類似表現の *be* interested in ～は「（自分にとって何らかの形でプラスになると考え）～に興味を持つ」の意味.
☐ 473 **wonder** [wʌ́ndər] ア ワンダ 動 A2 名 B1	他 ① (wh-節 / if S V)～かなと思う 名 ② 驚き ▶①「疑問を持って問いかける」 頻出 ②It is no[No] wonder S V.「～なのは不思議ではない.」 注意 ①think that S V「～だと思う」と区別する.

predict what will happen next year	来年何が起きるのかを予測する

■語源 pre-［前に］+-dict［言う］ *díctionary「辞書（←言ったことをまとめたもの）」
名 predíction「予言」

It is estimated that there are over one hundred people in the park.	その公園には100人以上の人がいると推定されている.

●覚え方 エースてめぇと「見積もる」 名 éstimate[éstəmət]「見積もり」（＊発音に注意.）

① Do you **recognize** me?	① 私が誰だか分かりますか.
② **recognize that** he is a great cook	② 彼は料理がとてもうまいと認める

■語源 re-［再び］+-cogn-［認知］から「再び見たときに分かる」→「認識する」 *cógnitive「認知の」
名 recognítion「認識」

① **realize that** I do not love her any more	① もう彼女のことを愛していないことに気づく
② **realize** my dream	② 夢を実現する

名 realizátion「よく理解すること, 実現」 形 réal「現実の」 名 reálity「現実, 現実味」

I **am aware that** something is wrong.	何かがおかしいと気づいている.

■語源 a-［＝ad 方向］+-war-［用心する］ *wárn「警告する（←用心させる）」
名 awáreness「意識, 認識」 反 unawáre「気づかない」（un-［否定］）

① This book **is concerned with** the French Revolution.	① この本はフランス革命を扱っている.
② I **am concerned about** her health.	② 彼女の健康を心配している.

名 concérn「懸念, 関心」 前 concérning「～に関する」

① I **wonder where** he has gone.	① 彼はどこに行ってしまったのだろうか.
② **No wonder** you are sleepy.	② 君が眠いのも不思議ではない.

形 wónderful「驚くべき, すばらしい」

☐ 474

doubt

[dáut] 発
ダゥトゥ

名 A2
動 B2

名① 疑い　他② (that S V)~を疑う，~ではないと思う
▶「~を疑わしく思う，~ではないと思う」

頻出 ① **There is no doubt that S V.** [**No doubt S V.**]「きっと~.」
② **doubt that S V**「~とは思わない」(≒do not think that S V)

判断する・比較する

☐ 475

judge

[dʒʌ́dʒ]
ヂャッヂ

動 A1
名 B1

他① ~を判断する　名② 裁判官，審査員
◇② úmpire「(野球などの)審判」, referée「(ボクシングなどの)審判」

頻出 ① **judge A by** [**from**] **B**「A を B で判断する」
judge whether S V「~かどうかを判断する」

☐ 476

compare

[kəmpéər]
コンペァ

A2

他① ~を比較する　② ~を例える
▶①「(異同を明確にするため)比べる」→②「(比べて)同じとみなす」

頻出 ① **compare A with** [**to, and**] **B**「A を B と比較する」
② **compare A to B**「A を B に例える」

☐ 477

determine

[ditə́ːrmin] 発
ディターミン

動 B1
形 B2

他① ~を決める　形② (be -d to do)~することを決意している
▶堅い表現で主に「(ある事柄がほかの事柄)を決定する」の文脈で使われる.
(*「(人が)~を決める」は decíde が普通.)

注意 **A is determined by B.**「A は B で決まる.」(*B に重点がある.)

注意する・集中する

☐ 478

attention

[əténʃən]
アテンション

A2

名注意
▶「意識を向けること」

頻出 **pay attention to ~**「(人の言動など)に注意を払う」　Attention,
please.「ご静聴願います.(*空港や駅などで注意を集めるときに)」

☐ 479

concentrate

[kánsəntrèit]
カンセントゥレイトゥ

A2

自集中する
▶主に「(人を主語として)エネルギーを1か所に集める」

頻出 **concentrate on ~**「~に集中する」
(*この on は「意識が対象に接している」ことを示す.)

☐ 480

focus

[fóukəs] 発
フォゥカス

A1

自 (on ~) (~に)焦点を当てる
▶「(カメラのレンズなど)焦点を当てる」から「(注意,努力など)集中させる」まで.

注意「物」を主語にすることもある.

① **There's no doubt that** he was sad. ┆ ① きっと(疑いなく)彼は悲しかった.
② I **doubt that** this pearl is real. ┆ ② この真珠は本物ではないと思う.

🔴覚え方 トランプゲームの「ダウト」は,「相手を疑うゲーム」

① **judge** someone **by** their appearance ┆ ① 外見で人を判断する
② the **judges** of a speech contest ┆ ② 弁論大会の審査員

📘語源 ju-[正しい]+-dge[言う] *jústice「正義」 🔲júdgment「判断」

① **compare** city life **with** country life ┆ ① 都会の生活を田舎の生活と比較する
② **compare** life **to** a voyage ┆ ② 人生を航海に例える

🔲compárison「比較」 🔳compárative「比較による」

① Prices **are determined by** supply and demand. ┆ ① 物価は需要と供給で決まる.
② I **am determined to** win the game. ┆ ② 私は試合に勝つ決意をしている.

📘語源 de-[下]+-term-[枠]から「枠にはめる」→「~を決める」 🔲determinátion「決定, 決意」

pay attention to his opinion ┆ 彼の意見に注意を払う

📘語源 atténd「~に参加する」(at-[=ad 方向]+-tend [伸びていく])の派生語で, 「意識を~へ向けること」が元の意味. 🔳atténtive「注意深い」

concentrate on my studies ┆ 勉強に集中する

📘語源 con-[共に]+-centra-[中心]→「(意識を)中心に集める」 🔲concentrátion「集中」

This book **focuses on** casinos. ┆ この本はカジノを特集している
[kəsí:nouz] ┆ (焦点を当てている).

🔲fócus「焦点」 [活用]focus - focus(s)ed - focus(s)ed

Part 1
Part 2
Part 3
Part 4

☐ 481 **absorb** ★[əbzɔ́ːrb] アブゾーブ B1	**他**① (be −ed in ~)~に没頭する ②~を吸収する ▶①「~に(一時的に)没頭する(←気持ちが吸い込まれる)」 **注意**①「(一時的に)没頭する」の意味なので,「(普段から)没頭している」 場合は be into ~, be crazy about ~などと表現する.
☐ 482 **devote** [divóut] ディヴォゥトゥ B2	**他** (A to B) (A)を(B)にささげる ▶「全てをささげる(と宣言する)」(＊マイナスイメージにも使える.) **頻出** 目的語は oneself, one's time, one's energy などが置かれる. **注意** この to は**前**なので B には**名**か動名詞が置かれる.

祈る・望む

☐ 483 **pray** [préi] プレィ A1	**自**祈る ▶「願いを強く念じる」 **頻出** pray for ~「~のために(~を願って)祈る」
☐ 484 **wish** [wíʃ] ウィッシュ A2	**他**① (S V)~ならいいのに ② (SVO₁O₂) (O₁のためにO₂)を祈る ▶①「(実現不可能,あるいは実現が困難なこと)を願い望む」 **頻出**①I wish I could, but ~.「できればそうしたいが,~だ.」 **注意**①S V には仮定法が適用される. 過去のことなら〈had＋過去分詞〉, 現在のことなら〈過去形〉,未来のことなら〈would＋V原形〉となる.
☐ 485 **hope** [hóup] ホゥプ B1	**他**①~と望む **自**②望む ▶「(未来に良いことが起きること)を願う」 **注意**①目的語には that S V か to do のみが置かれる. (＊that節内の時制は未来のことでも現在時制にすることがある.)
☐ 486 **envy** [énvi] エンヴィ **動**B2 **名**A2	**他**①~を羨ましく思う **名**②羨望 ▶「自分も欲しい」と思う. **頻出**①envy (人) for ~「~のことで(人)を羨ましく思う」

前置詞のイメージ⑤ **into**

「ある空間の中に入って」
① go into the building「建物に入る」(←空間の中に入る)
② look into the matter「その事件を調べる」(←事象の中に入り込んで見る)
③ translate the sentence into Japanese
「その文を日本語に訳す」(←言語の中に入れて変化させる)

① I **was absorbed in** the comic book. ┊ ① 私はその漫画に夢中になっていた.
② **absorb** water ┊ ② 水を吸収する

語源 ab-[＝away]＋-sorb[吸い込む] →「吸収する」

---

devote my life **to** helping others ┊ 人助けに人生をささげる

名 **devótion**「献身, 愛情」 形 **devóted**「献身的な, 専門に扱っている」

---

pray for her safety ┊ 彼女の無事を祈る

名 **práyer** [préər]「祈り」(＊ **práyer** [préiər]「祈る人」とは発音が異なるので注意.)
🔊 **Good luck!**「幸運を祈る.」 🔊 **préy** [préi]「えじき」

---

① I **wish** I **could** play the piano. ┊ ① ピアノが弾ければいいのに.
② I **wish** you **a** Happy New Year. ┊ ② あなたにとって良い新年でありますように.

名 **wísh**「(不可能なことへの)願い, 望み」⇨ make a wish「願い事をする」

---

① I **hope (that)** it will clear up today. ┊ ① 今日は晴れるといいね
　┊　(晴れることを望む).
② I **hope for** the best. ┊ ② 最高の結果を望んでいる.

名 **hópe**「望み」⇨ have hope「望みを持つ」

---

① **envy** him **for** his singing ability ┊ ① 歌唱力で彼を羨ましく思う
② feel **envy** at her success ┊ ② 彼女の成功を羨む(羨望を感じる)

形 **énvious**「羨んで」⇨ be envious of ～「～を羨ましく思う」

ワンポイントアドバイス④

「序数詞(物事の順序・順番(序数)を表す語)」に関する **3 つのルール！**
①《**1 ～ 3 は普通の数字とまったく違う形なので注意！**》②《**4 ～は, 基本的に〈普通の数字 ＋th〉！**(ただし, 5, 8, 9, 12は例外なので注意.)》③《**ty で終わる数字は〈y → ie＋th〉！**》
(1) first　(2) second　(3) third　(4) fourth　(5) fifth　(6) sixth　(7) seventh　(8) eighth
(9) ninth　(10) tenth　(11) eleventh　(12) twelfth　(13) thirteenth　(20) twentieth
(21) twenty-first　(100) one hundredth

□ 487

ambition

[æmbíʃən]
エァンビション　A2

名 (強い)**願望，野望**
▶「(何かを成し遂げようとする)強い意志」

頻出 achieve[realize] *one*'s ambition to *do*
「〜するという野望を実現する」

必要とする・頼る

□ 488

need

[níːd]
ニードゥ　A2

他 〜が必要である
▶「〜を欠いているので必要だ」

頻出 need to *do*「〜する必要がある」
　　need to be *done*「〜される必要がある」

□ 489

require

[rikwáiər]
リクワィア　B1

他 〜を必要とする
▶ néed より堅い語で主語は「物」が多い.

頻出 be required to *do*「〜するように要求される」
注意 A require B. は「A には B が必要だ.」と訳すことが多い.

□ 490

trust

[trΛst]
トゥラストゥ　A2

他 〜を信頼する
▶「(人や物・事)を(正直で悪さをしないと)信頼する」

頻出 trust (人) with 〜「(人)を信頼して〜を任せる」
　　trust (人) to *do*「(人)を信頼して〜させる」

□ 491

depend

[dipénd]
ディペンドゥ　A2

自① **(物・事が主語)(〜)次第である**　② **(人が主語)(〜に)頼っている**
▶①「〜によって決まる」　②「(他者に)すっかり頼りきる」

頻出 depend on 〜「①〜次第である ②〜に(全面的に)頼っている」
　　That depends.「それはケースバイケースだね.」

□ 492

rely

[rilái] 発
リラィ　B1

自 (on 〜)(〜に)頼る
▶「(人や物・事)を(自分のためにやってくれると)信頼する」

頻出 rely on A to *do*「A が〜するのを当てにする」
注意「(過去の経験に基づく)信頼」を示唆する.

示す・表現する

□ 493

indicate

[índikèit]
インディケイトゥ　A2

他 (データなどが)〜を示す
▶日常では shów のほうが使われる.

頻出 résearch「研究」, évidence「証拠」, a súrvey「調査」などを
主語にして, 目的語には that 節をとることが多い.

achieve my ambition to be a pilot | パイロットになるという望みを叶える

語源 amb-[=around あちこち]+-it-[行く]→「(野心を持って)あちこちに行く」 *éx<u>it</u>「出口」
形 **ambítious**「野心的な」⇨ Boys, be ambitious!「青年よ，大志を抱け.」

I **need to** clean my room. | 部屋を掃除する必要がある.

名 **néed**「必要」 助 **néed**「~する必要がある」(＊否定文・疑問文で用いる.)
⇨ You need to sleep[×need sleep] enough.「十分に寝る必要がある.」

This job **requires** some experience. | この仕事にはある程度の経験が必要だ.

語源 re-[再び]+-quire[求める] *requést「リクエスト(←再び求める)」
名 **requirement**「必要となるもの，必要条件」

You can **trust** him; he keeps secrets. | 彼のことを信頼してよい. 彼は秘密を守る.

key <u>tru</u>e(本当だ)と思って「信頼する」と覚えよう. 名 **trúst**「信頼」

---

① Success **depends on** your efforts. | ① 成功は君の努力次第だ.
② **depend on** my parents **for** rent | ② 親に家賃を頼っている

key p<u>end</u>ant「ペンダント」と同様に「(人に)ぶら下がる」イメージ. 形 **depéndent**「依存している」

You can **rely on** him; he will help you. | 彼なら頼っても大丈夫. 助けてくれるよ.

形 **relíable**「信頼できる，確実な」 [活用]rely - relied - relied

Research indicates that this is true. | (ある)研究はこれが正しいことを示している.

語源 in-[中に]+-dict-[言う]から「中に言う」→「~を示す」 *<u>díct</u>ate「命令する」

□ 494

suggest

★[sə(g)dʒést]
サヂェストゥ
A2

他① ～を示唆(しさ)する　②～を提案する

▶「(控えめに)表す，意見を出す」

頻出 ②目的語には動名詞，that S (should) *do* をとる．
注意「物」が主語なら必ず①に，「人」が主語なら①か②の意味になる．

□ 495

prove

[prúːv] 発
プルーヴ
B1

他① ～を証明する　② (to be ～)～だと分かる

▶①「～であると証明する」→ ②「～であると分かる」

頻出 ① prove A (to be) B[prove (that) A *be* B]
「A が B であると証明する」

□ 496

publish

[pʌ́blɪʃ]
パブリッシュ
A2

他～を出版する，発表する

▶「(本，雑誌，研究など)を出版する」から「(結果など)を公表する」まで．

頻出 publish a book[magazine]「本[雑誌]を出版する」
a publishing company「出版社」

□ 497

advertise

[ǽdvərtàiz]
エアドゥヴァタイズ
B1

他～を宣伝する

▶「(人の注意，関心を引きつけて)宣伝する」

頻出 advertise ～ in a newspaper[on TV, on the Internet]
「新聞[テレビ，インターネット]で～を宣伝する」

□ 498

sign

[sáin]
サィン
名 A1
動 B1

名① 兆候　② 標識，看板　**他**③ ～を署名する

◇ áutograph「(有名人などの)サイン」　sígnature「(書類の)署名」

頻出 ② a sign saying "～"「『～』という標識，看板」
③ sign a contract「契約書にサインする」

移動する・変化する

□ 499

hurry

★[hə́ːri] 発
ハーリィ
動 A2
名 A1

自① 急ぐ　**名**② (in a ー)急いで

▶「(時間がないので)いつもより速く動く」

頻出 ① hurry up and *do*「急いで～する」
注意「急ぎなさい．」は Hurry (up). だが，「急ぐな．」は Don't hurry.
[×Don't hurry up.]と表現する．

□ 500

wander

[wándər] ア
ワンダ
A2

自歩き回る

▶「(当てもなく)ぶらぶら歩く」

頻出 wander around[about]～「～をぶらぶら歩き回る」
注意 wónder[wʌ́ndər]「不思議に思う」と区別．

① That letter **suggests that** she is happy.
② She **suggested to us that** we (**should**) take a break.

    ① その手紙は, 彼女が幸せであることを示唆している.
    ② 彼女は私たちに休憩するのはどうだろうかと提案した.

图 suggéstion「提案, 暗示」

---

① **prove that** I am right
② The rumor **proved** (**to be**) true.

    ① 自分が正しいことを証明する
    ② そのうわさは本当だと分かった.

图 próof「証明, 証拠」

This **magazine is published** weekly.

    この雑誌は毎週発行されている.

📕語源 publi-[公]＋-ish[動詞化] →「(情報など)を公にする」 **图 publicátion**「出版, 公表」

---

advertise our concert

    私たちのコンサートを宣伝する

📕語源 ad-[方向]＋-vert-[回る] →「人の注意を～のほうへ回す」
图 ádvertising「広告(すること)」 **图 advertísement**「(1つの)広告」

---

① **a sign of** recovery
② **a sign saying** "STOP"
③ **sign** my autograph for a fan

    ① 回復の兆候
    ② 「止まれ」の標識
    ③ ファンのためにサインをする

图 sígnal「合図, 兆候」 **图 sígn language**「手話」

---

① We **hurried to** the station.
② I am **in a hurry**.

    ① 私たちは駅へ急いだ.
    ② 私は急いでいる.

😀覚え方 ハリーポッターが「急ぐ」

---

wander around the town

    街をぶらぶら歩き回る

📕語源 wand-[＝wend 行く]＋-er[繰り返し] →「行ったり来たりする」

□ 501 **follow** [fálou] 🔊 ファロウ A2	他① ～の後について行く　② (忠告, 方針など)に従う ▶「(人や命令など)について行く」 頻出 ① *be followed by* ～「その後に～が続く」 　　 *as follows*「以下のとおり」
□ 502 **pass** [pǽs] ペェス A2	他① ～を通り過ぎる　② (試験)に受かる ③ ((人) A) (人)に(Aを)渡す　自④ (時が)過ぎる ▶「(ある地点)を通過する」 頻出 *pass away*「(人が)亡くなる」　*pass for* ～「～として(世間で)通る」
□ 503 **lead** [líːd] リードゥ B1	自① (to ～) (～に)至る　他② (a ～ life) (～な生活)を送る ▶「先頭に立って物事を導く」 頻出 ①(原因) lead to (結果)「～に至る, ～を引き起こす」 　　②*lead a* ～ *life*「～な生活を送る」([×]lead a life のみは不可.)
□ 504 **rise** [ráiz] ラィズ 動名B1	自① 上がる, 昇る　名② 上昇 ▶①「(数値, 海面, 煙などが)上がる」から「出世する」まで. 頻出 ② give rise to ～「～を引き起こす」 　　 *be on the rise*「上昇している」
□ 505 **raise** [réiz] 発 レィズ A2	他① ～を上げる　② (子ども, 作物)を育てる　③ (お金, 資金)を集める ▶②③「(目標値にまで)上げる」 注意 ②「(子ども)を育てる」の場合, 〈英〉では*bring ～ up を用いる. 　　⇒ bring up children(*「植物」には不可.)

交通・郵便

| □ 506 **traffic**
[trǽfik]
トゥレェフィック A2 | 名 交通(量) 〈不可算〉
▶「(自動車やバイクなど)道路上で動いている物の流れ」

頻出 traffic lights「交通信号」　a traffic accident「交通事故」
　　 The traffic is heavy[light].「交通量が多い[少ない]」. |

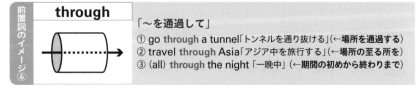

前置詞のイメージ⑥

through

「～を通過して」
① go through a tunnel「トンネルを通り抜ける」(←場所を通過する)
② travel through Asia「アジア中を旅行する」(←場所の至る所を)
③ (all) through the night「一晩中」(←期間の初めから終わりまで)

① Someone was **following** me. ｜ ① 誰かが私をつけていた.
② **follow** his **advice** ｜ ② 彼の忠告に従う

形**fóllowing**「次の, 以下のような」⇨ for the following reason「次の理由で」

① **pass** the post office ｜ ① 郵便局（の前）を通り過ぎる
② **pass** the entrance exam ｜ ② 入学試験に受かる
③ **Pass me the salt**, please. ｜ ③ 塩を取って（私に渡して）ください.
④ Time **passes** quickly. ｜ ④ 時はまたたく間に過ぎる.

① Failure **leads to** success. ｜ ① 失敗は成功につながる.
② **lead** a busy life ｜ ② 多忙な生活を送る

形**léading**「一流の, 大手の」⇨ a leading travel company「大手旅行会社」
名**léader**「リーダー, 指導者」 名**léadership**「指導者の地位」 ［活用］lead - led[léd] - led[léd]

① **rise by** 20% ｜ ① 20％上昇する
② **a rise in** sea levels ｜ ② 海面の上昇

🔑key **súnrise**「日の出（←太陽の上昇）」で覚えよう. （⇔ **súnset**「日の入り」）
⚟**ráise**「～を上げる」 ［活用］rise - rose[róuz] - risen[rízn]

① **Raise** your hand. ｜ ① 手を挙げて.
② **raise** children ｜ ② 子どもを育てる
③ **raise** money for charity ｜ ③ 慈善活動のためにお金を集める

🔑key Hold up your hands. は「（銃で脅して）両手を挙げろ.」の意味.

There is **little traffic** on the street. ｜ 通りに車が少ない（交通量が少ない）.

●覚え方 トラ轢く「交通」

提案・推薦などの動詞の that 節内の時制！
441 recommend「～を推薦する」や494 suggest「～を提案する」などの目的語に
that 節を置く場合, that 節内の動詞は原形 V（あるいは should＋原形 V）にします.
これは「この先～したほうが良い」という気持ちを, 命令文で表したことに由来します.
このような that 節を従える動詞はほかにも advise「～に助言する」や228 decide
「～を決定する, 決心する」などがあります.

507	名 渋滞〈可算〉
jam	▶「(1つの交差点付近の)1つの渋滞」
[dʒǽm]	
チェム	頻出 **a traffic jam**「交通渋滞」
A2	⇨ a 10-kilometer traffic jam「10キロの渋滞」

508	名 交通機関〈不可算〉
transportation	▶〈英〉では tránsport と表現する.
[trænspərtéiʃən]	
トゥレンスパティション B1	頻出 **public transportation**「(電車・バスなど)公共交通機関」
	a transportation system「交通網」

509	名 運賃
fare	▶「(乗り物の)料金」
[féər]	
フェア A2	頻出 **a bus[train] fare**「バス[電車]の運賃」
	a fare box「運賃箱」

510	名 郵便〈不可算〉
mail	▶「郵便制度」から「(個々の)郵便物」まで.
[méil]	
メイォ A1	頻出 **send ～ by mail**「～を郵送する(←郵便で送る)」
	注意 日本語の「メール(=E メール)」は通例 email と表現する.

511	他 ～を配達する ▶「(近隣の)相手に届ける」
deliver	◇ shíp「(列車やトラックなどで遠くまで)～を配送する」
[dilívər]	
ディリヴァ B1	頻出 **have ～ delivered**「～を配達してもらう」

身体的な動作・状態

512	自 呼吸する, 息をする
breathe	▶「肺に空気を送り, 吐き出す」
[bríːð] 発	
ブリーð A1	頻出 *breathe ～ in「～を吸い込む」 breathe deeply「深呼吸する」
	breathe on one's hand「手に息を吹きかける」

513	自① 咳をする 名② 咳〈可算〉
cough	◇ clear one's throat「咳払いをする」
★[kɔ́ːf] 発	
コーフ 動 B1 名 B2	頻出 ② have a cough「咳が出る」

get caught in a traffic jam | 交通渋滞につかまる

🔵覚え方 jam「ジャム」と同様に「ぎゅうぎゅう詰めの状態」と覚えよう.

---

by public transportation | 公共交通機関で

📖語源 trans-[越えて]+-port-[運ぶ]から「何かを(越えて)遠くへ(人を)運ぶ」→「交通機関」
*impórt「~を輸入する(←中に運ぶ)」 *expórt「~を輸出する(←外に運ぶ)」

---

pay a taxi fare | タクシー料金(運賃)を支払う

📖語源 元は「運んだ代金」の意味. *férry「フェリー(←運ぶもの)」

---

get a lot of mail | たくさんの郵便物を受け取る

◎a post office「郵便局」

---

deliver a pizza | ピザを配達する

📖語源 de-[分離]+-liver[=liberty 自由]→「離して自由にする」 图delívery「配達」

---

breathe in some fresh air | 新鮮な空気を吸い込む

图bréath[bréθ]「息」⇨ take a deep breath「大きく息を吸う」

---

① **cough** loudly
② **have a bad cough**

① 大きく咳をする
② 咳がひどい

🔑key 日本語では普通, 咳の音を「コンコン」や「ゴホゴホ」というが, 英語では [kɔːf kɔːf] といい,
そこからできた擬音語. ◎snéeze「くしゃみ;くしゃみをする」

□ 514 **lie** [lái] ラィ A2	**自**① 横たわる　② うそをつく ▶①「(人・動物が)横たわる」から「(湖などが)ある」まで. 頻出 ① lie down「横たわる」　② **lie to** 〜「〜にうそをつく」 注意 ①②は別語源で活用変化も異なる(*ただし, 進行形はいずれも lying).
□ 515 **lay** [léi] 発 レィ B1	**他**〜を横たえる ▶「注意深く何かを(水平に)置く」 LAY LIE 頻出 lay an egg「卵を産む(←卵を横たえる)」 注意 口語では lie down「横たわる」の代わりに lay down を使うことも多い.
□ 516 **wake** [wéik] ウェィク B1	**自**① 目が覚める　**他**② (眠っている人)を起こす ▶「(睡眠状態から)目が覚める」　◇ get up「起きる(←布団やベッドから出る)」 頻出 ① **wake up**「目が覚める」　wake up to 〜「(音など)で目が覚める」 ② *wake 〜 up「〜の目を覚まさせる」
□ 517 **awake** [əwéik] アウェィク A1	**形**目を覚まして ▶「(眠りや無気力な状態から)目覚めている」 頻出 **keep 〜 awake**「〜を目を覚ました状態に保つ」 注意 awáke や alíve などの形は, 名の前に置かず, 補語として使う.
□ 518 **thirsty** [θə́:rsti] 発 θアースティ A2	**形**のどが渇いた ◇ drý「(水分がなく)乾いた」 頻出 **feel[be] thirsty**「のどが渇いている」 be thirsty for 〜「〜を切望している」
□ 519 **scratch** [skrǽtʃ] スクレェッチ B1	**名**ひっかき傷 ▶「(体の一部, 床など)をひっかく」　◇ cráck「ひび」 頻出 get a scratch on 〜「〜に傷がつく」 start from scratch「ゼロから(←ひっかく所から)始める」
□ 520 **sigh** [sái] 発 サィ 名B1 動B2	**名**① ため息　**自**② ため息をつく ▶「退屈や疲れ, 失望や安堵」などを表す. 頻出 ① give a deep sigh「深いため息をつく」 ② sigh deeply「深くため息をつく」

① **lie down** on the grass
② **lie to** my sister

① 芝生の上に横たわる
② 妹にうそをつく

●覚え方 自動詞の lie →自雷 [活用]① lie - lay [léi] - lain [léin]   ② lie - lied - lied

Dad **laid** his hand **on** my shoulder.

父は私の肩に手を置いた.

[活用]lay - laid - laid   (＊過去形・過去分詞は pay などと同様に, y を i に変えて -d をつける.)

① **wake up to** the sound of an alarm
② **Wake** me **up**[✕Wake up me] at 5 a.m.

① 目覚まし時計の音で目が覚める
② 午前5時に起こしてください.

●**wake-up call**「(ホテルなどの)モーニングコール」
⇨ I'd like a wake-up call at six, please.「モーニングコールを6時にお願いします.」

The heat **kept me awake** all night.

その暑さで一晩中眠れなかった
(私を目を覚ました状態にしていた).

■語源 a-[強意]＋-wake[目を覚ましている] 反**asléep**「眠っている」

I'm really **thirsty**.

のどがカラカラだ(本当にのどが渇いた).

■語源 「乾くこと」が元の意味. ＊**tóast**「トースト(←パンをあぶる(乾かす))」
名**thírst**「のどの渇き」 ●**húngry**「空腹の」

get a scratch on my iPhone

(私の)アイフォーンに傷がつく

● key 「スクラッチカード」は「(コインなどで)ひっかく」カードのこと.

① **give a sigh of relief**
② He **sighed** "You win."

① ほっとしてため息をつく
② 彼は「降参(君の勝ちだ)」とため息ま
　じりに言った.

● key 日本語のため息「ハァ」は英語では "Sigh." となる. (＊擬音語)

能力・努力

□ 521 **skill** [skíl] スキォ　A1	**名 技術** ▶「(修練によって身につけた)卓越した技術」 頻出 **improve[develop]** *one's* ~ **skills**「~の技術を伸ばす」 （*「~の技術」はさまざまな技術を要するので複数形にする.）
□ 522 **ability** [əbíləti] アビラティ　A2	**名 能力** ▶主に「(後天的な)能力」を示す最も一般的な語. 頻出 **improve[develop]** *one's* **ability to** *do*「~する力を伸ばす」 **show** *one's* **real ability**「実力を発揮する」
□ 523 **talent** [tǽlənt] テェレントゥ　A2	**名 才能** ▶「(生まれ持った)優れた能力, 天性の才能」 頻出 **have a talent for** ~「~の才能がある」 注意 日本語の「テレビタレント」は, 英語では[×]a TV talent ではなく, a TV personality などと表現する.
□ 524 **effort** [éfərt] エファトゥ　A2	**名 努力** ▶「努力」を示す最も一般的な語. 注意 **make an effort** は「(ちょっと)頑張る」の意味なので, 人命救助などの場合, **make a great effort**「大いに努力する」などと表現する.

練習する・競争する

□ 525 **practice** [prǽktis] プレェクティス　名動A1	**名① 練習　② 実践, 慣習　他③ ~を練習する, 実践する** ▶②③「実際に行う(こと)」→①③「(技術,能力を向上させるための)練習(をする)」 頻出 ② **in practice**「(理論と違って)実際には」(⇔in theory「理論上は」) 注意 ③自「練習する」の意味もある.
□ 526 **exercise** [éksərsàiz] エクササイズ　名A2 動A1	**名① 運動　自② 運動する** ▶「家畜を囲いから出して働かせる」→「運動(する)」 比較 **get[(英)take] exercise**「(散歩などの)運動をする」 **do exercises**「(特定部位の)運動をする」

from

「起点, 出発点」

① fly **from** Rome to Narita「ローマから成田へ飛行機で行く」（←場所の起点）

② **from** Monday to Friday「月曜日から金曜日まで」（←時間の起点）

③ die **from** overwork　「過労で死ぬ」（←事象の起点[原因]）

168

Part 1
Part 2
Part 3
Part 4

---

improve my tennis skills | テニスの技術を高める

形 **skilled**「(人が)熟練した，(仕事が)熟練を要する」 形 **skillful**「(人，物が)上手な」
副 **skillfully**「上手に」

---

improve my ability to speak English
[×of speaking English] | 英語を話す力を伸ばす

key **áble**「することができる」の名詞形.

---

have a talent for dancing | ダンスの才能がある

形 **tálented**「才能のある」 ⊕ **gíft**「(美術，スポーツなどの)才能」

---

make an effort to be on time | 時間に間に合うように努力する

key 音楽用語の **fórte**(フォルテ)「強く」と同語源.

---

① have judo **practice** on Saturdays | ① 毎週土曜日に柔道の稽古(練習)がある
② **put** a plan **into practice** | ② 計画を実行に移す
③ **practice playing** the guitar | ③ ギターの練習をする

形 **práctical**「実際的な，実用的な」 ② 反 **théory**「理論」

---

① **get** some light **exercise** | ① 軽い運動をする
② **exercise** every day | ② 毎日運動する

⊕ **work out**「(ジムなどで定期的に)運動する」

前置詞のイメージ⑧ | **to** | 「向かっている先の到達点に」
① get to school 「学校に着く」(←目的地に到着)
② listen to her 「彼女の言うことを聞く」
(←動作の対象に到達)
③ *be* frozen to death 「凍死する」(←結果に到達)

527 **competition** [kàmpətíʃən] コムパティション A2	**名**① コンテスト〈可算〉　② 競争〈不可算〉 ▶①「(力や技能を争う)競技会」 **注意** 日本語の「コンテスト」は a beauty contest, a speech contest など以外は competition で表現することが多い.

528 **defeat** [difíːt] ディフィートゥ B1	**他** (相手)を打ち負かす ▶「相手を(一時的に)負かす」(＊béat「(相手)を負かす」のほうが口語的.) **注意**「〜に勝つ」は〈**win**＋(試合, 戦争)〉または〈**defeat**＋(人, チーム)〉. ⇨ win a game「試合に勝つ」, defeat him「彼に勝つ」

成功する・失敗する・間違う

529 **succeed** [səksíːd] サクスィードゥ A2	**自** 成功する ▶「(努力してきたこと, 望んでいたことを)実現する」 **頻出** succeed in *doing*「〜することに成功する」 **注意** [×]succeed to *do* の形は不可.

530 **fail** [féil] 発 フェイォ A2	**自**① 失敗する　② (to *do*)〜できない **他**③ (試験)に落ちる　▶② 日常では cannot *do* と表現するのが普通. **頻出**① fail in 〜「〜に失敗する」

531 **miss** [mís] ミス A1	**他**① 〜を逃す　② 〜を休む　③ 〜を恋しく思う ▶日本語の「ミスをする」は make a mistake と表現する. **注意**② 日常では「学校[仕事]を休む」は be absent from school [work]ではなく miss school[work]と表現するのが普通.

532 **mistake** [mistéik] ミスティク 名A2 動 –	**名**① 間違い　**他**② (A for B)(A)を(Bと)間違う ▶「間違い」を表す一般的な語. ◇error「(計算, 言葉, システムなどの)間違い」 **頻出**① make a mistake「ミスをする」　by mistake「間違えて」 **注意**② の for は「交換」を示す.

追求する・到達する

533 **pursue** [pərsúː] パァスー A2	**他** 〜を追求する ▶「(人)を追う」「(目的)を追求する」「(仕事)を続ける」 **頻出** pursue a career as 〜「〜としての仕事を続ける」 pursue *one*'s interest(s)「興味があることを追求する(とことんやる)」

① **enter** a dancing **competition** ┊ ① ダンスのコンテストに参加する
② **competition** between children ┊ ② 子ども同士の競争

圓 compéte (with ~)「(~と)競争する」 **圏 compétitive**「競争の，競争力のある」
名 compétitor「競争相手」

---

defeat his **team** by three points ┊ 彼のチームを 3 点差で打ち負かす

語源 de-[否定]＋**-feat**[する] → 「~を打ち負かす」 **名 deféat**「敗北，打破」

---

succeed in losing ten kilos ┊ 10キロの減量に成功する

名 succéss「成功」 **圏 succéssful**「成功した」

---

① Our project **failed**. ┊ ① 私たちの企画は失敗した.
② **fail to** arrive on time ┊ ② 時間どおりに到着できない
③ **fail** the **exam** ┊ ③ その試験に落ちる

名 fáilure「失敗，できないこと，故障」 **働 without fail**「必ず」(＊この fáil は 名 扱い.)

---

① **miss** a good chance ┊ ① せっかくのチャンスを逃す
② **miss** school for two days ┊ ② 2日間学校を休む
③ I **miss** you. ┊ ③ あなたに会えなくて寂しい
┊ 　(あなたが恋しい).

圏 míssing「行方不明の」

---

① **make** a lot of **mistakes** ┊ ① 多くのミスをする
② **mistake** him **for** his twin brother ┊ ② 彼を双子の弟と間違える

圏 mistáken「間違っている」⇨ You are mistaken.「あなたは間違っている.」

---

pursue a career as a cook ┊ 料理人の仕事を続ける

語源 pur-[＝pro 前方]＋**-sue**[ついていく] ＊**púrpose**「目的」 **名 pursúit**[pərsúːt]「追求」

534
achieve
[ətʃíːv]
アチーヴ
A2

他 ~を達成する
▶「苦労して(時間をかけて)ある基準にまで到達する」

頻出 目的語には a goal「目標」, a good result「よい結果」などが置かれる.

535
manage
[mǽnidʒ] 発
メェニッヂ
A2

他① (to do)何とかして~する ② ~を経営する, 管理する
▶①「(困難なこと)を手を尽くして乗り切る」

注意 ①「(過去に1回限り)~できた」は managed to do や動の過去形, was[were] able to doなどと表現する.([×]could doは不可.)

修理する・改善する・進歩する

536
repair
[ripéər]
リペァ
動名A2

他① ~を修理する 名② 修理
▶「元どおりにする」(＊日常では fix「~を直す」のほうが使われる.)

頻出 ② under repair「修理中で」 beyond repair「修理不可能で」
注意 ①「Aは修理が必要だ」は A need repairing[to be repaired]と表現.

537
improve
[imprúːv] 発
インプルーヴ
A2

他① ~を改善する 自② よくなる
▶「(利益や価値など)を上げる」

頻出 ① improve one's image「~のイメージアップをする」
注意 日常では①*get ~ better, ②get betterと表現することも多い.

538
develop
[divéləp]
ディヴェロップ
A2

自① 発達する 他② ~を発達させる ③ ~を開発する
▶マイナス方向にも使われる.

頻出 ② develop one's ~ skills「~の技術を発達させる」
develop a sense of ~「~の感覚を身につける」

539
progress
名[prágres]
プラグレス
動[prəgrés] 発
プログレス
名B1
動B2

名① 進歩〈不可算〉 自② 進歩する, 進む
▶「(個人の能力の)進歩」から「(社会, 科学技術の)進歩」まで.

頻出 ① make progress (in ~)「(~で)進歩する」
② as A progress「Aが進むにつれて」

540
advance
[ædvǽns] ア
エァドゥヴェンス
名B2
動B1

名① 進歩, 前進〈可算〉 自② 前進する, 進歩する
▶「(軍隊, チームなどが)前進する」から「(技術などが)進歩する」まで.

頻出 ① in advance「前もって」 advances in ~「~の進歩」
② advance to ~「~まで進む」

172

achieve my **goal** of becoming a vet ┆ 獣医になるという目標を達成する

📖語源 a-[＝ad 方向]＋-chieve[頭]から「上(頭)のほうに向かう」→「〜を達成する」
　　*chief「主要な；(集団の)長」 图 achíevement「達成, 業績」

① I **managed to**[×could] stand up. ┆ ① 何とか立ち上がることができた.
② **manage** my time wisely ┆ ② しっかりと時間を管理する

图 mánagement「経営」 图 mánager「(会社などの)部長, 店長, (スポーツなどの)監督」
🔁 rún「(店, 会社など)を経営する」

① **repair** a bicycle ┆ ① 自転車を修理する
② a motorbike **under repair** ┆ ② 修理中のバイク

📖語源 re-[再び]＋-pair[＝prepare 準備する]→「再び使えるように準備する」

① **improve** my image ┆ ① 自分のイメージを上げる
② His English has **improved** recently. ┆ ② 彼の英語は近頃よくなった.

📖語源 im-[＝in 中に]＋-prove[＝profit 利益]→「利益をもたらす」 图 impróvement「改善」

① **develop into** a big city ┆ ① 大都市に発展する
② **develop** my writing skills ┆ ② 書く力を伸ばす
③ **develop** software ┆ ③ ソフトウェアを開発する

圀 devéloping「発展途上の」⇨ developing countries「発展途上国」
圀 devéloped「発展した, 先進の」⇨ developed countries「先進国」 图 devélopment「発達, 開発」

① **make** great **progress in** English ┆ ① 英語が大いに上達する
② **as** the meeting **progresses** ┆ ② 会議が進むにつれて

📖語源 pro-[前方]＋-gress[進む] *cóngress「(正式な)会議(←共に進む)」
圀 progréssive「進歩的な」

① **advances in** technology ┆ ① 科学技術の進歩
② **advance to** the final ┆ ② 決勝戦に進む

📖語源 ad-[方向]＋-vance[進む] *advántage「利点(←人より進んだ所)」
圀 advánced「進歩した, 上級の」⇨ advanced learners「上級学習者」

173

☐ 541
collect
[kəlékt]
コレクトゥ　A1

他①（同種の物）を集める　②〜を回収する
▶「（趣味，研究，仕事で）〜を選り分けて集める」

頻出 ① collect signatures「署名を集める」
　　collect data「データ［資料］を集める」

☐ 542
gather
[gǽðər] ⑦
ギャザァ　A2

他①〜を集める　自② 集まる
▶「（分散している物，人）を1か所に寄せ集める」

頻出 ① gather information「情報を集める」
　　② gather around 〜「〜のまわりに集まる」

☐ 543
obtain
[əbtéin]
オブテイン　B1

他（資格，許可，情報など）を得る
▶「（有形無形の欲しい物）を得る」（＊日常では gét のほうが使われる.）

頻出 obtain information「情報を得る」
　　obtain permission「許可を得る」

☐ 544
gain
[géin]
ゲイン　B1

他〜を得る，増す
▶「（利益など，形のない物）を得る」（＊日常では gét のほうが使われる.）

頻出 gain weight「体重が増える」（⇔ lose weight「体重が減る」）
　　gain popular support「大衆の支持を得る」

☐ 545
available
[əvéiləbl]
アヴェイラブォ　B1

形① 手に入る，利用できる　②（人の予定が）空いている
▶①「入手可能な」（＊訳語は文脈で考える.）

頻出 ① readily available「すぐに手に入る」

☐ 546
last
[lǽst]
レェストゥ　動 B1
　　　　形 A2

自①（時間的に）続く　形②（the last 〜）この前の〜，最後の〜
▶①「（時間が）続く」　◇contínue「（時間，空間が）続く」

頻出 Nothing lasts forever.「永遠に存続するものはない.」
注意 ① 通例，時を示す副を伴う.

前置詞のイメージ⑨

within
↓

「範囲内，〜以内に」
① within 10 years　　　「10年以内に」（←時間の範囲内）
② within a town　　　「市内に」（←場所の範囲内）
③ within the speed limit「制限速度内で」
　　　　　　　　　　　　　　　（←程度の範囲内）

Part 1

① **collect** butterflies
② **collect** empty cans for recycling

① 蝶を集める
② リサイクルのために空き缶を回収する

图 colléction「集めること, 収集, コレクション」

Part 2

① an album **gathering** dust
② **gather around** the captain

① ほこりをかぶった(集めている)アルバム
② キャプテンのまわりに集まる

■ 語源 *togéther「一緒に」(to-[～の方向へ]+-gather[集まる])

obtain a work visa

就労ビザを得る

■ 語源 ob-[=against に対して]+-tain[保つ] → 「苦労して得る」

Part 3

gain valuable experience

価値ある経験を得る

他 regáin「～を取り戻す」

① These parts are **readily available**.
② Mr. Rogers is **available** today.

① これらの部品はすぐに手に入る.
② ロジャース氏は本日時間がとれます.

■ 語源 a-[=ad 方向]+-vail-[=value 価値]+-ble[可能] → 「～(の価値)を利用できる」

Part 4

① The meeting **lasted (for) three hours.**
② for the[×this] **last** ten days

① (その)会議は3時間続いた.
② この10日の間

形 lásting「永続的な, 長持ちする」

ワンポイントアドバイス⑥

397 could は「～かもしれない」の意味!
could は元々 can の過去形でしたが, 今では1つの独立した助動詞の扱いです.
そして, その意味は, 「～できた」(過去の能力)ではなく, まずは「～かもしれない」
(現在・未来の推量)と覚えましょう. 同じく推量・可能性を表す can を弱めた意味です.
I could eat a horse なら, 「馬一頭くらい食べられるかもしれない(そのくらい空腹だ).」
の意味です. could を can の過去形として使用する場合には注意が必要です.

547

remain

[riméin] 発
リメイン

A2

自① ～のままでいる ②残る
▶「同じ状態が続く」

20年後 →

頻出 ①remain to be *done*「まだ～されていない(←これからなされる状態)」
注意 後ろに名や形が置かれたら①、なければ②の意味になる.

548

exist

[igzíst] 発
イグジストゥ

A2

自存在する
▶「(実は)存在する」

注意 日常で「いる、ある(←存在する)」という表現は、〈S is[are] ～.〉
や〈There is[are] A ～.〉などのほうが使われる.

549

survive

[sərváiv]
サヴァイヴ

A2

自① 生き残る 他② ～から生き延びる
▶「(何かを乗り越えて)生き延びる、生き抜く」

注意 「(生命の存在に関わる状況で)生きる」はlíveよりsurvíveのほうが適切.
⇨ survive in outer space「宇宙空間で生きる」

550

maintain

[meintéin] 発
メインティン

B1

他～を維持する
▶「(水準、関係、治安など)を(以前と同じレベルに)保つ」

頻出 目的語にはa relationship「関係」やa standard「水準」などが置かれる.
注意 maintain that S V「～と主張する(←～という意見を維持する)」

借りる・貸す・与える

551

borrow

[bárou] ア
バロウ

A1

他～を借りる
▶「(無償で物を借りる)」から「(銀行から金)を借りる」「(考えなど)を借用する」まで.

頻出 borrow A from B「BからAを借りる」
注意 トイレなど「移動できない物」を「借りる」場合はúseを使う.

552

lend

[lénd]
レンドゥ

A2

他～を貸す
▶「(無償で物)を貸す」から「(銀行が金)を貸す」「(手)を貸す」まで.

頻出 lend (人) ～「(人)に～を貸す」
(＊「人」に重点を置く場合、lend ～ **to** (人) とする.)

553

rent

[rént]
レントゥ

動名A2

他① ～を借りる ② (A to B)(A)を(Bに)賃貸する
名③ 使用料 ▶①「(金を払って、家や車など)を借りる」

注意 ②「貸し出す相手」を明記せず、rent out「～を賃貸する(←外に
貸し出す)」という形でも使う.

① The building **remains** unchanged.
② Five people **remained** in the room.

① そのビルは変わらないままだ.
② (その)部屋には5人が残っていた.

■語源 re-[後ろ]+-main[維持する]から「後ろに置いておく」→「〜のままでいる」
*maintáin「〜を維持する」 名**remáins**「遺物, 遺跡」

believe that UFOs **exist**

UFO は存在すると信じる

名**exístence**「存在, 生存, 生活」

① eat grass in order to **survive**
② **survive** two wars

① 生き延びるため草を食べる
② 2度の戦争を生き抜く(生き残る)

■語源 sur-[上]+-vi-[命]から「〜を越えて命をつなぐ」→「〜を生き残る」
*vítal「極めて重要な(←生命の)」 名**survíval**「生存, 生き残ること」

maintain my weight

(私の)体重を維持する

■語源 main-[=manual 手]+-tain[保つ] から「手の中に保つ」→「〜を維持する」
*retáin「〜を保持する」 名**máintenance**「維持, メンテナンス」

borrow two books **from** the library

図書館から2冊の本を借りる

反**retúrn**「〜を返却する」(=give 〜 back)

lend him 10,000 yen

彼に1万円を貸す

[活用]lend - lent - lent

① **rent** a DVD for a week
② **rent out** my house
③ pay a high **rent** for an apartment

① 1週間, DVD を借りる
② 自宅を賃貸しする
③ アパートの高い家賃を払う

key 「レンタカー(rent-a-car)」のrentのこと. 形**réntal**「賃貸の」

Part 1
Part 2
Part 3
Part 4

554 share

[ʃéər]
シェア　　A1

他 ～を共有する
▶「1つのものを2人(以上)で分け合う, 共有する」

頻出 **share A with B**「AをBと共有する」
　　share *one*'s opinion「～の意見を共有する」

555 provide

[prəváid]
プロヴァイドゥ　　A2

他 ～を供給する, 与える
▶「(今後に備えるため, 必要としている人に)～を与える」(＊gíveはマイナスイメージのものにも使えるが, províde はプラスイメージのものだけに使用.)

頻出 **provide (人) with ～**「(人)に～を与える」
　　(＊「人」に重点を置く場合, provide ～ for (人)とする.)

556 offer

[ɔ́:fər] ア
オッファ　　動名A2

他① ～を申し出る　名② 申し出
▶「よかったらどうですか?」というイメージ. (＊「提供する」とは限らない.)

頻出 ① **offer (人) ～[offer ～ to (人)]**「(人)に～を申し出る」
　　offer to *do*「～しようと申し出る」　② **special offer**「特別価格」

557 contribute

★[kəntríbju:t]
コントゥリビュートゥ　　B1

自 (to ～)① (～に)貢献する　他② (A to B)(A)を(Bに)寄付する
▶「与える」が元の意味で, 「貢献する」から「(本など)を寄贈する」や「(原稿)を寄稿する」まで. (＊①は目的語が明らかなので省略され, 自扱いとなる.)

注意 ①マイナスイメージの「貢献(～の一因となる)」の場合にも使える.
　　⇨ contribute to climate change「気候変動の原因となる」

558 replace

[ripléis]
リプレイス　　A2

他① ～に取って代わる　② (A with B)(A)を(Bに)取り替える
▶「(電池や電球など)古い物と新しい物を取り替える」

頻出 ② **replace ～ with a new one**「～を新品に交換する」

559 exchange

[ikstʃéindʒ]
イクスチェインヂ　　動B1
　　名A2

他① ～を交換する　名② 交換
▶「(等価の物の)交換」から「(意見の)交換」まで.

頻出 ① **exchange A for B**「AをBと交換する」
　　② **in exchange for ～**「～と交換に」

生み出す・発生する

560 produce

[prədjú:s]
プロデュース　　A2

他 ～を生産する
▶「(製品, 農産品, 効果など)を生み出す」

頻出 **produce cars[food]**「車[食料]を生産する」
注意 「大量生産の～」は mass-produced ～と表現する.

178

share a table **with** a stranger	知らない人と相席(席を共有)する

key 「ルームシェア(部屋の共有)」などの share のこと.

---

provide each student **with** a laptop	ノートパソコンを各学生に与える

語源 pro-[前方]+-vide[見る] → 「先を見越して与える」 *vídeo「ビデオ」
名 provísion「供給, 用意」 **接 provided**「もし~なら, ~という条件で」

---

① **offer** him some coffee	① 彼にコーヒーはどうですかと尋ねる(申し出る)
② refuse his **offer**	② 彼の申し出を断る

key 日本語でも「オファー(申し出)」はよく使われる.

---

① **contribute to** world peace	① 世界平和に貢献する
② **contribute** 5,000 yen **to** the church	② 教会に5000円を寄付する

語源 con-[共に]+-tribute[与える] **名 contribútion**「貢献, 寄付, 寄稿」

---

① AI has **replaced** humans in many fields.	① 人工知能が多くの分野で人間に取って代わった.
② **replace**[×exchange] a dead battery **with** a new one	② 切れた電池を新しい電池に交換する

語源 re-[再び]+-place[置く]から「元の場所に置く」→「(古い物)を引退させる, ほかの物と取り替える」
名 replácement「取り替え, 代用品」

---

① **exchange** presents	① プレゼントを交換する
② work **in exchange for** food	② 食事と引き換えに働く

語源 ex-[外に]+-change[変える] → 「(外に)出して交換する」

---

produce high-quality steel	高品質の鋼鉄を生産する

語源 pro-[前方]+-duce[導く]から「(人々の)目の前に持ってくる」→「生産する」
名 próduct「製品」 **名 prodúction**「生産(高)」 **形 prodúctive**「生産的な」

179

561	他 ～を創造する
create	▶「(ゼロから何か)を作り出す」
[kriéit] クリエィトゥ　A2	**注意** 「問題」などマイナスイメージのものを「創り出す」場合にも用いる. ⇨ create a lot of problems「多くの問題を引き起こす」

562	他 ① ～を確立する　② ～を設立する
establish	▶②日常では set up のほうが使われる.
[istǽbliʃ] イステェブリッシュ　A2	**頻出** ① **establish a system**「システムを確立する」 establish a relationship「関係を築く, 確立する」

563	自 生じる
arise	▶「(問題, 誤解, 危機などが)生じる」
[əráiz] アライズ　B1	**頻出** **arise from ～**「～から生じる」

564	自 ① 生じる　② (to (人)) (考えなどが(人)に)思いつく
occur	▶「(問題, 事故などが)生じる」　◇break out「(火事, 戦争, 暴動などが急に)起きる」　take place「(歓迎会やデモなど計画されていたものが)行われる」
[əkə́ːr]発 アカー　B1	**注意** ①happen「起こる」より堅い語.

やめる

565	他 (仕事, 学校, 習慣など)を(完全に)やめる
quit	◇stóp「～を中断する」
[kwít] クウィットゥ　A2	**頻出** 目的語には **名** や *doing* がくる. ([✕]quit to *do* は不可.) ⇨ quit school「学校をやめる」

566	自 (from ～) (～を)引退する, 退職する
retire	▶「(長期にわたり働き, 年齢を理由に)辞める」　◇resígn「辞職する」
[ritáiər] リタィア　A2	**注意** 「(学校の)クラブを引退する」は leave *one*'s club など, 「レースをリタイアする」は drop out of a race などと表現する.

前置詞のイメージ⑩	**around**	「～の周りをひと回りして」
		① walk around town　「町中を歩き回る」(←場所の中をひと回り) ② sit around the table「テーブルの周りに座る」 　　　　　　　　　　　　　　　(←場所の周囲をひと回り) ③ around 100　　　　　「約100」(←数値の周辺)

create a website	ホームページを創る

📖**creátion**「創造」 📖**creatívity**「創造性」
📖**créature** [krí:tʃər]「(植物を除く)創造されたもの, 生き物」 📖**creátive**「創造的な」

① **establish** a friendship with him	① 彼との友情を築く
② **establish** a company	② 会社を設立する

📕語源 e-[=ex 外に]+-stabl-[安定した] →「安定させる」 *stáble「安定した」
📖**estáblishment**「確立, 設立(物), 支配層」 📖**long-established**「長い伝統のある」

Several **problems arose**.	いくつかの問題が生じた.

📕語源 a-[強意]+-rise[生じる]　[活用]arise - arose - arisen[ərízn]

① The crash **occurred** around midnight.	① その衝突事故は午前 0 時頃に起きた.
② A good idea **occurred to** me.	② 良い考えが心に浮かんだ.

📕語源 oc-[方向]+-cur[走る]　*cúrsor「カーソル(←コンピュータの画面上を走るマーク)」
📖**occúrrence**「発生, 出来事」　[活用]occur - occurred - occurred

quit my job	仕事をやめる

📕語源 qui-[停止]　*quíet「静かな」　[活用]quit - quit(〈英〉quitted) - quit(〈英〉quitted)

retire from the company	会社を(定年で)退職する

📖**retírement**「引退, 退職」⇨ life after retirement「老後の生活」

ワンポイントアドバイス⑦

552 lend と 551 borrow の覚え方!
暗記にルールなんてありません. 「覚えれば勝ち」です.
lend は「~を貸す」で, borrow は「~を借りる」ですが, どちらがどちらの意味なのか混乱している人は, **lend は 4 文字で「貸す(2 文字)」の倍, borrow は 6 文字で「借りる(3 文字)」の倍**と覚えましょう.

物に何かをする

567 throw
[θróu]
θ ロゥ
A2

他 ~を投げる
▶「(渡すため，ぶつけるために)投げる」

頻出 throw (人) ~ [throw ~ to (人)]「(人)に~を投げる」
*throw ~ away「~を捨てる」

568 pack
[pǽk]
ペェック
A2

他 ~を詰める
▶「(かばんなどに)~を詰める」

頻出 pack A (in[into] B)「(Bに)Aを詰める」
pack *one*'s bag「荷作りをする」

569 pull
[púl]
プォ
A2

他① ~を引っ張る 自②(up[over])(車などが)止まる
▶①「(手を用いて)自分のほうへ引く」

頻出 ① pull back *one*'s chair「椅子を引く」
pull a door open「ドアを引いて開ける」(*この open は形.)

570 fold
[fóuld]
フォウォドゥ
B1

他 ~を折る
▶「曲げて重ねる」

頻出 fold ~ in half「~を半分に折る」 *fold ~ up「~を折りたたむ」
注意「(足の骨，枝，鉛筆の芯など)を折る」は bréak で表現する.

571 hang
[hǽŋ]
ヘェン(グ)
B1

他① ~を掛ける 自② ぶら下がる
▶「つるす，ぶら下げる，掛ける」

頻出 ① hang up「(電話を)切る」
② hang out[around]「(人や集団と)ぶらつく」

572 shake
[ʃéik]
シェイク
B1

他 ~を振る
▶「小刻みに振る」 ◇wáve「(手を振るなど)左右に大きく振る」

頻出 shake hands with ~「~と握手する」
shake *one*'s head「首を横に振る」

573 draw
[drɔ́:]
ドゥロー
A1

他①(線で絵など)を描く ② ~を引っ張る，(注意・くじ引きなど)を引く
◇páint「(絵の具で)描く」 wríte「(文字)を書く」

頻出 ① draw ~ with a pencil「鉛筆で~を描く」
② draw (*one*'s) attention to A「Aに(~の)注目を集める」

Throw me a rope.　　　　　　　　(私に)ロープを投げてくれ.

🔑key サッカーの「スローイン(throw-in)」は「投げ入れる」から.
[活用]throw - threw - thrown(＊threw は through[θrúː]と同じ発音.)

---

pack books **in** my bag　　　　　(私の)かばんに本を詰める

图**pácking**「荷造り, 包装」　图**páckage**「小包」

---

① **pull** a tissue **from** the box　　① (その)箱からティッシュを 1 枚取る
② His car **pulled up.**　　　　　　② 彼の車が止まった.

🔑key ②「手綱を引き(pull)上げて(up), 馬を止める」から.　反**púsh**「～を押す」

---

fold the paper **in half**　　　　(その)紙を半分に折る

🔑key folder「(パソコンの)フォルダ」は, 元は「(折りたたみ式の)容器」のこと.
反**unfóld**「～を広げる；展開する」

---

① **hang** the washing on the pole　① 物干しざおに洗濯物を掛ける
② **hang from** a tree branch　　　② 木の枝にぶら下がる

💬覚え方 「ハンガー(hanger)」は「(洋服などを)掛けるもの」　[活用]hang - hung - hung

---

shake my head sadly　　　　　悲しげに首を横に振る

💬覚え方 「(飲み物の)シェイク」は「混ぜて振って作ったもの」.　[活用]shake - shook[ʃúk] - shaken

---

① **draw** some flowers　　　　　① 花の絵を描く
② **draw his attention to** me　　② 彼の注意を私に向けさせる

图**dráwer**「引き出し」　图**a drawing room**「応接間」　[活用]draw - drew[drúː] - drawn

183

□ 574

install

[instɔ́:l]
インストーォ

B1

他 (機械など)を設置する, (ソフトウェア)をインストールする
▶「(使えるように)取り込む」

頻出 **install the app on the computer**
「そのアプリをコンピュータにインストールする」

人・物への働きかけ

□ 575

satisfy

[sǽtisfài]
セェティスファィ

A2

他 ～を満足させる
▶「(人・好奇心)を満足させる」から「(空腹・必要性)を満たす」まで.

注意 **be satisfied with ～** は「～に(ギリギリ)満足する」の意味なので,
「十分に満足する」は sátisfied の前に véry や fúlly などをつける.

□ 576

encourage

★[inkə́:ridʒ] 発
インカーリッヂ

A2

他 ① (A to do) (A)に(～するよう)促す　② ～を励ます
▶「状況や気持ちを前に促す」

注意 ①主語は「人」だけでなく「物」も可.

□ 577

enable

[inéibl]
イネィブォ

B1

他 (A to do) (A)に[が](～することを)可能にする
▶「(力や手段によって)～できるようにする」

注意 S enable A to do は「SのおかげでAは～できる」と訳すと自然
な日本語になる.

□ 578

persuade

[pərswéid] 発
パースウェィドゥ

B1

他 (A to do) (A)を説得して～させる
▶「説得に成功する」

注意 「説得を試みる」場合は try to persuade と表現する.

□ 579

attract

[ətrǽkt]
アトゥレェクトゥ

B1

他 ～を引きつける, 魅了する
▶「(磁石のように, 物や人の気持ちなど)を引き寄せる」

頻出 attract attention[interest]「注意[関心]を引きつける」
be attracted to ～「(異性など)に心が引かれる」

□ 580

remind

[rimáind]
リマィンドゥ

A2

他 (A of B) (A)に(Bのことを)思い出させる
◇ remémber「～のことを覚えている」

注意 remind (人) that S V「(人)に～ということを思い出させる」も可.

184

install a messaging app on my smartphone	スマートフォンにメッセージアプリをインストールする

■語源 in-[中に]+-stall[立つ] →「中に立たせる」

I'm not satisfied with my exam result.	自分の試験結果に満足していない.

形 satisfáctory「満足のいく」 名 satisfáction「満足」

① encourage people to bike to work ② encourage the students	① 人々に自転車通勤するよう促す ② その生徒たちを励ます

■語源 en-[動詞化]+-courage[勇気] 名 encóuragement「激励」

The Internet enables us to telework.	インターネットのおかげで私たちは在宅勤務できる(私たちが在宅勤務することを可能にする).

■語源 en-[動詞化]+-able[可能] *enrích「～を豊かにする」

persuade him to try again	彼を説得して再挑戦させる

● 覚え方 パスした方がええどと「説得する」 形 persuásive「説得力のある」

attract media attention	マスコミの注意を引きつける

■語源 a-[=ad 方向]+-tract[引っ張る] →「～を引きつける」
形 attráctive「魅力的な」 名 attráction「魅力, 引きつけるもの」

This song reminds me of him.	この歌は彼のことを私に思い出させる.

■語源 re-[再び]+-mind[心]から「再び心に呼び戻す」→「思い出させる」
名 remínder「思い出させるもの, 催促状, リマインダー」

（悪く）〜させる

581 annoy
[ənɔ́i]
アノィ
A2

他 〜をいらだたせる
▶「少し怒らせる, むっとさせる」

頻出 annoy A with B「B で A をいらだたせる」
注意 繰り返し annóy する → írritate「〜をいらいらさせる」

582 bother
[bɑ́ðər] ア
バ ð ァ
A2

他 ① 〜に面倒をかける ② (to do) わざわざ〜する
▶「（怒らせない程度に）迷惑をかける」

頻出 ① Don't bother me!「（私に）構わないでくれ.」 (I'm) sorry to bother you, but 〜.「ご迷惑をかけてすみませんが, 〜.」(＊丁寧な表現)

583 disturb
[distə́:rb] 発
ディスターブ
A2

他 (うるさくして)〜に迷惑をかける, (平和など)を乱す
▶「（大きな音を立てたりして）人の邪魔をする」

注意 〈ホテルの部屋のドアの掲示〉Do not disturb.「起こさないでください.」(＊この場合, disturb は 自.)

584 confuse
[kənfjú:z]
コンフューズ
A2

他 ① 〜を困惑させる ② 〜を混同する
▶「思考がまとまらない状態にさせる」

頻出 ① be confused「困惑する」
② confuse A with B「A を B と混同する」

585 frighten
[fráitn]
フライトゥン
A2

他 〜をおびえさせる
▶「びくっとさせる, ぎょっとさせる」

頻出 be frightened of 〜「〜におびえている」

586 irritate
[írətèit]
イリティトゥ
B1

他 (長期にわたって)〜をいらいらさせる
▶「何度も繰り返して annóy する」

頻出 be irritated with (人) / be irritated by[at] (物事)
「〜にいらいらしている」

前置詞のイメージ⑪

about

A is about B.

「漠然と〜の周辺に」
① about 100 「約100」(←数値の周辺)
② talk about the plan 「その計画について話す」(←話題の周辺)
③ walk about the streets 「市街を歩き回る」
　　　　　　　　　　　　　　　(←場所の周辺[あちこち])

Part 1

---

annoy her **with** silly jokes	ばかげた冗談で彼女をいらだたせる

🔑覚え方 発音が似ている nóise「騒音」と組み合わせて, The noise <u>annoys</u> me.「騒音が私をいらだたせる.」という文で覚えよう. 图**annóyance**「いらだち」

---

① Don't **bother** me while I'm reading. ② Don't **bother to** giftwrap it.	① 読書中に邪魔しないでくれ. ② わざわざ包装しなくても構いません.

图**bóther**「面倒〈不可算〉, 悩みの種〈可算〉」

Part 2

---

disturb other people in the library	図書館にいるほかの人に迷惑をかける

📖語源 dis-[バラバラ]+-turb[=turn 回す]から「バラバラに回す」→「かき乱す」
图**distúrbance**「妨害, かく乱」 圈**distúrbing**「心を乱すような」

---

① His reply **confused** me. ② **confuse** 3 a.m. **with** 3 p.m.	① 彼の返答は私を困惑させた. ② 午前3時を午後3時と混同する

📖語源 con-[共に]+-fuse[注ぐ]から「(異なる物を)一緒に注ぐ」→「混乱させる」 *refúse「~を断る(←注ぎ返す)」 图**confúsion**「混乱」 圈**confúsing**「混乱[困惑]させる」 圈**confúsed**「混乱[困惑]した」

Part 3

I **am frightened of** spiders.	クモがこわい(クモにおびえさせられる).

📖語源 *frée ze「凍る」 圈**fríghtening**「ぞっとするような」

The noisy dog **irritates** me.	そのうるさい犬は私をいらいらさせる.

🔑key 「いらいらさせる」と音が似ている. 圈**írritating**「いらいらさせる」

Part 4

ワンポイントアドバイス⑧

575 satisfy の用例に注意しよう!
satisfy は「満足する」ではなく「~を満足させる」という意味です.
そのため,「私は満足している.」と表現する場合, 受け身にして I <u>am satisfied</u>. とする必要があります. 感情を示す動詞は, 162 surprise や431 impress, 581 annoy, 587 bore など, このタイプのものが多いので注意しましょう.

□ 587

bore

[bɔ́:*r*]
ボーア
B1

他 ～をうんざりさせる, 退屈させる
▶「(単調でつまらないため)飽きさせる」

頻出 *be*[get] bored with ～「～に退屈している[する]」

好き・嫌い

□ 588

prefer

[prifə́:*r*] 発
プリファー
A2

他 (～のほう)を好む
▶「2者のうち～のほうを好む」

頻出 prefer A to B「BよりAを好む」
prefer to V₁ rather than (to) V₂「V₂よりV₁を好む」

□ 589

fond

[fánd]
ファンドゥ
B1

形 好きで
▶ like よりも意味が強い.

頻出 *be* fond of ～「～が好きだ」

□ 590

favor

[féivər]
フェイヴァ
A2

名① (do (人) ―)(人)の願い(を聞く) ② (in ― of ～) ～に賛成で
▶①「好意を与える」 ②「好意を持って」

注意 ① do は一部の目的語をとる場合,「～を与える」の意味になる.
⇨ do (人) good[harm]「(人)に利益[害]を与える」

□ 591

hate

[héit]
ヘイトゥ
A2

他 ～を嫌う
▶ do not like よりも直接的な表現.

頻出 hate to *do*[*doing*]「～することをいやに思う」

□ 592

hesitate

[hézətèit]
ヘズィテイトゥ
B1

自 ためらう
▶「(発言, 行動)を控える」

頻出 hesitate to *do*「～するのをためらう」

□ 593

mind

[máind]
マィンドゥ
動 A2
名 A1

自① 気にする 名② 精神, 頭脳
▶①通例, 否定文・疑問文で使う.

頻出 ① Do[Would] you mind if I *do*[*did*]?「～してもいいですか.」
② make up *one's* mind「決心する」
注意 ① Would you mind *doing*?「～してくれませんか.」でも使用.

I **was bored with** his long speech. ： 彼の長い話にうんざりしていた.

形**bóring**「つまらない(←退屈させる)」 形**bóred**「うんざりして, 退屈して(←退屈させられた)」
⇨ This movie is boring! I'm bored.「この映画はつまらない. 退屈しちゃった.」

prefer beef **to** chicken ： 鶏肉より牛肉を好む

語源 pre-[前に]+-fer[運ぶ] → 「優先順位を前に持って来る」 *férry「フェリー」
名**préference**「好み」 [活用]prefer-preferred-preferred

I **am** very **fond of** *ramen* noodles. ： 私はラーメンが大好きだ.

key 「フォン・ド・ボー(子牛のだし汁)」はフランス語で無関係.

① Could you **do me a favor**? ： ① お願いがあるのですが.
② I **am in favor of** his opinion. ： ② 彼の意見に賛成だ.

形**fávorite**「一番好きな」(＊[×]most favorite は不可.) 形**fávorable**「好ましい」

hate to eat alone ： 一人で食べるのが嫌いだ

key 「ヘイトスピーチ」とは, 「(人種・民族・思想などを理由にした)憎悪に満ちた発言」
名**hátred**[héitrid]「憎しみ」(＊-ed の形だが動の過去形ではないので注意.)

hesitate to jump down ： 飛び降りるのをためらう

語源 he-[=here くっつく] → 「足が前へ行かない」 *héritage「遺産(←過去からくっついている)」

① **Do you mind if** I open the window? ： ① 窓を開けてもいいですか
　 ： 　(窓を開けるのを気にしますか).
② Yoga is good for your **mind and body**. ： ② ヨガは心身に良い.

形**-mínded**「～気質の」 ⇨ internátionally-minded「国際感覚のある」

喜び・楽しみ・絶望・恐怖

☐ 594 **joy** [dʒɔ́i] ヂョイ **A2**	**名喜び** ▶「大きな幸せと喜び」	

頻出 to *one*'s (great) joy「(人)が(とても)喜んだことに」

☐ 595 **amusement** [əmjúːzmənt] アミューズメントゥ **A2**	**名楽しみ** ▶「個人が楽しいと思うこと」

頻出 to *one*'s amusement「(人)が楽しんだことに」

☐ 596 **fear** [fíər] 発 フィア **A2**	**名恐怖** ▶「恐怖」を表す一般的な語. ◇térror「(より強い)恐怖」 fríght「(突然の)恐怖」

頻出 for fear of *doing*[that S V]「~するの[~ということ]を恐れて」
overcome *one*'s fear of ~「~の恐怖を克服する」

☐ 597 **despair** [dispéər] ア ディスペア **B1**	**名絶望** ▶「全く希望がない状態」

頻出 in despair「絶望して」
注意「(人・物が)絶望的な」は 形 hópeless で表現する.

心配・不安

☐ 598 **lonely** [lóunli] ロウンリィ **A1**	**形孤独な** ▶「独りぼっちで寂しい」 ◇alóne「(物理的に)ただ1人で」

注意「一人旅をする」は travel alone[×lonely]と表現する.
a lonely road は「人気のない道路」と訳す.

☐ 599 **anxious** [ǽŋkʃəs] 発 エァ ンクシャス **A2**	**形① 心配して ② (to *do* / for ~) (~を)切望して** ▶①「(未知なことを)心配している」(＊wórried よりも「心配」の度合いが強い.)

頻出 ① *be* anxious about ~「~を心配している」

☐ 600 **uneasy** [ʌníːzi] アニーズィ **A2**	**形不安な, 胸騒ぎがする** ▶「何となく不安な」

頻出 feel uneasy about ~「~について不安を感じる」
pass an uneasy night「不安な夜を過ごす」

jump for joy | うれしくて（喜びで）跳びはねる

他 **enjóy**「〜を楽しむ」 形 **jóyful**「喜びに満ちた」

an amusement park | 遊園地

形 **amúsing**「楽しい」（＊「人」ではなく，「物」が主語になることが多い．）
⇨ That movie was quite amusing.「その映画はかなり面白かった.」

overcome my fear of dogs | 犬に対する恐怖を克服する

● 覚え方 ヒヤッと「恐怖」を覚える.

He was in despair. | 彼は絶望していた.

■ 語源 **de-**[否定]＋**-spair**[＝sper 希望] ＊**prósper**「繁栄する」 反 **hópe**「希望」

live a lonely life | 寂しい生活を送る

■ 語源 **lone-**[孤独]は **alóne**「たった1人で」から a- が脱落した形. 名 **lóneliness**「孤独」

① **I am anxious about** her health. | ① 彼女の健康が心配だ.
② **I am anxious to** speak to her. | ② 彼女と是非話したい.

● key ①「不安」と②「切望」は表裏一体（←「不安」だから，何かを「切望」する）.
名 **anxíety**[æŋzáiəti]「心配, 切望」 副 **ánxiously**「心配して, 切望して」

feel uneasy about my future | 自分の将来が不安だ

■ 語源 **un-**[否定]＋**-easy**[気楽な] →「気が休まらない」

	601		

upset

[Ápsét]
アップセットゥ　**A2**

形 動揺して
▶「(不快な事やがっかりさせられる事が起きて)冷静さを失っている」

頻出 *be*[*get*] **upset about** ～「～に動揺している[動揺する]」

恥ずかしい

	602		

ashamed

[əʃéimd]
アシェィムドゥ　**B1**

形 恥ずかしい
▶「(道徳的に悪いことをしたことに対して)恥じる」

頻出 *be* **ashamed of** ～[**that** S V]「～を[～ということを]恥ずかしく思う」
注意「物」に対しては shámeful を用いる． ⇨ a shameful secret
　　　　　　　　　　　　　　　　　　　　　　　　　　「恥ずべき秘密」

	603		

embarrass

[imbærəs]
インベェラス　**B1**

他 ～に恥ずかしい思いをさせる
▶「邪魔をして困らせる，(人前で)恥ずかしい思いをさせる」

頻出 *be* **embarrassed** (**about** ～)「(～で)恥ずかしい思いをする」
注意「(笑い話になるレベルの)恥ずかしさ」を表現する際に用いる．

	604		

regret

[rigrét]
リグレットゥ　**A2**

他 ～を後悔する
▶「(現実に起こったこと)を残念に思う，後悔する」

頻出 **regret that** S V[*doing*]「～ということ[～したこと]を後悔する」
注意 regret to *do* は「残念ながら～しないといけない」の意味．

	605		

shame

[ʃéim]
シェィム　**B1**

名① 残念なこと〈可算〉 ② 恥〈不可算〉
▶②「(自分の失敗や過ちに対して)恥ずかしい気持ち」

頻出 ①〈口語〉**It's a shame** (**that**) S V.「～は残念だ．」

政治・政府

	606		

government

[gÁvərnmənt]
ガヴァンメントゥ　**A2**

名 政府
▶「(中央の)政府」から「地方自治体」まで．

頻出 **local governments**「地方自治体」
注意「日本政府」は <u>the</u> Japanese government と表現する．

前置詞のイメージ⑫	**over**	「上方に弧を描いて」
		① jump **over** a fence 「塀を飛び越える」(←上方を越える)
		② **over** my head 「私の頭の上に」(←上方に位置する)
		③ **over** the world 「世界中で」(←全面を覆っている)
		④ **over** the last 10 years「ここ10年にわたって」(←期間を覆っている)

Active Vocabulary ①

get upset about losing my wallet — 財布をなくしたことに動揺する

語源 元々は set 〜 up「〜を打ち立てる」だったが，語順も意味も逆転して形も生まれた．
形 **upsétting**「(人を)動揺させる，悩ませる」

I'm ashamed of hurting his feelings. — 彼の気持ちを傷つけたことを恥じている．

語源 a-[強意]＋-shame-[恥]→「恥ずかしい」

I was embarrassed when I misread the easy English word. — (その)簡単な英単語を読み間違えて恥ずかしかった．

語源 em-[中に]＋-bar-[障害物]から「障害物を中に置く」→「困惑させる」 *bárricade「バリケード」
形 **embárrassing**「(人を)当惑させるような，ばつが悪い」 名 **embárrassment**「当惑」

I regret that I did not study hard. [×that I should have studied hard] — 一生懸命勉強しなかったことを後悔している．

語源 re-[再び]＋-gret[泣く]→「(繰り返し泣くほど)後悔する」

① **It's a shame that** you weren't there.
② **To my shame**, I lied to him.
① あなたがそこにいなかったのは残念です．
② 恥ずかしながら，私は彼にうそをついた．

形 **shámeful**「恥ずかしい」⇨ a shameful act「恥ずかしい行為」

work for the Japanese **government** — 日本政府で働く

他 **góvern**「〜を治める，統治する」 名 **góvernor**「知事」

ワンポイントアドバイス⑨
接続詞 that のルーツとは？
接続詞 that は元々「それ」という意味の代名詞でした．
[例] I know that; he is kind.「私はそれを知っている．彼は親切だ．」
そこから；(セミコロン)が消え，I know that he is kind. となりました．
現在では「後ろの文を1つの名詞(節)にまとめる接続詞」と定義されています．
口語体ではしばしば省略されますが，文語体では普通，省略されないので注意しましょう．

193

☐ 607 **nation** [néiʃən] ネィション **A2**	**名** ① **国家** ② (the -) **国民** ▶①「(政治的, 経済的な構造における)国」 ◇cóuntry「(地理的な)国」
	注意 ①「国, 国家」と訳して違和感があれば, ②「国民」と訳す. a national は「1人の国民」の意味.

☐ 608 **state** [stéit] スティトゥ **A2**	**名** ① **州** ② **国家** ③ **状態** ▶「立っている状態」→③「状態」→①「州」→②「(政治的な)国家」
	頻出 ③in a ~ state「~な状態で」 one's state of mind「~の精神状態」 注意 ③「(物理的な)状態」から「(精神)状態」まで幅広く使用.

☐ 609 **vote** [vóut] ヴォゥトゥ **名A1** **動B1**	**名** ① **投票(数)** **自** ② **投票する** ▶②「投票や挙手で意見を表明する」
	頻出 ① take a vote「多数決で決める(←投票で決める)」 ② vote for[against]~「~に賛成[反対]の投票をする」

☐ 610 **law** [lɔ́ː] 発 ロー **A2**	**名** ① **法律** ② **(科学などの) 法則** ◇rúle「(学校やスポーツなどの)ルール」
	頻出 ① keep the law「法を守る」⇔ break the law「法を犯す」 注意 ①ある国の「法(制度全般)」は the law と表現する.

☐ 611 **legal** [líːɡəl] リーガォ **B1**	**形** ① **合法の** ② **法律の** ▶「法律で認められた, 法律に関する」
	頻出 ② take legal action (against ~)「(~に対して)法的手段をとる」 the Japanese legal system「日本の法制度」

☐ 612 **capital** [kǽpətl] キェピトォ **A2**	**名** ① **首都** ② **資本** ▶「頭(=もっとも重要なもの)」
	頻出 ① What[×Where] is the capital of ~?「~の首都はどこですか.」

☐ 613 **political** [pəlítikəl] ポリティコォ **A2**	**形** **政治的な, 政治の** ▶「政治や政党に関わる」
	頻出 a political party「政党」 a political leader「政治指導者」

① the richest **nation** in the world	① 世界で最も豊かな国
② the voice of **the nation**	② 国民の声

形 **nátional**「国家の, 国民の」⇨ a national flag「国旗」

---

① **the United States of America**	① アメリカ合衆国
② EU member **states**	② EU 加盟国
③ his **state of mind**	③ 彼の精神状態

語源 sta-[じっとして] →「(じっとしている)状態」 *<u>stár</u>「星(←じっとしているもの)」
名 **státesman**「政治家」(state's[国家の]+man[男])(*好意的な表現)

---

① Let's **take a vote**.	① 多数決で決めましょう.
② **vote for** this party	② この党に賛成の投票をする

覚え方 ボーと「投票」する.

---

① Smoking here is **against the law**.	① ここでの喫煙は法律違反だ.
② the **laws** of nature	② 自然の法則

形 **láwful**「合法的な」 名 **láwyer**「弁護士」(〈米〉**attórney**)

---

① the **legal** drinking age	① 法定飲酒年齢
② ask for **legal** advice	② 法的助言を求める

①反 **illégal**「違法の」 副 **illégally**「違法に」⇨ The DVD was copied illegally.
「その DVD は違法にダビングされたものだ.」

---

① **What is the capital of Canada?**	① カナダの首都はどこですか.
② a company with little **capital**	② わずかな資本の会社

名 **cápitalism**「資本主義」 ⑱ a capital letter「大文字」(⇔ a small letter「小文字」)

---

two main **political parties**	2 大政党

語源 poli-[(ギリシャの都市国家ポリス→)政治, 管理]から. 名 **pólitics**「政治(学)」
名 **politícian**「政治家」(*しばしば「私利を図る政治屋」のように悪い意味で用いる.)

official

[əfíʃəl]
オフィシャォ

形 A2
名 B2

形① **公式の**　名② **役人, 役員**
▶①「権威のある人が認めた」　②「権威のある人」

頻出 ① an official record「公式記録」

経済

615

economy

[ikánəmi] ア
イカーナミ

B1

名① **経済**　② **節約**
▶「(生活上の)営み, 経済, (生計上の)やり繰り」

注意 ①の形は **económic**「経済の」⇨ economic growth「経済成長」
②の形は **económical**「経済的な(＝安上がりな)」

616

trade

[tréid]
トゥレイドゥ

名 A2
動 B2

名① **貿易**　他② 〈米〉**～を交換する**
▶①主に「国家間の売買」

頻出 ② trade ～ with (人)「(人)と～を交換する」
trade A for B「A を B と交換する」

617

order

[ɔ́:rdər]
オーダ

A1

名① **注文**　② **順序**　③ **秩序**
▶②「順序」→③「秩序」→①「注文(上からの命令)」

頻出 ① place an order (for ～)「(～を)注文する」
② in ～ order「～の順番に」　③ out of order「(公共物が)故障中で」

618

supply

[səplái] 発
サプライ

名 B1
動 B2

名① **供給**　他② **～を供給する**
▶「(定期的あるいは長期にわたって必要な物)を与える(こと)」

頻出 ② supply (人) with ～[supply ～ to (人)]「(人)に～を供給する」

619

demand

[dimǽnd]
ディメェンドゥ

名動 B1

名① (for ～) (～への)**要求, 需要**　他② **～を(強く)要求する**
▶②「(強い口調で)要求する」(＊日常では ask (人) for ～のほうが使われる.)

頻出 ① in demand「需要がある, ひっぱりだこの」
② demand that S (should) do「S が～することを要求する」

620

cost

★[kɔ́:st] 発
コーストゥ

動名 A2

他① **(費用)がかかる**　② **～を犠牲にする**　名③ **費用, 犠牲**
▶「(何かを得るために必要な)対価[犠牲](を払う)」

頻出 ① It costs (人) (お金) to do.「(人)が～するのに(お金)がかかる.」
③ at the cost of ～「～を犠牲にして」

① an **official** document
② a government **official**

① 公式文書
② 政府の役人

園 ófficer「(陸・海・空軍の)将校，(高い地位の)役人」

① **the Japanese economy**
② practice **economy**

① 日本経済
② 節約する

園 económics「経済学」

① Japan's **trade with** the U.S.
② **trade** email addresses **with** him

① 日本の対米貿易
② 彼とメールアドレスを交換する

key 日本語ではプロ野球の「トレードする(←同等の戦力を持つ選手同士などをチーム間で入れ替えること)」などで使われる.

① I'd like to **place an order**.
② in alphabetical **order**
③ keep my room **in order**

① 注文をしたいのですが.
② ABC(アルファベット)順で
③ 部屋を整頓しておく

order A from B「AをBに注文する」(＊この場合, order は他となる.)

① food **supply**
② **supply** people **with** water

① 食糧供給
② 人々に水を供給する

語源 sup-[＝sub 下]+**-ply**[満たす]から「下から満たす」→「〜を供給する」
*accómplish「〜を成し遂げる(←ある方向に向けて共に満たす)」 **園 supplíes**「必需品, 〜用品」

① **supply and demand**(＊語順に注意.)
② **demand** an apology

① 需要と供給
② 謝罪を要求する

語源 de-[強く]+**-mand**[命令する]→「強く要求する」 *commánd「〜を命令する」

① The suit **cost** me 500 dollars.
② That mistake **cost** me her love.
③ **the cost of living** in Switzerland

① そのスーツは500ドルした(かかった).
② そのミスで彼女の愛を失った(犠牲にした).
③ スイスでの生活費

LCC(＝low-cost carrier)「格安航空会社」 [活用]cost - cost - cost

197

☐ 621

consume

[kənsú:m]

カンスーム　B1

他 〜を消費する

▶「(燃料, 食べ物, 時間など)を消費する」

注意 主語は「人」だけでなく「(車などの)物」も可.

☐ 622

afford

[əfɔ́:rd]

アフォードゥ　B1

他 (can 〜)〜する余裕がある

▶主に「(経済的に)余裕がある」(＊「(時間的に)余裕がある」場合は have enough time to do と表現するほうが普通.)

頻出 **cannot afford** (名詞)「〜の余裕がない」
cannot afford to do「〜する余裕がない」

仕事

☐ 623

company

[kʌ́mpəni]

カンパニィ　A2

名① 会社〈可算〉　② (one's 〜)一緒にいること〈不可算〉

▶①「組織としての会社」　◇óffice「仕事をする場所」

比較 leave the <u>company</u>「退職する(←会社組織を去る)」
leave the <u>office</u>「退社する(←会社の建物から出る)」

☐ 624

department

[dipá:rtmənt]

ディパートゥメントゥ　B1

名 (組織の)部門, 課, (大学の)学科

▶「(会社, デパートなどの中の) 1 つの組織」

頻出 **a department store**「デパート(←各部門に分かれている店)」
the Physics Department「(大学の)物理学科」

☐ 625

earn

[ə́:rn] 発

アーン　A2

他 (金)を稼ぐ

▶「働いて賃金(や評判など)を(正当な報いとして)得る」

頻出 **earn a[one's] living**「生活費を稼ぐ」

料金・予算

☐ 626

price

[práis]

プライス　A1

名① 価格　② (〜s)物価

▶①「(物の)値段」　◇cóst「費用」

注意 「(値段が)高い[安い]」は high[lów]で表現する.
⇨ at a high[low] price「高い[安い]値段で」

前置詞のイメージ⑬

under

「あるものの下に」

① under the table　　　「テーブルの下に」(←位置的に下)
② under stress　　　　「ストレスを受けている」(←影響の下)
③ children under 18　　「18歳未満の子ども」(←数量的に下)
④ under construction 「建設中」(←動作・行為の下)

198

consume a lot of energy
: 大量のエネルギーを消費する

語源 con-[完全に]＋-sume[取る] →「消費する」 反 prodúce「〜を生産する」
名 consúmption「消費」⇒ consumption tax「消費税」 名 consúmer「消費者」

I **cannot afford to** buy a new car.
◇I cannot buy a new car.
: 新車を買う(経済的な)余裕がない.
: ◇(何らかの事情で)新車が買えない.

覚え方 アホー鳥(どり)飼う「余裕」

① work for a small **company**
② enjoy **his** company
: ① 小さな会社で働く
: ② 彼と一緒にいることを楽しむ

語源 com-[共に]＋-pan-[パン] →「一緒にパンを食べる」 名 compánion「仲間, 連れ」

a toy **department**
: おもちゃ売り場

語源 de-[分離]＋-part-[部分]＋-ment[もの] →「部分に分けられたもの」

earn my living as a carpenter
: 大工として生活費を稼ぐ

覚え方 アーンと子どもに食べさせるために「稼ぐ」

① the **price** of pork
② **Prices** have gone up by 5%.
: ① 豚肉の価格
: ② 物価が5％上がった.

形 príceless「極めて高価な(←価格がない)」 ◎ díscount「値引き」

☐ 627 **sum** [sʌ́m] サム A1	**名** ① (修飾語を伴って)**金額** ② (the − of ~)(~の)**合計, 和** ◇tótal「(全部を足した)合計」 頻出 ① a large[small] sum (of money)「多[少]額の金」
☐ 628 **fee** [fíː] フィー A2	**名** ① (会費, 遊園地などの)**料金** ② (専門職への)**謝礼** ▶②「(医師や弁護士など専門職から受けたサービスに対する)謝礼, 料金」 頻出 ① a school[an entrance] fee「授業[入場]料」 ② a doctor's[lawyer's] fee「診察[弁護]料」
☐ 629 **charge** [tʃɑ́ːrdʒ] チャーヂ 名動 B1	**名** ① **料金** ② **責任, 管理** **他** ③ **~を請求する** ▶「負担をかける」→①「(支払いを課す→)料金」 ②「(責任を課す→)管理」 頻出 ① free of charge「無料で」(＊for free, for nothingも同じ意味.) ② in charge of ~「~の担当(者)で」
☐ 630 **bill** [bíl] ビォ A2	**名** ① **勘定, 請求書** ② 〈米〉**紙幣** ▶「金額が書かれた紙」 頻出 ① a bill for ~「~の請求書」 ② a thousand-yen bill「千円札」
☐ 631 **budget** [bʌ́dʒit] バヂェットゥ A2	**名** **予算** ▶「(国家の)予算」から「(家庭内の)予算」まで. 頻出 under[over] budget「予算内[オーバー]で」 on a tight budget「限られた予算で」

地域

☐ 632 **local** [lóukəl] 発 ロゥカォ A2	**形** **その土地の, 地元の** ▶日本語の「ローカル」とは異なり, 「田舎の」という意味はない. 頻出 local people「地元の人々」 a local train「普通列車(←各駅停車の列車)」
☐ 633 **native** [néitiv] ネィティヴ A2	**形** **母国の, その土地の** ▶「生まれた土地の」 頻出 native Americans「アメリカ先住民」

① pay **a huge sum** for a yacht
② **The sum of** 5 and 7 is 12.

① ヨットに大金を払う
② 5と7の和は12だ.

名 súmmary「要約」 **動 súmmarize**「～を要約する」

① pay **an entrance fee**
② pay **a doctor's fee**

① 入場料を払う
② 医師への診察料を払う

覚え方 ヒーヒー言いながら「料金」を払う.

① Goods are delivered **free of charge**.
② Who is **in charge of** this shop?
③ **charge** 5,000 yen **for** a half-hour class

① 商品は無料でお届けします.
② この店の責任者はどなたですか.
③ 30分の授業に5,000円を請求する

① May we have the **bill**?
② pay with **a ten thousand-yen bill**

① お会計をお願いします.
② 1万円札で支払う

語源 元は「押印した文書」の意味. **参** 人名の Bill は William の愛称.

our **budget for** this trip

私たちの今回の旅の予算

語源 budg-[=bag 袋]+-et[小さい]から「小さい袋(財布)」→「予算」

work for a **local** bank

地元の銀行で働く

語源 loc-[場所]+-al[形容詞語尾] *locátion「場所, 位置」

his **native** language

彼の母(国)語

語源 nat-[生まれる] *náture「自然」
key 「ネイティブスピーカー(a native speaker)」は「ある言語を母語として話す人」のこと.

634 **population** [pàpjuléiʃən] パピュレィション A2	名 人口, (動物の)個体数 ▶「住む者全て(の数)」 頻出 with a population of (数字)「人口が(数字)の」 注意「(人口が)多い[少ない]」は lárge[smáll]で表現する.

635 **community** [kəmjú:nəti] コミューニティ B2	名 (地域)社会, 共同体(の人々) ▶「(宗教, 文化, 価値観などを共有する比較的狭い地域の)社会」 頻出 a local community「地域社会(←地元の社会)」 a green community「環境に優しい社会」

社会

636 **society** [səsáiəti] ソサィアティ A2	名 社会〈不可算〉 ▶「(同じ習慣, 法律などをもつ)社会」 注意 Japanese society「日本社会」には冠詞は不要.「(ある具体的な)社会」を示す場合,〈可算〉となる. ⇨a democratic society「民主主義の社会」

637 **public** [pʌ́blik] パブリック 名A2 形B1	名① (the −)大衆　形② 公の, 公共の ▶「一般の人々(のための)」 頻出 ① in public「人前で」(⇔in private「内密に」)(＊共にtheは不要.) ② public opinion「世論」〈不可算〉

638 **fashion** [fǽʃən] フェッション A2	名① 流行　② やり方, 流儀 ▶②「やり方」→①「(時代や地域の)はやり」 頻出 ① be in[out of] fashion「流行している[いない]」 ② in a ～ fashion「～のやり方で」

639 **role** [róul] ロウォ A1	名 役割〈可算〉 ▶「(劇での)役」から「(社会での)役割」まで. 頻出 play a ～ role in A「A において～な役割を果たす, 演じる」

640 **relationship** [riléiʃənʃìp] リレィションシップ B1	名 関係〈可算〉　▶「(人間)関係, (物と物の)関係」 ◇ relátion(通例 −s)「(主に, 国家間などの公式な)関係」 頻出 have a close relationship with ～「～と親密な関係にある」 注意「(1人との)関係」なら a relationship にする.

a city with a **large population**	人口の多い都市

■ 語源 popu-[人々] *pópular「人気のある(←人々から好かれている)」

the Brazilian **community** in Gumma	群馬のブラジル人社会

women's status **in society**	社会での女性の地位

形 sócial「社会の」 形 sóciable「社交的な(←社会でうまくやれる)」

① speak **in public** ② **public** places	① 人前で話す ② 公共の場所

🔑key 「パブ(púb)」は public house の略で「(イギリスで発達した)大衆向けの酒場」のこと.

① Hats **are in fashion** now. ② dance **in** my own **fashion**	① 帽子が今, 流行している. ② 自分自身の流儀で踊る

形 fáshionable「流行の」 形 óld-fáshioned「時代遅れの」

play an important **role in** society	社会で重要な役割を果たす

■ 語源 「(役者のセリフが書かれた)巻物」が元の意味. *róll「転がる」

have good **relationships with** others	他者との良好な人間関係をもつ

名 reláetion「関係, 親戚関係」⇨ in relation to ~「~と比較[関連]して」

Part 1 Part 2 Part 3 Part 4

	641	名① ボランティア　自② (to do)進んで引き受ける
volunteer		▶①「(ボランティアという)行為」ではなく「ボランティアする人」の意味.
[vàləntíər] ヴァランティア	名 B2 動 B1	頻出 ① **work as a volunteer**「ボランティア活動を行う (←ボランティアの人間として働く)」

	642	名差別〈不可算〉
discrimination		▶「(民族, 男女などの)差別」
[diskrìmənéiʃən] ディスクリミネィション	B1	頻出 **racial[sexual] discrimination**「人種[性]差別」 **discrimination against ~**「~に対する差別」

習慣・伝統

	643	名習慣, 癖
habit		▶主に「(意識せずに行う)個人の癖」
[hǽbit] ヘァビットゥ	A1	頻出 **eating habits**「食生活, 食習慣」　**have a habit of** *doing*「~する習慣がある」　**get into[break] the habit of** *doing*「~の習慣がつく[を断つ]」

	644	名① 習慣　② (-s)税関
custom		▶①「(社会的な)習慣, 慣習」
[kʌ́stəm] カスタム	A2	頻出 ① **a local custom**「地元の習慣」

	645	名伝統
tradition		▶「(昔から代々引き継がれる)しきたり, 伝統」
[trədíʃən] トゥラディション	A2	頻出 **pass on[follow] a tradition**「伝統を伝える[守る]」 注意 「(具体的な個々の)伝統」は〈可算〉.

文化・文明

	646	名文化
culture		▶「民族が <u>cúltivate</u>(育む)してきた伝統, 様式などの総称」
[kʌ́ltʃər] カォチャ	A1	注意 **Japanese culture**「日本文化」は冠詞不要. また「A は日本文化(の1つ)だ.」は A is part[an aspect] of Japanese culture. と表現する.

前置詞のイメージ⑭	**above**	「ある基準よりも高いところに」
		① 1000 meters **above** sea level「海抜1000メートル」 (←位置的に超えて)
		② He is **above** 70.「彼は70歳を超えている.」(←数・程度などを超えて)
		③ The book is **above** me.「その本は難しくて分からない.」 (←能力を超えて)

① take part in **volunteer activities**
② **volunteer to** do the dishes

① ボランティア活動に参加する
② 皿洗いを進んで引き受ける

語源 volunt-[自発的な]＋-eer[人] →「自発的な仕事に従事する人（ボランティア）」

---

fight **racial discrimination**

人種差別と戦う

語源 dis-[（バラバラに）分ける] **動discríminate**「識別する，差別する」⇨ discriminate between A and B「AとBを区別する」 discriminate against ~「~を差別する」

---

have a habit of staying up late
[×a habit to stay up late]

夜更かしの習慣がある

形habítual「習慣的な」

---

① an old Japanese **custom**
② go through **customs**

① 古くからの日本の習慣
② 税関を通過する

名cústomer「（店などの）客（←元は「習慣的に来る人」の意味）」

---

pass on Japanese **traditions**

日本の伝統を伝える

形tradítional「伝統の」 **副tradítionally**「伝統的に」

---

learn about foreign **cultures**

外国文化について学ぶ

語源「耕す（cult-）こと」が元の意味。 *cúltivate「~を耕す」 **形cúltural**「文化の」

ワンポイントアドバイス⑪

「文化」「伝統」などの数え方！
644 custom「習慣」や645 tradition「伝統」は可算名詞なので，a[an]をつけて「1つの~」と表現できますが，**646 culture「文化」**は **Japanese culture「日本文化」**などの場合，不可算名詞なので，「1つの~」と表現する際には注意が必要です．
「日本文化の1つ」は **part[an aspect] of Japanese culture** と表現するのが普通です．

Part 1 Part 2 Part 3 Part 4

647
art
[áːrt]
アートゥ
A1

名① 芸術　② 技術
▶「(色々な物を)つなぎ合わせる」→「芸術, 技術」

頻出 ① an art museum「美術館」　an art teacher「美術教師」
② the art of ～「～の技術」

648
novel
[nάvəl]
ナヴォァ
名 A2
形 –

名① 小説〈可算〉　**形**② 斬新な
▶①主に「長編小説」を指す.（＊「短編小説」は short story）

頻出 ① a romantic novel「恋愛小説」
the plot of a novel「小説のあらすじ」

649
fiction
[fíkʃən]
フィクション
A2

名小説〈不可算〉
▶「架空の人や出来事を書いた本などの総称」

頻出 science fiction（＝SF）「空想科学小説」

650
literature
[lítərətʃər]
リタラチャ
B1

名文学〈不可算〉
▶「書かれたもの」

注意 学術的な論文の中では「文献」の意味.
⇨ literature on Christianity「キリスト教に関する文献」

651
proverb
[právəːrb] 発
プラヴァーブ
B1

名ことわざ〈可算〉
▶「古くから広く言われてきた教訓」

頻出 As the proverb goes[says], ～「ことわざにあるように, ～」
（＊goes は表現をそのまま引用するときに使われる.）

652
instrument
[ínstrəmənt]
インストゥルメントゥ
A2

名楽器, 器具
▶「科学や医学で用いる小型の道具」から「楽器」まで.

頻出 正確に「楽器」と表現する場合, a <u>musical</u> instrument とする.

653
civilization
★[sìvəlizéiʃən]
スィヴィリゼイション
B1

名文明
▶「高度な文化, 政治, 技術などをもつ社会」

頻出 modern civilization「現代文明」

Part 1
Part 2
Part 3
Part 4

① works of modern **art**
② **the art of** conversation

① 現代芸術の作品
② 会話の技術

⑱ a[an art] muséum「美術館」 a[an art] gállery「(絵画の購入ができる)画廊, 美術館」

---

① a best-selling **novel**
② come up with a **novel** idea

① ベストセラーの小説
② 斬新な考えを思いつく

🔑key 「新しいこと」から「斬新な話」→「小説」 🈺nóvelist「小説家」

---

lovers of **romantic fiction**

恋愛小説の愛読者

■語源 fic-[作る]→「作ったもの」 🈺nonfíction「ノンフィクション」

---

study American **literature**

アメリカ文学を学ぶ

🈺líterary「文学の」⇨ literary works「文学作品」

As the proverb goes, time flies.

ことわざにあるように, 光陰矢の如しだ.

■語源 pro-[前方]+-verb[言葉]→「(民衆の)前に出てきた言葉」
⑱sáying「ことわざ, 言い回し」(*a proverb = a well-known saying)

---

play **a musical instrument**

楽器を演奏する

■語源 「精密な器具」が元の意味. ⇨ medical instruments「医療器具」

---

the ancient Egyptian **civilization**

古代エジプト文明

🈺cívilized「文明化した」

	654

heritage

[héritidʒ] ア
ヘリティヂ
B2

名 遺産〈不可算〉 ▶「(自然環境, 建造物などの)遺産」

◇ légacy「(事件, 時代などを示す)遺産, (親などから受け継いだ)遺産」

注意 〈不可算〉なので, 「(個々の)世界遺産」は a World Heritage Site と表現する. ⇨ Mt. Fuji is a World Heritage Site.「富士山は世界遺産だ.」

価値

	655

value

[vǽljuː]
ヴァリュー
A2

名 ① 価値 ② (-s) 価値観
▶「(金銭的)価値」から「重要性」まで.

頻出 ① **of (great) value**「(とても)価値のある」 good value「お買い得」⇨ This shirt is good value.「このシャツはお買い得だ.」

	656

wealth

[wélθ] 発
ウェォθ
A2

名 富, 財産〈不可算〉
▶「(人や国が保有する)大金や土地」

頻出 **wealth and power**「富と権力」 a wealth of ~「豊富な~」⇨ a wealth of knowledge「豊富な知識」

	657

treasure

[tréʒər] 発
トゥレジャ
A2

名 財宝, 宝
▶「(集合的または個別の)宝」

頻出 art treasures「貴重な美術品(←美術の宝物)」

	658

resource

★[ríːsɔːrs]
リーソース
B1

名 (-s) (石油などの)資源, (人, 国の)財産
▶「次々にわき上がってくるもの」

頻出 natural resources「天然資源」 human resources「人材」

	659

benefit

[bénəfit]
ベニフィットゥ
名 B1
動 B2

名 ① 恩恵 自 ② (from ~) (~から)利益を得る
▶「個人や集団, 社会のためになるもの」(*お金とは限らない.)

頻出 ① the benefit(s) of ~「~の恩恵」
注意 ② 他 の場合, 「~に利益を与える」の意味となる.

	660

worth

[wɔ́ːrθ] 発
ワーθ
–

前 ① ~の価値がある ② (- doing) (~する)価値がある
▶①「(金銭的な)価値がある」 ②「(役に立ったり, 面白かったりして)価値がある」

注意 ② This is worth doing.「これは~する価値がある.」は
do this「これを~する」の関係になっている.

the cultural heritage of Japan	日本の文化遺産

語源 here-[くっつく]+-age[抽象名詞語尾] → 「先人にくっついたもの」

---

① the **value** of that painting	① その絵の価値
② Everyone has their own **values**.	② 誰もが自分独自の価値観を有する.

他**válue**「～を重んじる」 形**váluable**「価値のある」

---

achieve **wealth** and power	富と権力を手にする

語源 weal-[＝well]+-th[名詞語尾]から「(経済的に)よい状態」 形**wéalthy**「富裕な」

---

a national **treasure**	国宝

key 「トレジャーハンター」は「宝探しをする人」 他**tréasure**「～を大切に保存する, 大事にする」

---

develop **natural resources**	天然資源を開発する

◉**cóal**「石炭」 **petróleum**「石油」

---

① the **benefits of** a vegetarian diet	① 菜食の恩恵
② **benefit from** the new treatment	② その新しい治療法から恩恵を受ける

語源 bene-[良い]+-fit[行い] *bónus「ボーナス(←良いもの)」 形**benefícial**「有益な」

---

① This ring is **worth** two million dollars.	① この指輪は200万ドルの価値がある.
② The film is really **worth** seeing.	② その映画は本当に見る価値があるよ.

形**wórthy**[wэ́ːrði]「価値がある」⇒ be worthy of ～「～の価値がある」

☐ 661

glasses

[glǽsiz]
グレスィズ
A1

名 眼鏡

◇ gláss「ガラス」

頻出 **wear glasses**「眼鏡をかけている」
put on[take off] glasses「眼鏡をかける[外す]」

☐ 662

furniture

[fə́ːrnitʃər] **発**
ファーニチャ
A2

名 家具〈不可算〉

▶「(ソファ, テーブル, ベッドなどの)家具類の総称」

注意「一つの家具」は a piece of furniture と表現する.

☐ 663

refrigerator

[rifrídʒərèitər]
リフリヂェレイタ
A2

名 冷蔵庫

▶日常では frídge[fridʒ]と省略することが多い.

頻出 **put[keep]〜 in the refrigerator**
「〜を(家の)冷蔵庫に入れる[入れておく]」

☐ 664

garbage

[gáːrbidʒ] **発**
ガービッヂ
A1

名 ごみ〈不可算〉 ▶〈米〉では主に「(台所で出る)生ごみ」などを指し,「古新聞[雑誌], 空きびん」などは trásh を使う.〈英〉rúbbish.

頻出 **take out garbage**「ごみを出す」 **a garbage bag**「ごみ袋」
throw away garbage「ごみを捨てる」

☐ 665

note

[nóut]
ノゥトゥ
名動A1

名① メモ 他② 〜に注意を払う, 〜を指摘する

▶「(大切だから)注意を払う(指摘する)」

頻出 ① **speak from[without] notes**「メモを見て[見ないで]話す」
② **note that S V**「〜ということに注意する, 〜を指摘する」

☐ 666

item

[áitəm]
アイタム
A1

名① 品物 ② 項目 ▶「(1つ1つの)品物, 項目」

◇ góods「(集合的に)商品, 品物」(*主に店側が使う語.)

注意「10大ニュース」は ten major news items[×newsだけ]と表現する.(*newsは〈不可算〉なので, 数えるときはitemを用いる.)

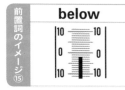

前置詞のイメージ ⑮

below

「ある基準よりも低いところに」

① 35 feet below sea level「海面下35フィート」(←位置的に低い)
② 10 degrees below zero「零下10度」(←数・程度などが低い)
③ He is below me.「彼は私より地位が低い.」(←地位が低い)

put on 3-D **glasses**	3D眼鏡をかける

🔑key 眼鏡は「2枚のレンズ」で構成されているので, glass<u>es</u> と複数形になる.
🔊**cóntact lènses**「コンタクトレンズ」 **chópsticks**「お箸」

go to a **furniture** shop	家具店へ行く

他**fúrnish**「~を備え付ける」⇨ furnish A with B「AにBを備え付ける」

put the meat **in the refrigerator**	その肉を冷蔵庫に入れる

📖語源 re-[引き戻す→下]+-friger-[冷やす] →「冷やして(温度を)下げる物」
🔊**mícrowave**「~を電子レンジで温める」 **léftover**「残り物」

a **garbage** truck	ごみ収集車

🔊**júnk**「がらくた」⇨ junk food「ジャンクフード」

① **take notes** in class	① 授業中にメモをとる
② **Note that** he is young.	② 彼が若いことを忘れるな(注意を払え).

形**nótable**「注目すべき」

① buy **items** on sale	① 特売品を買う
② check all the **items** on the list	② リストの全ての項目を確認する

🔑key 日本語でも「品物」や「項目」を「アイテム」と表現する.

ワンポイントアドバイス⑫

662 furniture は不可算名詞!
現在,家具を購入する場合,机やタンスなどを個別に購入するのが普通です.
しかし,昔のイギリスの上流階級では,屋敷のデザインにあった家具を職人にまとめて作らせていました.
そのため,**furniture**「家具」は「(1つの)家具」ではなく,「(屋敷内にある)家具全体」を表します.「1つの~」と数えるときは **a piece of furniture** と表現します.

667

meal

[míːl]
ミーォ
A1

名 食事〈可算〉
▶「(定時にとる)1回の食事」

頻出 have[eat] a meal「食事をする」 a meal ticket「食券」
a big[large] meal「量の多い食事」⇔ a light meal「軽い食事」

668

diet

[dáiət]
ダイエットゥ
A2

名① 食事 ② ダイエット ③ (D−)(日本の)国会
▶①「(日常の)飲食物」 ②「(治療, 減量のための)食事」

頻出 ① a healthy diet「健康的な食事」
② go[be] on a diet「ダイエットする[している]」

669

cafeteria

[kæfətíəriə]
キェフェティァリァ
A2

名 食堂
▶「(学校や会社などにある)セルフサービスの食堂」

頻出 a school cafeteria「学生食堂」

670

serve

[sə́ːrv] 発
サーヴ
A2

他① (飲食物)を出す 自② 役立つ
▶「人に仕える」→①「何かを施す」 ②「役立つ」

頻出 ① First come, first served.「早い者勝ち(←早く来た者が早く出される).」
② serve as 〜「(本来の目的とは異なるが)〜として役立つ, 使われる」

671

pour

[pɔ́ːr] 発
ポー
A2

他① 〜を注ぐ 自② 降りそそぐ
▶「(液状の物や光など)を流し込む」

頻出 ① pour A into B「AをBに注ぐ」
⇨ pour coffee into a cup「コーヒーをカップに注ぐ」

672

spill

[spíl]
スピォ
A2

他 (液体, 粉など)をこぼす
◇ dróp「(粒状のもの)をこぼす」

頻出 spill A over[down, on] B「AをBにこぼす」

673

fry

[frái]
フラィ
B1

他 〜を揚げる, 炒める ▶「(油を使って)加熱調理する」
◇ cóok「(火, 熱で)〜を調理する」

頻出 a fried egg「目玉焼」 fried rice「チャーハン」
(deep-)fried chicken「鳥の唐揚げ」

have a meal at an Italian restaurant	イタリアンレストランで食事をする

key meal は〈可算〉だが, bréakfast, lúnch, dínner は通例〈不可算〉.

① have a well-balanced diet	① 栄養バランスのとれた食事をとる
② I am on a diet now.	② 今ダイエット中です.
③ a Diet member	③ 国会議員

key「国会」は〈米〉Cóngress 〈英〉Párliament[pάːrləmənt]と表現する.

eat lunch at the school cafeteria	学食(学生食堂)で昼ご飯を食べる

語源 元々は「コーヒー(cóffee)の店」という意味.

① serve soup to the guests	① (その)客にスープを出す
② The hospital served as a school.	② その病院は学校として使われていた.

語源「(召使い, 奴隷として)~に仕える, 奉仕する」が元の意味.
sérvice「事業, サービス, 接客」 **sérvant**「使用人, 召使い」

① pour tea for everyone	① 皆にお茶をつぐ
② It poured all night.	② 一晩中土砂降りだった(雨が降りそそいだ).

覚え方 ポ(一)ットからお湯を「注ぐ」 **make tea**「お茶[紅茶]を入れる」

spill water	水をこぼす

key sp- で始まる単語は spít「つばを吐く」や spríng「春, バネ」など「外部に飛び出す力」を含意するものが多い. [活用]spill - spilled(〈英〉spilt)- spilled(〈英〉spilt)

fry beef and onions in butter	牛肉とタマネギをバターで炒める

key フライパン(a frying pan)は「炒めるための鍋」という意味.
なお, Friday「金曜日」の Fri は北欧神話の女神 Frigg から.

674

customer
[kʌ́stəmər]
カスタマ　A2

名 客　▶「(商店や企業から商品やサービスを購入する)顧客」
◇clíent「(弁護士など専門家に助言を求める)依頼人」　gúest「招待客, 宿泊客」

頻出 a regular customer「常連客」　customer service「顧客サービス」

675

passenger
[pǽsəndʒər]
ペェセンヂャ　A2

名 乗客
▶「乗務員」は a crew member と表現する.

頻出 a train[bus, airline] passenger「列車[バス, 飛行機]の乗客」

676

audience
[ɔ́:diəns]
オーディァンス　A2

名 聴衆, 観客
▶「観客(全体)」

頻出 a large audience「大観衆」([×]many audiences は不可.)
注意 「1人の観客」は an audience member などと表現する.

677

crowd
[kráud] 発
クラゥドゥ　A2

名 群衆
▶「(押し合いになるくらいの)人ごみ」

頻出 a big[large, huge] crowd「大群衆」

678

author
[ɔ́:θər]
オー θ ァ　A2

名 著者, 作家
▶「詩人, 小説家, 作曲家, 劇作家」などの総称.

頻出 the author of ～「～の著者」
one's favorite author「お気に入りの(←一番好きな)作家」

679

staff
[stǽf]
ステェッフ　A2

名 (集合的に)職員, 従業員
▶「職員(全体)」

注意 日本語の「スタッフ」は「1人の職員」を指すことがあるが, 英語の stáff は「職員(全体)」を示す. (＊「1人の職員」は a staff member と表現.)

680

clerk
[klɔ́:rk] 発
クラーク　A2

名 ①〈米〉店員　②事務員
▶①〈英〉では a shop assistant と表現する.

頻出 ①a clerk in a hotel[supermarket]
「ホテルの従業員[スーパーの店員]」

---

customers from abroad | 外国人客

📖語源 「cústom(習慣)的に来る人(客)」が元の意味.

There were no **passengers** on the bus. | (その)バスには乗客がいなかった.

📖語源 passeng-[=pass 過ぎる]+-er[人] → 「通り過ぎて行く人」

---

speak in front of **a large audience** | 大観衆の前で話す

📖語源 audi-[聞く]　*áudible「聞こえる」　圏**auditórium**「〈米〉講堂」

A **crowd** rushed into the hall. | 群衆が会場になだれ込んだ.

形**crówded** (with ~)「(~で)混雑した」
圏**crowd funding**「クラウドファンディング(←インターネット上で不特定多数から資金を調達すること)」

---

the author of this picture book | この絵本の著者

📖語源 「生み出す人」が元の意味.　*áutumn「秋(←果実を生む季節)」

Most of our **staff** is from Asia. | 私たちの職員の大半はアジア出身です.

圏**fámily**「(集合的に)家族」⇨ a family member「家族の一人」

---

① a **clerk in** a convenience store
② a bank **clerk** | ① コンビニの店員
② 銀行員

形**clérical**「事務の」⇨ clerical work「事務の仕事」

	名 祖先
□ 681	▶「祖父母より前の先祖」
ancestor	
[ǽnsestər]	注意 人間以外にも使用する. ⇨ the ancestor of the modern
エァンセスタ　　A2	computer「現代のコンピュータの原型」

	形 年配の
□ 682	▶「年配の, 年老いた(óld, áged)」の丁寧で婉曲的な表現.
elderly	
[éldərli]	頻出 **elderly people[the elderly]**「年配の人々」
エォダリィ　　A2	

	形 女性の, (動物)雌の
□ 683	▶ a woman＝a female adult person
female	
[fíːmeil]	注意 堅い語で, 日常では wóman のほうが使われる.
フィーメィォ　　A2	⇨ women's rights「女性の権利」

教育・学問

	名 教育
□ 684	▶「教育によって能力や素質を外に引き出すこと」
education	
[èdʒukéiʃən]	頻出 **formal education**「正規の教育」
エデュケィション　　A2	注意 通例,〈不可算〉だが, a good[poor, basic] education は〈可算〉扱い.

	名 知識, 知っていること
□ 685	▶「(教育や経験によって得た)知識」
knowledge	
[nɑ́lidʒ] 発	頻出 **to (the best of) *one*'s knowledge**「～の知る範囲では」
ナリッヂ　　A2	注意 「～の知識を得る」は learn about ～ と表現するのが普通.

	名 ① (小, 中, 高の)学年　② 成績
□ 686	▶「段(階)」
grade	
[gréid]	頻出 ② **get good[bad] grades**「良い[悪い]成績をとる」
グレィドゥ　　A1	注意 ①1st - 6th grade(小学校)　7th - 9th(中学校)　10th - 12th(高校)

前置詞のイメージ⑯

across

「(平面)を横切って」
① swim across the river「川を泳いで渡る」(←横切って向こう側に)
② a house across the street「通りの向こう側の家」
(←横切った向こう側の)

My **ancestors** were French.	私の祖先はフランス人だった.

key -or で終わる単語は「人」が多い. ⇨ áct**or**「役者」, dóct**or**「医師」
形 **áncient**「古代の」 ◉ **grándparents**「祖父母」

give up my seat to an **elderly person**	お年寄り(年配の人)に席を譲る

形 **élder**「年配の」(⇔ **yóunger**「年下の」)

a **female** kangaroo	メスのカンガルー

反 **mále**「男性の, 雄の」

receive **a good education**	良い教育を受ける

他 **éducate**「～を教育する」 形 **éducated**「教育を受けた, 教養のある」
形 **educátional**「教育に関する」 ◉ **coeducátion**「男女共学」

have a good **knowledge** of movies	映画に関する知識が豊富だ

形 **knówledgeable** (about ～)「(～に)精通している」

① She is **in the eighth grade**. (=She is an eighth grader.)	① 彼女は8年生(中学2年生)だ.
② **get good grades** in math	② 数学で良い成績をとる

ワンポイントアドバイス⑬

複数形になると訳語が変わる単語に注意しよう!
626 prices は「価格の集合体」なので「物価」を意味します.
同様に, 655 values は「価値の集合体」から「価値観」となり, 1155 authorities は
「権威が集まった所」から「当局」という意味になります.
また, 454 manners は, いくつかの manner「やり方」の組み合わせと考え,
「マナー, 作法」の意味になります. **複数形になると訳語が変わる単語に注意しましょう.**

687 subject

[sʌ́bdʒikt]
サブヂクトゥ
A1

名① 科目 ② 主題, 話題
▶「～の下」→①「(勉強の下→)科目」 ②「(話の下→)主題」

頻出① *one*'s strong[weak] subject「得意[苦手]科目」
注意「(医学・心理学などの)被験者」の意味もある.

688 senior

[síːnjər]
スィーニァ
名形 A2

名① (高校, 大学の)最上級生　**形**② 高齢者の
▶② óld の婉曲的な表現.

注意「(クラブ・部活の)先輩, 後輩」は英語圏では a téammate, a friend from my club「(クラブの)友だち, 仲間」と表現することが多い.

689 uniform

[júːnəfɔ̀ːrm]
ユーニフォーム
名形 A2

名① 制服　**形**② 同一の
▶②「(外見, 特徴が)同じ」

頻出① wear a[×an] uniform「制服を着ている」

690 scholarship

[skálərʃìp]
スカラシップ
B1

名奨学金〈可算〉
▶「教育機関から給与される学資金や研究費」

頻出 win a scholarship「奨学金を得る」
注意 欧米の奨学金は普通, 返済しなくてもよい.

691 graduate

[grǽdʒuèit]
グレヂュエィトゥ
A2

自 (from ～) (～を)卒業する
▶ gráde「学年」が上がって「卒業する」

頻出 graduate from college「大学を卒業する」
(＊この表現では, college などの「学校」は無冠詞にする.)

言語

692 article

[áːrtikl]
アーティクォ
A1

名① 記事　② 品物
▶「人が作った小さな物」→「(全体の中の1つの)記事[品物]」

頻出① an article on[about]～「～に関する記事」
注意「～という記事」は an article saying[that says] that S V ([×] an article that S V)と表現する.(＊a létter, an émail も同様の表現をする.)

693 text

[tékst]
テクストゥ
A2

名① 本文　② (－message) (携帯電話の)メール
▶「(図表ではなく)文字データ」

注意 日本語で「テキスト」は「教科書」を意味することが多いが,「教科書」は通例 a téxtbook と表現する.

① my favorite **subject** ┊ ① 私の好きな科目
② change the **subject** ┊ ② 話題を変える

■語源 sub-[下]+-ject[投げる] → 「下にくるもの」 ⑧**théme**「(繰り返し扱われる)テーマ」

① a college **senior** ┊ ① 大学4年生
② **senior** citizens ┊ ② 高齢者

反**júnior**「下級の, 年下の」 ⑧〈米〉**fréshman**「大学1年生」 **sóphomore**「大学2年生」
júnior「大学3年生」 **sénior**「大学4年生」

① **wear** a school **uniform** ┊ ① 学校の制服を着ている
② bottles **of uniform** size ┊ ② 大きさが一定のビン

■語源 uni-[1つ]+-form[形] → 「形が同じ」

study abroad **on a scholarship** ┊ 奨学金で留学する

■語源 scholar-[学生]+-ship[身分]（＊schólar「学者」は本来「学生」も意味した.）

graduate from high school ┊ 高校を卒業する

名**graduátion**「卒業」 名**undergráduate**「大学生, 学部生」
⑧**a graduate** [grǽdʒuət] **school**[**student**]「大学院[大学院生]」

① a magazine **article on** koalas ┊ ① コアラに関する雑誌の記事
② an **article of** furniture ┊ ② 家具1点

■語源 art-[つなぐもの]+-cle[小さな] ⑧**héadline**「(新聞などの)大見出し」

① 200 pages of **text** ┊ ① 200ページの本文
② send him a **text** message ┊ ② 彼にメールを送る

自**téxt**「メールを送る」⇨ Don't text while walking.
「歩きながらメールを送ってはいけません(歩きスマホ禁止). 」

219

694 passage
[pǽsidʒ]
ペェスィッヂ
A2

名① (文章などの)一節 ② 通路
▶「最後に行き着くまでの途中にあるもの」

頻出 ① a passage from[of] ~「~からの[~の]一節」

---

695 vocabulary
[voukǽbjuleri] ア
ヴォウキェビュラリィ
A2

名 語彙 ▶「(個人が知っている)単語の総体」
◇ wórd「(個々の具体的な)単語」

頻出 have a large[small] vocabulary「語彙が多い[少ない]」
([×]have many vocabularies は不可.)

---

696 term
[tə́:rm] 発
ターム
B1

名① 用語, 言葉 ② 期間, 学期
▶「(限られた)枠」→ ①「(意味の枠→)用語」 ②「(時間の枠→)期間」

頻出 in terms of ~「~の観点から(←~の枠の中で)」
be on good terms with ~「~と良好な関係(←枠)にある」
注意 ① a word「1語」とは異なり,「2語以上」でも a term となる.

---

697 pronounce
[prənáuns]
プロナゥンス
A2

他 (単語など)を発音する
▶「口に出してはっきりと言う」

頻出 pronounce ~ right[wrong]「正しく[間違って]~を発音する」

---

698 translate
★[trænsléit]
トゥレェンスレイトゥ
B1

他 ~を翻訳する
▶「(文章など)をある言語から別の言語に換える」

頻出 translate A into B「A を B に翻訳する」
(＊この into は「変化の結果」を示す働き.)

---

699 define
[difáin]
ディファイン
B1

他 ~を定義する
▶「境界(輪郭)をはっきり定める」

頻出 define A as B「A を B と定義する」

---

700 literally
[lítərəli]
リテラリィ
B2

副 文字どおりに
▶「勝手な解釈を入れずにそのまま」

頻出 take ~ literally「~を文字どおりに解釈する[受け取る]」
literally mean ~「文字どおり~を意味する」

① a famous **passage from** the Bible
② the entrance to the **passage**

① 聖書の有名な一節
② 通路への入り口

語源 pass-[過ぎる]＋-age[行為, 状態]

---

expand my **vocabulary**

語彙を増やす

語源 voc-[声]＋-abula-[＝able 可能]→「声に出せるもの」 *vócal「発声の」

---

① the **term** "digital native"
② in the first **term**

①『デジタルネイティブ』という言葉
② 1 学期に

語源 term[限界, 境界]→「枠」 *términal「(鉄道などの)終着駅」

How do you **pronounce** your name?

あなたの名前はどう発音するのですか.

語源 pro-[前方]＋-nounce[言う]→「前に向かって言う」 *annóunce「～を発表する」
名 **pronunciátion**[prənʌnsiéiʃən]「発音」

---

translate a poem **into** English

詩を英語に翻訳する

語源 trans-[越えて]＋-late[運ぶ] 名 **translátion**「翻訳」⇨ a rough[literal] translation「大ざっぱな訳[直訳]」 名 **translátor**「翻訳者」

How do you **define** happiness?

幸せをどのように定義しますか.

語源 de-[強意]＋-fin-[限界, 境界]→「境界をはっきり定める」 *fínish「終える」
名 **definítion**「定義」 形 **définite**「明確な(←境界がはっきりした)」

---

take what he said **literally**

彼の言ったことを文字どおりに解釈する

key a letter「文字」の副詞形. 形 **líteral**「文字どおりの」 形 **líterate**「読み書きができる」
名 **líteracy**「読み書きができること,(ある特定分野に)秀でていること」

221

⑾ **I bet 〜.**「きっと〜だ.」

▶「(賭けて(**bet**)もいいくらいに確信を持って)〜だと思う」というフレーズ.
⇨ I bet you pass the exam.「きっと君は試験に合格するよ.」

⑿ **Why not?**「もちろん.」

▶提案や誘いに対する返答のフレーズで, not がついても,「否定」ではなく「賛同」を表すので注意.「〜しない理由がない」→「もちろん」のニュアンスとなる.

⒀ **make it**「成功する」「うまくやる」(＊この it は「漠然とした状況」を示す.)

▶「(困難などを克服し)成功する, うまくやる」が基本的な意味のフレーズで, そこから「(目的地に)たどり着く」や「(時間に)間に合う」など幅広い意味で使える.

⒁ **Here we are.**「さあ着いた.」

▶「私たちはここにいる.」→「さあ着いた.」という意味のフレーズ.

⒂ **Welcome to 〜.**「〜へようこそ.」

▶「歓迎」をするときに使うフレーズで,「〜」には「場所」を表す語句が置かれる.
⇨ Welcome to Okinawa.「沖縄へようこそ.」

⒃ **May I help you?**「いらっしゃいませ.」「何かお探しですか？」
「ご用件を伺います.」

▶お店に入ったときに, **店員が客に言うフレーズ.**

⒄ **Here is[are]〜.**「〜をどうぞ.」

▶相手に何かを手渡すときに使うフレーズで,「〜」には「渡す物」が置かれる.
渡す物を示さず,「はい, どうぞ.」なら Here you are. となる.

⒅ **had better** *do*「〜するほうがよい」(＊ *do* は動詞の原形.)

▶「〜しないと困ったことになるよ」という「脅迫」や「軽い命令」のニュアンスを含むフレーズ. 一方, should は「ちょっとしたアドバイス」くらいのニュアンス. なお, 否定形は had better not *do* の形になる.

⒆ **what to** *do*「何を〜するのか」

⇨ I don't know what to buy.「何を買えばよいのか分からない.」

⒇ **what S is like**「S がどのようなものか」

▶「S の性質」を表すフレーズで, what は 前like「〜のような」の目的語.
⇨ I don't know what he is like.「彼がどのような人かは知りません.」

学習のスケジュール

Part 3 － Active Vocabulary ② 〈300語〉

(標準ペース) 9 weeks

【学習の手順】

本書では次の3段階で(反復[復習]をしながら)学習を進めることを推奨する.

① [見出語]と[語の意味(＋語のニュアンス)]を覚える.

② ①の復習＋[用例(フレーズ or 例文)]で実際の使われ方を学ぶ.

③ ①②の復習＋[語の使い方]＋[Tip]で単語の知識を深める.

	① [見出語]＋[語の意味]	② ①の復習＋[用例]	③ ①②の復習 ＋[語の使い方]＋[Tip]
Week 1	□ 701 ～ 733	□ 701 ～ 733	□ 701 ～ 733
Week 2	□ 734 ～ 766	□ 734 ～ 766	□ 734 ～ 766
Week 3	□ 767 ～ 800	□ 767 ～ 800	□ 767 ～ 800
Week 4	□ 801 ～ 833	□ 801 ～ 833	□ 801 ～ 833
Week 5	□ 834 ～ 866	□ 834 ～ 866	□ 834 ～ 866
Week 6	□ 867 ～ 900	□ 867 ～ 900	□ 867 ～ 900
Week 7	□ 901 ～ 933	□ 901 ～ 933	□ 901 ～ 933
Week 8	□ 934 ～ 966	□ 934 ～ 966	□ 934 ～ 966
Week 9	□ 967 ～ 1000	□ 967 ～ 1000	□ 967 ～ 1000

□ 701

fish

[fíʃ]
フィッシュ　　A1

名 ① 魚〈可算〉　② 魚肉〈不可算〉

注意 魚のように「群れをなす生物」は単数形と複数形が同形になることが多い. そのため, 通例, ①の複数形は fish とする. **劉** shéep「羊」, cárp「鯉」

□ 702

insect

[ínsekt]
インセクトゥ　　A2

名 昆虫　▶「頭・胸・腹の3部分が分かれている虫」(＊主に〈米〉では búg)
◇ wórm[wə́:rm]「ミミズのような這う虫」

頻出 have an insect bite「虫に刺される」

□ 703

plant

[plǽnt]
プレァントゥ　　名 A2
　　　　　　　　動 B1

名 ① 植物　② (大規模な)工場　**他** ③ 〜を植える
▶① tree「木」より小さいもの.　◇ fáctory「(物の製造)工場」

頻出 ① plants and trees「草木」
② a nuclear power plant「原子力発電所」

□ 704

seed

[sí:d]
スィードゥ　　A2

名 種
▶「(命をつなぐため)植物が生み出すもの」

頻出 sow seeds「種をまく」
[sóu]

□ 705

harvest

[há:rvist]
ハーヴィストゥ　　A2

名 収穫
▶主に「穀物の収穫(の時期, 作業)」

頻出 harvest time「収穫時」　a good harvest「豊作」

□ 706

crop

[kráp]
クラップ　　B1

名 ① 作物　② 収穫(高)
▶①「(穀物, 野菜, 果物などの)収穫物」　②「(一地方[一季節, 一作物]の)全収穫高」

頻出 ① the main crop(s) of 〜「〜の主要な農産物」

前置詞のイメージ ⑰

behind

「〜の後ろに」
① behind the building「その建物の後ろに」(←位置的に後ろ)
② behind schedule　「予定より遅れて」(←時間的に後ろ)
③ He's behind the other students in English.
「彼は英語でほかの生徒より遅れを取っている.」(←能力的に後ろ)

① **catch** ten **fish**	① 魚を10匹釣る(捕る)
② eat **fish** for dinner	② 夕食に魚を食べる

名 físhing「魚釣り, 漁業」

I **had an insect bite.**	虫に刺された.

語源 in-[中に]+-sect[=section 刻み]から「体に刻みがあるもの」→ 昆虫

① **water** a **plant**	① 植物に水をやる
② a chemical **plant**	② 化学工場
③ **plant** a cherry tree in the schoolyard	③ 校庭に桜の木を植える

語源「その場所に留まるもの」が元の意味. *transplánt「～を移植する」
名 plantátion「農園」 **implánt**「(人工歯根, 臓器など)を埋め込む, インプラント」

sow sunflower **seeds**	ひまわりの種をまく

形 séedless「種なしの」 **形 séedy**「種の多い」

during the **harvest** season	収穫期に

réap「～を刈り取る」

① the main **crop** of Idaho	① アイダホ州の主要な農産物
② this area's rice **crop**	② この地域の米の収穫(高)

覚え方 苦労して穫った「作物」

225

自然・環境

☐ 707

nature

[néitʃər]
ネィチャ
A2

名① (無冠詞) **自然** ② (しばしば the − of ～) (～の)**性質, 本質**
▶①「動植物」や「天気」も含む.

頻出 **by nature**「生まれつき」
注意 「自然の中で暮らす」は live in the country などと表現する.

☐ 708

environment

[inváiərənmənt] **発**
インヴァィロンメントゥ
B2

名 環境 ▶「(人を取り巻く)自然[社会]環境, 状況」
◇ surróundings「環境」(＊単に「場所」を表す場合が多い.)

注意 「(地球の)自然環境」を表す場合には必ず the がつく.

☐ 709

ground

[gráund]
グラゥンドゥ
A1

名① **地面** ② **根拠, 理由**
▶「最も下の部分」のイメージ.

頻出 ② **on the ground(s) of ～[that S V]**「～の[～という]理由で」

☐ 710

wave

[wéiv]
ウェィヴ
名 A2
動 B1

名① **波**〈可算〉 **自**② **手を振る**
▶②「(波のように)手を動かす」

頻出 ① sound waves「音波」 ② wave to ～「～に手を振る」
wave (人) goodbye「(人)にさようならと手を振る」

☐ 711

earthquake

[ə́:rθkwèik] **発**
アー θ クウェィク
A2

名 地震〈可算〉

頻出 **There was a big earthquake.**「大地震が起きた.」
An earthquake hit[struck]～.「地震が～を襲った.」

☐ 712

disaster

[dizǽstər] **ア**
ディゼェスタ
B1

名 災害
▶「(突然の)惨事, 悲惨な事件」

頻出 natural disasters「天災(←自然災害)」
man-made disasters「人災」

☐ 713

planet

[plǽnit]
プレェニットゥ
A2

名 惑星
▶「恒星の周りを回る星」

頻出 our planet「地球」

| ① live together with **nature** | ① 自然と共存する |
| ② **the true nature of** the problem | ② その問題の本質 |

語源 nat-[生まれる]　*<u>ná</u>tive「母国の(←生まれながらの)」

| protect the **environment** | 環境を守る |

形 **environméntal**「環境の」　名 **environméntalist**「環境保護論者」

| ① snow on the **ground** | ① 地面の(上の)雪 |
| ② **on the grounds that** he is young | ② 彼は若いという理由で |

形 **únderground**「地下の, 地下に」　名 **pláyground**「運動場」

| ① hear the sound of **waves** | ① 波の音が聞こえる |
| ② **wave to** my host family | ② ホストファミリーに手を振る |

| **There was** an **earthquake** last week. | 先週, 地震が起きた. |

語源 earth-[地面]+-quake[震える]

| **natural disasters** in Japan | 日本の自然災害 |

語源 dis-[否定]+-aster[星] → 「(占星術で)星がよくない位置にあること」
*<u>astró</u>logy「占星術」　形 **disástrous**「大災害を引き起こす, 悲惨な」

| Mars is a **planet**. | 火星は惑星だ. |

名 **a (fixed) star**「恒星」　**a moon**「(惑星の)衛星」　**planetárium**「プラネタリウム」

☐ 714
solar
[sóulər] 発
ソウラ
B2

形 太陽の
▶「太陽の, 太陽の熱や光線を利用する」

頻出 a solar battery「太陽電池」 the[our] solar system「太陽系」

☐ 715
preserve
[prizə́:rv] 発
プリザーヴ
B1

他 (自然など)を保護する, (食料など)を保存する
▶「今の状態を壊さないように大事にする」
◇ protéct「(外敵から)〜を守る」

頻出 preserve nature「自然を(現状のまま)保護する」

☐ 716
pollution
[pəlú:ʃən]
ポルーション
A1

名 汚染, 公害〈不可算〉
▶「汚染」を意味する一般的な語.

頻出 air pollution「大気汚染」

☐ 717
extinct
[ikstíŋkt]
イクスティンクトゥ
B1

形 絶滅した
▶日常では die out のほうが使われる.

頻出 become extinct「絶滅する」
注意 「絶滅の危機にある」は endángered でも表現できる.

自然の現象

☐ 718
freeze
[frí:z]
フリーズ
A2

自① 凍る 他② 〜を凍らせる
▶「(物が)凍りつく」から「(人が)(こわばって)動けなくなる」まで.

頻出 ① freeze over「(湖, 池, 川などが)一面に凍る」
Freeze!「(銃などを向けて)動くな.」

☐ 719
burn
[bə́:rn] 発
バーン
B1

自① 焼ける 他② 〜を燃やす
▶「(炎が上がって焦げるくらいに)燃える」

頻出 ① burn down「焼け落ちる, 全焼する」
② burn a CD-ROM「CD-ROM を焼く(←データを書き込む)」

☐ 720
reflect
[riflékt]
リィフレクトゥ
A2

他① 〜を反射する, 反映する 自② (on 〜)(〜を)熟考する
▶①「(光など)を反射する」「(物, 事)を反映する」 ②「熟考する, 反省する」

頻出 ① be reflected in 〜「〜に映っている, 反映している」
注意 ②「(主に過去の出来事について)熟考する」という意味.

228

solar panels on the roof	屋根の上のソーラーパネル

> **key** sún「太陽」の形容詞形. 日本語でも「ソーラーパネル(←太陽光発電パネル)」などで使われる.
> ⊚**lúnar**「月の」

preserve the panda's natural habitat	パンダの自然生息地を保護する

> **語源** pre-[前に]+-serve[奉仕する] →「あらかじめ保護する」 图**preservátion**「保護, 保存, 維持」

prevent **air pollution**	大気汚染を食い止める

> ⑩**pollúte**「～を汚染する」 图**pollútant**「汚染物質」

Giraffes **are becoming extinct**.	キリンは絶滅しかかっている.

> **語源** ex-[外に]+-(s)ti-[=stick 棒] →「棒でたたいて外に出す」 图**extínction**「絶滅」

① The pond **froze over**.	① 池が一面凍った.
② **freeze** bananas in the freezer	② 冷凍庫でバナナを凍らせる

> 厖**frózen**「冷凍の」 图**fréezer**「冷凍庫」 [活用]freeze - froze - frozen

① The barn **burned down**.	① その納屋が焼け落ちた.
② **burn** fallen leaves in the yard	② 庭で落ち葉を燃やす

> 厖**búrning**「燃えている」

① **reflect** heat	① 熱を反射する
② **reflect on** my past	② 私の過去を振り返る

> **語源** re-[元へ]+-flect[曲げる] *fléxible「柔軟な」 图**refléction**「反射, 反映, 熟考」

Part 1
Part 2
Part 3
Part 4

☐ 721

weather

[wéðər] 発
ウェδァ　　　A1

名 天候, 天気〈不可算〉
▶「(その日の)天気」

注意 ある特定の場面における「天候」は <u>the</u> weather となるが, 一般には無冠詞で使われる. ⇨ We had hot weather this year.「今年の天候は暑かった.」

☐ 722

climate

[kláimit] 発
クラィミットゥ　　B1

名 気候〈可算〉
▶「(ある土地の年間を通じての)気候」

頻出 climate change「気候変動」

☐ 723

forecast

[fɔ́:rkæst]
フォーキェストゥ　B1

名 予報
▶「(天候や社会情勢など)を(科学的に)予測し, 報じる」

頻出 the (weather) forecast「天気予報」
The forecast is for ～.「予報では～だ.」

☐ 724

temperature

[témpərətʃər] 発
テンペラチャ　　A2

名 温度
◇ féver「(発熱している場合の)熱」

頻出 take *one*'s temperature「～の体温を測る」
注意 「気温(←外の温度)」「体温(←体の温度)」の意味にもなる.

☐ 725

degree

[digrí:]
ディグリー　　A2

名 ① (温度などの)度　② 程度
▶①②「温度」「角度」「程度」

頻出 ② to some degree「ある程度」　by degrees「徐々に」
注意 ①「温度」「角度」などでは「0度」でも複数形にする.

☐ 726

rain

[réin]
レィン
動名 A1

自 ① 雨が降る　名 ② 雨
▶「雲から落ちてくる水滴」

頻出 ① rain hard「雨が激しく降る」rain a lot「大雨が降る」　② in the rain「雨の中」
注意 日本語では「雨が降る」だが, 英語では it を主語にする. ⇨ It is raining.「(今)雨が降っている.」◇ It is rainy.「(一日中)雨模様だ.」

前置詞のイメージ⑱

beyond

「何かを越えて, その向こう側へ」
① beyond the mountain「その山の向こうに」(←位置的に越えて)
② beyond the time limit「制限時間を過ぎて」(←時間的に越えて)
③ The divorce rate went beyond 30%.
　　　　　　　　「離婚率が30%を越えた.」(←数量的に越えて)
④ beautiful beyond description
　　　　　　　　「表現できないほどに美しい」(←能力を越えて)

The weather is good. | 天気が良い.

🔵語源 「風が吹く」が元の意味. *wínd「風」

a mild climate | 温暖な気候

🟢覚え方 「気候」が悪いと, 暗い水戸黄門.
🔵語源 clim-[傾き]→「気候」(＊気候は緯度の「傾き(違い)」によって決まる.) *clímb「登る」

The forecast is for showers. | 予報ではにわか雨だ.

🔵語源 fore-[前もって]＋-cast[投げる]→「前もって投げる」
*bróadcast「放送する(←幅広く投げる)」

The temperature went up to 40℃. | 気温が40度まで上がった.

®Célsius[séÍsiəs]「摂氏(←日本などで使われている温度の単位(℃))」
Fáhrenheit[fǽrənhàit]「華氏(←アメリカなどで使われている温度の単位(℉))」(＊0℃＝32℉)

① freeze at zero degrees[×degree] | ① 0度で凍る
② speak French to some degree | ② ある程度フランス語を話す

🔵語源 de-[下]＋-gree[＝grade]から「いくつかの段のある物」→「段階, 程度」

① It is raining. | ① 雨が降っている.
② weep in the rain | ② 雨の中で泣く

形ráiny「雨の」

天候・寒暖・明暗を示す it !
日本語では「雨が降っている.」と言いますが, 英語では It is raining. と表現します(→726 rain). この it は「何か具体的な天気」を指していると考えましょう. 「京都は寒いね.」も, 英語では It is cold in Kyoto. というのが普通です. この it も「何か具体的なその場の気温」を指していると考えましょう. なお, Kyoto is cold in winter. だと「(一般論として)京都の冬は寒いね.」の意味になります.

☐ 727

humid

[hjúːmid]
ヒューミッドゥ
B1

形 湿気が多い
▶主に「暑さについての不快感」を表すのに使う.

比較 It is humid in Guam.「グアムは(今日は)蒸し蒸しする.」
Guam is humid.「グアムは(年中)蒸し蒸しする.」

科学・技術

☐ 728

science

[sáiəns]
サイエンス
A1

名 科学, 理科
▶「(理論面での)科学」

頻出 developments in science「科学の進歩」
science fiction (SF)「空想科学小説」

☐ 729

technology

[teknálədʒi]
テクナラヂ
A1

名 (科学)技術
▶「(実用面での)科学技術」

頻出 information technology (IT)「情報技術」
注意「技術(全般)」は〈不可算〉だが,「(個々の)技術」は〈可算〉.

☐ 730

research

名★[ríːsəːrtʃ] 発
リーサーチ
動★[risə́ːrtʃ] 発 名 A2 動 B2
リサーチ

名① (学術)研究 他② ~を研究する
▶「綿密な研究」

頻出 ① do[carry out] research on ~「~の研究をする」

☐ 731

theory

[θíːəri] 発
θィーアリィ
B1

名 理論
▶「事実・現象を説明する理屈」

頻出 in theory「理論上は」(⇔ in practice「実際には」)

☐ 732

experiment

名[ikspérəmənt]
イクスペリメントゥ
動[ekspérəmènt] 名 B1 動 B2
エクスペリメントゥ

名① 実験 自② 実験する
▶「事実・考えの検証(をする)」

頻出 ① do[carry out] an experiment「実験をする」

☐ 733

material

[mətíəriəl]
マティアリアォ
A2

名① 材料 ② 資料, 教材
▶「(物が作られる)元になる物質」

頻出 ① raw materials「原料」 **② self-study materials**「自習用教材」

Kyoto is **hot and humid** in summer. | 京都は夏は蒸し暑い.

■語源 hum-[土] → 「(土の周りには)湿気がある」 *húman「人間(←土の上を歩くもの)」

I am good at math and **science**. | 算数と理科が得意だ.

■語源 sci-[(対象を)切り離す] → 「知る」 *scíssors「ハサミ(←切る物)」
形 **scientífic**「科学の」 名 **scíentist**「科学者」

---

science and technology | 科学技術(科学と科学技術)
(*複数扱い)

形 **technológical**「技術の」 ◉ **techníque**「技巧〈不可算〉, (個々の)技術〈可算〉」

---

① **do research on** clouds | ① 雲に関する研究を行う
② **research** an environmental issue | ② 環境問題を研究する

名 **reséarcher**「研究者」

Your design is excellent **in theory**. | あなたの設計は理論上はすばらしい.

反 **práctice**「実践」

---

① **carry out a** chemical **experiment** | ① 化学の実験をする
② **experiment with** a new medicine | ② 新薬で実験する

■語源 ex-[外に]+-peri-[危険]から「(外に)出して危険を冒す」→「試す」 *péril「危険」

---

① building **materials** | ① 建材(建築材料)
② use movies as teaching **materials** | ② 映画を教材として使う

形 **matérial**「物質の」

☐ 734 **ingredient** [ingrí:diənt] 発 ア イングリーディエントゥ B1	名 (料理などの)材料〈可算〉 ▶「料理の材料」から「成功のための要素」まで. **頻出 fresh ingredients**「新鮮な食材」 **combine ingredients**「材料を混ぜ合わせる」	
☐ 735 **raw** [rɔ́ː] ロー A2	形 生の, 加工されていない ▶「(食物が)生の」から「(材料, 原料, データなどが)加工されていない」まで. **頻出 raw fish**「生魚」 **raw silk**「生糸」	
☐ 736 **artificial** [ὰːrtəfíʃəl] アーティフィシャォ A2	形 人工的な ▶「本物に似せて作った」 **頻出 artificial intelligence (AI)**「人工知能」	
☐ 737 **electric** [iléktrik] イレクトゥリック A2	形 電動の ▶「電気で動く」 ◇eléctrical「電気に関する」 **注意 electrónic**「電子の」と区別. (*email や e-book の e(-)は electrónic の省略形.)	
☐ 738 **plastic** [plǽstik] プレスティック A2	形 ビニールの, プラスチックの ▶「化学的に作られる強くて軽い素材」 **注意** 英語の plastic は, 日本語の「プラスチック(固い合成樹脂)」だけではなく,「ビニール」「ナイロン」なども示す.	
☐ 739 **invent** [invént] インヴェントゥ A2	他 ~を発明する ▶「(今までに存在しなかった物)を作る」 **注意 invent a story** は「作り話をする」と訳すとよい.	
☐ 740 **discover** [diskʌ́vər] ディスカヴァ A2	他 ① ~を発見する ② (that S V)~を知る, ~に気づく ▶①「(すでに存在している物)を発見する」 **注意** ② discover how[what] ~ などの形も可. ⇨discover what he is thinking「彼が考えていることを知る」	

234

the **ingredients** of curry powder	カレー粉の材料

語源 in-[中に]+-gred-[(段階を追って)行く] → 「中に入り込む」 *gráde「等級, 学年」

the cost of **raw materials**	原料(加工されていない材料)費

語源 *rúde「無礼な(←粗野な[生の]状態)」 反 cóoked「(火を使って)調理した」

artificial flowers	造花(人工の花)

反 nátural「自然の」 ⊕ artístic「芸術の」

electric cars	電気自動車

名 electrícity「電気」

plastic bags	ビニール袋

key 「ペットボトル」は普通 a plastic bottle と表現する.

invent a cleaning robot	掃除ロボットを発明する

語源 in-[中に]+-vent[来る] → 「(アイデアが頭の)中に入ってくる」 名 invéntion「発明」
名 invéntor「発明家」

① **discover** gold	① 金を発見する
② **discover that** my lunchbox is missing	② 弁当箱がなくなっていることに気づく

語源 dis-[バラバラ]+-cover[覆い] → 「覆いを取る」 名 discóverer「発明者」
名 discóvery「発見」 ⊕ fínding(s)「(研究の成果としての)発見, 調査結果」

□ 741

observe

[əbzə́ːrv] 発
オブザーヴ
B1

他① ～を観察する **②**（規則など）を遵守する

▶①「～をじっと見守る，観察する」

類出 observe that S V「（気づいたことを）～と述べる」

医療

□ 742

disease

[dizíːz] 発 ア
ディズィーズ
B1

名 病気 ▶「（病名が明確な）病気」⇨ Alzheimer's disease[×illness]
「アルツハイマー病」（＊diséase によって引き起こされる「状態」が illness）

比較 become sick「（何らかの病気で）健康を害する」
get a disease「（ある特定の）病気にかかる」

□ 743

fever

[fíːvər]
フィーヴァ
A1

名（体温の）熱

◇ témperature「体温，気温」 héat「（物理的な）熱，暑さ」

類出 have[be running] a fever「熱がある」
a high[slight] fever「高[微]熱」

□ 744

patient

[péiʃənt] 発
ペイシェントゥ
名 A2
形 B1

名① 患者 形② 忍耐強い

▶①「苦しみに耐える人」

類出 ① save patients' lives「患者の命を救う」
② be patient with（人）「（人）に対して忍耐強い」

□ 745

medicine

[médəsin]
メディスィン
A1

名①（for ～）(～の)薬 ② 医学

◇ píll「丸薬」 táblet「錠剤」

類出 ① take medicine「（液状以外の）薬を飲む」
注意 ① 通例〈不可算〉だが「（薬の）種類」によっては〈可算〉にもなる.

□ 746

medical

[médikəl]
メディコォ
A2

形① 医療の ② 医学の

▶①「医学や治療などに関する」

類出 ① medical care「医療」 a medical examination「健康診断」
② medical school「医学部」

前置詞のイメージ⑲

against

→←

「ぶつかり合って」

① fight against the enemy「敵と戦う」（←相手とぶつかって）
② run against the wall 「壁に衝突する」（←物とぶつかって）
③ be against the new plan「新計画に反対している」
（←提案・決定にぶつかって）

① **observe** morning glories	① 朝顔を観察する
② **observe** the school rules	② 校則を守る

語源 ob-[＝against に対して]＋-serve[奉仕する]から「～に対して懸命に尽くす」→「～を(じっと)観察する」 **名** observátion「観察(結果)」 **名** obsérvance「遵守」

---

get over **a serious disease**	難病に打ち勝つ

語源 dis-[バラバラ]＋-ease[簡単] →「簡単ではないもの」

---

have a high fever	高熱がある

形 féverish「熱っぽい，熱狂的な」

---

① The **patient** is getting better.	① その患者は快方に向かっている.
② Bob **is patient with** his students.	② ボブは生徒に対して忍耐強い.

語源 pat-[苦しみに耐える]＋-ient[～している] →「苦しみに耐えている」 *pássion「情熱」 **名** pátience「我慢，忍耐」 ②**反** impátient「我慢できない，いらいらしている」

---

① **take** the **medicine** twice a day	① 1日に2回その薬を飲む
② study **medicine** at Harvard University	② ハーバード大学で医学を学ぶ

語源 medi-[医療]＋-cine[名詞語尾]

---

① **medical** expenses	① 医療費
② **medical** science	② 医学
(*médicine より堅い表現.)	

語源 medi-[医療]＋-cal[形容詞語尾]

ワンポイントアドバイス⑯

-cal は「の」と覚えよう！

-cal は「～の」という意味の形容詞をつくる接尾辞です.
例えば，746 medical「医療の」(medicine の形容詞)，electrical「電気の」(electricity の形容詞)，historical「歴史の」(history の形容詞)などです.
一方，-cal 以外の特殊な接尾辞の形容詞は，737 electric「電気で動く」，historic「歴史的に有名な」など，意味が異なるので注意しましょう.

健康

747
relax
[riláeks]
リレェックス
A2

自① リラックスする 他② ～をリラックスさせる
▶「緊張から解き放たれ, 穏やかになる」

注意 元は②だったが, ①の形でも使われるようになった.
類 **wórry**「①心配する ②～を心配させる」

748
rest
[rést]
レストゥ
名動 B1

名① 休憩 ② (the ―)残り 自③ (横になったりして)休む
▶③は take a rest「(ちょっと)休憩する」より長い時間「休む」の意味.

注意 ② for the rest of my life「一生涯」や the rest of the world
「ほかの国々」など「残り」と訳さないことも多い.

749
suffer
[sʌ́fər] ア
サファ
B1

自① (from ～)(病気などで)苦しむ
他② (苦痛, 損害など)を経験する

頻出 ② suffer a blow[a loss]「打撃[損失]を受ける」
注意 ①「(一時的に)苦しんでいる」は be suffering と表現する.

750
exhaust
[igzɔ́:st] 発
イグゾーストゥ
-

他～を疲れ果てさせる
▶「全てを出し尽くす」

頻出 *be* exhausted (from[by]～)「(～で)疲れ切っている」

751
stress
[strés]
ストゥレス
B1

名① ストレス ② (on ～)(～に対する)強調
▶「何かに圧力を加えること, 加えられた状態」

頻出 ① have[*be* under] stress「ストレスを抱えている」

752
disabled
[diséibld]
ディセイボォドゥ
B1

形障がいのある
▶「心身がうまく機能しない状態」

注意 「ろう学校」は a school for the hearing-impaired「聴覚に障
がいを持つ者のための学校」と表現する.

身体

753
physical
[fízikəl] 発
フィズィコォ
A2

形身体的な, 物理的な
▶「形のある」

頻出 physical health「身体の健康」
注意 「物理的な」とは「(感覚で)知覚可能な」の意味.

Active Vocabulary ②

① **relax** at home
② Her smile **relaxes** me.

① 家でリラックスする
② 彼女の笑顔は私をほっとさせる.

形**reláxed**「くつろいだ」⇨ I feel relaxed.「くつろぐ.」([×] I am relaxed.)
名**relaxátion**[riːlækséiʃən]「緩み, 休養」

---

① **take a rest**
② **the rest** of the day
③ You need to **rest**.

① (ちょっと)休憩する
② その日の残り(の時間)
③ 君は休む必要があるよ.

名**réstroom**「(デパートなどの)トイレ, 洗面所」

---

① I am **suffering from** jet lag.
② The company **suffered** a big blow.

① 時差ぼけに苦しんでいる.
② その会社は大打撃を受けた(経験した).

語源 suf-[=sub 下]+-fer[運ぶ]から「何かの下に自らを運ぶ」→「苦しむ, 経験する」
*férry「フェリー(←客や貨物などを運ぶ船)」 名**súffering**「苦しみ」

I am **exhausted**.

くたくただ.

名**exháustion**[igzɔ́ːstʃən]「極度の疲労, 消耗」

---

① **have a lot of stress**
② **put stress on** good manners

① 多くのストレスを抱えている
② マナー(の良さ)に重点を置く

形**stréssed**「ストレスに苦しんでいる」⇨ feel stressed (out)「ストレスを感じる」
形**stréssful**「ストレスの多い」⇨ stressful work「ストレスの多い仕事」

---

help **disabled** people

障がいのある人たちを助ける

語源 dis-[否定]+-able-[可能] 名**disabílity**「障がい」 ⬡**whéelchair**「車椅子」
blínd「目が見えない」⇨ Love is blind.「(ことわざ)恋は盲目.」

---

maintain my **physical** health

身体の健康を維持する

名**phýsics**「物理学」

239

□ 754 **mental** [méntl] メントォ		**形 精神の，知力の** ▶「頭脳（心理，知性）に関わる」
	B1	頻出 mental labor「知的労働」（⇔ manual labor「肉体労働」） 注意 日本語の「メンタル」は 名 扱いだが，英語では 形.

□ 755 **strength** [stréŋkθ] 発 ストゥレングθ		**名 力** ▶「（肉体的，物理的な）強さ」
	A2	頻出 physical strength「体力」 mental strength「精神力」 注意 「体力がつく[衰える]」は get stronger[weaker] と表現するのが普通.

□ 756 **muscle** [mʌ́sl] 発 マスォ		**名 筋肉** ▶「運動をつかさどる肉」
	B1	頻出 develop one's muscles「～の筋肉を鍛える」

□ 757 **tear** 名[tíər] ティア 動[téər] 発 テア	名 A2 動 B1	**名① (通例 −s) 涙〈可算〉 他② (up)～を引き裂く** ▶②「（布や紙など）を（無理に引っ張って）破る，引き裂く」 頻出 ① burst into tears「わっと泣き出す」 in tears「泣きながら」 be moved to tears「感動して泣く」 shed tears「涙を流す」

□ 758 **sweat** [swét] 発 スウェットゥ	名 B1 動 A2	**名① 汗（通例〈不可算〉） 自② 汗をかく** 頻出 ① sweat appears on ～「～に汗が出る」 ② sweat easily「汗かきだ（←簡単に汗をかく）」

感覚

□ 759 **sense** [séns] センス		**名① 感覚 ② 分別 ③ (熟語で)意味** ▶「（五感による）感覚」から「分別，意味」まで.
	A2	頻出 ① have a sense of humor「ユーモア（のセンス）がある」 ③ in a sense「ある意味では」 make sense「意味が通る」

□ 760 **smell** [smél] スメォ	名 A1 動 B1	**名① におい 自② ～のにおいがする** ▶修飾語を伴わないときは普通「くさいにおい」を意味する. 頻出 ② smell good[bad]「良い[嫌な]においがする」

have a mental problem — 精神的な問題を抱えている

圓 **méntally**「精神的に」 ⊛**mínd**「精神, 知力」

build my mental strength — 精神力を鍛える

🔑key **stróng**「強い」の名詞形. 圓**stréngthen**「～を強化する」(⇔ **wéaken**「～を弱める」)

develop my arm muscles — 腕の筋肉を鍛える

🔖語源 mus-[=mouseネズミ]＋-cle[小さな]→「筋肉(←力こぶがネズミに見えることから)」 ⊛**fát**「脂肪」

① wipe away my tears — ① 涙をぬぐう
② tear up the letter — ② その手紙を引き裂く

🔑key 「涙」は「(目から)引き裂かれたもの」と覚えよう. [活用]tear - tore[tɔ́ːr] - torn[tɔ́ːrn]

① Sweat appeared on my neck. — ① 首に汗をかいた.
② sweat a lot — ② 汗だくになる(たくさん汗をかく)

图**swéatshirt**「スウェットシャツ, トレーナー(＊この意味でtrainerとは言わない.)」
图**swéater**[swétər]「セーター」

① lose my sense of time — ① 時間の感覚をなくす
② common sense — ② 常識(共通の分別)
③ in a broad sense — ③ 広い意味では

圈**sénsitive**「敏感な, 繊細な」⇨ be sensitive to ～「～に対して敏感である」
圈**sénsible**「分別のある, 賢明な」 圈**sénsory**「感覚に関する」

① the smell of the sea — ① 磯の香り(海のにおい)
② This tea smells nice. — ② このお茶は香りが良い (良いにおいがする).

圈**smélly**「(嫌な)においのする」 ⊛**aróma**「よい香り」

241

□ 761

taste

[téist]
ティストゥ   動名 B1

目①〜の味がする **他②〜の味をみる** **名③ 味, センス**
▶①②「舌で触る(touch)」

頻出 ① taste of (名詞) / taste (形容詞)「〜の味がする」
③ have good taste[×sense] in clothes「服のセンスがよい」

形態

□ 762

form

[fɔ́:rm]
フォーム   A1

名① 形態 ② 用紙
▶「ある決まった形」→ ①「物の(決まった)形」②「書き方が決まった紙」

頻出 ① many forms of 〜「〜の多くの形態」
② fill out[〈英〉in] a form「用紙に記入する」

□ 763

shape

[ʃéip]
シェイプ   名 A2
動 B1

名① 形 他②〜を形作る
▶「立体的で具体的な形」

頻出 ① in shape「体調が良くて」⇔ out of shape「体調が悪くて」
② shaped like 〜「〜のような形の(←〜のように形作られた)」

□ 764

surface

[sə́:rfis] 発
サーフィス   B1

名 表面
▶「水, 地面, 物の一番外側の部分」

頻出 the earth's surface「地球の表面」(=the surface of the earth)
rise to the surface「表面にまで上がってくる」

□ 765

aspect

[ǽspekt]
エァスペクトゥ   B1

名 側面
▶「(様々に見える)物の1つの側面」

頻出 an aspect of 〜「〜の1つの側面」
(＊〜には〈不可算〉を置くことが多い.)

構成

□ 766

system

[sístəm]
スィステム   A2

名① 組織, 制度 ② 体系 (ともに〈可算〉)
▶〈(a.)複数の要素から成り, (b.)その要素が互いに関連し, (c.)全体として体系的に構成されている〉の条件を満たすもの.

頻出 ① an education system「教育制度」
② a transportation system「交通網」

前置詞のイメージ ⑳

of

「〜から生まれ出て, 〜から離れて」
① a dress (made) of silk 「絹のドレス」(←材料・構成要素)
② the future of the world 「世界の未来」(←所有・所属)
③ one of the best movies 「最高の映画の1つ」(←部分)
④ rob him of his money 「彼から金を奪う」(←分離)

① This apple **tastes sweet**.	① このリンゴは甘い(味がする).
② **taste** the soup	② スープの味見をする
③ **the taste of** mom's cooking	③ おふくろの味

形tásty「おいしい」　**◉delícious**「とてもおいしい」

① **many forms of** wildlife	① 野生生物の多くの形態
② **fill out** an entry **form**	② 申込用紙に記入する

他fórm「～を形成する」　**形fórmal**「形式的な」

① **the shape of** a fish	① 魚の形
② a house **shaped like** a pyramid	② ピラミッドのような形の家 (ピラミッドのように形作られた家)

key shape up は「体調を整える, うまくいく」の意味. (＊日本語のように「痩せる」の意味はない.)

below the earth's **surface**	地下に(地球の表面の下に)

語源 sur-[上]＋-face[顔]から「顔の上」→「表面」

an aspect of daily life	日常生活の一面

語源 a-[＝ad 方向]＋-spect[見る]　＊spéctator「観客, 見物人」

① the nervous **system**	① 神経組織
② leave the solar **system**	② 太陽系から出る

形systemátic「体系的な」

753 physical のイメージ！

physical「身体的な, 物理的な」は「精神的なものではなく, 触って, 見て, 感じ取れるものに関わる」というイメージです.

the physical world「物質界」は, the spiritual world「霊界」の反意語で,「この世の形あるものの世界」のことです. physical pain「身体的苦痛」は「膝や腰などが痛い」ことを意味します. なお, a physical person は「やたらべたべたと体を触ってくる人」の意味.

767 **detail** ★[díːteil] ディーティォ A2	名 詳細，(建物などの)細部 ▶「(細かく切り分けた)細部」 頻出 in detail「詳細に」 the details of the building「その建物の細部」 注意 in detail の表現以外は〈可算〉で主に複数形 details とする.
768 **consist** [kənsíst] コンスィストゥ A2	自 (of ~)(~で)構成されている ▶「(要素が集まって)成り立つ」(*日常では be made up of ~のほうが使われる.) 注意 consist of ~は be composed of ~とほぼ交換可能だが， 受動態にならない([×]be consisted of ~).
769 **compose** [kəmpóuz] コンポゥズ B1	他 ① ~を構成する　② ~を作曲[作文]する ▶「(バラバラなもの)をまとめる」 頻出 ① be composed of ~「(物質やチームなどが)~で構成される」
770 **organize** [ɔ́ːrgənàiz] オーガナィズ A2	他 ① (考えなど)をまとめる　② ~を組織する ▶「(個々の人や物)を効率的になるよう1つにまとめる，準備する」 頻出 organize one's thoughts「~の考えをまとめる」
771 **include** [inklúːd] インクルードゥ A2	他 ~を含む ▶「(全体の構成要素の1つとして)含む」 頻出 目的語には「料金」や「メンバー」などが置かれることが多い.
772 **contain** [kəntéin] コンティン B1	他 ~を含む ▶「(何らかの容器の中に固体，液体，気体)を含む」 比較 This recipe includes salt.「このレシピには塩が含まれている.」 This bottle contains salt.「この瓶には塩が入っている.」
773 **attach** [ətǽtʃ] アテェッチ B1	他 ~をくっつける ▶「(物や気持ち)をつなぎ留める」 頻出 attach A to B「A を B にくっつける」

244

explain the problem **in detail**	その問題を詳しく説明する

🔲語源 de-[下→分離]+-tail[切る] *táilor「仕立屋」

This train **consists of** nine cars.	この列車は9両編成です (9両で構成されている).

🔲語源 con-[共に]+-sist[=stand 立っている] →「(要素が)集まって成り立つ」

① This jazz group **is composed of** three members.	① このジャズグループは3人のメンバーで構成されている.
② **compose** a song	② 歌を作曲する

🔲語源 com-[=con 共に]+-pose[置く]から「まとめて置く」→「〜を組み立てる」
名 compositíon「組み立て, 作品」 名 compóser「作曲家, 作る人」

① **organize** my thoughts	① 私の考えをまとめる
② **organize** an event	② イベントを取りまとめる

🔲語源 organ-[道具]+-ize[動詞語尾] →「使えるようにする」
名 organizátion「組織, まとめること」 形 órganized「組織化された, うまくまとまった」

Taxes **are included in** the price.	価格には税が含まれています.

🔲語源 in-[中に]+-clude[=close 閉じる] →「中に閉じる」
*exclúde「〜を除外する(←外に閉じる)」 前 inclúding「〜を含めて」

This soup **contains** herbs.	このスープにはハーブが入っている (ハーブを含んでいる).

名 contáiner「容器, 入れ物, コンテナ」

attach a file **to** an email	Eメールにファイルを添付する

🔲語源 tóuch「〜に触れる」と同語源. 名 attáchment「付属品, 添付ファイル, 愛着」

□ 774
base
[béis]
ベイス

動 B1
名 A2

他① ～の基礎を置く 名② 基地

▶「あらゆるものの一番下の部分にあり, 全体を支えるもの」

頻出 ① **base A on B**「A の基礎を B に置く」
be **based on ～**「～に基づいている」

直面する・扱う

□ 775
face
[féis]
フェイス

動 A2
名 A1

他① ～に直面する ②〈方向〉～向きである 名③ 顔, 体面

◇ héad「頭部」⇨ Don't put your head[×face] out of the window.「窓から顔を出すな。」

頻出 ①(人) **face ～**「(人)が～に直面する」〈能動的〉
(人) *be* **faced with ～**「(人)が～に直面している」〈受動的〉

□ 776
expose
[ikspóuz]
イクスポウズ

B1

他～をさらす

▶「(雨, 風, 批判などに)さらす」から「(秘密, 犯罪など)を暴露する」まで.

頻出 **expose A to B**「A を B にさらす」

□ 777
avoid
[əvɔ́id]
アヴォイドゥ

A2

他～を避ける

▶「(危険な物[人]や嫌な物[人]など)を遠ざける」

頻出 **avoid** *doing*「～するのを避ける」([×]avoid to *do* は不可.)

□ 778
involve
[inválv]
インヴァォヴ

B1

他 (*be* ーd in ～) (～に)巻き込まれる, 参加する

▶「(事件に)巻きこまれる」から「(子育てに)参加する」まで.

頻出 *be* **involved in child raising**「子育てに参加する」
修飾する副詞は áctively「積極的に」, déeply「深く」などが多い.

□ 779
deal
[dí:l]
ディーォ

動 B1
名 A2

自① (with ～) (～を)扱う 名② 取り引き

▶①「(やっかいな問題, 人などを)扱う」(≠「解決を目指す」)

頻出 ② **a great[good] deal of ～**「大量の～(←大きな取り引き)」
(＊～には〈不可算〉が置かれる.)

□ 780
treat
[trí:t]
トゥリートゥ

B2

他① (副詞を伴って)～を扱う ② (病人, 病気)を治療する
③ (A to B)(A)に(B)をおごる ▶③ 日常では buy のほうが使われる.

頻出 ①伴う副詞は, well「良く」, badly「ひどく」, carefully「慎重に」,
with respect「敬意をもって」, like a child「子どものように」など.

① a novel **based on** a true story	① 実話に基づいている小説
② a secret **base**	② 秘密基地

形 **básic**「基礎の」 名 **básis**「基礎」⇨ on a daily basis「毎日(←毎日を基礎として)」

① *be* **faced with** a problem	① ある問題に直面している
② a window **facing** (to the) south	② 南向きの窓
③ speak **face to face**	③ 面と向かって話す

形 **fácial**「顔の」⇨ facial expressions「顔の表情」

expose children **to** art	子どもを芸術に触れさせる(さらす)

■語源 ex-[外に]+-pose[置く]→「外に置く」 名 **expósure**「露出, 暴露」

avoid the topic	その話題を避ける

■語源 a-[=away 離れて]+-void[空っぽの] *vácant「空いている」

be **involved in** a traffic accident	交通事故に巻き込まれる

■語源 in-[中に]+-vol-[回る(→巻く)]→「巻き込む」 *vólume「巻, 容量」

① **deal with** the problem	① その問題を扱う
② That is **a good deal**.	② それは良い取り引きだ.

名 **déaler**「ディーラー, 販売人, 販売店」 [活用]deal - dealt - dealt [délt]

① **treat** children **fairly**	① 公平に子どもを扱う
② **treat** patients	② 患者を治療する
③ **treat** him **to** dinner	③ 彼に夕食をおごる

名 **tréatment**「扱い, 治療」⇨ treatment for cancer「がんの治療」

☐ 781 **difficulty** [dífikʌlti] ディフィカォティ A2	**名 困難〈可算〉** ▶「problem を引き起こす要因となるもの」 **頻出 have (great) difficulty** *doing*「~するのに(大いに)苦労する」 (＊この表現の場合, difficulty は〈不可算〉となる.)	

☐ 782 **issue** [íʃuː] イシュー A2
名① 問題　② (雑誌の)号, 刊行(物) ▶①「(多くの人々に影響を与える, 社会[政治]的な)問題」 **頻出 ① an international issue**「国際問題」 　　**raise an issue**「問題を取り上げる, 提起する」

処分する・隠す

☐ 783 **get rid of ~** ★★
熟 (不要な物・人)を処分する ▶「(不要な物)を誰かにあげる, または, 捨てる」 **頻出 get rid of cockroaches**「ゴキブリを駆除する」 　　**get rid of the smell**「その臭いを取り除く」

☐ 784 **remove** [rimúːv] リムーヴ B1
他 ~を取り去る ▶「本来の場所から別の場所へ移す」 **頻出 remove A from B**「B から A を取り除く」

☐ 785 **relieve** [rilíːv] リリーヴ B2
他① ~を和らげる　② ~を安心させる ▶「(苦痛, 心配など)を和らげる」 **頻出 relieve (*one*'s) stress**「(~の)ストレスを和らげる」

☐ 786 **abolish** [əbáliʃ] アバリッシュ B2
他 ~を廃止する ▶「(長い間存在した法律, 制度, 慣習など)を公式に終わらせる」 **頻出 目的語には school uniforms「制服」, slávery「奴隷制度」, nuclear weapons「核兵器」などが置かれることが多い.**

前置詞の解説㉑

between

「2つの物に挟まれて」

① between Kyoto and Osaka「京都と大阪の間で」(←位置の間)
② between cause and effect「原因と結果の間で」(←関係の間)
③ between red and yellow 「赤と黄の間で」(←性質の間)
④ between ten and twenty 「10と20の間で」(←数量の間)

overcome many **difficulties**	多くの困難を乗り越える

> 形 **dífficult**「困難な」

---

① **tackle** an international **issue**	① 国際問題に取り組む
② the latest **issue** of a magazine	② 雑誌の最新号

> 🔵語源 iss-[＝ex 外に]＋-ue[＝it 出る] →「外へ出る」 *éxit「出口」

---

get rid of old clothes	古い服を処分する

> 🔴key rid (人) of ～「(人) から～を取り除く」の受け身からできた表現.
> ⊛**recýcle**「～を再利用する (←別のものに作り変える)」

---

remove the cap **from** a bottle	瓶から蓋を取る

> 🔵語源 re-[元へ]＋-move[動かす] →「元に戻す」 名 **remóval**「除去」

---

① **relieve** my stress	① ストレスを発散させる
② *be* **relieved** at the news	② その知らせを聞いて安心する

> 名 **relíef**「除去, 安堵, 救済(物資)」(＊「(野球の) リリーフ(救援投手)」は relíever と表現する.)

---

abolish school uniforms	制服を廃止する

> 🔵語源 ab-[＝away 離れて]＋-ol-[＝old]から「古いものを捨てる」→「廃止する」

ワンポイントアドバイス⑱

「問題」に対応する英語！
「食料問題」「領土問題」など「(議論の対象となる社会的・政治的) 問題」は英語では **782 issue** と表現します. 例えば, the issue of the homeless は「ホームレスの問題」です. 一方,「僕の車には問題があるんだ」のように「(困難を引き起こしている) 問題」や「(数学の) 問題」などは **225 problem** です.

787 □	他① ～を隠す　自② 隠れる
hide	▶「人から見えないところへ置く[行く]」
[háid] ハイドゥ A1	注意 ①受け身の場合，必ずしも「(意図的に)隠される」とは限らない. ⇨ be hidden from view「視界から隠れている」

痛める・台無しにする

788 □	自① (身体の部位が)痛む　他② ～を傷つける
hurt	▶②「(身体)を傷つける」から「(感情)を傷つける」まで.
[hə́:rt] 発 ハートゥ A1	頻出 ② hurt one's pride[feelings]「～の自尊心[気持ち]を傷つける」 注意「(傷の)程度」は slíghtly「少し」や bádly「ひどく」などで表現する.

789 □	他① ～を痛める　② ～をけがさせる
injure	▶「(意図的でなく，主に事故などで)傷つける」(＊日常では húrt のほうが使われる.)
[índʒər] ア インヂャ A2	注意 ② 受け身の形で使うことが多い. ⇨ be injured「けがをする」 (＊「大けがをする」は be seriously injured と表現する.)

790 □	他① ～に損害を与える　名② 損害，被害〈不可算〉
damage	▶「物理的な被害(を与える)」という意味で広く使用.
[dǽmidʒ] 発 デェミッヂ 動名 B1	頻出 ② do[cause] damage to ～「～に損害を与える」 (⇔ suffer damage from ～「～で損害を受ける」)

791 □	他 ～を(完全に)破壊する，殺す
destroy	▶「(建物など)を取り壊す」から「(動物など)を殺処分する，全滅させる」まで.
[distrɔ́i] ディストゥロィ A2	注意「環境を(部分的に)破壊する」は damage the environment と 表現するのが普通.

792 □	他① ～を損なう　② (子ども)を甘やかす
spoil	▶①「(景観や無形の物の)価値や美しさを損ねる」→ ②「子どもをだめにする」
[spɔ́il] スポィォ B1	頻出 ① spoil one's fun「楽しみをそぐ(←損なう)」

793 □	他① ～を台無しにする，破滅させる　名② (-s)廃墟，遺跡，荒廃
ruin	▶①＝completely spoil ～
[rú:in] ルーイン 動 A2 名 B1	頻出 ① ruin one's health「健康を害する」

Active Vocabulary ②

① hide comics **under** the bed
② hide **behind** the door

① ベッドの下に漫画を隠す
② ドアの後ろに隠れる

hídden「隠れた」⇨ a hidden camera「隠しカメラ」 ［活用］hide - hid[híd] - hidden[hídn]

① My back **hurts** a lot.
② **hurt** his feelings

① 腰がとても痛い.
② 彼の気持ちを傷つける

heart[háːrt]「心」 ［活用］hurt - hurt - hurt

① **injure** my back
② *be* **injured** in an accident

① 腰を痛める
② 事故でけがをする

語源 in-［否定］＋-jure［=just 正しい］→「正しくない状態にする」 *adjúst「～を調整する」
ínjury「けが」

① **badly damage** the environment
② **do damage to** the environment

① 環境に大きな被害を与える
② 環境を破壊する（被害を与える）

dámaging「損害を与える, 有害な」

Hiroshima and Nagasaki were **destroyed** in 1945.

広島と長崎は1945年に破壊された.

語源 de-［下→否定］＋-stroy［=story → structure 構造］ **destrúction**「破壊」

① The huge factory **spoils** the view.
② **spoil** the child

① その巨大な工場はその景色を損ねている.
② その子どもを甘やかす

key 「スポイト（←水などを吸い上げる器具）」と音とイメージが似ている.

① The rain **ruined** our outing.
② the **ruins** of Pompeii

① 雨のため遠足が台無しになった.
② ポンペイの遺跡

語源 「倒れる」が元の意味. *bánkrupt「倒産した」 *corrúpt「堕落[腐敗]した」

251

	794		他～を守る

794

protect

[prətékt]
プロテクトゥ　**B1**

他**～を守る**

▶「(攻撃や危害から何かを用いて)守る」

頻出 **protect A from B**「A を B から守る」

制限する・禁止する

795

prevent

[privént]
プリヴェントゥ　**A2**

他① **～を妨げる**　② **～を予防する**

▶「(実現, 病気など)を阻止する」

頻出 ① **prevent A from** *doing*「A が～するのを妨げる」

796

limit

[límit] ⦿
リミットゥ　**動名B1**

他① **(数量, 範囲)を制限する**　名② **制限**

▶「超えられない限界(を設ける)」

注意「人間の命には限りがある」は, Our lifetime[×life] is limited.
「人間の命の時間には限りがある.」と表現しなければならない.

797

ban

[bǽn]
ベァン　**名動B2**

名① **禁止〈可算〉**　他② **～を禁止する**

▶「(公式に)(よくない行為)を禁止する(こと)」

頻出 ① **a ban on ～**「～の禁止」(＊新聞の見出しでよく使われる表現.)

断る・否定する

798

refuse

[rifjúːz]
リフューズ　**B1**

他① **～を断る**　② **(to** *do***)～するのを拒む**

▶①「(申し出, 招待など)を断る」(＊日常では turn down のほうが使われる.)

頻出 ① **refuse an offer[an invitation]**「申し出[招待]を断る」
② **refuse to accept an idea**「考えを受け入れることを拒む」

799

reject

[ridʒékt]
リヂェクトゥ　**B1**

他**～を拒絶する**

▶「(要求, 提案, 考えなど)を激しく拒絶する, はねつける」

頻出 **reject an offer[an idea]**「申し出[考え]を拒絶する」
reject (人)「(人)を受け入れない, 拒絶する」

800

ignore

[ignɔ́ːr]
イグノー　**B1**

他**(人, 物)を無視する**

▶「(人)を無視する」から「(その問題)を無視する」まで.

頻出 **completely ignore ～**「～を完全に無視する」
ignore traffic lights「信号を無視する」

protect our skin **from** the sun	日差しから肌を守る

🔲語源 pro-[前方]＋-tect[覆う] →「前を覆う」 *detéct「～を見抜く(←覆いを取る)」
名 protéction「保護」 形 protéctive「保護の」

① **prevent** us **from** moving ahead	① 私たちが前進するのを妨げる
② **prevent** the spread of the flu	② インフルエンザのまん延を予防をする

🔲語源 pre-[前に]＋-vent[来る] →「先回りして防ぐ」 *invént「～を発明する(←頭の中に来る)」
名 prevéntion「防止，予防」

① **limit** the class size **to** fifteen	① クラスの人数を15名に制限する
② **put a limit on** the number of visitors	② 訪問者の数に制限を設ける

名 limitátion「制限(すること)」 形 límited「限られた，有限の」

① **impose a ban on** human cloning	① ヒトクローンを禁止する
② **ban** the illegal downloading of music	② 音楽の違法ダウンロードを禁止する

🔲語源 「王の叫び声」が元の意味．*bánish「～を追放する」

① **flatly refuse** the offer	① きっぱりとその申し出を断る
② **refuse to** listen to her	② 彼女の話を聞くことを拒む

🔲語源 re-[再び]＋-fuse[注ぐ] →「注ぎ返す」 *confúse「～を困惑させる(←全部注ぐ)」
名 refúsal「拒絶，拒否」 反 accépt「～を受け入れる」

reject his idea	彼の考えを拒絶する

🔲語源 re-[再び]＋-ject[投げる] →「投げ返す」 *próject「計画(←前へ投げる)」
名 rejéction「拒絶，拒否」 反 accépt「～を受け入れる」

completely ignore him	完全に彼を無視する

🔲語源 i-[＝in 否定]＋-gno-[＝know 知っている]（*gno- の g が k に変化してできたのが know）
反 pay attention to ～「～に注意を払う」

253

□ 801

deny

[dinái] 発
ディナィ
B1

他 〜を否定する
▶「(何かの情報に対して)真実ではないと言う」

頻出 deny that S V[*doing*]「〜ということ[すること]を否定する」

注意 deny(人)〜 は「(人)に〜を与えない(←否定する)」と訳す.

調べる

□ 802

check

[tʃék]
チェック
動 A2
名 A1

他① 〜を調べる 名② 検査, 点検
▶「(正しいかどうか, 良いものかどうかを)調べる(こと)」

頻出 ①*check 〜 out「(情報の正しさなど)を(きちんと)調べる」

□ 803

explore

[iksplɔ́ːr]
イクスプロー
A2

他 〜を探検する
▶「(島)を探検する」から「(可能性)を検討する」まで.

頻出 explore a town「町を探索する」

□ 804

survey

★[sə́ːrvei] 発
サーヴェィ
A1

名 調査〈可算〉
▶「(アンケートなどの統計を取った)調査」

頻出 conduct[carry out] a survey「調査をする」

□ 805

statistic

[stətístik]
スタティスティック
B2

名 統計(値)〈可算〉
◇ statistics「統計学」(*-s がつくが〈単数〉扱い.)

頻出 Statistics show[suggest] that S V.
「統計によると〜だ[統計が〜を示している].」

□ 806

evidence

[évədəns]
エヴィデンス
A2

名 証拠〈不可算〉
▶「資料としての証拠(の集合)」 ◇ próof「(決定的な)証拠」

頻出 destroy evidence「証拠を隠滅する」
hard evidence to show that S V「〜ということを示す動かぬ証拠」

前置詞のイメージ㉒

among

「3 つ以上の物に囲まれて」
① walk among the trees「木々の間を歩く」(←位置の間)
② *be* popular among young people「若者の間で人気がある」
(←範囲・対象の間)
③ London is among the biggest cities in the world.
「ロンドンは世界最大の都市の 1 つだ.」(←〜の中の 1 つ[=one of 〜])

254

deny that I ever met her	彼女と会ったことを否定する

🔴覚え方 〜でないと「否定する」 图**denial**[dináiəl]「否定」

① **check** my essay	① (ミスがないか)作文を調べる
② have a medical **check**(up)	② 健康診断を受ける

🔴key チェスの用語「王手(check)」が語源で「(王の動き)を阻止する」→「(王手が正しかったか)を調べる」
◉**checkout counter**「(スーパーマーケットなどの)レジ」

explore the island	その島を探検する

图**explorátion**「探検, 探索」 图**explórer**「探検家」

according to a recent **survey**	最近の調査によると

◼語源 sur-[上]+-vey[見る]から「(全体を)上から見る」→「(統計的に)調べる」 *víew「景色」
⑩**survéy**「〜を見渡す」⇨ survey the landscape「風景を見渡す」

Statistics show that this is true.	統計によると, これは正しい.

◼語源 statis-[=state 状態]から「ある状態を数量で表現すること」→「統計」

strong evidence	有力な証拠

◼語源 e-[=ex 外に]+-vide-[見る]→「外に見えてくる」 *vídeo「ビデオ(←見るもの)」
⑱**évident**「明白な(←証拠がある)」

ワンポイントアドバイス⑲

学問名は −s がついても単数扱い！
-ics は, しばしば学問名を表します. 例えば,「数学」は mathematics で,「経済学」は economics「経済学」です. これらは **-s** がつきますが, どれも単数扱いです. statistics は,「統計学」の意味の場合は単数扱いですが, 805 statistic「統計(値)」の複数形の場合は, 複数形の扱いになるので注意しましょう.

犯罪・違反

☐ 807
danger
[déindʒər] 発
ディンヂャ
A2

名危険 ▶「(危害, 損害の)恐れ, 危険(性)」
◇rísk「(自らの判断, 行動によってもたらされる)悪い結果の可能性」

頻出 *be in danger of* ～「～の危険がある」
reduce the danger(s) of ～「～の危険を減らす」

☐ 808
crime
[kráim]
クラィム
A2

名犯罪
▶「(法律上の)罪」 ◇sín「(宗教上, 道徳上の)罪」

頻出 **commit a crime**「犯罪を犯す」
注意「(個々の)犯罪」→〈可算〉 「犯罪(全般)」→〈不可算〉

☐ 809
trick
[trík]
トゥリック
A2

名 (悪意のない)いたずら, (ずるい)たくらみ
▶「巧みに考えられたもの」

頻出 **play a trick on** ～「～にいたずらをする」

☐ 810
punish
[pʌ́niʃ]
パニッシュ
B1

他～を罰する
▶「痛い目に合わせる」から「(司法レベルで)罰する」まで.

頻出 **punish (人) for** ～「(人)を～の理由で罰する」

☐ 811
guilty
[gílti] 発
ギォティ
B1

形① 罪悪感がある ② (of ～)(～の)罪を犯した
▶①「(法的に)有罪である」「(社会的に)やましい」「(良心がとがめて)申し訳ない」のいずれの場合にも使われる.

頻出 ① **feel guilty about** ～「～について申し訳なく思う(罪悪感がある)」
② **find (人) guilty (of ～)**「(～で)(人)を有罪とする」

☐ 812
innocent
[ínəsənt] ア
イノセントゥ
B1

形① (of ～)(～に関して)無実の ② 無邪気な
▶「悪事を知らない」

注意 ②は「(未熟なため)だまされやすい」ことを示唆する.

よい性格・気質

☐ 813
smart
[smɑ́ːrt]
スマートゥ
A1

形① (主に〈米〉)利口な ② (主に〈英〉)(服・建物などが)洗練された
▶①「頭の回転が速い」(＊主に〈英〉では cléver を用いる.)

注意 日本語で「スマート」は「細身の」を意味することが多いが, smart にその意味はない.「細身の」は slénder, slím などと表現する.

256

Tigers are **in danger of** dying out. ◇Tigers are **dangerous**.	トラが絶滅の危機にある. ◇トラは危険(な動物)だ.

形 dángerous「危険な, 危害を加えそうな」 **副 dángerously**「危険なほどに」

the number of **crimes** in Japan	日本の犯罪件数

覚え方 暗い村(むら)での「犯罪」 **críminal**[krímənl]**名**「犯人」**形**「犯罪の」⇨ criminal law「刑法」

play tricks on Kevin	ケビンにいたずらをする

key Hallowéen の "Trick or Treat" は "Treat me or I'll trick you." 「私をもてなしなさい. さもなければ, いたずらしちゃうぞ.」の意味.

punish him **for** breaking the rules	規則を破ったことに対して彼を罰する

名 púnishment「罰」⇨ capital punishment「死刑」(=the death penalty)

① **feel guilty about** lying to her	① 彼女にうそをついたことを申し訳なく 思う
② *be* **guilty of** stealing a bicycle	② 自転車窃盗の罪を犯す

名 guílt「罪」⇨ a sense of guilt「罪悪感」

① *be* **innocent of** the crime	① その犯罪に関して無実である
② an **innocent** girl	② 無邪気な少女

語源 in-[否定]＋-noc-[=night 夜→悪]→「悪いところがない」 **名 ínnocence**「無実, 無邪気」

① a **smart** girl	① 利口な女の子
② work in a **smart** office	② 洗練されたオフィスで働く

key smártphone は「賢く・洗練された電話」から.

intelligent

[intélədʒənt]
インテリヂェントゥ

A2

形 知能が高い，賢い
▶「知的能力が高く，理解力や判断力がある」

比較 cléver「(しばしば)ずる賢い」
wíse「(経験によって)知恵がある」

□ 815

polite

[pəláit]
ポラィトゥ

A2

形 (人，言動が)礼儀正しい
▶「失礼にならないように振る舞う」

頻出 be polite to (人)「(人)に礼儀正しくする」

□ 816

active

[æktiv]
エァクティヴ

B1

形 積極的な，活発な
▶「活動的な」

頻出 play an active role「活躍する(←活発な役割を演じる)」

□ 817

positive

[pázətiv]
パズィティヴ

B1

形 前向きな，積極的な
▶「物事を肯定的に捉える」

頻出 think positive[positively]「プラス思考をする」
注意「(検査結果が)陽性の」の意味でも用いる.

□ 818

brave

[bréiv]
ブレィヴ

A2

形 勇敢な ▶「barbárian(未開人)が突進する」イメージ(＊「行為」に重点.)
◇ courágeous「勇気のある」(＊「精神的強さ」に重点.)

頻出 It is brave of (人) to do.「(人が)～するとは勇敢だ.」

□ 819

energetic

[ènərdʒétik]
エナヂェティック

A2

形 (人，行動などが)活発な
▶「活動できる力が十分にある」

頻出 an energetic game「精力的な試合(←選手の動きが激しい試合)」

□ 820

eager

[íːgər]
イーガ

B1

形 熱心な
▶「今すぐ何とかしたくて我慢できない」

頻出 be eager to do「～したがる」 be eager for ～「～が欲しい」

Dolphins are **intelligent** animals.	イルカは賢い動物だ.

图 intélligence「知能」⇨ artificial intelligence(AI)「人工知能」

a **polite** young man	礼儀正しい若い男性

語源 pol-[滑らかに]→「人間関係を滑らかにするような」 *pólish「〜を磨く」
副 polítely「礼儀正しく, 丁寧に」 **反 impolíte, rúde**「無礼な」

play an **active role** in the team	チームで活躍する(活発な役割を演じる)

自 áct「行動する」 **反 pássive**「消極的な, 受動的な」

positive thinking	前向きな考え

語源 posi-[(定まって)置かれた]→「はっきりした」 *posítion「位置」
反 négative「否定的な」

a **brave** firefighter	勇敢な消防士

key brávo「ブラボー, うまいぞ(＊コンサートなどで演奏者などを賞賛する叫び声)」と同語源.
副 brávely「勇敢に」

energetic children	活発な子どもたち

語源 energe-[エネルギー]＋-tic[形容詞語尾] **图 énergy**[énərdʒi]「エネルギー」

be **eager to** hear his news	彼のニュースを聞きたい

key éagle[íːgl]「ワシ」に発音が似ている. **副 éagerly**「熱心に」

☐ 821

honest

★[ɑ́nist] 発
アニストゥ
B1

形 正直な
▶「常に真実を述べ，人をだましたりしない」

頻出 to be honest「正直に言って」

☐ 822

punctual

[pʌ́ŋktʃuəl]
パンクチュアォ
B2

形 (約束などの)時間を守る
▶「決められた時間どおりに行う」(＊日常では on time のほうが使われる.)

頻出 *be* punctual for ～「～に対して時間をきちんと守る」

☐ 823

confidence

[kɑ́nfədəns]
カンフィデンス
B1

名 ① 自信 ② (in ～)(～に対する)信頼(＊共に〈不可算〉)
▶②「信頼」 → ①「自信(自分に対する信頼)」

頻出 ① have[gain, lose] confidence「自信を持つ[得る，失う]」

☐ 824

courage

★[kə́:ridʒ] 発
カーリッヂ
B1

名 勇気〈不可算〉
▶「(不安，恐怖などに打ち勝つ)精神的強さ」

頻出 have the courage to *do*「～するだけの勇気がある」

悪い性格・状態

☐ 825

rude

[rú:d]
ルードゥ
A1

形 無礼な，不作法な ▶「(故意に)失礼な言動をする」
◇impolite「(故意とは限らず)失礼な言動をする」

頻出 *be* rude to (人)「(人)に対して無礼である」

☐ 826

lazy

[léizi]
レィズィ
A1

形 (やる気がなく)怠惰な，いい加減な
◇idle「(やるべきことがなかったりして)何もしていない」

頻出 (人) *be* lazy at work「(人は)仕事がいい加減だ」
a lazy holiday「ぼーっと過ごす休日」

前置詞のイメージ㉓

with

「～を持っていて，共にある」
① go with her 「彼女と一緒に行く」(←同伴)
② a boy with long hair 「長髪の男の子」(←所有)
③ cut an apple with a knife 「ナイフでリンゴを切る」
(←道具を用いて)
④ fight with the enemy 「敵と戦う」(←対立)

260

Part 1
Part 2
Part 3
Part 4

an[×a] honest person	裏表のない(正直な)人間

名 hónesty「正直さ, 誠実さ」 反 dishónest「不正直な」

be always punctual	いつも時間に正確である

語源 punct-[刺す]+-ual[形容詞語尾]から「決められた時間をピシッと突き刺す」→「時間を守る」
  ***púncture「(タイヤの)パンク(←タイヤに何かが刺さって穴が空くこと)」**

① have great confidence	① 大いに自信がある
② have great confidence in my staff	② 職員を全面的に信頼している

語源 con-[すっかり]+-fi-[信頼] *fiancé「〈仏〉婚約者(←結婚の約束(信頼)をしている人)」
形 cónfident「自信がある」 名 self-cónfidence「自信」

have the courage to say no	断る勇気を持つ

語源 cour-[心]+-age[状態] *encóurage「～を励ます」
形 courágeous「(精神的強さを示して)勇敢な」

a rude man	無礼な男

語源 rud-[＝raw 生の]→「粗野な状態」 反 políte「礼儀正しい」

a lazy student	怠惰な学生

覚え方 零時まで「怠惰」に過ごす. 名 láziness「怠惰」 反 hárdworking「勤勉な」

前置詞の解説 ㉔	**without**	「共にない」 ① life without pain「苦痛のない人生」(←共にない) ② leave without saying goodbye 　　　　　「さよならも言わずに去る」(←～しないで)

☐ 827 **ugly** [Ágli] アグリィ　A1	**形 醜い, 不格好な** ▶「見た目」から「状況」「意見」までに対して「非常に強い嫌悪感」を表す. **注意**「見た目」については, 婉曲的に not so good-looking と表現する.
☐ 828 **silly** [síli] スィリィ　A2	**形 ばかな** ▶「(常識外れで)ばかげている」 **頻出** a silly joke「(言った本人が後で後悔するような)ばかげた冗談」 　　Don't be silly!「ばかなことを言う[する]な！」
☐ 829 **nervous** [nə́:rvəs] **発** ナーヴァス　A2	**形 緊張して, 神経質な**　▶「(緊張で)ドキドキしている」 ◇shý「(生まれつき)内気な」 **頻出** feel nervous「不安に感じる, あがる」　get nervous「緊張する」
☐ 830 **selfish** [sélfiʃ] セァフィッシュ　B1	**形 利己的な, 自分勝手な** ▶「自己中心的な」 **頻出** selfish behavior「利己的な振る舞い」

特徴・性質

☐ 831 **character** [kǽriktər] キャリクタ　A1	**名① 個性, 特徴　② 登場人物　③ (表意)文字** ▶①「その人[物]が持つ(全体的な)特徴, 特色」 **注意**「(ある個性を持つ)人物」の意味でも使われる. 　　⇨ He is an odd character.「彼は変わった人だ.」
☐ 832 **characteristic** [kæriktərístik] キャリクタリスティック　B1	**名 特徴〈可算〉** ▶「(物, 事, 人の具体的な個々の)特徴」(＊characterístic の集合が cháracter) **頻出** a characteristic of ～「～の特徴(の1つ)」 　　the characteristic(s) of ～「～の特徴(の全て)」
☐ 833 **feature** [fí:tʃər] フィーチャ　A2	**名① 特徴　② 特集記事(ともに〈可算〉)** ▶①「(目立った, 重要な)特徴」→②「特集記事」 **頻出** ① a special feature of ～「～の著しい特徴(の1つ)」

| an **ugly** concrete wall | 醜いコンクリートの壁 |

●覚え方 「醜さ」に口をアングリ開ける. 反**béautiful**「美しい」

| ask **silly** questions | ばかな質問をする |

⊛**naíve**[nɑːíːv]「世間知らずの」

| get **nervous** before the exam | 試験前に緊張する |

■語源 nerv-[＝nerve 神経]＋-ous[の特徴を持つ]
名**nérve**「神経, 図太さ」⇨ get on *one*'s nerves「～の神経にさわる」

| Don't be so **selfish**! | そんなに自分勝手なことをしてはだめだよ. |

■語源 self-[自己]＋-ish[形容詞語尾]→「自己本位の」
＊**chíldish**「子どもじみた」(＊-ish の形の 形 はマイナスイメージのものが多い.)

① have a strong **character**	① 個性が強い
② the main **character** of this novel	② この小説の主人公(主な登場人物)
③ **Chinese characters**	③ 漢字

他**cháracterize**「～を特徴づける」 ⊛**létter**「(アルファベット, かななどの)文字」

| the main **characteristics** of large cities | 大都会の主な特徴 |

形**characterístic**「特徴的な」

| ① a special **feature** of summer | ① 夏の風物詩(著しい特徴の 1 つ) |
| ② a **feature** on anime | ② アニメに関する特集記事 |

他**féature**「～を特集する, 主演にする」(＊音楽などの A feat.[ft.] B という表記は「A が B をゲストに招いている(featuring)」という意味.)

□ 834 **quality** [kwάləti] クウァリティ　A2	**名 質**〈不可算〉，（−s）**（人間の）資質** 頻出 **the quality of ～**「～の質」 注意 quality＋(名詞)で「良質の～」の意味. ⇨ quality leather「良質の革」
□ 835 **advantage** [ædvǽntidʒ] エァドゥヴェンティヂ　A2	**名（over ～）（～に対する）利点** ▶「ほかよりも有利な点」 頻出 **take advantage of ～**「(機会など)を利用する，～につけこむ」 注意 日本語の「メリット」は英語では advantage と表現することが多い.
□ 836 **fault** [fɔ́ːlt] 発 フォーオトゥ　A2	**名①（ちょっとした）欠点**〈可算〉　**②（one's −）責任**〈不可算〉 ▶「不完全なこと」→①「欠点，短所，過失」→②「(誤りなどに対する)責任」 頻出 ① **find fault with ～**「～の過ちを指摘する」(この熟語では〈不可算〉.) ② **A is one's fault.**「A は～の責任だ.」

正確な

□ 837 **correct** [kərékt] コレクトゥ　形A1 動B2	**形① 正確な，正しい　他② ～を訂正する，矯正する** ▶「(正解が1つしかないような場合に)正解を選んでいる」 比較 the <u>correct</u> answer「(答えが1つしかない)正しい答え」 　　the <u>right</u> answer「(常識的に考えて・道徳的に見て)正しい答え」
□ 838 **ideal** [aidíːəl] アク アィディーアォ　A1	**形 理想的な，申し分のない** ▶「(現実的に考えて)理想的な」(＊日本語の「理想的な」は「非現実的な」の場合もある.) 注意 「理想の(＝あこがれの)女性」は the woman of my dreams, 「理想的な(＝模範的な)人」は a role model などと表現する.
□ 839 **fair** [féər] フェア　形A1 名B1	**形① 公正な，公平な　名② 品評会，見本市** ▶①②は別語源. 注意 play fair「公正にプレーする」では副詞的に働く.
□ 840 **appropriate** [əpróupriət] 発 アプロゥプリィットゥ　A2	**形 適切な** ▶「(特定の目的，状況に応じて)適切な，ぴったり合った」 頻出 **appropriate for[to]～**「～に適切な，ふさわしい」 注意 「時間」「やり方」「反応」などが「(状況に)ぴったり合った」の意味.

improve **the quality of** life	生活の質を向上させる

key 日本語でも「ハイクオリティ（高品質）」などでよく使われる. ◉**quántity**「量」

AI has **advantages over** humans.	AI は人間にない利点を持つ.

語源 ad-[方向]＋-van-[進む] →「人より進んだ所」 *advánce「前進；前進する」
反**disadvántage**「不利な点」

① point out his **faults**	① 彼の欠点を指摘する
② That is **my fault**.	② それは私の責任です.

key テニスの「フォールト（サーブを失敗すること）」もこの単語から.

① the **correct** spelling of my name	① 私の名前の正しいつづり
② **correct** my pronunciation	② 発音を矯正する

名**corréction**「訂正, 修正, 矯正」 副**corréctly**「正しく」

an **ideal** spot for camping	キャンプにはうってつけの場所

形**idealístic**「理想主義の」

① That's not **fair**!	① それは不公平だ.
② a book **fair**	② 書籍見本市

副**fáirly**「公平に, いくぶん, かなり」 反**unfáir**「不公平な」

clothes **appropriate for** interviews	面接に適切な服

語源 ap-[＝ad 方向]＋-propri-[＝proper 適切な]
副**apprópriately**「適切に」 反**inapprópriate**「不適切な」

☐ 841 **proper** [prápər] プラパ **A2**	**形 適切な** ▶「(世間の常識や規則などに照らして)適切な, 正しい」 **頻出** a proper job[meal]「まともな仕事[食事]」
☐ 842 **accurate** [ǽkjurət] エァキュレットゥ **B1**	**形 正確な** ▶「(測定値・予測などが)現実のものに近い」 **頻出** 後に続く **名** は prediction「予測」, méasurement「測定」, description「描写」などが多い.
☐ 843 **precise** [prisáis] プリサィス **A2**	**形 正確な, 精密な** ▶「(測定値・予測などの)情報が詳細な」 **比較** not precise「(情報が乏しく)詳細ではない」 not accurate「(情報はあるが)正しくない」
☐ 844 **exactly** [igzǽktli] イグゼェクトゥリィ **A2**	**副① 正確に ②〈会話で〉そのとおり** ▶「寸分違わずに」 **頻出**①疑問詞の前後に置かれることが多い. ⇨**not exactly**「正確には~ない」 exactly the same「まったく同じ」

主要な・重要な

☐ 845 **elementary** [èləméntəri] 🄐 エリメンタリィ **A1**	**形 初歩的な** ▶「基本の, 初歩の」 **頻出**〈米〉**an elementary school**「小学校」(〈英〉a primary school) ⇨ when I was in elementary school「小学生のとき」(＊冠詞不要.)
☐ 846 **major** [méidʒər] 🄟 メィヂャ **形 A2** **動 -**	**形① 主要な 自② (in ~)(~を)専攻する** ▶①「(ほかと比べて)非常に大きい, 非常に重要な」 **注意**①日本語では「大~」と訳すこともある. ⇨ **a major problem**「大問題」

<table>
<tr>
<td rowspan="2">前置詞の解説㉕</td>
<td>before

A   B
●   ●
⟶
時間軸
A is before B.</td>
<td>「~より前に」
① get up before sunrise「日の出前に起きる」(←時間的に前に)
② sit before him 「彼の前に座る」(←位置的に前に)
③ Y comes before Z in the alphabet.
　　「アルファベットでYはZより前に来る.」(←順序的に前に)</td>
</tr>
</table>

the **proper** use of chopsticks	箸の正しい使い方

副 **próperly**「適切に, 正しく」 反 **impróper**「不適切な」

an **accurate** map	正確な地図

語源 ac-[=ad 方向]+-cur-[=cure]から「~に注意が行き届いている」→「正確な」
名 **áccuracy**「正確さ」 副 **áccurately**「正確に」

precise information about the rocket	そのロケットに関する正確な(詳細な)情報

語源 pre-[前に]+-cise[切る]から「あらかじめ切りそろえておいた」→「正確な」
*concíse「簡潔な(←全て切りそろえた)」 副 **precísely**「正確に, ちょうど」

① **Where exactly** do you live?	① 正確にはどこに住んでいるの.
② Is that what Ann said? — **Exactly.**	② それはアンが言ったことですか. —そのとおりです.

形 **exáct**「正確な」⇨ the exact date「正確な日付」

go to **elementary school**	小学校に通う

語源 element-[(基本的な)要素]+-ary[に関わる] →「初歩的な」

① a **major** cause of tooth decay	① 虫歯の主な原因
② **major in** Western history	② 西洋史を専攻する

名 **majórity**[mədʒɔ́:rəti]「大多数」(⇔ **minórity**「少数」) 反 **mínor**「さほど重要ではない」

前置詞の解説㉖	**after**	「~より後に」
	A　　　B	① arrive **after** dark　　「日が暮れた後に到着する」
	●———●→	(←時間的に後に)
	時間軸	② I will come **after** you.　「あなたの後に行きます.」
	B is after A.	(←順序的に後に)
		③ a painting **after** van Gogh「ゴッホ風の絵画」(←画風的に後に)

847	
significant	**形①** 重要な **②**(数量，増減，相違などが)かなりの
	▶①「(主に将来的に)重大な意味を持つ」→②「かなりの」
[signífikənt] ア	**頻出** ② a significant increase「かなりの増加」
スィグニフィカントゥ A2	a significant other「大切な人，配偶者」

848	
matter	**自①** 重要である **名②** 問題 **③**(修飾語を伴い)物質
	▶① it, what を主語にして否定文・疑問文で用いることが多い．
[mǽtər] 動A2	**頻出** ① matter to (人)「(人)にとって重要である」
メタ 名A1	② as a matter of fact「実際には」

明るい・快適な

849	
bright	**形①** 明るい **②**(主に子どもや若者が)賢い
	▶「(明かりが)ぱっと明るい」から「(服などが)明るい」まで．
[bráit]	◇ chéerful「(人の性格が)明るい」
ブライトゥ A1	**頻出** ① a bright future「明るい未来」

850	
comfortable	**形①**(物が)快適な **②**(人が)心地よい
	▶「(苦痛や不安から解放されて)快適な」
[kʌ́mfərtəbl]	**頻出** ② Please make yourself comfortable.「気楽にしてください．」
カムファタボォ A2	**注意** ①「身体的な心地良さ」を表し，主に服や家具などに用いる．

851	
pleasant	**形**(人にとって)楽しい，心地よい ▶「(落ち着いて)満ち足りている」
	◇ fún「(娯楽的に)楽しい」
[plézənt] 発	**頻出** It is pleasant (for (人)) to *do*.「((人)にとって)~するのは楽しい．」
プレザントゥ A2	**注意** (人)を主語にはしない．([×]I am[feel] pleasant. は不可．)

852	
convenient	**形①** 都合がよい **②** 近くて便利な
	▶「時間が節約できる，邪魔にならない」
[kənvíːnjənt] 発	**頻出** ① ~ is convenient for (人)「~は(人)にとって都合がよい」
コンヴィニアントゥ A2	**注意** (人)を主語にはしない．([×]He is convenient. は不可．)

誤った・ひどい

853	
false	**形** 誤った ▶ wróng「間違った」と違い，「だます意図」があることを示唆．
[fɔ́ːls] 発	**頻出** true or false「正か誤か，○か×か」
フォーォス A1	

268

① a **significant** change in society
② a **significant increase** in sales

: ① 社会の重大な変化
: ② 売り上げのかなりの増加

語源 sign-[印]+-fic-[作る]→「(印をつけるほどに)重要な」 *fíction「小説(←作った話)」
名significance「重要性」 **副significantly**「かなり」

---

① **It does not matter** what he said.
② **What's the matter?**
③ **waste matter**

: ① 彼が何と言ったかなど重要ではない.
: ② どうしたの？(何が問題なの？)
: ③ 廃棄物

---

① The moon is **bright** tonight.
② a **bright** child

: ① 今夜は月が明るい.
: ② 聡明な子ども

他bríghten「〜を明るくする」 ①**反dark**「暗い」

---

① a **comfortable** chair
② I feel **comfortable** in that café.

: ① 快適な椅子
: ② あのカフェは居心地がよい.

cómfort名「快適さ」 **他**「〜を慰める」 **反uncómfortable**「心地よくない」

I find it **pleasant** to talk with her.

: 彼女と話すのは楽しいと感じる.

key pléase「(人)を喜ばせる」の形容詞形.
形pléased「(人が)満足している」 **名pléasure**「楽しみ, 快楽」 **反unpléasant**「不愉快な」

---

① This pen is **convenient** to use.

② My house is **convenient** to the station.

: ① このペンは使いやすい
  (使うのに都合がよい).
: ② 私の家は駅から近くて便利だ.

名convénience「便利さ」 **反inconvénient**「不便な」 **名inconvénience**「不便」

---

false information about Japan

: 日本についての誤った情報

覚え方 ホー留守だ.「誤った」情報か. **反trúe**「本物の」

□ 854

terrible

[térəbl]

テリボォ

A1

形 ひどい

▶元は「恐ろしい, 怖い」の意味.（＊日常では「ひどい, ひどく悪い」などの
意味でよく使われる.）

頻出 a terrible mistake[accident]「ひどい間違い[事故]」

□ 855

awful

[ɔ́ːfəl]

オーフォ

A2

形 ひどい, 不快な

▶＝very bad and unpleasant

頻出 smell[taste] awful「ひどい臭い[味]がする」

様々な・複雑な

□ 856

differ

[dífər] **ア**

ディファ

B1

自 異なる

▶「(何らかの点で)他者と違う」

頻出 differ from ～「～と異なる」（＊be different from ～より堅い表現.）

注意 óffer, súffer, díffer はアクセントが前の音節にある.

□ 857

vary

[véəri] **発**

ヴェァリィ

B1

自 様々だ, 変わる

▶「同種のものだが, 多様である」

頻出 S vary from A to A.「SはAによって様々だ.」（＊Aには cóuntry,
pláce, cúlture, pérson など無冠詞の **名** が置かれる.）

□ 858

various

[véəriəs] **発**

ヴェァリアス

B1

形 様々な

▶日常では different のほうが使われる.

注意 後ろには複数形の **名** が置かれるので,〈不可算〉の場合には,
various kinds[pieces] of ～ などと表現する.

□ 859

diverse

★[divə́ːrs] **発**

ディヴァース

B1

形 多様な

▶日常では different のほうが使われる.

注意 後ろには複数形の **名** だけでなく, 単数形の **名** も可.
⇨ a culturally diverse country「文化が多様な国」

□ 860

complex

形 ★[kəmpléks]

カンプレックス

名 ★[kámpleks]

カンプレクス

形 B1

名 –

形① 複雑な 名② 複合ビル

▶「(様々な要素が組み上がって)複雑な」（＊プラスイメージでも可.）

注意 日本語とは違い, complex それ自体に「劣等感」の意味はない.
⇨ an inferiority[a superiority] complex「劣等[優越]感」
（＊この場合, complex は **名**.）

His handwriting is **terrible**. / 彼の字はひどい.

名**térror**「恐怖」 名**térrorism**「テロ」 他**térrify**「〜を怖がらせる」 副**térribly**「とても」（＊マイナスとは限らない.）⇨ I'm terribly sorry.「本当にごめんなさい.」 形**terrífic**「(主に男性言葉)すばらしい」

the **awful** smell of that cheese / そのチーズのひどい臭い

語源 aw-[＝awe 畏敬の念]＋-ful[＝full 一杯]（＊意味が逆転している.） 名**áwe**「畏敬の念」 副**áwfully**「ひどく」 形**áwesome**「(とても)すごい」（＊現在では, 主に良い意味で使用する.）

His tastes in music **differ from** mine. / 彼の音楽の趣味は私の(趣味)と異なる.

名**dífference**「違い」⇨ make no difference「重要ではない(←違いを作らない)」

Eating habits **vary from** country **to** country. / 食習慣は国によって様々だ.

名**variátion**「変化」

various ideas〈可算〉 / 様々な考え
various kinds of information〈不可算〉 / 様々な情報

名**varíety**「種類, 多様性」⇨ a variety of 〜「様々な〜」（＊〜は〈可算〉〈不可算〉ともに可で, 主に書き言葉.）

diverse cultures / 多様な文化

語源 di-[＝dis バラバラ]＋-verse[回る]から「バラバラに回っている」→「多様な」
名**divérsity**[divə́:rsəti]「多様性」 名**biodivérsity**「生物多様性」

① The human brain is **highly complex**. / ① 人間の脳はとても複雑だ.
② a 10-screen cinema **complex** / ② 10スクリーンのシネマコンプレックス

語源 com-[共に]＋-ple-[折る] →「(重なり合って)複雑な」 ＊símple「単純な(←同じ折り目の)」
名**compléxity**「複雑さ」

□ 861
complicated

[kámpləkèitid]
カンプリケィティッドゥ　B1

形 複雑な
▶「(理解や扱いが難しく)ややこしい」(＊マイナスイメージ)

頻出 make things complicated[×complex]「事態を複雑にする」

似ている・等しい

□ 862
similar

[símələr]
スィミラ　A2

形 (to ~) (~に)似た
▶「~に似ている」の意味で最も一般的に使用される表現は look like ~.

頻出 A is similar to B (in ~)「A は(~の点で)B に似ている」

□ 863
alike

[əláik]
アライク　形副B1

形① 似ている　副② (A and B ─) (A も B も)同様に
▶①「(大きな違いがなく、外見や性質などが)よく似ている」

注意① similar と違い、名 を修飾できない.
⇨ similar[×alike] dogs「似た犬」

□ 864
equal

[í:kwəl] 発
イークワォ　B1

形 (to ~) (~に)等しい, 平等な
▶「数量, 価値などが同じ」

$$1+1=2$$

頻出 equal in size[length]「大きさ[長さ]が等しい」

見事な・役立つ

□ 865
amazing

[əméiziŋ]
アメィズィン(グ)　B1

形 見事な
▶「信じられないくらいすごい」(＊surprísing より強い意味.)

注意 この語自体で「とてもすごい」という意味なので, very は伴えない.
([×] very amazing は不可.)

□ 866
useful

[jú:sfəl]
ユースフォ　A2

形 役に立つ　▶「(主に, 物に対して)役に立つ」
◇hélpful「(主に, 人や人の行為に対して)役に立つ」

頻出 useful information「役に立つ情報」
be useful for *doing*「~するのに役立つ」

前置詞のイメージ㉗

along

「細長いものに沿って」
① walk along the river　「川に沿って歩く」
　　　　　　　　　　　　　(←物に沿って)
② think along the same lines「同じように考える」
　　　　　　　　　　　　　(←方針・規則に沿って)

a **complicated** voting system	複雑な投票システム

> **語源** com-[共に]+-pli-[折る] →「(重なり合って)複雑な」 *símple「単純な」

My looks are **similar to** my mother's.	私の顔は母親のに似ている.

> **語源** sim-[=same 同じ] *assémble「集める, 組み立てる」(as-[=ad 方向]+-sem-[同じ])
> **名 similárity**「類似(点)」(*「相似」の記号(∽)は similarity の頭文字 S を横にしたもの.)

① The twins are **very alike**.	① その双子はとてもよく似ている.
② Children **and** parents **alike** can enjoy this drama.	② このドラマは親子共々(子どもも親も同様に)楽しめる.

> **key** líke「〜に似た」の類義語として覚えよう.

equal rights for women	女性のための等しい権利

> **名 equálity**「平等」 ◉the equátor「赤道(←地球を等しく二分する)」

That is **amazing**!	それはすごいね!

> **語源** 元は「驚きで困惑させる」の意味. *máze「迷路(←びっくりさせるもの)」
> **形 amázed**「とても驚く」⇨ I am amazed at 〜.「〜に驚いている.」

This app **is useful for** learning English.	このアプリは英語学習に役立つ.

> **語源** use-[有用性]+-ful[=full 一杯] **形 úseless**「役に立たない(=of no use)」

発音のコツ㉘

-er / -ur で終わる動詞のアクセントと過去形について!
-er / -ur で終わる動詞で, f が重なるつづりのものは, 動詞でも語の頭にアクセントがあります.
([例]556 óffer, 749 súffer)これらの過去形・過去分詞は-edをつけるだけです. (offer→offered)
しかし, 564 occúr, 588 prefér などは「動詞は後ろ」の原則どおりアクセントは後ろにあります. その場合, 過去形・過去分詞は r を重ねて -ed となるので注意しましょう.
(例 1002 refer → referred)

□ 867

practical

[prǽktikəl]
プレァクティコォ　B1

形 (人，知識などが)**実際的な**，(発明，道具などが)**実用的な**
▶「(理論ではなく)実際的な」

頻出 practical information「実用的な情報」
a practical joke「悪ふざけ」

□ 868

flexible

[fléksəbl]
フレクサボォ　B2

形 柔軟な
▶「(物が)曲がる」から「変更可能な，柔軟な」まで.

頻出 *be* flexible in *one*'s thinking「思考が柔軟である」

物事の形態

□ 869

thin

[θín]
θィン　A1

形① **薄い**　② **(病的に)やせた**　▶②「やせている(←肉づきが少ない)」
◇slím「ほっそりして魅力的な」　slénder「(均整がとれて)すらっとした」

注意① sóup や mílk などの「薄い」には thín が使えるが, téa や cóffee のようなカフェイン飲料の「薄い」には wéak を使う.

□ 870

tight

[táit]
タィトゥ　A1

形① **引き締まった，きつい**　② **(予定や状況などが)厳しい**
▶「ぎっしり詰まって余裕がない」

頻出② a tight[×hard] schedule「ハードスケジュール」

□ 871

loose

[lúːs] **発**
ルース　A2

形 ゆるい
▶「(固定されておらず)ぐらぐらしている」

頻出 a loose tooth「ぐらぐらする歯」
注意 つづりの似ている lose[lúːz]「～を失う，負ける」と区別.

□ 872

empty

[émpti]
エンプティ　A2

形 空の，中身のない　▶「中身が空っぽの」
◇vácant「(いつもは人がいるが)現在は空いている」

比較 an empty room「(がらんとして)何もない部屋」
a vacant room「(現在は使われていない)空き部屋」

知られている

□ 873

famous

[féiməs]
フェィマス　A1

形 有名な
▶「広範囲な地域で知られている」

頻出 famous for *one*'s ～「～で有名な」　famous as ～「～として有名な」
注意「全国的に有名」でなければ, *be* well-known と表現するのが普通.

| have a lot of **practical experience** | 多くの実践経験を持つ |

圖 **práctically**「事実上, 実際的に」

| He **is flexible in his thinking.** | 彼は思考が柔軟だ. |

語源 **flex-**[曲げる]＋**-ible**[可能] ＊**fléxtime**「フレックスタイム(←自由勤務時間制)」
名 **flexibílity**「柔軟性」 反 **rígid**「堅い, 堅くて曲がらない」 ◉ **súpple**「(身体が)柔軟な」

| ① a **thin** jacket | ① 薄い上着 |
| ② a **thin**, unhealthy child | ② やせていて不健康な子ども |

名 **thínner**「シンナー(塗料の薄め液)」 ① 反 **thíck**「厚い」 ② 反 **fát**「太った」

| ① This coat is too **tight** for me. | ① このコートは私にはきつすぎる. |
| ② **work to a tight schedule** | ② ハード(厳しい)スケジュールで働く |

他 **tíghten**「～を引き締める」⇨ tighten *one*'s seat belt「シートベルトを締める」 ① 反 **lóose**「ゆるい」

| wear **loose** clothes | だぼっとした(ゆるい)服を着ている |

他 **lóosen**「～をゆるめる」⇨ loosen *one*'s tie「ネクタイをゆるめる」 反 **tíght**「きつい」

| an **empty** bottle | 空き瓶 |

反 **fúll**「いっぱいの」

| Kyoto is **famous for its** temples. | 京都は寺で有名だ. |

名 **fáme**「名声」⇨ win[gain, achieve] fame「名声を得る」

☐ 874

familiar

[fəmíljər] 🔊 アクセント
ファミリァ

A2

形 ① 知られている　② (人が)(よく)知っている
▶「family(家族)のように親しい」

頻出 ① *be* **familiar to** ~「~に(よく)知られている」
　　(＊「よく」を強調するときは quite familiar などとする.)
　② *be* **familiar with** ~「~を(よく)知っている, ~に詳しい」

☐ 875

common

[kámən]
カモン

A2

形 ① 普及した, 普通の　② (主に名詞の前で)共通の
▶②「(みんなに)共通の」→①「よく使われている, ありふれた」

頻出 ① **become common**「普及する」　② **have** ~ **in common**
　「~という共通点を持つ(←~を共通に持つ)」(＊この場合, **名** 扱い.)

☐ 876

popular

[pápjulər]
パピュラァ

A2

形 人気がある
▶「多くの人に好かれている」

頻出 *be* **popular among**[**with**]~「~に人気がある」(＊~には「ある特定の集団」
が置かれるので, people「人々」は不可([×]*be* popular among people).

珍しい・平凡な

☐ 877

strange

[stréindʒ] 🔊 発音
ストゥレィンヂ

A1

形 ① 変な　② (町・人など)見知らぬ　▶①「理解しがたい」
◇ódd「常識から外れている」(＊stránge より「奇妙さ」が強調されている.)

注意 ②は「不安」を示唆するので,「見知らぬ町」は a town (that) I have
never been to「行ったことのない町」などと表現するほうがよい.

☐ 878

unusual

[ʌnjúːʒuəl]
アニュージュォ

A2

形 珍しい
▶「(才能・行動などが)普通とは異なる」

頻出 **It is not unusual for A to *do*.**「Aが~するのは珍しくない.」

☐ 879

ordinary

[ɔ́ːrdənèri]
オーディナリィ

B1

形 平凡な, 普通の
▶「ほかと比べて特に違いがない」

頻出 **ordinary people**「庶民, 一般人」　**ordinary clothes**「平服」

☐ 880

typical

[típikəl] 🔊 発音
ティピコォ

B1

形 典型的な
▶「(人, 物の)特徴を最もよく表している」

頻出 **It is typical of A to *do*.**「~するなんていかにも A らしい.」
a typical example of ~「~の典型的な例」

---

① His name **is familiar to** everyone.	① 彼の名前はみんなに知られている.
② I **am quite familiar with** this town.	② 私はこの町をよく知っている.

反 **unfamíliar**「よく知らない」

① E-books are **becoming common**.	① 電子書籍は普及しつつある.
② English is a **common** language for us.	② 英語は私たちの共通言語だ.

副 **cómmonly**「一般に」

This restaurant **is popular among** customers with children.	このレストランは子連れ客に人気がある.

名 **populárity**「人気」

① **strange** noises	① 変な音
② A **strange** woman came up to us.	② 見知らぬ女性が私たちに近づいてきた.

名 **stránger**「見知らぬ人」 ② 反 **familiar**「よく知られた」

unusual watermelons	珍しいスイカ

反 **úsual**「いつもの」⇨ He came home earlier than usual.「彼はいつもより早く帰宅した.」

the lives of **ordinary people**	庶民(普通の人々)の生活

語源 ordin-[順序正しい]+-ary[形容詞語尾] →「単一の, 変化がない」 反 **extraórdinary**「非凡な」

a **typical** Japanese-style breakfast	典型的な日本(式)の朝食

名 **týpe**「型, 典型」 副 **týpically**「一般的に(≒úsually), 典型的に」

□ 881
regular
[régjulər]
レギュラ
A2

形 規則的な, いつもの
▶「定期的に起きる」

頻出 my regular seat「私のいつもの席」 regular business hours 「通常の営業時間」 a regular size「普通の大きさ」

物事を特定する

□ 882
personal
[pə́:rsənl] 発
パーソノォ
A1

形 個人の
▶「(一般的ではなく)個人に関わる」

頻出 personal taste「個人的な好み」
a personal problem「個人的な問題」

□ 883
general
[dʒénərəl]
ヂェネロォ
B1

形 一般的な, 全体の
▶「(部分的でなく)全体の, 全体にわたる」

頻出 in general「一般に, 一般の」⇨ people in general「一般大衆」
(*この熟語の general は 名 として使われている.)

□ 884
original
[ərídʒənl]
オリヂノォ
A2

形 ① 元の ② 独創的な
▶①「元の, 最初の」→②「最初に考案された」

注意 日本語の「オリジナル」は②の意味が多い.

□ 885
single
[síŋgl]
スィンゴォ
A2

形 ① 1 つの ② 独身の
▶① a, one「1 つの」などの強調 ②「1 人の」

頻出 not a single ~「1 つの~もない(←ゼロであることを強調)」

□ 886
specific
[spisífik]
スペスィフィック
A2

形 ① 特定の ② 明確な, 具体的な
▶「(集団や一般的なものではなく)ある 1 つ[1 人]に焦点を当てた」

頻出 ② Be more specific.「もっと具体的に言ってください.」

前置詞のイメージ㉘ **by**

「(距離的にとても近接して)近くに」
① live by the sea「海の近くに住む」(←位置的に近接して)
② by tomorrow 「明日までに」(←時間的に近接して)
③ *be* arrested by the police「警察に逮捕される」
(←行為に近接して[行為者])
④ by email 「E メールで」(←行為に近接して[手段])

keep regular hours 　　　規則正しい生活をする

剾 **régularly**「規則正しく，定期的に」　反 **irrégular**「不規則な」

personal information 　　　個人情報

key **pérson**「人」の形容詞形．　名 **personálity**「個性，性格」

the general public 　　　一般大衆

剾 **génerally**「一般に」⇨ generally speaking「一般的に言えば」

① change our **original** plans 　　　① 私たちの当初の予定を変更する
② **original** artworks 　　　② 独創的な芸術作品

名 **oríginal**「原文」⇨ in the original「原文で」　名 **órigin**「起源」

① I did **not** miss **a single** word. 　　　① ただのひと言（1つの言葉）も聞き逃さ
　　　　　なかった．
② Ben is **single**. 　　　② ベンは独身です．

② 反 **márried**「結婚している」

① a **specific** age group 　　　① ある特定の年齢のグループ
② a **specific** purpose 　　　② ある明確な目的

剾 **specifically**「特に，明確に」　反 **géneral**「一般的な」

ワンポイントアドバイス⑳
語中の -y- について！
[i]の音を表す文字は -i- と -y- があります．しかし，この混在をなくすために，
語中では -y- は使わず，-i- を用いるという原則ができました．
その結果，例えば，「トラ」は tyger → tiger[táigər] となり，
study の三人称単数形は studies となりました．
ただし，880 typical のように昔の名残が残っている単語もあります．

	887	形① (to ～) (～に)特有の　② 独特の
unique		▶「ほかに類を見ない」
[ju:ní:k]		頻出 ② totally [×very] unique「とても独特な」
ユーニーク	B1	注意 日本語の「ユニークな(＝個性的で面白い)」の意味はまれ.

増える・減る

	888	自① 増える　他② ～を増やす　名③ (in ～) (～の)増加
increase		▶「(数, 量, 程度など)が増える」
動★[inkrí:s] 発		頻出 ③ *be on the increase*「増加している」
インクリース		注意 「(～な)人々が増えている」は, the number of people who ～
名★[ínkri:s] 発　動 A2		is increasing と「数」を明確にして表現する.
インクリース　名 B1		

	889	自① 減少する　他② ～を減らす　名③ (in ～) (～の)減少
decrease		▶① 日常では go down のほうが使われる.
動★[dikrí:s] 発		
ディクリース		比較 ① decrease by 30%「30%減少する」(＊by は省略可.)
名★[dí:kri:s] 発		decrease to 30%「30%にまで減少する」
ディークリース　動名 B1		

	890	他 ～を減らす　▶「意識的に減らす」
reduce		◇ decréase「(結果として)～を減らすことになる」
[ridjú:s]		頻出 reduce the number [amount] of ～「～の数 [量] を減らす」
リデュース	B1	注意 「(酒, たばこなどの量)を減らす」は cut down on ～ とも表現できる.

	891	他① ～を加える　自② (to ～) (～を)増やす
add		▶「すでにある物に新しく物を加える」
[ǽd]		頻出 ① add A to B「AをBに加える」　② add up to ～「合計～になる」
エアァドゥ	A1	

数字・測定

	892	名① 数字　② 人物　③ 図
figure		▶「様々な形態での姿, 形」が元のイメージ.
★[fígjər]		頻出 ① sales figures「売上高」
フィギャ	A2	注意 ③ fig. と略されることがある.　⇨ Fig. 3「図 3」

	893	名① 平均　形② 平均的な
average		▶「数量や人, 物の質が普通の」
[ǽvəridʒ]		頻出 above [below] average「平均より上 [下] で」
エァヴェリッヂ　名形 A2		on (the) average「平均して」

① This custom **is unique to** Japan. ┊ ① この習慣は日本特有のものだ.
② Her voice is **totally unique**. ┊ ② 彼女の声はとても独特だ.

語源 uni-[1つ]+-que[の]から「1つしかない」→「特有の」

---

① **increase by** 30% ┊ ① 30%増える
② **increase** my vocabulary ┊ ② 語彙を増やす
③ an **increase in** land prices ┊ ③ 地価の上昇(増加)

語源 in-[中に]+-crease[成長する] 副**incréasingly**「ますます」

---

① Our country's population is **decreasing**. ┊ ① 我が国の人口は減少しつつある.
② **decrease** stress ┊ ② ストレスを減らす
③ a **decrease in** sales ┊ ③ 売り上げの減少

語源 de-[下]+-crease[成長する]

---

reduce the amount of garbage ┊ 生ゴミ(の量)を減らす

語源 re-[後ろへ]+-duce[導く]→「逆へ導く」 *prodúce「～を生産する(←前に導く)」
名**redúction**「減少」⇨ cost reduction[×cost down]「コストダウン」

---

① **add** some milk **to** the coffee ┊ ① コーヒーにミルクを加える
② His words **added to** her fear. ┊ ② 彼の言葉で彼女の恐怖は増した.

名**addítion**「追加, 足し算」⇨ in addition (to ~)「(~に)加えて」
形**addítional**「追加の」 副**additionally**「さらに」

---

① a list of **figures** ┊ ① 数字の一覧
② a key **figure** ┊ ② 鍵を握る人物
③ See **Figure** 1. ┊ ③ 図1を見なさい.

熟 ***figure ~ out**「(考えた末に)~を理解する, 解決する」

---

① My grades are **slightly above average**. ┊ ① 私の成績は平均よりちょっと上です.
② an **average** office worker ┊ ② 平均的なサラリーマン

key 日本語の「アベレージ」とは発音・アクセントが異なる.

☐ 894

balance

[bǽləns] アクセント
バェランス
名 B1
動 B2

名① バランス　② 残高　他③ ～のバランスをとる
▶②「(預金額と出金額の)バランス」→「残高」

頻出 ① a balance between A and B「AとBとのバランス」
lose *one*'s balance「バランス(平衡感覚)を失う」

☐ 895

count

[káunt]
カゥントゥ
A2

他① ～を数える
自② 重要である　③ (on ～) (～を)当てにする
▶①「(～を)数える」→②「(数に入れるほど)重要である」

頻出 ① count calories「カロリー計算する」
注意 ②「数ある大切なもののうちの1つを挙げる」ときに用いる.

☐ 896

weigh

[wéi] 発音
ウェイ
A2

自① ～の重さがある　他② ～を(比較)検討する
▶②「それぞれの重さ(=重要性)を比較する」

頻出 ① weigh ～ grams[kilograms]「重さ～グラム[キログラム]だ」
② weigh (up) A against B「AとBを比較検討する」

☐ 897

measure

[méʒər] 発音
メジャ
動名 B1

他① ～を測る　名② (-s)手段
▶②「(様々な方法で問題を)測ってみること」→「手段」

頻出 ② take ～ measures (to *do* / against A)
「(～するために/Aに対して)～な手段を取る」

☐ 898

divide

[diváid]
ディヴァイドゥ
A2

他 ～を分割する
▶「いくつかの部分やグループに分ける」

頻出 divide A into B「AをBに分ける」
divide A by B「A(数)をB(数)で割る」

☐ 899

amount

[əmáunt]
アマゥントゥ
名 B1
動 -

名① 量　自② (to ～) (合計が)～に達する
▶②「(積み重なって)～に達する」

比較 ① a large[small] amount of 〈不可算〉単数形「大[少]量の～」
a large[small] number of 〈可算〉複数形「多[少]数の～」

割合・過不足

☐ 900

rate

[réit]
レィトゥ
A2

名① 割合, 速さ　② (ホテルなどの)料金
▶②「(1日あたりの金額など)特定の割合に基づいて設定される料金」

頻出 ① at a ～ rate「～な割合で」　a birth rate「出生率」
② a flat rate「一律料金」

Active Vocabulary ②

① maintain a balance between work and play	① 勉強と遊びを両立させる（バランスを保つ）
② check my bank balance	② 銀行の預金残高を確認する
③ balance career and family	③ 仕事と家庭を両立する（バランスをとる）

形 **bálanced**「バランスのとれた」⇨ a balanced diet「バランスのとれた食事」

① count the money	① お金を数える
② First impressions really count.	② 第一印象は本当に重要だ.
③ I'm counting on you.	③（君を）当てにしているよ.

形 **cóuntless**「無数の」 形 **cóuntable**「数えられる」(⇔ **uncóuntable**「数えられない」)

① weigh 70 kilograms	① 体重が70キロである
② weigh one plan against another	② ある計画をほかのと比べて検討する

名 **wéight**「体重, 重さ」 熟 **weigh oneself**「(自分の)体重を測る」

① measure the size of a box	① 箱のサイズを測る
② take drastic measures against illegal drugs	② 違法薬物に対して徹底的な手段を取る

名 **méasurement**「測定」

divide the students into two groups	その学生を2つのグループに分ける

名 **divísion**「分割, 割り算, 部門」 熟 **múltiply A by B**「A(数)に B(数)を掛ける」

① the amount of traffic	① 交通量
② My debts amount to $200.	② 私の借金は合計200ドルになる.

語源 a-[=ad 方向]＋-mount[山]から「(山の)頂上に達する」→「～に達する」

① the declining birth rate[birthrate]	① 少子化(下がりつつある出生率)
② Our hotel offers special rates for children.	② 私どものホテルではお子様に特別料金が適用されます.

語源「計算(された)」が元の意味.

□ 901

quarter

[kwɔ́:rtər]
クウォータ　A1

名 4分の1，15分，25セント
▶「何かを4等分したもの」

注意 一般に「分数」は序数詞（第〜，〜番）を用いて表現する.
⇨ a fifth「5分の1」，two fifths「5分の2」

□ 902

lack

[læk]
レァック　名 A2　動 B2

名①（(a) − of 〜）（〜の）不足　他② 〜を欠いている
▶日本語の「ない」と同様に，「まったくない」から「足りない」まで.

比較 **láck**　⇨ abílity, sénse など「（外から供給不可能な物の）不足」
shórtage ⇨ wáter, dóctors など「（外から供給可能な物の）不足」

□ 903

extra

[ékstrə]
エクストゥラ　A2

形 余分な，追加の
▶「普段の数量を越えた」

頻出 take extra care「普段以上に注意する」

□ 904

account

[əkáunt]
アカウントゥ　動 B1　名 A2

自（for 〜）①（割合を）占める　②（〜の原因を）説明する
名③ 口座　▶「数えられる，（1つ1つ数えるように）説明する」

頻出 take 〜 into account「〜を考慮に入れる」　on account of 〜
「〜が原因で」　of little account「ほとんど重要ではない」

約束する・登録する

□ 905

promise

[prámis]
プラミス　名 A2　動 B1

名① 約束　他② 〜を約束する
▶①「（何かを行う）約束」を表す最も一般的な語.　②堅い語.

頻出 ① keep[break] one's promise(s)「約束を守る[破る]」（*一般論なら複数形.）
② promise（人）〜「（人）に〜を約束する」

□ 906

appointment

[əpɔ́intmənt]
アポイントゥメントゥ　A2

名①（病院などの）予約　②（役職などの）任命
▶①「（歯科医などの）予約，（面会の）約束」

頻出 ① make an appointment (for 〜)「（（時間, 日付）に）予約をする」

---

near

「（そう遠くないが少し距離があって）近くに」
① a hotel **near** the airport「空港の近くのホテル」
（←位置的に近い）
② **near** midnight　「真夜中近くに」
（←時間的に近い）

前置詞のイメージ㉙

284

three **quarters** of the pizza
(＊「4分の3」はthree quarters（3×4分の1）)

| | そのピザの4分の3 |

語源 quart-[4番目の]　*quartét「四重奏」　*squáre「正方形, 平方」

---

① **lack of** sleep
② He **lacks** confidence.

① 睡眠不足
② 彼は自信がない（自信を欠いている）.

形 lácking 「欠けている」 ⇨ be lacking in ～「(必要な物)を欠いている」

---

an **extra** charge

追加料金

key extraórdinary「非凡な」の省略形.

---

① Young people **account for** 70% of the group.
② Stress **accounts for** his failure.
③ **open** a bank **account**

① 若者がその集団の70%を占める.
② ストレスが彼の失敗の原因だ.
③ 銀行口座を開く

語源 ac-[＝ad 方向]＋-count[数える]から「数を数える」→「(割合を)占める」

---

① **make a promise to** meet at noon
② **promise** her a new car

① 正午に会う約束をする
② 彼女に新車をあげることを約束する

形 prómising 「前途有望な（←将来を約束された）」

---

① I **have** a doctor's **appointment**.
② the **appointment** of a new principal

① 医者の予約がある.
② 新しい校長の任命

語源 ap-[＝ad 方向]＋-point-[指さす]から「(日時や人物)を指さすこと」→「予約, 約束, 任命」
他 appóint 「～を任命する, (時間や場所)を指定する」

ワンポイントアドバイス㉑

904 account について！
account は元々 count と同じ「数え上げる」という意味でした.
account for 80%「80%を占める」は「数え上げたら80%になる」に由来し, account for the accident「その事故の原因を説明する」は「その事故の原因を数え上げる」という意味に由来します.
名詞の「口座」も,「預金通帳の出入金を数え上げたもの」という意味からです.

☐ 907 **reservation** [rèzərvéiʃən] レザヴェイシュン	**B1**	**名 予約** ▶「(座席・部屋・切符などの)予約」 頻出 **make a reservation**「予約をする」 (＊〈英〉では make a booking と表現する.)
☐ 908 **book** [búk] ブック	**B1**	**他 ～を予約する** ▶「(座席・部屋・切符など)を予約する」(〈米〉では resérve と表現.) 頻出 **book a table at a restaurant**「レストラン(のテーブル)を予約する」 注意 予約の対象は róom や séat や táble など.
☐ 909 **register** [rédʒistər] ⑦ レヂスタ	**B1**	**他① ～を登録する 自② (for ～)(授業などに)登録する** ▶「名前を公式リストなどに載せる」 頻出 ② **register online**「オンラインで登録する」

準備する・操作する

☐ 910 **ready** [rédi] レディ	**A1**	**形① 用意ができている ② (be ～ to do)進んで～する** ▶「(物理的, 精神的に)準備ができていて, すぐにでも～できる」 頻出 ① **get ready for ～**「～の準備をする」 (Get) ready, (get) set, go!「位置について, 用意, ドン！」
☐ 911 **prepare** [pripéər] プリペア	**A2**	**他① ～の準備をする 自② 準備をする** ▶①「(～に備えて)作る」 注意 ① **prepare ～**「～(そのもの)を準備[用意]する」と ② **prepare for ～**「～のために事前に準備[用意]する」を区別.
☐ 912 **operate** [ápərèit] アパレイトゥ	**A2**	**他① (機械など)を操作する 自② 手術する** ▶「仕事をする[させる]」(＊①日常では use のほうが使われる.) 頻出 ② **operate on ～**「((人)あるいは(部位)を)手術する」
☐ 913 **perform** [pərfɔ́:rm] パフォーム	**A2**	**他① ～を遂行する ② ～を演じる, 演奏する** ▶①「(難しいこと, 役立つこと)をきちんと遂行する」 頻出 ① **perform a task[a duty]**「仕事[義務]を遂行する」 注意 perform well「うまくやる」のように 自 の働きもある.

make a reservation for dinner | 夕食の予約をする

📘語源 re-[後ろ]＋-serve[奉仕する, 保つ]から「後ろに保つ」→「とっておく」
他 resérve「～を予約する」

book a hotel room[×a hotel] | ホテル(の部屋)を予約する

📘語源 bóok「宿帳(←宿泊客の住所・氏名などを書く帳面)」の意味から.
💬 double-booking「ダブルブッキング(←別々の客から二重の予約を入れてしまうこと)」

① Koyasan **is registered as** a World Heritage Site.
② **register for** classes

① 高野山は世界遺産に登録されている.
② 授業の登録をする

📘語源 re-[後ろ]＋-gister[＝gest運ぶ]から「後ろに運んで留めておく」→「登録する」
　*digést「～を消化する(←離して運ぶ)」 图 registrátion「登録」

① I'm not **ready** yet.
② *be* **ready to** help others

① まだ準備ができていません.
② 進んで他人の手伝いをする

副 réadily「進んで, すぐに」

① **prepare** a meal
② **prepare for** a powerful typhoon

① 食事の準備をする
② 大型台風に備える

图 preparátion「準備, 用意」　💬 *be* prepared to *do*[for ~]「～する[～の]準備ができている」

① **operate** a crane
② **operate on** his nose

① クレーンを操作する
② 彼の鼻を手術する

图 operátion「手術, 活動, 操作」⇨ undergo an operation「手術を受ける」

① **perform** difficult **tasks**
② **perform** three plays

① 困難な仕事を遂行する
② 3つの劇を演じる

图 perfórmance「遂行, 演技, 演奏, 実績」⇨ an employee's performance「従業員の成績」
图 perfórmer「演技者, 演奏者, 実行者」

Part 1
Part 2
Part 3
Part 4

適応する・調和する

□ 914
adjust
[ədʒΛst]
アヂャストゥ A2

自① (to ~) (~に)**慣れる**　**他**② ~を(微)調整する
▶「(微調整して)ぴったり合った状態にする」

頻出 adjust (*oneself*) to ~「~に慣れる, 順応する」

□ 915
apply
[əplái]
アプラィ A2

自① (to ~) (~に)**当てはまる**　② (for ~) (~に)申し込む
他③ ~を当てはめる, 応用する
▶②「何かを求めて自らを相手に合わせる」

頻出 ③apply A to B「A を B に適用[応用]する」

□ 916
suit
[súːt]
スートゥ A2

他① (人)に**適している, 好都合だ**　② (服装, 色が人)に似合う
▶「(時間, 気候, 色などが)(人)に適する」

頻出 (物) suit (人)「(物)が(人)に似合う」

□ 917
match
[mǽtʃ]
メェチ B1

他~と調和する
▶「2 つの物の色や柄が合う」(＊日常では go with ~ のほうが使われる.)

頻出 (物) match (物)「(物)が(物)と調和する」

□ 918
fit
[fít]
フィットゥ B1

他 (サイズが人)に合う
▶「大きさがぴったり合う」

頻出 (物) fit (人)「(物のサイズ)が(人)にぴったりだ」

□ 919
tidy
[táidi]
タィディ 形動A2

形① (主に〈英〉)**きちんとした, 整然とした**　**他**② ~を整頓する
▶①「(部屋や考えなどが)整理されている」(≒néat)

頻出 ① keep ~ (neat and) tidy「~をきちんと(整理)しておく」
② *tidy ~ up「~をきちんと整頓する」

年月・時代

□ 920
history
[hístəri]
ヒストリィ A1

名歴史
▶文脈によって「履歴, 前歴, 病歴」などの訳も可.

頻出 Japanese history「日本史」, world history「世界史」
a history test「歴史の試験」

① **adjust to** a new school routine
② **adjust** my belt

① 新しい日々の学校生活に慣れる
② ベルトを調整する

語源 ad-[方向]＋-just[ぴったり] →「〜にぴったり合わせる」
图 **adjústment**「調整, 適合」

---

① That rule **applies to** students.
② **apply for** a passport
③ **apply** the technology **to** self-driving cars

① その規則は学生に適用される.
② パスポートを申請する
③ 自動運転車にその技術を応用する

語源 ap-[＝ad 方向]＋-ply[折りたたむ] →「〜にくっつける」 *replý「返事をする」
图 **ápplicant**「志願者」 图 **applicátion**「申請, 応用,（コンピュータ）アプリケーション（＝app）」

---

① What time **suits you** best?
② That tie **suits you**.

① 何時が(あなたに)ご都合がいいですか.
② そのネクタイは君に似合う.

覚え方 このスーツは君に「似合っている」 图 **súitable** (for 〜)「(〜に)適した」

That tie **matches your** shirt.

そのネクタイは君のシャツによく合っている.

語源「相手に匹敵する人」が元の意味.

This dress **fits you** very well.

このワンピースは(サイズが)君にぴったりだ.

 a fitting room「試着室」

---

① **keep** the office **tidy**
② **Tidy** your room.

① 事務所をきちんとしておく
② 部屋を整頓しなさい.

覚え方「整然と」置かれたテディー(タイディ)ベア. ① 反 **méssy**「散らかった, 汚い」

---

have a **history of** a thousand years

1,000年の歴史がある

图 **histó ric**「歴史的に重要[有名]な」⇨ a historic event「歴史的に重要な事件」
图 **histórical**「歴史に関する」⇨ historical studies「歴史に関する研究」

□ 921

period

[píəriəd]
ピァリァッドゥ
A1

名 ① **時代** ② **期間** ③ **(学校の)時限**
▶①「(歴史学の対象となる)時代」

頻出 ② **for a long[short] period (of time)**「長い[短い]間」
注意「ピリオド，終止符」の意味もある．

□ 922

century

[séntʃəri]
センチュリィ
A2

名 世紀
▶「(任意の)100年間」

頻出 the+(序数詞)+century「～世紀」　**centuries of ～**「何世紀もの～」

時

□ 923

minute

[mínit] **発**
ミニットゥ
A1

名 ① **(時間の)分** ② **(a -)ちょっとの間**
▶ a minute「1分」→「ちょっとの間」

注意 (数字)-minute で「～分の」という **形** になるが，その場合，minute
は複数形にしない．⇨ a ten-minute break「10分の休憩」

□ 924

leisure

★[líːʒər] **発**
リージャ
A2

名 余暇〈不可算〉
▶「(仕事や勉強をしなくてよい)自由時間」

注意「娯楽」の意味はない．(＊日本語の「レジャー(←余暇を利用した
旅行や娯楽)」は leisure activities と表現する．)

□ 925

generation

[dʒènəréiʃən]
デェネレィション
A2

名 ① **世代** ② **生み出すこと**
▶②「生み出す」→①「(ある時期に生まれ育った)世代，同世代の人々」

頻出 ① **for generations**「何世代もの間」

□ 926

anniversary

[ænəvə́ːrsəri] **発 ア**
エァニヴァーサリィ
A2

名 記念日
▶「特別な出来事があった，年に一度の日」

HAPPY ANNIVERSARY

頻出 one's wedding anniversary「～の結婚記念日」
the anniversary of one's death「～の命日」

前置詞のイメージ ㉚

beside

「(横に並んで)近接して」
① sit beside her「彼女の隣に座る」(←位置的に左右で近接して)
② She looks young beside me.
　「彼女は私と比べると若く見える．」(←左右に並べて比較)
③ I was beside myself with joy.「私は喜びに我を忘れた．」
　　　　　　　　　(←意識が身体から外れる[横に並ぶ])

① the Edo period | ① 江戸時代
② the period between 1943 and 1945 | ② 1943年から1945年までの期間
③ The first period on Tuesday is PE. | ③ 火曜日の1時間目は体育だ.

語源「ぐるっと一周すること」が元の意味.

---

in the 21st century | 21世紀に

語源 cent-[100] *percént「パーセント」(per-[につき]+-cent[100])
◎ millénnium「1,000年」(mille-[1000]+-ennium[年])

---

① The station is a ten-minute walk. | ① (その)駅まで歩いて10分です.
② Wait a minute. | ② ちょっと待ってください.

語源 min-[小さい] *dimínish「減少する」 *mínimum「最小限の」

---

enjoy my leisure (time) | 余暇を楽しむ

léisurely 形「のんびりした」副「のんびりと」

---

① a generation gap | ① ジェネレーションギャップ
　　　　　　　　　　　　　　(世代間格差)
② the generation of electricity | ② 発電(電気を生み出すこと)

語源 gen-[生む] 他 génerate「～を生み出す」

---

celebrate our wedding anniversary | 私たちの結婚記念日を祝う

語源 anni-[=annual 年に一度]+-vers-[回る]→「年に一度回ってくるもの」

ワンポイントアドバイス㉒

915 apply について！

ap- は「方向」を示す接頭辞で(=ad)、-ply は「折りたたむ」なので、「～のほうに折りたたむ」→「～にくっつける」という意味です.
apply は幅広い意味で用いることができます. apply lotion は「ローションを塗る」、apply to ～ は「～に当てはまる(←～にくっつける)」、apply for ～ は「～に申し込む(←～が欲しくてくっつける)」という意味です.

Part 1 / Part 2 / Part 3 / Part 4

☐ 927 **save** [séiv] セイヴ A1	他① (時間, 手間) を省く ② 〜を貯金する ③ (命など) を救う ▶「安全な状態にする」
	頻出 ① save O₁ O₂ 「O₁ (人など) の O₂ (時間・手間など) を省く」 ② save money「貯金する」 ③ save *one*'s life「〜の命を救う」

☐ 928 **delay** [diléi] ディレイ 動 B1 名 A2	他① 〜を遅らせる 名② 遅延, 延期 ▶主に「(公共交通機関や会議, 決定など) を遅らせる」
	頻出 ① A *be* delayed (for) (時間)「A が (時間) 遅れる」 (＊受け身なので, 直訳すると「遅らされる」となる.)

☐ 929 **recently** [rí:sntli] 発 リースントゥリィ A2	副 最近, 近頃 ▶「数か月前」から「ここ数日前」まで.
	注意 原則的には過去時制, 現在完了で使われる. 現在時制で使うこともあるが, 現在時制の場合は these days, nówadays を使うほうが無難.

☐ 930 **latest** [léitist] レィティストゥ A2	形 (the −) 最新の ▶「最も新しい (本, 映画, 流行, 情報, 機械など)」
	頻出 the latest version [edition]「最新版」

☐ 931 **modern** [mádərn] ア マダン A2	形① 現代の ② 近代的な ▶「現代の, 新しく現代的な」
	注意 原則的には「現代の」の意味だが, 名 とのコロケーションによっては「近代の」と訳すこともある. ⇨ modern history「近代史」

☐ 932 **ancient** [éinʃənt] 発 エィンシェントゥ A2	形 古代の ▶「古代の」から「古ぼけた, 高齢の」(＊old の大げさな表現) まで.
	頻出 in ancient times「古代において」

☐ 933 **previous** [prí:viəs] 発 プリーヴィオス B1	形 (時間, 順序で) 前の, 以前の ◇fórmer「前任の」⇨ a former president「(1代前とは限らない) 前大統領」
	頻出 the previous president「(1代前の) 前大統領」 (＊1人しかいないので the がつく.)

① This will **save you a lot of trouble**.	① これはあなたの多くの手間を省く.
② **save** a little bit every month	② 毎月少しずつ貯金する
③ **save** his life	③ 彼の命を救う

覚え方 「力をセーブする」は,「力を温存して無駄 "を省く"」こと.

① Our bus **was delayed two hours**.	① 私たちが乗ったバスが2時間遅れた.
② reply **without delay**	② すぐに(遅れることなく)返事をする

語源 de-[下→強意]+-lay[置く]から「置いたままにする」→「~を遅らせる」

I have moved to this city just **recently**.	つい最近この市に引っ越して来ました.

形 récent「最近の」⇨ in recent years「近年」

the latest issue of the magazine	その雑誌の最新号

key late の最上級「最も遅く(現在に近い)」→「最新の」

① in **modern** society	① 現代社会では
② a bright, **modern** office	② 明るく近代的なオフィス

語源 mode-[尺度] →「現代の尺度に合わせた」
名 modernizátion「近代化, 現代化」 **動 módernize**「~を最新式にする, 近代化する」

an **ancient** city	古代都市

覚え方 エイちゃんと「古代の」研究. **派 áncestor**「先祖」

the **previous** morning	(ある日の)前日の朝(前の朝)

語源 pre-[前に]+-vi-[=via 道] →「以前に通った道の」
派 éx-「前の」⇨ ex-boyfriend「元彼(←前の彼氏)」

光景・風景

□ 934

sight

[sáit]
サイトゥ
A1

名① 光景〈可算〉 ② 見えること〈不可算〉
▶「見ること，見えるもの」（＊see の名詞形．）

頻出 ② at first sight「ひと目見て」 at the sight of ~「~を見て」
catch[lose] sight of ~「~を見かける[見失う]」

□ 935

view

[vjú:]
ヴュー
A2

名① 眺め〈可算〉 ② 見方〈不可算〉
▶①「(ある具体的な場所からの1つの)景色」

頻出 ② from a ~ point of view「~の視点から」

□ 936

landscape

[lǽndskèip]
レェンドゥスケィプ
A2

名 風景〈可算〉
▶「(一望できる陸地の)景色」

頻出 an urban[a rural] landscape「都会[田舎]の風景」

□ 937

scene

[sí:n] 発
スィーン
A2

名① (劇, 小説などの)場面 ② (事故)現場(＊共に〈可算〉)
▶①「(動きのある)一場面」

頻出 ① behind the scenes「裏で, 密かに」
② the scene of the crime「犯行現場」

□ 938

scenery

[sí:nəri]
スィーナリィ
A2

名 (自然の)景色〈不可算〉
▶「(ある地方全体の)景色」

頻出 mountain[coast] scenery「山の[海岸の]景色」

通路・行・列

□ 939

aisle

[áil] 発
アィォ
A2

名 通路
▶「(飛行機, 列車, 劇場などの)通路」

頻出 an aisle seat「(飛行機などの)通路側の席」
注意 ai- は通例 [ei] と発音するが, この語は例外.

□ 940

track

[trǽk]
トゥレェック
A2

名① 足跡, 小道 ② (鉄道の)線路, 〈米〉プラットホーム
▶①「(動物や人, 物が通った)跡, 通路」

頻出 ① keep[lose] track of ~「~の経過を把握する[が分からなくなる]」
⇒ lose track of time「時間の感覚がなくなる」

① Snow is a rare **sight** in this area. | ① 雪はこの地域では珍しい光景です.
② There was no one in **sight**. | ② 誰一人見えなかった(視界にいなかった).

图 síghtseeing「観光」⇨ go sightseeing「観光に行く」 **◎éyesight**「視力」

① enjoy **the night view of** Hakodate | ① 函館の夜景(夜の景色)を楽しむ
② **look at things from a** different **point** | ② 視点を変えて物事を見る
  of view | 　(異なる視点から見る)

the beautiful **landscape** of Scotland | スコットランドの美しい風景

語源 land-[土地]+-**scape**[風景]

① the opening **scene** of the drama | ① そのドラマの冒頭の場面
② rush to the **scene** | ② 現場に急行する

◎key séen(see「見る」の過去分詞)と同じ発音.

the **scenery** of the Alps | アルプスの景色

◎key -(r)y で終わる単語は〈不可算〉が多い. ⇨ photógraphy「(集合的に)写真」 jéwelry「(集合的に)宝石」(*例外は a díctionary「辞書(←言葉を集めたもの)」など.)

sit in **an aisle seat** | 通路側の席に座る

覚え方 あ, いる「通路」に. **◎a window seat**「(飛行機などの)窓側の席」

① **keep track of** my schedule | ① スケジュール管理をする
  | 　(スケジュールの経過を追う)
② leave from **Track** No. 5 | ② 5番線から発車する

語源 trac-[引っ張る]→「引っ張った線(跡)」 *attráct「～を引きつける」

□ 941	**名**① 列 ② 行, 線 ③ セリフ
line	▶①「(〈列に並ぶ〉の)列」
[láin]	
ラィン	**頻出** ① **in line**「列になって, 並んで」 ② **Drop me a line.**「私に手紙
A1	をください.」(＊a line「1行くらいの短い手紙」)

□ 942	**名** 列
row	▶「(横並びの)列」→「(家並みの)列」から「(座席の)列」まで.
[róu]	
ロゥ	**頻出** **in a row**「1列に, 連続で」⇨ win the championship twice in
A1	a row「2大会連続で優勝する」

□ 943	**形** 狭い
narrow	▶「(幅が)狭い」 ◇smáll「(面積が)狭い」
[nǽrou]	
ネェロゥ	**注意**「狭い部屋」は a small room(◇a narrow room「細長い部屋」),
B1	「世間は狭いね.」は It's a small world. と表現する.

場所・空間

□ 944	**名**① 部屋 ② 余地, 空間〈不可算〉
room	▶②「余地, 空間」→①「部屋」
[rú:m]	
ルーム	**頻出** ② **room for ～**「～のための余地」 **make room for ～**「～のた
A1	めに空間を作る, (電車などで)～のために詰める, 席を譲る」

□ 945	**名**① (主に〈米〉)庭 ② 〈単位〉ヤード(＝約0.9 m)
yard	▶①「家の周囲の土地」
[já:rd]	
ヤードゥ	**頻出** ① **a back yard**「裏庭」(＊báckyárd と 1 語にもなる.)
A1	

□ 946	**名**① 区画 **他**② ～を遮る
block	▶①「(4つの街路で囲まれた)街区」
[blák]	
ブラック	**頻出** ① **walk ～ block(s)**「～区画[ブロック]歩く」
名A1 **動**B1	② **block** *one's* **view of ～**「～に対する…の視界を遮る」

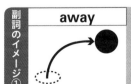

副詞のイメージ①	**away**	「離れて」
		①The library is ten miles **away** from here.
		「図書館はここから10マイル離れている.」(←位置的に離れて)
		② She is **away** from home.「彼女は留守です.」(←場所から離れて)
		③ He ran **away**.「彼は逃げた.」(←移動によって離れて)

① **stand in line**	① 列に並ぶ
② cut along the dotted **line**	② 点線に沿って切る
③ **practice my lines**	③ セリフを練習する

目**líne (up)**「一列に並ぶ」

sit **in** the second **row**	2列目に座る

●覚え方 ロウソクが「一列」に並ぶ.

a **narrow** street	狭い通り

反**wíde**「(幅が)広い」

① book a single **room** for two nights	① シングルルームを2泊予約する
② have **room for** dessert	② デザートは別腹だ（デザートのための余地はある）

●key「8号室」は Room (No.) 8 と表現する.

① play in the **back yard**	① 裏庭で遊ぶ
② drive a golf ball over 300 **yards**	② 300ヤード以上ゴルフボールを飛ばす

◉**gárden**「〈英〉(草花が植えてある)庭,〈米〉(yard 内の)草花が植えてある部分」
gárdening「庭いじり」 **a míle**「1マイル(=約1,609m)」

① **Walk two blocks** along this street.	① この道を2つ先の交差点まで行ってください(2区画歩いてください).
② The tall building **blocked our view of** the sea.	② その高い建物のせいで海が見えなかった(海の眺めを遮った).

■語源「(石, 木などの)大きな塊」が元の意味.

ワンポイントアドバイス㉓

「光景・風景」に対応する英語！
「若者がサーフィンをしている光景」のように「(映画の1シーンのような)光景」は**934 a sight** です.
「富良野の風景」のような「(ある地域の自然の美しい)風景全体」は**938 scenery** です.
また,「ここからの富士山は絶景だね」など「(ある1点からの具体的な)眺め」は**935 a view**,「都会の景色」のような「(陸の)風景」は**936 a landscape** です.

□ 947

site

[sáit]
サィトゥ　　　　　A1

名①用地　②現場，場所
▶「(ある特定の目的で使用される)場所，(重要な)場所」

頻出 ①a ~ site[a site for ~]「~用地，現場」
　　 ②a camping site「キャンプ地」

□ 948

facility

[fəsíləti]
ファスィリティ　　B1

名施設
▶「(買い物，スポーツなどの)施設」

注意「(複合的な)施設」は通例，複数形となる.
　⇨ leisure facilities「娯楽施設」

□ 949

construction

[kənstrʌ́kʃən]
コンストゥラクション　B1

名建設〈不可算〉
▶「建物，家，橋，道路などを造ること」

頻出 under construction「建設中で」
　　 (*〈under＋(動詞の名詞形)〉で，「~されている最中で」の意味.)

□ 950

background

[bǽkgràund]
ベァックグラゥンドゥ　A2

名①背景　②経歴，生い立ち
▶「(風景・絵画の)背景」から「(事件・人物の)背景」まで.

頻出 ①one's family background「家庭環境」
　　 ②one's educational[academic] background「学歴」

□ 951

bottom

[bátəm]
バトム　　　　　A1

名①底　②一番下
▶「物の一番下の部分」→①「(瓶，海などの)底」②「(名簿，階段などの)一番下」

頻出 ①at the bottom of ~「~ の底に」 Bottoms up!「乾杯!」(=
　　 Cheers!)(←「(コップの底を上に持ち上げて)さあ，飲み干して!」から.)

高さ・距離・方向

□ 952

height

[háit] 発
ハィトゥ　　　　B1

名①高さ　②(-s)高い所
▶「地面からの高さ」

頻出 ① ~ in height「身長~」 at a height of ~「高度~」
　　 ②be scared of heights「高所恐怖症である」

□ 953

distance

[dístəns]
ディスタンス　　B1

名距離〈可算〉
▶「2つの場所[物]の間の長さ」

頻出 in the distance「(視聴覚の及ぶ範囲で)遠くに」
注意 go, walk, travel の後ろに a long distance「長距離」や
　　 a mile「1マイル」などを置く場合，前置詞は不要.

① a dam site
② a construction site

① ダムの用地
② 建設現場

key wébsite は「インターネット上で展開されているウェブページ(情報)の場所」のこと.

indoor sports facilities

室内スポーツ施設

覚え方 走りてぇ～,「施設」の中で.
key 元は「生活を容易にする場所」という意味. **動 facílitate**「～を簡単にする」

Our new house is under construction.

私たちの新居は建設中です.

語源 con-[共に]＋-struc-[＝structure 構造]→「構造をまとめる」
動 constrúct「～を建設する」 **形 constrúctive**「建設的な」

① Classical music was playing in the background.
② people from different backgrounds

① BGM(背景)にクラシック音楽が流れていた.
② 様々な経歴の人々

key BGM(テレビ, ラジオ, 映画などで背景として流す音楽)は background music の略.

① the bottom of the sea
② Look at the bottom of page 10.

① 海底
② 10ページの下を見てください.

反 tóp「頂上, 上の部分, 最高位」

① line up in order of height
② I'm scared of heights.

① 身長順に並ぶ
② 私は高所恐怖症です.

key hígh の名詞形. ただし, つづり(héight)の違いに注意.

walk a long distance

長距離を歩く

語源 dis-[バラバラ]＋-stance [＝stand 立つ] **形 dístant**「遠い, よそよそしい」

direction

[dirékʃən]
ディレクション **A2**

名 ① 方向, 方角　② (-s)道順, 使用法, 指示
▶② 「導くもの(←いくつかの〈方向〉の集合体)」(＊複数形)

頻出 ① **go in**[×to]**~ direction**「~の方向へ行く」
(＊「方向」は「点」ではなく「面」なので in を用いる.)

機会・状況

□ 955
case

[kéis]
ケイス **A1**

名 ① 場合　② (the -)事実　③ (犯罪)事件
▶「起きたこと」

頻出 ① **in case S V**「~の場合に備えて」(＊この場合, in case は **接** の働き.)
② **This is (also) the case with ~.**「これは~にも当てはまる.」

□ 956
event

[ivént] **ア**
イヴェントゥ **A1**

名 ① (重要な, 珍しい)出来事　② 催し
▶日本語の「イベント」は②の意味.

頻出 ② **a sporting event**「スポーツのイベント[大会]」

□ 957
situation

[sìtʃuéiʃən]
スィチュエイション **A2**

名 状況　▶「(総称として)ある特定の時間・場所で起きていること」
◇ státus「(ホテルの予約や宅配の状況などの刻々と変化する)状況」

注意 the economic[political] situation「経済[政治] (の状況)」の
ように「状況」と訳さないこともある.

□ 958
condition

[kəndíʃən]
コンディション **A2**

名 ① 状態　② (通例 -s)(周囲の)状況, 条件
▶① 「(人や物の一時的な)状態」　② 「(職場, 気象などの)状況」

頻出 ① **in ~ condition**「~の状態で」
② **on condition that S V**「~という条件で」

□ 959
chance

[tʃǽns]
チェンス **A2**

名 ① (to do)(~する)機会　② (of ~ / that S V)(~の / ~という)可能性
▶必ずしもプラスイメージとは限らない.

頻出 **by chance**「偶然に」　**Chances are (that) S V.**「おそらく~だろう.」

□ 960
opportunity

[àpərtjúːnəti] **発**
アパテューニティ **A2**

名 (よい)機会, 好機
▶「とてもやりたいことを実現する機会」

頻出 **have an opportunity to do**「~する機会がある」

① walk in the opposite direction
② ask for directions

① 反対の方向に歩く
② 道順を尋ねる

key 「東西南北」は, north, south, east, and west と表現する（＊日本語との語順の違いに注意）.

① In that case, I'm not going.
② This is also the case with humans.

③ a murder case

① それなら（その場合）, 私は行きません.
② これは人間にも当てはまる
　（人間にとっても事実である）.

③ 殺人事件

① Marriage is an important event in life.
② hold a big event

① 結婚は人生の重要な出来事だ.
② 大きなイベントを開催する

語源 e-［＝ex 外］＋-vent［来る］→「外に出てきたもの」　*invént「～を発明する（←アイデアが頭の中に入ってくる）」

the economic situation in Russia

ロシアの経済（状況）

key 日本語の「シチュエーション」は, 英語とは違い「架空の想定」も含む.

① be in good condition
② work under bad conditions

① 調子がよい（よい状態で）
② 悪条件の下で働く

key 日本語の「コンディション」は①の意味.

① a chance to try again
② There is little chance of his winning.

① 再度挑戦する機会
② 彼が勝つ可能性はほとんどない.

key 日本語の「チャンス」は①の意味.

have an opportunity to speak English

英語を話す機会がある

語源 op-［＝ob 方向］＋-port-［運ぶ］→「（自分を）～の方向に運んで行くこと」
　　*pórtable「持ち運びできる」

301

961	名 緊急事態
emergency	▶「(命に関わるような危険が)突然現れること，突然の crísis(危機)」
[imə́:rdʒənsi] 発 イマーヂェンスィ　A1	頻出 **in case of emergency**「緊急の場合には」(＊この場合は〈不可算〉.) **an emergency exit**「非常口」

深刻な・厳しい

962	形① **深刻な**　② (人が)真剣な
serious	▶①「(問題，状況などが)深刻な，(けが，病気などが)重い」
[síəriəs] スィアリアス　B1	頻出 ① **a serious**[×an important] **problem**「重大な(＝深刻な)問題」 ② Are you serious?「本気？」

963	形 **厳しい**
strict	▶「(先生や規則が)厳しい」
[stríkt] ストゥリクトゥ　A1	頻出 *be* **strict with** (人)「(人)に厳しい」

964	形 **危険な，危うい**　▶「(失敗する恐れがあるため)危険な」
risky	◇dángerous「(危害を受ける[及ぼす]可能性があるため)危険な」
[ríski] リスキィ　B2	比較 a risky mission「失敗する恐れがある任務」 a dangerous mission「危害を受ける可能性がある任務」

原因・結果

965	形① (— to (名詞))(名詞)**が原因で**　② 締め切りの
due	③ 到着[出産]予定の
[djú:] デュー　A1	頻出 ① **A is due to B.**「B のために A となる(A は B が原因だ).」 ③ *be* **due to** *do*「～する予定である」

966	名① **結果**　自② (in ～)**結果として(～に) なる**
result	③ (from ～)(～の)**結果として生じる**　▶「結果」を示す一般的な語.
[rizʌ́lt] リザォトゥ　名A1 動B1	比較 A result in B. (＊〈A → B〉の関係) A result from B. (＊〈A ← B〉の関係)

副詞のイメージ②	**up** 停止・完了 上昇	「上のほうに向かって」 ①The sun comes up.「太陽が昇る.」(←上昇) ② Shut up!　　　「黙れ！」(←停止) ③Time is up.　　「時間切れです.」(←完了)

302

deal with **emergencies**	緊急事態に対処する

⊛ **emérge**「(突然)現れる」

① a **serious** accident	① 深刻な事故
② *be* **serious about** finding a job	② 職探しに真剣である

■ **sériously**「真剣に,深刻に」⇨ take ~ seriously「~を深刻に受け取る」

a **strict** teacher	厳しい先生

■ 語源 「ぴんと張られた」から「緊急状態」→「厳しい」 *stráin「緊張」 ■ **strictly**「厳密に」

a **risky** decision	危険を伴う決断

■ **rísk**「危険(性)」⇨ take a risk「(覚悟して)危険を冒す」
run the risk of ~「(結果的に)~という危険を冒す」

① The game was cancelled **due to** rain.	① 雨のため試合は中止になった.
② The report is **due** by Monday.	② 報告書は月曜日が締め切りだ.
③ The train **is due to** arrive at 9:00.	③ 電車は9時に到着予定です.

■ 語源 元の意味は「与えられて当然で」→①「~には当然の結果」 ⊛ **déadline**「締め切り」

① **as a result of** the forest fire	① 山火事の結果として
② The project **resulted in** success.	② その事業は結果として成功した.
③ Serious damage **resulted from** the earthquake.	③ その地震の結果, 深刻な損害が生じた.

■ 語源 re-[戻る]+-sult[跳ぶ]から「跳ね返る」→「(何かをやって返ってくる)結果」
*sálmon「鮭(←跳んで帰る魚)」

副詞のイメージ③	**down**	「下のほうに向かって」

① fall **down** from a tree「木から落ちる」(←動作的に下方に)
② He is **down** with flu. 「彼はインフルエンザで寝込んでいる.」
(←状態的に下方に)
③ The sun is **down**. 「日が沈んだ.」 (←位置的に下方に)

Part 1
Part 2
Part 3
Part 4

303

☐ 967	**他① ～を引き起こす　名② 原因**
cause	▶①「(偶発的に悪い結果)を引き起こす」
[kɔ́:z]	
コーズ　動A2　名B2	**頻出** ① cause A to *do*「A に～させる(原因となる)」
	② the cause of ～「～の原因」(⇔the reason for ～「～の理由」)

☐ 968	**他～に責任があるとする**
blame	▶「責任の所在を明確にする」(≠「非難する(ひどい言葉でなじる)」)
[bléim]	
ブレィム　A2	**頻出** blame A for B「B を A のせいにする」(≒blame B on A)
	be to blame (for ～)「(～に対して)責任がある」(＊**自**の扱い.)

☐ 969	**形責任がある**
responsible	▶「(事故, 犯罪などの)原因となっている」
[rispánsəbl]	
リスパンスィボォ　B1	**頻出** *be* responsible for ～「～に責任がある」

影響

☐ 970	**名効果, 影響**
effect	▶「(何かの影響を受けて生じた)結果や効果」(＊「影響」と訳すことも多い.)
[ifékt] 🔊	
イフェクトゥ　A2	**頻出** have[×give] a ～ effect on A「A に～な影響を与える」
	the effect of A on B「B に対する A の影響」

☐ 971	**他① ～に影響を及ぼす　名② 影響(力)**
influence	▶主に「(間接的に思想, 考え方など)に与える影響」
[ínfluəns] 🔊	
インフルエンス　動B2　名A2	**頻出** ② have[×give] a ～ influence on A「A に～な影響を与える」
	(＊「影響」は与えてもなくならないのでgiveは不可. efféctも同様.)

☐ 972	**名① (on ～) (～への)影響　② (物体間の)衝撃**
impact	▶②「衝撃」 → ①「(大きな変化をもたらす)影響」
[ímpækt]	
インペェクトゥ　A2	**頻出** have[make] an impact on ～「～に影響[衝撃]を与える」
	注意 ②「(精神的な)衝撃」は shóck で表現する.

☐ 973	**他～に影響を与える**
affect	▶「(温室効果などの)影響」から「(増税の)影響」まで.
[əfékt]	(＊主に「(直接的に)影響を与える」)
アフェクトゥ　B1	**頻出** badly affect ～「～に大きな被害を与える, 悪い影響を与える」

① **cause** trouble
② **the cause of** the war

① 面倒を引き起こす
② その戦争の原因

key 腰 **becáuse** は be[=by]+cause[原因] →「原因によって」が元の意味.

---

blame the brakes **for** the accident

その事故の原因はブレーキにあるとする

覚え方 無礼! ムッとして,「"あいつが悪い"と言う」

I **am responsible for** walking our dog.

私には犬を散歩させる責任がある.

語源 respons-[反応]+-ible[可能]から「(要求に)対応できる」→「責任がとれる」
图 **responsibílity**「責任」

---

have a good **effect on** the brain

脳に良い影響を与える

形 **efféctive** (in ~)「(~において)効果的な」

---

① **influence** my way of thinking
② **have a** strong **influence on** children

① 私の考え方に影響を及ぼす
② 子どもたちに強い影響を及ぼす

語源 in-[中に]+-flu-[流れる] →「流れ込む」 *the flú「インフルエンザ」

---

① an **impact on** the tourist industry
② the **impact of** the explosion

① 観光業への影響
② その爆発の衝撃

key in- は p, b, m の前では im- となる. (例外)ínput「入力」

---

affect your skin

肌に影響を与える

語源 af-[=ad 方向]+-fec[働きかける] *inféction「感染」

手段・目的

☐ 974

purpose

[pə́:rpəs] 発
パーパス　A2

名 目的　▶「目的，目標」を表す最も一般的な語.
◇ áim「(より具体的な)狙い，目的」　góal「(努力して達成する)目標」

頻出 for the purpose of ~「~の目的で」
on purpose「故意に(←目的に基づき)」

☐ 975

means

[mí:nz]
ミーンズ　B2

名 手段〈単複同形〉
▶「(何かを達成するための)手段」(＊日常では wáy「方法」のほうが使われる.)

頻出 by no means「決して~ない(←何の手段もなしに)」
注意 meaning「意味」，mean ~「~を意味する」と区別すること.

程度

☐ 976

right

[ráit]
ライトゥ

副形 A1
名 A2

副① (場所や時の副詞(句)を修飾して)ちょうど
形② 正しい　③ 右の　名④ (to ~)(~の)権利

注意 my right hand「私の右手」のように「対になっているもの」以外
の「右の~」は，~ on the[one's] right と表現するのが普通.
⇨ the room on your right「(向かって)右の部屋」

☐ 977

partly

[pá:rtli]
パートゥリィ　A2

副 ある程度，部分的に
▶ in part と表現することもある.

頻出 partly because S V「1つには~が理由で」

☐ 978

extremely

[ikstrí:mli]
イクストゥリームリィ　A2

副 極度に，非常に
▶「程度が激しい」

注意 very より強い語で，誇張して表現する際に用いる.

☐ 979

complete

[kəmplí:t]
コンプリートゥ

形 A2
動 B1

形① 完全な，まったくの　他② ~を完成させる
▶②「(時間を要する作業)を完成させる」　◇ pérfect「完璧な」

頻出 ① a complete waste of time「まったくの時間の無駄」
② complete a form「書式に記入する(←完成させる)」

☐ 980

moderate

[mádərət]
マデレットゥ　B1

形 適度な
▶「(数量，価格，程度などが)適度な」

頻出 moderate exercise「適度な運動」

the purpose of my visit	私の訪問の目的

> **語源** pur-[=pro 前方]+-pose[置く]から「目の前に置かれた達成すべきもの」→「目的」
> *pursúe「～を追跡する」

a means of communication	意思疎通の手段

> **語源** míddle「中間」と同様に「中間にくるもの」が元の意味.

① **right** in front of me	① 私のちょうど目の前で
② You are **right**.	② 君が正しいよ.
③ my **right** hand	③ 私の右手
④ the **right** to vote	④ 投票権

> **語源** 「まっすぐ」から「正しい」→「右」(*昔は, 左は不吉で, 右は正しいという考えがあった.)
> ◉ **right-hánded**「右利きの」

That is **partly** true.	それはある程度正しい.

> **語源** part-[部分]+-ly[副詞語尾] 🔡 **pártial**「部分的な」(⇔ **impártial**「偏らない, 公平な」)

It's **extremely** hot outside.	外はひどく暑い.

> 🔡 **extréme**「極度の, 極端な」⇨ an extreme heat wave「熱波」

① a **complete** stranger	① 見ず知らずの人(まったく知らない人)
② **complete** the project	② そのプロジェクトを完成させる

> **語源** com-[全て]+-ple-[満たす]→「全てを満たす」 *súpplement「サプリ(←栄養素を補う)」
> 🔡 **complétely**「完全に」

get **moderate** exercise	適度な運動をする

> ●**key** 音楽用語「モデラート(中庸の速さで)」と同語源. 🔲 **excéssive**「過度の」

□ 981

extent

[ikstént]
イクステントゥ　B1

名 程度
▶「長さや広がり」→「範囲, 程度」

頻出 **to ~ extent**「~の程度に」⇨ **to some extent**「ある程度」
to a great extent「大部分は」

可能性

□ 982

likely

[láikli]
ライクリィ　A2

形 ~しそうだ, 可能性が高い

頻出 *be* **likely** *to do*「~しそうだ」(=It is likely that S V.)

□ 983

certain

[sə́ːrtn] 発 サートゥン　A2

形 ① 確かな　② (名詞の前で) ある~
▶②特定の人[物]について, あえて名前を出さないで言う表現.

頻出 ① *be* **certain** *to do*「きっと~する」

□ 984

probably

[prɑ́bəbli]
プラバブリィ　A2

副 おそらく　▶確信度はおよそ70~90%.
◇perháps「あるいは(←確信度はおよそ30~50%)」

probably　perhaps

注意 will probably「~するだろう」は will よりも意味が弱くなる.

□ 985

possibly

[pɑ́səbli]
パシブリィ　A2

副 ① ひょっとすると　② (cannot −) どうしても (~できない)
▶「十分な情報がないため断定できない状態」

注意 《確信度》**póssibly**（30%以下）<**perháps**（30~50%）<**máybe**
（35~50%）<**próbably**「おそらく（70~90%）」

副詞

□ 986

hardly

[hɑ́ːrdli]
ハードゥリィ　A2

副 ① (程度) ほとんど~ない　② (頻度) (− ever) めったに~ない
◇séldom, rárely「めったに~ない」は書き言葉.

注意 ②「頻度（回数が少ない）」の意味では, 通例 éver を伴う.
hard「熱心に」と混同しないこと.
⇨「熱心に勉強する」は study hard[×study hardly]と表現する.

副詞のイメージ④

off

「接触した状態から離れて」
① take off my shoes「靴を脱ぐ」(←**接触状態から離れて**)
② get off at the next bus stop「次のバス停で降りる」
(←**場所から離れて**)
③ take a day off　「1日休暇を取る」(←**状況から離れて**)

308

| You are right **to some extent**. | 君はある程度正しい. |

Part 1

key exténd「～を延長する, 伸ばす」の名詞形の1つ. ◉exténsion「拡張,（電話の）内線」

| It **is likely to** rain today. | 今日は雨が降りそうだ. |

Part 2

副**líkely**「おそらく」 图**líkelihood**「可能性」 反**unlíkely**「～しそうにない」

| ① He **is certain to** become a star player. | ① 彼はきっとスター選手になるよ. |
| ② visit **a certain** country | ② ある[×確かな]国を訪れる |

副**cértainly**「確かに」⇨ Certainly.「もちろん,（店員などが）承りました.」

| It **will probably** snow this afternoon. | 午後はおそらく雪だろう. |

Part 3

語源 prob-[証明]＋-abl-[可能]から「証明できそう」→「おそらく」
形**próbable**「ありそうな, 起こりそうな」 图**probabílity**「見込み, 確率」

| ① It will take two weeks, or **possibly** longer. | ① 2週間, ひょっとするとそれ以上かかるかもしれない. |
| ② I **cannot possibly** solve this problem. | ② この問題がどうしても解けない. |

key póssible「可能な」の副詞形.

| ① I **can hardly** read his writing. | ① 彼の文字はほとんど読めない. |
| ② He **hardly ever** smiles. | ② 彼はめったに笑わない. |

Part 4

語源 hard-[難しい]→「ほとんどできない」

ワンポイントアドバイス㉔

副詞の形に注意しよう!
副詞はその多くが《形容詞＋-ly》の形です.
例えば, 副303 quickly（形quick＋-ly）, 副easily（形easy＋-ly）などです.
ところが, 同じ形で, 形容詞と副詞の両方の意味を持つ例外的な語もあります.
301 late形「遅れた」副「遅れて」, 302 early形「早い」副「早く」,
hard形「難しい」副「熱心に」などです. 注意しましょう.

☐ 987 **actually** ★[ǽktʃuəli] エァクチュアリィ A2	副 ① 実は ② 実際に	▶①多くの場合,「本当はね」と「意外性」を表す.
	頻出 ② look(比較級)than S actually *be*「実際より〜に見える」(＊語順に注意.)	
	注意 actual＋ly なので "l" は 2 つ.	

☐ 988 **indeed** [indíːd] インディードゥ A2	副 (強調として)実際に, 本当に
	▶形式ばった語で, 日常では in fact などのほうが使われる.
	頻出 Indeed S V, but S₁ V₁.「実際 S V だが S₁ V₁.」

☐ 989 **gradually** ★[grǽdʒuəli] グレェデュアリィ A2	副 徐々に
	▶「時間をかけてゆっくりと」
	頻出 *be* gradually *doing*「徐々に〜している」

☐ 990 **suddenly** [sʌ́dnli] サドゥンリィ B1	副 突然
	▶「予測していないときに」
	頻出 suddenly realize that S V「〜だと突然分かる」

☐ 991 **therefore** [ðéərfɔːr] ðエァフォー A2	副 それゆえに
	▶堅い語で「原因」を示したあとの「結果」や「結論」を述べる.
	注意 文中では, and therefore の形で使われる.

☐ 992 **instead** [instéd] インステッドゥ A2	副 ① その代わりに ② (of 〜)(〜の)代わりに, (〜)せずに
	▶②「同時にできない 2 つのことのうち, 一方を選ばずにもう一方を選ぶ」
	注意 「同時にできる 2 つのことのうち, 一方をしない」場合には withóut 〜を使う. ⇨ leave the room without saying goodbye「さようならも言わずに部屋を出る」

☐ 993 **moreover** [mɔːróuvər] モァオウヴァ B1	副 その上
	▶前述の内容に「新情報」を加える. (＊「改まった場面」で使用.)
	注意 日常では also, what's more「その上」, besídes「おまけに」のほうが使われる.

① Jim may seem happy, **but actually** he's sad.
② Ken looks younger **than he actually is.**

① ジムは楽しそうに見えるかもしれないが，本当は悲しんでいる．
② ケンは実際より若く見える．

形 **áctual**「実際の」

He is **indeed** a kind person.

彼は本当に親切な人です．

語源 in deed「行為において」という表現からできた語．
（＊déed は do の名詞形で「(善悪の)行為」の意味．⇨ do a good deed「善行をする」）

My grades are **gradually** going up.

成績が徐々に上がっている．

key gráde「等級」が一段一段上がっていく→「徐々に」 反 rápidly「急速に」

Suddenly, it began to snow.

突然，雪が降り出した．

key 一般に〈形容詞＋ly〉は副になる． 形 súdden「突然の」

Teachers are only human, **and therefore** they make mistakes.

教師もただの人間だ．それゆえ，ミスをする．

語源 there-[=that]＋-fore[=for]から「そのために」→「それゆえに」

---

① If you can't drink coffee, how about tea **instead**?
② take the stairs **instead of** the elevator

① もしコーヒーが飲めないなら，その代わりに紅茶はいかがですか．
② エレベーターの代わりに階段を使う

語源 in-[中に]＋-stead[その場所]から「～の場所で」→「～の代わりに」

Smoking is bad for you.
Moreover, it costs a lot.

喫煙は体に悪い．
その上，お金がかかる．

語源 more-[もっと]＋-over[さらに] over and over「何度も」

994

otherwise

[ʌ́ðərwàiz]

アðァワイズ B1

副 さもなければ

▶「(前文を受けて)そうしなければ, そうでなければ」

注意 in other ways が元の意味なので, 文脈によっては「ほかの点で」「ほかの方法で」と訳すこともある.

前置詞

995

besides

[bisáidz]

ビサイズ

前 B1
副 A2

前① ～に加えて　副② おまけに

▶②「追加の理由」を述べる.

注意 口語的な表現なので, 書き言葉では ① in addition to ～
② in addition, moreóver などを使用.

996

except

[iksépt]

イクセプトゥ A2

前 ～を除いて

▶「含まないもの」について言及する.

頻出 except (that) S V「～ということを除けば」(＊この場合, 接 の扱い.)
注意 except for ～「～を除いて」の形では, 通例, 文頭か文末に置かれる.

997

according to

[əkɔ́ːrdiŋ]

アコーディン(グ) B1

前 (調査, 人の話など)によれば

▶「情報源」を示す.

注意「私の意見では」は in my opinion[×according to me]と表現.

接続詞

998

though

[ðóu] 発

ðオウ

接 A2
副 B2

接① ～だけれども　副② でも, けれども

頻出 even though ～「たとえ～でも」
注意 ②は通例, 文頭には不可で, 文中, 文末に置かれる.

999

although

[ɔːlðóu] 発

オーォðオウ A2

接 ～だけれども

▶ thóugh「～だけれども」より意味が強く, 堅い語.

頻出 Although S′ V′, S V.「S′ V′ だが, S V だ.」

1000

whether

[hwéðər]

ウェðァ B1

接① ～かどうか　② ～であれ…であれ

▶①「どちらの選択なのか」(＊日常では, if のほうが使われる)
　②「どちらの選択でも」

頻出 whether S V or not[whether or not S V]
「① ～かどうか　② ～であろうとなかろうと」

Hurry up! **Otherwise** you'll be late. (=If you don't hurry up, you'll be late.)	急げ！さもないと遅れるぞ.

語源 other-[ほかの]＋-wise[＝way 方法, 点]　*clóckwise「時計回りの(←時計の方法で)」

① learn another foreign language **besides** English	① 英語以外の(英語に加えて)外国語を勉強する
② It's too late to go out; **besides**, it's snowing.	② 外出するには遅すぎるし, おまけに, 雪が降っている.

語源 be-[ある]＋-side-[そばに]＋-s [副詞語尾]→「〜に加えて」
　*álways「いつも」　*sómetimes「時々」

Everybody was asleep **except** him.	彼以外は皆眠っていた.

名 excéption (to 〜)「(〜の)例外」　**形 excéptional**「例外的な, すばらしい」

according to the study	その研究によると

語源 ac-[＝ad 方向]＋-cord-[心＝中心]から「〜の中心に向かう」→「〜によれば」

① **Though** I was hungry, I did not eat it.	① お腹が減っていたが, それを食べなかった.
② I was hungry. I did not eat it, **though**.	② お腹が減っていた. けれども, それを食べなかった.

Although it was raining, I went fishing in the nearby river.	雨が降っていたが, 私は近くの川へ釣りに出かけた.

語源 al-[＝all 強意]＋-though [だけれども]

① I will ask him **whether** he is coming tonight **or not**.	① 彼に今晩来るのかどうか尋ねるよ.
② **Whether** it rains **or not**, the rugby match will be held.	② 雨が降っても降らなくても, そのラグビーの試合は行われる.

key つづりは whén, whére などと同類と覚えよう. (*wéather「天候」と区別.)

⑵ **What time ～?**「何時に～?」

▶「時刻」を尋ねるフレーズ.
⇨ <u>What time</u> do you usually get up?「普段は何時に起きますか.」

⑵ **How long ～?**「どれくらい～?」

▶「時間の長さ・距離」を尋ねるフレーズ.
⇨ <u>How long</u> will you stay here?「ここにはどれくらい滞在するのですか.」

⑵ **How often ～?**「何度くらい～?」

▶「頻度」を尋ねるフレーズ. ⇨ <u>How often</u> do you go to the movies?
「どのくらいの頻度で映画に行きますか.」

⑵ **How much ～?**「～はいくらですか?」

▶「値段」を尋ねるフレーズ.
⇨ <u>How much</u> is this shirt?「このシャツはいくらですか.」

⑵ **How do you ～?**「どのようにして～?」

▶「手段」を尋ねるフレーズ. ⇨ <u>How did you</u> find this restaurant?
「このレストランをどうやって見つけたの.」

⑵ **How about＋名詞[動名詞]?**「～はどうですか?」

▶何かを「提案」したり, 相手の「意見」を尋ねたりするフレーズ.
⇨ <u>How about</u> going shopping at Ginza?「銀座で買い物をするのはどうですか.」

⑵ **Would you like ～?**「～はいかがですか?」

▶レストランや店で店員が「提案」や「お勧め」をするときのフレーズ.
⇨ <u>Would you like</u> some coffee?「コーヒーはいかがですか.」

⑵ **How do you like ～?**「～はどうですか?」「～はどう思いますか?」

▶「意見・感想」を尋ねるフレーズで, 直訳すると「～はどのように好きですか?」
⇨ <u>How did you like</u> Sydney?「シドニーはどうでしたか.」

⑵ **We could ～.**「～するのはどうかな.」

▶控え目に「提案」をするフレーズ.
⇨ <u>We could</u> go to a movie.「映画に行くのはどうかな.」

⑶ **Why don't you ～?**「～してはどうか, ～すればよいのに.」

▶相手に穏やかに「提案・忠告」をするフレーズ. 直訳すると「なぜ～しないの?」
⇨ <u>Why don't you</u> take a rest?「少し休んだらいいのに.」

学習のスケジュール

Part 4 － Passive Vocabulary 〈400語〉

(標準ペース) 11 weeks

【学習の手順】

本書では次の3段階で(反復[復習]をしながら)学習を進めることを推奨する.

① [見出語]と[語の意味(＋語のニュアンス)]を覚える.

② ①の復習＋[用例(フレーズ or 例文)]で実際の使われ方を学ぶ.

③ ①②の復習＋[Tip]で単語の知識を深める.

	① [見出語]＋[語の意味]	② ①の復習＋[用例]	③ ①②の復習＋[Tip]
Week 1	□ 1001 ～ 1035	□ 1001 ～ 1035	□ 1001 ～ 1035
Week 2	□ 1036 ～ 1070	□ 1036 ～ 1070	□ 1036 ～ 1070
Week 3	□ 1071 ～ 1106	□ 1071 ～ 1106	□ 1071 ～ 1106
Week 4	□ 1107 ～ 1143	□ 1107 ～ 1143	□ 1107 ～ 1143
Week 5	□ 1144 ～ 1179	□ 1144 ～ 1179	□ 1144 ～ 1179
Week 6	□ 1180 ～ 1215	□ 1180 ～ 1215	□ 1180 ～ 1215
Week 7	□ 1216 ～ 1251	□ 1216 ～ 1251	□ 1216 ～ 1251
Week 8	□ 1252 ～ 1286	□ 1252 ～ 1286	□ 1252 ～ 1286
Week 9	□ 1287 ～ 1321	□ 1287 ～ 1321	□ 1287 ～ 1321
Week 10	□ 1322 ～ 1357	□ 1322 ～ 1357	□ 1322 ～ 1357
Week 11	□ 1358 ～ 1400	□ 1358 ～ 1400	□ 1358 ～ 1400

話す

☐ 1001
mention
[ménʃən] 🔺 メンション　B1

他 ～について言及する
▶「(詳細は述べずに)さっと言う[書く]」

☐ 1002
refer
[rifə́:r] 発 リファー　A2

自 (to ～)① (人が主語) (～に) 言及する
　　　　　　② (物が主語) (～を) 示す
▶①「(～を)話に出す」

☐ 1003
remark
[rimá:rk] リマーク　動 B1 名 B2

他① ～と発言する　名② 発言
▶「(その場で気づいたこと)を発言する」

☐ 1004
whisper
[hwíspər] 🔺 ウィスパ　名 B1 動 B2

名① ささやき(声)　自② ささやく
▶「息を使って話す」
◇It is rumored that S V. 「～といううわさがささやかれる.」

答える・反応する

☐ 1005
react
[riǽkt] リエアクトゥ　B1

自 (to ～) (～に) 反応する
▶「(人間, 物質, 市場などが)反応する」

☐ 1006
reply
[riplái] リプラィ　動 B1 名 A2

自① (to ～) (～に) 返事をする, 答える　名② 返事, 答え
▶「(人の言葉, 手紙などに)考えた上で返事する」

☐ 1007
respond
[rispánd] リスパンドゥ　B1

自① (to ～) (手紙や問いなどに) 返答する
　　② (to ～) (～に) 対応する
▶「(用件に対して)詳しく答える」(＊ánswer より堅い語.)

提案・提出・採用・交渉

☐ 1008
propose
[prəpóuz] プロポォズ　B1

他 ～を提案する
▶「(十分に検討してから)申し出る」(＊suggést より堅い語.)
「～にプロポーズする」の意味もある.

316

You had better not **mention** it. | それには触れ（それについて述べ）ないほうがいい.

📘語源 men-[思い出す]→「(思い出して)口に出す」 *mémory「思い出」

① **refer to** my childhood | ① 私の子どもの頃について触れる
② What does "it" **refer to**? | ② "it" の示すものは何か.

📘語源 re-[再び]+-fer[運ぶ]から「再びどこか(言及先)に運ぶ」→「言及する」
图 réference「言及, 参照」 [活用]refer - referred - referred

① **remark** that the pot is very old | ① そのつぼはとても古いものだと言う
② his casual **remark** | ② 彼の何気ない発言

📘語源 re-[再び]+-mark[印]→「何度も注意する」が元の意味だが, 現在では「(普通の)発言」の意味.

① talk in a **whisper** | ① 小声(ささやき声)で話す
② **whisper** in her ear | ② 彼女の耳元でささやく

🔑key 擬音語で, whístle「口笛を吹く」と語源が同じ.

react angrily **to** the news | その知らせに怒りの反応を示す(怒って反応する)

📘語源 re-[再び]+-act[行動する]から「相手の行動に対して(再び)行動する」→「反応する」
图 reáction「反応, 対応」

① **reply to** his email | ① 彼のEメールに返事をする
② look forward to your **reply** | ② あなたの返事を楽しみにする

📘語源 re-[再び]+-ply[折り曲げる]→「折り返す」 *apply「〜を適用する(←その方向に折る)」

① **respond to** questions | ① 質問に回答する
② **respond to** complaints | ② クレームに対応する

📘語源 re-[元へ]+-spond[約束する]→「相手に約束する」 *spónsor「スポンサー(←支援を約束した人)」
图 respónse「返答, 反応」

propose a new project | 新しい計画を提案する

📘語源 pro-[前方]+-pose[置く]から「前方へ差し出す」→「提案する」 图 propósal「提案」

1009
submit
[səbmít] サブミットゥ
B2

他① (願書，辞表など) を提出する
自② (to ～)(～に)服従する
▶①日常では hand[turn] ～ in のほうが使われる.
②「自らを～に提出する」→「服従する」

1010
adopt
[ədápt] アダプトゥ **B1**

他～を採用する
▶「(計画や提案など)を採用する」から「(人や動物)を引き取る」まで.

1011
negotiate
[nigóuʃièit] ニゴウシエイトゥ **B1**

自 (with ～)(～と)交渉する
▶「(商売や政治などで)合意を得るために話し合う」

コミュニケーション

1012
participate
[pɑːrtísəpèit] パーティスィペイトゥ **B1**

自 (in ～)(～に)参加する
▶ take part (in ～)より堅い表現.

1013
encounter
[inkáuntər] インカゥンタ
名 **B1**
動 **B2**

名① 出会い 他② ～に偶然出会う
▶②「(予期せぬ人や困難など)に出会う」
(＊日常では come across ～ などのほうが使われる.)

1014
interaction
[ìntərǽkʃən] インタレクション **B1**

名交流，相互作用
▶「(話をしたり，一緒に仕事をしたりして)互いに関係し合うこと」

主張する・我慢する

1015
insist
[insíst] インスィストゥ **B1**

自① (on ～)(～と)主張する 他② ～と主張する
▶主に「(反対を押し切って)強く主張する，言い張る」
(＊① on は「意識が～に接触すること」を示す.)

1016
accuse
[əkjúːz] アキューズ **B1**

他～を非難する，告訴する
▶日常で「(人)を責める」から，犯罪に関して「(人)を告訴する」まで.

1017
scold
[skóuld] スコゥォドゥ **B1**

他～を叱る ▶「(子ども)を叱る」(＊やや古めかしい英語.)
◇「～が私を叱る」は日常では〈～ yell at me〉〈～ tell me off〉と
表現するのが普通.

① **submit** my homework ：① 宿題を提出する
② **submit to** God's will ：② 神の意志に従う

🔲語源 sub-[下]+-mit[送る]から「(机の)下からそっと渡す」→「提出する」
🔵**submíssion**「提出, 服従」　🔵**submíssive**「従順な」

---

adopt his plan ：彼の計画を採用する

🔲語源 ad-[方向]+-opt[選ぶ]　*óption「選択肢」　🔵**adóption**「採用, 養子縁組」

---

negotiate with kidnappers ：誘拐犯と交渉する

🔲語源 neg-[否定]+-oti-[暇]から「相手に暇を与えない」→「(畳み掛けるように)交渉する」
🔵**negotiátion**「交渉, 取り決め」

---

participate in a tug of war game ：綱引き(の試合)に参加する

🔲語源 part-[部分]+-cipate[=take]から participate (in ～) = take part (in ～)
🔵**partícipant**「参加者」

---

① my first **encounter with** her ：① 私と彼女の最初の出会い
② **encounter** a bear in the woods ：② 森の中でクマに遭遇する

🔲語源 en-[=in 中に]+-counter[向かい合って]→「～にぶつかる」

---

a chance for classroom **interaction** ：クラス内の交流のための機会

🔲語源 inter-[相互に]+-act-[行う]　🟦(人) interact with (人)「(人)が(人)と交流する」
🟦(物) interact with (物)「(物)が(物)と相互に作用する」　🔵**interáctive**「双方向の, 相互に作用する」

---

① **insist on** going home early ：① 家に早く帰ると言い張る
② **insist that** she (should) wait ：② 彼女は待つべきだと言い張る

🔲語源 in-[中に]+-sist[=stand 立つ]から「(自分の意見の)中に立つ」→「言い張る」
*resíst「～に抵抗する(←反対に立つ)」

---

accuse her **of**[×for] lying ：うそをついたことで彼女を非難する

🔲語源 ac-[=ad 方向]+-cuse[=cause 原因, 弁明]→「～に原因を問う」
*excúse「～を許す(←弁明の外に置く)」

---

scold my son **for** his bad manners ：行儀の悪さを理由に息子を叱る

🔑key cold と関連づけて「冷たくする」→「叱る」と覚えよう.

319

1018
resist
[rizíst] リズィストゥ
B1

他① ～を我慢する ② ～に抵抗する
▶① cannot を伴って「(好きなこと)を我慢できない」という文脈で使用することが多い.

1019
protest
名[próutest] プロウテストゥ **名B1**
動[prətést] プロテストゥ **動B2**

名① 抗議 自② (against ～) (～に対して)抗議する
▶「反対の気持ちを公の場で示す」

確認する・許可する

1020
confirm
[kənfə́:rm] 発 コンファーム **B1**

他 ～を確認する, 裏づける
▶「(あやふやなこと)をはっきりさせる」

CONFIRMED

1021
approve
[əprú:v] アプルーヴ **B1**

自 (of ～) (～を)認める
▶「目上の人(上司や先生, 両親など)が agrée(同意)する」

1022
permit
[pərmít] パミットゥ **B1**

他 ～を許可する
▶「(学校や当局などが公式に)許可する」
(＊ permit (人) to do「(人)が～するのを許可する」の形も頻出.)

1023
guarantee
[gæ̀rəntí:] ギェランティー **B1**

名 保証(期間)
▶「(商品, 権利などの)保証」

考える・思う・気づく

1024
suppose
[səpóuz] サポゥズ **B1**

他① (be － d to do)～することになっている
② ～と思う, 仮定する
▶②事実と異なることを仮定する.

1025
assume
[əsú:m] アスーム **B1**

他 (that S V)～と思い込む
▶「(根拠はないが)～と思い込む」

1026
comprehend
[kàmprihénd] ア
カムプリヘンドゥ **--**

他 ～を(十分に)理解している
▶「包括的に理解している」(＊主に否定文で用いる.)

---

① **cannot resist** buying new shoes	① ついつい新しい靴を買ってしまう(買うのを我慢できない)
② **resist** rust	② さびない(さびに抵抗する)

■語源 re-[逆らって]+-sist[=stand 立つ] → 「我慢する, 抵抗する」 *exíst「存在する」
图 resístance「抵抗(力)」 形 resístant「抵抗する, 抵抗力のある」

① non-violent **protest**	① 非暴力の抗議
② **protest against** nuclear tests	② 核実験に抗議する

key Prótestant「(キリスト教)プロテスタント」は「異議を唱える人」の意味.

confirm the booking : (その)予約を確認する

■語源 con-[強意]+-firm[堅い]から「堅いものにする」→「〜を確認する」
*affírm「〜と断定する」(a-[=ad 方向]+-firm[堅い])

approve of her marriage : 彼女の結婚を認める

图 appróval「承認」

Parking is not **permitted** here. : ここでは駐車は許可されていません.

■語源 per-[=through 通して]+-mit[送る]から「通るように送る」→「〜を許可する」
图 pérmit「許可証」 图 permíssion「許可」

a PC with a one-year **guarantee** : 1年間の保証付パソコン

key gúard「〜を守る」と同様に「守ってあげる」イメージで覚えよう.
a guaranteed fee「ギャラ, 出演契約金(←保証された給与)」

① You **are supposed to** wear a mask.	① マスクを着用することになっています.
② **Suppose** you like me.	② 君が私を好きだとします.

■語源 sup-[=sub 下]+-pose[置く]から「ある事柄の下に置く」→「〜と仮定(想定)する」

assume that all men are the same : 男は皆同じだと思い込む

■語源 as-[=ad 方向]+-sume[=take 取る]から「〜に対してある見方を取る」→「思い込む」
*consúme「〜を消費する」(con-[強意]+-sume[取る])

cannot comprehend what happened : 何が起きたのかが理解できない

■語源 com-[=con 共に]+-pre-[前に]+-hend[手] → 「(手を前に出して)全てをつかむ」
*prédator「捕食者」 图 comprehénsion「理解」 形 comprehénsive「包括的な」

☐ 1027 **notice** [nóutis] ノゥティス 動 B1 名 A2	他① ～に気がついている　名② 通知，注意 ▶「(見たり，聞いたりして)気がついている」 (＊「健康の大切さに気がつく」のように「目に見えないこと」には普通使えない.)
☐ 1028 **perceive** [pərsíːv] パスィーヴ B2	他 ～を認識する，知覚する ▶「(五感で)気づく」から「分かる」まで.
☐ 1029 **evaluate** [ivǽljuèit] イヴェリュエイトゥ B2	他 ～を(正しく)評価する ▶「(仕事ぶりや能力，価値など)を(正しく)評価する」
☐ 1030 **recall** [rikɔ́ːl] リコーォ B1	他 ～を思い出す ▶「(法廷の場などで意識的に)思い出す」 ◇remémber「～を覚えている」
☐ 1031 **conscious** [kánʃəs] 発 カンシャス B1	形 意識している ▶「(不安や責任など)を意識している，～に気づいている」から「(病人などが)意識のある」まで.
☐ 1032 **notion** [nóuʃən] ノゥション B1	名 考え ▶「(話し手が疑問に思っている，漠然としたばかげた)考え」 (＊学術論文では「概念，観念」の意味で使用される.)
☐ 1033 **concept** [kánsept] カンセプトゥ B1	名 概念 ▶「idéa より抽象度が高い考え」
☐ 1034 **insight** [ínsàit] インサィトゥ B1	名 (into ～) (～に対する)洞察(力) ▶「物事の内面を見抜く(明確に理解する)こと」
☐ 1035 **given** [gívən] ギヴン 前 – 形 A2	前① ～を考慮すると　形② (時間，量などが)ある一定の ▶①「～を与えられると」　②「(与えられた→)一定の」

① **notice that** there is a hole in my sock ｜ ① 靴下に穴が空いていることに気がつく（＊その後も気がついている〈状態〉）

② **give notice of** a change of address ｜ ② 住所変更の通知をする

語源 no-[=know]＋-tice[状態]（＊kn- は k- が読まれないため脱落することが多い.）
形 nóticeable「目立つ, 注目に値する」

perceive the importance of education ｜ 教育の重要性を認識する

語源 per-[=through 通して]＋-ceive[受け取る] →「(五感を通して)気づく」
名 percéption「認識, 知覚」　**形 percéptive**「知覚の」

evaluate the employees' performances ｜ 従業員の仕事ぶりを(正しく)評価する

語源 e-[=ex 外に]＋-valu-[価値] →「価値を表(外)に出す」
名 evaluátion「評価, 査定」　**appréciate**「～の価値(よさ)を認める」

recall her name ｜ 彼女の名前を思い出す

語源 re-[=back 元へ]＋-call[呼ぶ] →「(記憶を)呼び戻す」

be conscious of my own faults ｜ 自分自身の欠点に気づいている

語源 con-[共に]＋-sci-[=science 知識] →「知っている」　**名 cónsciousness**「意識」

the notion that smoking is cool ｜ たばこを吸うのは格好いいという考え

語源 no-[=know]＋-tion[こと] →「知ること」

the concept of time ｜ 時間の概念

動 concéive「～を思いつく(←考えを受け取る)」　**名 concéption**「思い浮かべること」

an insight into human nature ｜ 人間性への洞察

語源 in-[中に]＋-sight[見る]から「中が見えている(見抜く)こと」 →「深い理解」

① **Given** the situation, you did well. ｜ ① 状況を考えれば, 君はよくやった.
② **a given** period of time ｜ ② ある一定の期間

key ①は considering と同じ意味で, 後ろには名あるいは that 節が置かれる.

判断する・区別する・分類する

☐ 1036
conclude
[kənklúːd] コンクルードゥ **B1**

他 (that S V) ～と結論を下す
▶「ファイナルアンサーを出す」

☐ 1037
distinguish
[distíŋgwiʃ] ディスティングウィッシュ **B1**

他 (A from B) (A) を(Bと)区別する
▶「違いを認識して, 理解する」
(＊ distinguish A and B の形も可.)

☐ 1038
classify
[klǽsəfài] クレスィファイ **B1**

他 ～を分類する
▶「cláss(種類)でグループ分けする」

☐ 1039
questionnaire
[kwèstʃənéər] **B1**
クウェスチョネア

名 アンケート
▶「質問事項をアンケート形式にまとめたもの」
(＊「アンケート」という語はフランス語に由来する.)

専念する・やり遂げる

☐ 1040
commit
[kəmít] コミットゥ **B1**

他① (oneself to ～ / be － ed to ～) ～に専念する
② (犯罪など)を犯す
▶「引っ込みのつかない状態まで(すっかり)送り込む」

☐ 1041
engage
[ingéidʒ] インゲィヂ **B1**

自① (in ～) (～に)従事する ② (with ～) (～と)関わる
▶「(契約などで)縛りつける」

☐ 1042
accomplish
[əkámpliʃ] アカムプリッシュ **B1**

他 ～をやり遂げる
▶「(全力を尽くして, 目的や仕事)を成し遂げる」

☐ 1043
overcome
[òuvərkám] オゥヴァカム **B1**

他 ～を克服する
▶「(困難, 欠点)を克服する」
(＊日常では get over ～のほうが使われる.)

☐ 1044
struggle
[strágl] ストゥラゴォ
動 B2
名 B1

自① 苦闘する 名② 苦闘〈可算〉
▶「必死にもがきながら進む(こと)」

Passive Vocabulary

conclude that my shop should be closed down	店は閉鎖すべきだと結論を下す

🔲語源 **con-**[共に]+**-clud-**[=close 閉じる]から「すっかり閉じる」→「結論を下す」 **図conclúsion**「結論」

distinguish sheep **from** goats	ヒツジをヤギと区別する

🔲語源 **dis-**[バラバラ]+**-(s)ting-**[=stick 棒]から「離れた所に棒を突き刺す」→「～を区別する」
図distínction「区別」

classify the books **by** subject	テーマ別に図書を分類する

🔲語源 **class-**[種類, 等級]+**-fy**[動詞語尾]

answer a **questionnaire**	アンケートに答える

🔲語源 **question-**[質問]+**-aire**[関係する物[人]] *millionáire「百万長者, 金持ち」

① *be* **committed to** the project ② **commit** a crime	① その計画に専念している ② 犯罪を犯す

🔲語源 **com-**[共に]+**-mit**[送る] **図commítment**「約束, 献身」
図committee「委員会」(**commit-**[委ねる]+**-ee**[～される人])

① **engage in** volunteer activities ② **engage with** local people	① ボランティア活動に従事する ② 地元の人々と関わる

図engágement「関与, 約束, 婚約」 **図engáged**「従事した, 婚約した」⇨be engaged in ～「～に従事している」

accomplish this task	この仕事をやり遂げる

🔲語源 **ac-**[=ad 方向]+**-complish**[満たす] →「やり遂げる」

overcome my shyness	私の内気なところを克服する

🔲語源 **over-**[越えて]+**-come**[来る] →「～を乗り越える」
[活用]overcome - overcame - overcome

① **struggle to** bring up my children ② a **struggle for** existence	① 必死になって子どもたちを育てる （育てるのに苦闘する） ② 生存競争

🔲語源 **str-**[前に展開する] →「(前進しようと)もがく」 *stríve「努力する」

325

1045 **capable** [kéipəbl] 発 ケイパボォ **B1**	形 (of ~) (~する) 力がある ▶「~することができる」から「~やりかねない」まで.
1046 **capacity** [kəpǽsəti] 発 カペェスィティ **B1**	名① 能力　② 容量, 収容力 ▶「(物を受け入れられる)器」
1047 **potential** [pəténʃəl] ポテンショォ　名 B1 形 B2	名① 潜在能力〈不可算〉　形② 潜在的な ▶「何かになる可能性」

求める・望む

1048 **seek** [síːk] スィーク **A2**	他 ~を求める ▶「(仕事, 支援, 幸福など)をひたすら求める」 (＊日常では look for ~のほうが普通だが, 新聞や広告では séek も好まれる.)
1049 **desire** [dizáiər] ディザィァ　名 B1 動 B2	名① 願望　他② ~を強く望む ▶②日常では wánt のほうが使われる.

表す・示す

1050 **reveal** [rivíːl] リヴィーォ **A2**	他 ~を明らかにする ▶「(隠れているものや秘密)を明らかにする」
1051 **announce** [ənáuns] アナゥンス **B1**	他 ~を発表する ▶「(計画, 決定など)を公に知らせる」
1052 **declare** [dikléər] ディクレァ **B1**	他 ~を宣言する ▶「(公に)はっきりと述べる」 (＊「愛を告白する」は declare one's love と表現する.)
1053 **display** [displéi] ア ディスプレィ　動 B1 名 A2	他① ~を展示する　名② 展示 ▶「(普段見せていないもの)を見せる(こと)」

326

be **capable of** playing as a pro	プロとしてプレーできる

📖語源 cátch と同語源で「(〜という作業)をつかむことができる」→「〜する力がある」 图**capabílity**「能力」

① have the **capacity to** learn language	① 言語学習能力を有している
② *be* packed to **capacity**	② 超満員(収容力一杯)で

📖語源 cátch と同語源で「つかむ(受け入れる)ことができる」が元の意味.

① have a lot of **potential**	① 大きな潜在能力を持っている
② a **potential** customer	② 将来の(潜在的な)顧客

📖語源 potent-[力]+-ial[に関する] *pówer「力」

seek happiness	幸せを求める

图**job séeker**「求職者」 [活用]seek - sought[sɔ́ːt] - sought[sɔ́ːt]

① have a strong **desire to** succeed in life	① 人生で成功したいという強い願望を持つ
② **desire to** marry her	② 彼女と結婚したいと強く望む

圈**desírable**「望ましい」

reveal a secret **to** us	私たちに秘密を漏らす

📖語源 re-[再び]+-veal[ベール]から「覆われたベールを取り去る」→「〜を明らかにする」
反**concéal**「〜を隠す」

announce the results of the election	選挙の結果を発表する

📖語源 *pronóunce「〜を発音する」 图**annóuncement**「発表」

declare a state of emergency	非常事態宣言をする

📖語源 de-[強意]+-clare[=clear]→「はっきりさせる」

① **display** paintings	① 絵画を展示する
② a window **display**	② ショーウインドウの展示

📖語源 dis-[否定]+-play[=ply 折りたたむ]→「広げる」

327

1054
exhibit
[igzíbit] 発 イグズィビトゥ **B2**

他 ～を展示する
▶「(作品, 品物)を展示する」から「(人[物]の特徴)を示す」まで.

1055
demonstrate
[démənstrèit] デモンストゥレイトゥ **B1**

他 ～を(はっきり)示す
▶「具体的に示す, 実証する」

1056
imply
[implái] インプラィ **B2**

他 (暗に)～を意味する, ほのめかす
▶「(別の表現を用いて)間接的に言う」

移動する

1057
head
[héd] ヘッドゥ **A2**

自① (for ～)(～に)向かう 他② ～を率いる
▶①「頭を向ける」 ②「頭(リーダー)になる」

1058
accompany
[əkʌ́mpəni] アカンパニ **B1**

他① (人が主語)～と一緒に行く ② (物が主語)～に伴う
▶音楽用語では「伴奏する」という意味.

1059
transfer
★[trænsfə́:r] 発 トゥレェンスファー **B1**

自① 転勤[転校]する ② (電車などを)乗り換える
▶「(ある場所から別の場所へ)移動する」

1060
chase
[tʃéis] チェィス **名B1 動B2**

名① 追跡 他② ～を追いかける
▶「(逃げる物を捕まえようと, 速度を上げて)追う(こと)」

1061
departure
[dipá:rtʃər] ディパーチャ **B1**

名出発
▶「(飛行機, 電車, 旅などの)出発」

1062
destination
[dèstənéiʃən] デステネィション **B1**

名目的地〈可算〉
▶「運命づけられた場所」→「目的地, 行き先」

exhibit posters in the hall	ホールにポスターを展示する

名**exhibítion**[èksəbíʃən]「展示(会)」⇨ an art exhibition「美術展」

demonstrate my real ability	実力を発揮する(真の実力を示す)

名**demonstrátion**「はっきり示すこと, 実演, デモ(行進)」

imply that I will resign	辞意をほのめかす

語源 im-[中に]＋-ply[折る] →「中に折り込む」 名**implicátion**「(-s)影響, (隠れた)意味」

① **head for** the beach	① 海辺に向かう
② a team **headed by** Mr. Nakahara	② 中原氏が率いるチーム

héadline「(新聞, 雑誌などの)大見出し」

① **accompany** my boss to Germany	① 上司に同行してドイツに行く
② A cold is often **accompanied by** a fever.	② 風邪はしばしば発熱を伴う.

語源 ac-[＝ad 方向]＋-company[仲間] →「仲間として一緒に行く」

① **transfer to** the London branch	① ロンドン支店に転勤する
② **transfer at** Rome	② ローマで乗り換える

語源 trans-[越えて]＋-fer[運ぶ] →「どこかへ運ぶ」 *férry「フェリー」

① after a long **chase**	① 長い追跡の末
② **chase** the stolen car	② その盗難車を追いかける

key a car chase は「自動車同士の追跡」のこと.

the **departure** of Flight 125	125便の出発

自**depárt**「出発する」 反**arríval**「到着」

a tourist **destination**	観光(目的)地

déstiny「運命」(de-[強意]＋-sti-[＝stay とどまる])

1063

vehicle
★[víːəkl] 発 ヴィーアクォ　B1

名 (エンジンの付いた)車両
▶「車, バス, トラックなど」から「(比喩的に)手段」まで.

変化する

1064

transform
[trænsfɔ́ːrm] トゥレェンスフォーム　B1

他 ~を(大幅に)変える
▶「(良くなるように)大きく変える」

1065

expand
[ikspǽnd] イクスペェンドゥ　B1

自① 拡大する, 膨張する
他② ~を拡大する, 膨張させる
▶「(物, 事が一方向だけでなく全方向に)膨らむ, 拡大する」

1066

extend
[iksténd] イクステンドゥ　B1

他① ~を延長する, 広げる　**自**② 伸びる, 広がる
▶「(長さ)を伸ばす」から「(時間)を延ばす」まで.

1067

adapt
[ədǽpt] アデェプトゥ　B1

自① (to ~) (~に)適応する
他② (A to B) (B に A)を適応させる
▶「現状を調整して, 新しい状況に合わせる」

1068

spread
[spréd] 発 スプレッドゥ　名A2 動B2

名① 広がり　**他**② ~を広げる　**自**③ 広がる
▶②「(新聞, 地図, 両腕など)を広げる」
　①③「(うわさ, 細菌, 思想などの)広がり, (-が)広がる」

1069

alter
[ɔ́ːltər] 発 ア オーオタ　B2

他 ~を変える
▶「(全てをそっくり変えるのではなく, 一部)を変更[修正]する」

身体的な動作

1070

stare
[stéər] ステア　B1

自 (at ~) (~を)じっと見つめる
▶「(意識的に)じっと見つめる」
◇ gáze「(無意識のうちに)じっと見つめる」

emergency **vehicles**	緊急車両

📚語源 veh-[運ぶ]＋-icle[小さな]から「小型の運ぶもの(車)」→「車両」
　　　*véctor「ベクトル(←大きさと方向を運ぶ)」

---

transform the old house **into** a shop	その古い家を改造して店にする

📚語源 trans-[越えて]＋-form[形]→「形を変える」 *úniform「制服(←同一の形)」
🔠**transformátion**「変形, 変化」

---

① Water **expands** when it freezes.	① 水は凍ると膨張する.
② **expand** my business	② ビジネスを拡張する

📚語源 ex-[外に]＋-pand[広げる]→「膨らんでいく」 🔠**expánsion**「拡大, 膨張, 進出」

---

① **extend** the deadline **by** one week	① 締め切りを1週間延ばす
② The meeting **extended** over five hours.	② その会議は5時間にも及んだ.

📚語源 ex-[外に]＋-tend[伸びる] 🔠**exténsion**「拡張, 増大, 内線」 🔠**exténsive**「広範囲の」

---

① **adapt to** a new school life	① 新しい学校生活に適応する
② **adapt** the menu **to** customers' needs	② メニューを客の要望に合わせる

🔑key 家電製品などで用いられる「アダプター」は「電圧などを機械の設定に適応させる器具」のこと.

---

① the rapid **spread** of a new virus	① 新型ウイルスの急速なまん延
② **spread** a handkerchief over my lap	② ひざの上にハンカチを広げる
③ The news **spread rapidly.**	③ そのニュースは急速に広まった.

🔠**wídespréad**「広範囲にわたる」 [活用]spread - spread - spread

---

alter the fact	事実を変える

📚語源 alt-[ほかのもの]→「ほかのものにする」 *álien「異質な」 🔠**alterátion**「(部分的な)変更, 改変」

---

stare at a computer screen	コンピュータの画面をじっと見つめる

📚語源 sta-[じっとして] *stáy「滞在する, とどまる」 *stár「星」

1071
glance
[glǽns] グレェンス　　動名 B1

自① ちらりと見る　名② ちらりと見ること
▶「一瞬だけ lóok(自ら見る)する」

1072
stretch
[strétʃ] ストゥレッチ　　B1

他① (手足や体)を伸ばす，広げる　自② 伸びる，広がる
▶「(ラーメンやうどんなどの麺が)のびる」はbecome softと表現する.

1073
press
[prés] プレス　　動名 B1

他① ～を(強く)押す　名② (the -)報道機関，出版
▶①púshより「強く押し込む」

1074
grab
[grǽb] グレェブ　　B1

他 (ぐいっと)～をつかむ
▶「(突然ぐいっと)つかむ」から「(食事)を急いでとる」まで.

1075
bury
[béri] 発 ベリ　　A2

他 ～を埋める，埋葬する
▶「土や雪などの中に入れる」

1076
tremble
[trémbl] トゥレムブォ　　B1

自 震える
▶「(恐怖や怒りなどで)ガタガタ震える」

1077
scream
[skríːm] スクリーム　　動 B1　名 A2

自① 悲鳴を上げる　名② 悲鳴
▶「怒り, 恐怖, 興奮で叫ぶ(こと)」

1078
nod
[nád] ナッドゥ　　名 B1　動 B2

名① うなずき，会釈　自② うなずく
▶「(同意を示すために)うなずく(こと)」

打つ

1079
strike
[stráik] ストゥライクゥ　　動 B1　名 A2

他① ～を打つ　名② ストライキ
▶①日常では hít のほうが使われる.

| ① glance at the clock | ① 時計をちらっと見る |
| ② at first glance | ② 一見したところでは |

> ■語源 「きらりと光ること」が元の意味. *góld「金」

| ① stretch out my arms | ① 腕を伸ばす |
| ② stretch to the horizon | ② 地平線まで広がる |

> ♀key 日本語でも「ストレッチ(手足を伸ばす柔軟運動)」はよく使われる. ⇨stretch (oneself)「背伸びする」

| ① press a button | ① ボタンを押す |
| ② freedom of the press | ② 報道の自由 |

> 図préssure (on ~)「(~に対する)プレッシャー, 圧力」

| grab him by the neck | 彼の首根っこをつかむ |

> ■語源 gra-[つかむ] *gríp「(しっかりと)つかむ」

| bury a time capsule | タイムカプセルを埋める |

> ♀key bury berries「イチゴを埋める」というフレーズで覚えよう. (* búry と bérry は同じ発音.)

| tremble with fear | 恐怖で震える |

> ■語源 trem-[震える]+-le[反復] *treméndous「すさまじい」(trem-[震える]+-ous[多い])

| ① scream in horror | ① 恐怖で悲鳴を上げる |
| ② give a scream for help | ② 助けを求めて叫ぶ(悲鳴を上げる) |

> ♀key 悲鳴を上げるときの擬音語. なお, sc- の形の語は「削る, ひっかく, 薄い」のイメージを持つ単語が多い. ⇨a scále「魚のうろこ」 a scréw「ねじ」

| ① give a slight nod | ① 軽くうなずく |
| ② nod and smile | ② うなずき, そして微笑む |

> ♀覚え方 no- で始まるが"Yes"のジェスチャー.

| ① strike him on the cheek | ① 彼のほほを打つ |
| ② go on (a) strike | ② ストライキをする |

> [活用]strike-struck-struck

333

1080 **beat** [bíːt] ビートゥ **B1**	他 ① 〜を打つ ② 〜に勝つ ▶①「(繰り返し)たたく」→②「(相手を)打ち負かす」
1081 **conquer** [kánkər] 発 ア カンカ **B1**	他 (国や地域, 敵など)を征服する ▶「武力などで制圧する, 相手をとことんやっつける」

守る・逃げる

1082 **defend** [difénd] ディフェンドゥ **B1**	他 (A from B) (B から A)を守る ▶「相手の攻撃から守る」
1083 **restore** [ristóːr] リストー **B1**	他 ① (治安など)を回復する ② (絵など)を修復する ▶「元の状態に戻す」
1084 **escape** [iskéip] イスケィプ 動 **B1** 名 **A2**	自 ① (from 〜) (〜から)逃れる 名 ② 逃亡 ▶「(今ある現実から)逃げる(こと)」

得る・捨てる

1085 **acquire** [əkwáiər] アクワィァ **B1**	他 〜を習得する, 獲得する ▶「(知識や技術, 能力など)を習得する」から「(市民権など)を取得する」まで. (＊gét より堅い語.)
1086 **possess** [pəzés] 発 ポゼス **B1**	他 〜を所有している ▶「(貴重な物, 才能など)を持っている」
1087 **distribute** [distríbjuːt] ア ディストゥリビュートゥ **B1**	他 〜を分配する, 配る ▶日常では＊hand 〜 out のほうが使われる.
1088 **abandon** [əbǽndən] アベェンダン **B1**	他 〜を捨てる, 放棄する ▶「(希望, 計画など)を断念する」から「(国, 家族など)を置き去りにする」まで.

Passive Vocabulary

① beat a drum
② beat[×win] the world champion at chess

① 太鼓をたたく
② チェスの世界チャンピオンに勝つ

■語源 「続けざまに打つ」が元の意味. *bát「バット」

Science will **conquer** cancer.

科学はがんを征服するだろう.

■語源 con-[強意]＋-quer[求める]→「(獲得しようと)強く求める」 *requést「要請(←何度も求める)」
名cónquest[kánkwest]「征服」

learn karate to **defend** myself
　　　　[kərá:ti]

自分の身を守るために空手を習う

名defénse「防御」 反attáck「～を攻撃する」 ⑧offénd「(人)の感情を害する」 offénse「罪, 違反」

① **restore** peace in the Middle East
② **restore** the old church

① 中東の平和を回復する
② その古い教会を修復する

■語源 同語源のréstaurantは「疲労を回復させる場所」が元の意味.

① **escape from** the burning house
② look for an **escape** route

① 燃え盛る家から逃げる
② 逃げ道を探す

■語源 es-[=ex脱ぐ]＋-cape[(束縛する)マント]から「束縛するマントを脱ぐ」→「(束縛から)逃れる」

acquire a foreign language

外国語を習得する

■語源 ac-[=ad方向]＋-quire[探し求める] *quéstion「質問」 ⑧覚え方 悪はイヤと善を「身につける」
名acquisítion「習得, 獲得, 買収」

possess a special talent

特別な才能を所有している

■語源 po-[=potent力]＋-sess[座る]から「力が居座っている」→「力を持っている」
*poténtial「潜在能力, 可能性」 名posséssion「所有(物)」

distribute handouts[×prints]

プリントを配る

■語源 dis-[バラバラ]＋-tribute[与える] 名distribútion「分配, 配付, 分布」

abandon nuclear weapons

核兵器を放棄する

■語源 a-[の下に]＋-ban-[命じる]から「命じられるがままになる」→「(権利など)を放棄する」
*bánish「～を追放する」

335

1089
eliminate
[ilímənèit] イリミネイトゥ **B1**

他 (不要な人，物，事)を排除する
▶日常では get rid of などのほうが使われる.

生み出す・現れる

1090
generate
[dʒénərèit] ヂェネレイトゥ **B1**

他 (電気，利益など)を生み出す
▶「(電気，熱など)を発生させる」から「(利益や考え，感情など)を生み出す」まで.

1091
emerge
[imə́:rdʒ] 発 イマーヂ **B1**

自 (隠れていたものが)現れる
◇ appéar「現れる(←視界に入ってくる)」

1092
derive
[diráiv] ディライヴ **B1**

自 (from ～) (～に)由来する
▶ come from ～「～に由来する」より堅い語.

1093
persist
[pərsíst] パスィストゥ **B2**

自① 持続する，残る
② (in[with]～) (～を)貫く，(～に)固執する，(～を)続ける
▶①「(痛みや雨など好ましくないことが)続く」

1094
vanish
[vǽniʃ] ヴェニシュ **B2**

自 消える
▶「(突然，不明確な理由で)消える」
(＊日常では disappéar のほうが使われる.)

1095
origin
★[ɔ́:rədʒin] オーリヂン **B1**

名 起源
▶「あるものの出所，原因」

人・物への働きかけ

1096
convince
[kənvíns] コンヴィンス **B1**

他 (A of B) (A)に(Bを)確信させる，
(A that S V) (A)に(～ということを)確信させる
▶「(相手を追い詰めて)説き伏せる，思い込ませる」

1097
inspire
[inspáiər] インスパイア **B1**

他 ((人) to do) (人)を～するよう奮起させる
▶「やる気にさせる，(ある感情や考えを)吹き込む」

eliminate gender discrimination	男女差別をなくす

🔲 語源 e-[=ex 外]+-limi-[=limit 境界] →「境界から外へ出す」
🔵 elimínátion「排除,（競技の）予選」

generate electricity	電気を生み出す

🔲 語源 gen-[生む] 🔵 generátion「世代, 生み出すこと, 発電」

emerge from the darkness	暗闇から現れる

🔲 語源 e-[=ex 外に]+-merge[水の中] →「水の中から出る」
*emérgency「緊急事態(←突然, 出てくる事態)」

This word **derives from** Latin.	この単語はラテン語に由来する.

🔲 語源 de-[下]+-rive[=river]から「川の水を引く」→「由来する」
*ríval「競争相手(←同じ川の水を使う人)」

① My fever **persisted** for a week.	① 熱が一週間続いた.
② **persist in** causing trouble	② 厄介なことばかり引き起こす(引き起こし続ける)

🔲 語源 per-[=through 通して, ずっと]+-sist[=stand 立つ] →「立ち続ける」

vanish without a trace	跡形もなく消える

🔲 語源 va-[空っぽの]+-ish[動詞語尾]から「空っぽになる」→「消える」
*vacátion「休暇, 休日(←家を空っぽ(留守)にすること)」

the **origin** of life on Earth	地球上の生命の起源

🔲 語源 ori-[太陽が昇る, 日が出る方向の] *-óriented「～指向の, ～に向いている」⇨ a male-oriented society「男性中心社会」 🔵 original「最初の, 独創的な」 🔵 originally「(今は違うが)元々は」

convince him **that** I am innocent	私が無罪であることを彼に確信させる

🔲 語源 con-[強意]+-vince[=vict 征服する] *víctory「勝利」

His remark **inspired** me **to** study.	彼の発言で私の勉強のスイッチが入った (彼の発言が私を奮起させた).

🔲 語源 in-[中に]+-spire[息] →「息を吹き込む」 *aspíre「熱望する」(a-[=ad 方向]+-spire[息])
🔵 inspirátion「霊感, インスピレーション」

1098
promote
[prəmóut] プロモゥトゥ
B1

他①〜を促進する

②(be[get] −d to 〜)(〜に)出世[昇進]する

▶「(成長, 健康, 販売など)を促進する」から「(人)を昇進[進級]させる」まで.

1099
discourage
[diskə́:ridʒ] 発 ディスカーリッヂ **B1**

他((人) from doing)(人)が〜するのをやめさせる

▶ from は「制止」の意味で使われることが多い.
◇ encourage (人) to do「(人)に〜するよう促す」

1100
warn
[wɔ́:rn] 発 ウォーン **B1**

他(言葉で)〜に警告する

▶「(危険や, やってはいけないことに対して)前もって注意を促す」

1101
force
[fɔ́:rs] フォース
動 **B2**
名 **A2**

他①〜に強いる 名② 力, 武力

▶①「無理矢理〜させる」→②「力」

1102
restrict
[ristríkt] リストゥリクトゥ **B1**

他〜を制限する

▶「(言論の自由)を制限する」から「(カロリー)を制限する」まで.

1103
interrupt
[ìntərʌ́pt] ア インタラプトゥ **B1**

他〜を中断する, (人の話)を遮る

▶「間に割って入る」→「(人の話や仕事など)を短時間中断させる」

1104
impose
[impóuz] イムポゥズ **B2**

他(A on B)(A)を(B に)課す, 押しつける

▶「(税や規則など)を押しつける」

(悪く・良く) 〜させる

1105
scare
[skéər] スケア **B1**

他〜をおびえさせる

▶日常では frighten「〜を怖がらせる」よりも使われる.

1106
alarm
[əlá:rm] アラーム
動 **B1**
名 **A2**

他①〜を不安にさせる 名② 恐怖, 不安

▶「(危険に突然気づいて)とても恐れさせる」

---

① **promote** healthy eating habits | ① 健全な食習慣を促進する
② **get promoted to** president | ② 社長に昇進する

語源 pro-[前方]+-mote[=move 動かす]から「前に動かす」→「促進する」
图 **promótion**「促進, 出世」⇨ a promotion(al) video「販売促進用ビデオ(PV)」

discourage him **from** buying a yacht | 彼にヨットを購入するのを思いとどまらせる

語源 dis-[バラバラ]+-courage[勇気]→「やる気をなくさせる」

warn him **to** follow the rules | 規則に従うよう彼に警告する

key 発音の似ている wár[wɔ́:r]「戦争」とセットで覚えよう. 图 **wárning**「警告, 警報」

① **force** him **to** sign the contract | ① 彼に契約書に署名するように強いる
② the **forces** of nature | ② 自然の(種々の)力

語源 音楽用語の fórte「フォルテ(強音で演奏するところ)」と同語源.
the Self-Defense Forces of Japan (SDF)「自衛隊」

restrict the use of cars | 車の使用を制限する

語源 re-[再び→強意]+-strict[厳しい]→「とても厳しくする」 图 **restríction**「制限」

interrupt a speech **with** questions | 質問して講演を遮る

語源 inter-[間]+-rupt[破壊]→「間に入って破壊する」 *bánkrupt「倒産した」

impose a total ban **on** smoking | 喫煙を全面的に禁止する(禁止を課す)

語源 im-[中に]+-pose[置く]→「押し込む」 *propóse「～を提案する(←前方に置く)」

scare the birds **away** | その鳥をおびえさせて追い払う

key scárecrow「案山子(←カラスをおびえさせる物)」で覚えよう.
图 **scáred**「(人が)怖がって」⇨ be scared of ~「～を怖がる」

① **be alarmed to** hear a man shout | ① 男が叫ぶのを聞いて, びっくりする(不安にさせられる)
② cry out **in alarm** | ② 恐怖を感じて叫ぶ

an alarm (clock)「目覚まし時計」

1107
disappoint
[dìsəpóint] ディサポイントゥ **B1**

他 ～を失望させる
▶日常では let ～ down のほうが使われる.

1108
entertain
[èntərtéin] エンタティン **B1**

他 ～を楽しませる, もてなす
▶「((観)客)を楽しませる」

1109
fascinate
[fǽsənèit] フェッスィネイトゥ **B1**

他 ～を魅了する
▶「極めて面白いと思わせて, 引きつける」

名誉・情熱・感情

1110
honor
[ánər] 発 アナ **A2**

名 名誉, 栄誉
▶「誇りに感じること」

1111
enthusiasm
[inθú:ziæzm] 発
インθゥーズィェズム **B1**

名 情熱
▶「(何かにとりつかれたかのような)情熱, 熱狂」

1112
passion
[pǽʃən] ペッション **B1**

名 情熱
▶「強く抑え難い(熱中, 激情, 情欲などの)感情」

1113
affection
[əfékʃən] アフェクション **B1**

名 愛情
▶「(穏やかな)愛情」 ◇lóve「(激しい)愛情」

1114
delight
[diláit] ディライトゥ
名 **B1**
動 **B2**

名① (大)喜び 他② ～を(大いに)喜ばせる
▶「大きな喜び(を与える)」

1115
reluctant
[rilʌ́ktənt] リラクタントゥ **B2**

形 (to do) (～するのは)気が進まない
▶「やりたくない気持ち」と「義務感」の間の「葛藤」を示唆する.
(＊「(最終的には)実行する」ことが多い.)

---

be **disappointed with** the game | その試合にがっかりする

🔲語源 dis-[否定]+-appoint[任命]→「(任命を取り消して)がっかりさせる」
🈺 disappóintment「失望」

---

entertain an audience | 観客を楽しませる

🈺 entertáiner「エンターテイナー, 楽しませる人」
🈺 entertáinment「娯楽, 歓待」⇨ the entertainment world「芸能界」

---

be **fascinated by** the novel | その小説に魅了される

🈺 fáscinating「魅力的な」

It's an **honor** to be here. | お招き頂きありがとうございます
| (ここにいることは名誉です).

🔲語源 hon-[高位] *hónest「正直な」

---

the voice full of **enthusiasm** | やる気に満ちあふれた声

🔲語源 en-[中に]+-thus-[神]+-asm[=ism 状態]から「(心の)中に神がとりついた状態」
*theólogy「神学」 🈺 enthusiástic (about ~)「(~に)情熱的な」

---

have a **passion for** music | 音楽への情熱を持っている

🔲語源 pass-[苦しみに耐える]→「(耐えるための)情熱」 *pátient「忍耐強い」
🈺 pássionate「情熱的な」

---

feel great **affection for** my child | 子どもに強い愛情を感じる

🈺覚え方 "あ, フェクション!""どうしたの?風邪? 私の「愛情」で治してあげる…"
🔲語源 affect-[影響を与える]+-ion[名詞語尾]から「(人の心に)与える影響」→「愛情」

---

① to his **delight** | ① 彼が喜んだことに
② *be* **delighted to** hear the news | ② その知らせを聞いて大いに喜ぶ

🈺key 「líght(光)を当てる」→「喜ばせる」と覚えよう.
🈺 delíghted「(人が)大いに喜んで」 🈺 delíghtful「(事柄が)楽しませる」

---

be **reluctant to** go with him | 彼と一緒に行くのは気が進まない

🈺 relúctantly「いやいや, しぶしぶ」 🈺 *be* ready[happy] to *do*「喜んで~する」

341

1116
fuss
[fÁs] ファス **B1**

名 大騒ぎ
▶「(必要以上に)あれやこれやと騒ぎたてること」

1117
emotion
[imóuʃən] イモウション **B1**

名 (特に強い) 感情〈可算〉
▶「(外に現れる喜怒哀楽の)感情」
(＊féeling よりも強い「感情」を表す.)

1118
sympathy
[símpəθi] スィンパθィ **B1**

名 同情, 共感 ▶「誰かと同じ気持ちを持つこと」
◇compássion「思いやり(←同情＋助けたい気持ち)」

政治

1119
policy
[páləsi] パリスィ **B1**

名① 政策 ② 方針
▶「国や個人のやり方」

1120
affair
[əféər] アフェア **A2**

名 (−s) 情勢, 問題
▶「(政治などの)情勢」から「(出来事や活動などの漠然とした)事柄」
まで.

1121
minister
[mínistər] ミニスタァ **B2**

名 大臣
▶〈米〉では sécretary「(省の)長官」に相当する.

1122
candidate
★[kǽndidèit] キェンディディトゥ **B2**

名 (for 〜) (〜の)候補(者)
▶「そうなりそうな人, 物」

1123
conservative
[kənsə́:rvətiv] 発
コンサーヴァティヴ **B1**

形 保守的な
▶「新しい考えを好まない」

経済・産業

1124
fortune
[fɔ́:rtʃən] フォーチュン **A2**

名① 財産 ② 運
▶②「幸運」→ ①「(幸運によって得られる)財産」
(＊①は熟語で用いる.)

| make a fuss | 大騒ぎをする |

🔑key ínfant「幼児(←話せない者)」の -fa-[話す]と関連づけて覚えよう.

| show my emotions | 感情を表に出す |

語源 e-[=ex 外に]+-motion[動き] →「心の動きが外に出たもの」
形 emótional「感情的な, 感動的な」 名 emóticon「(コンピュータ)絵文字」

| have deep sympathy for the child | その子に本当に同情する |

語源 sym-[同じ]+-pathy[感情] 類 émpathy「感情移入」(em-[=in 中に])

| ① U.S. foreign policy | ① アメリカの外交政策 |
| ② It is my policy. | ② それは私のポリシー(方針)だ. |

語源 poli-[(ギリシャの都市国家ポリス→)政治, 管理] *pólitics「政治」 *políce「警察」

| international affairs | 国際情勢 |

類 world affairs「世界情勢」 love affair「恋愛(関係), 情事」

| the prime minister | 内閣総理大臣 |

語源 mini-[小さい]+-ster[人]から「(王に仕える)小さい人(召使い)」→「大臣」
名 mínistry「(政府の)省」⇨ the Ministry of Finance「(日本の)財務省」

| a candidate for governor | 知事候補 |

語源 can-[白い] →「古代ローマでは選挙の候補者が『白い』服を着ていた」
*cándle「ろうそく」 *cáncel「～を取り消す(←白くして消す)」

| the Conservative Party | 保守党 |
| (* the Labour Party「労働党」と共にイギリス2大政党の1つ.) | |

語源 con-[強意]+-serve[奉仕する]から「従来からの伝統や習慣などに奉仕する」→「保守的な」
反 progréssive「進歩的な, 革新的な」

| ① make a fortune | ① ひと財産を作る |
| ② tell his fortune with playing cards | ② トランプで彼の運勢を占う |

形 fórtunate「幸運な」(⇔ unfórtunate「不運な」) 副 fórtunately「幸運にも」(⇔ unfórtunately「不運にも」)

☐ 1125 **income** [ínkʌm] インカム **B1**	**名 収入** ▶「(給与, 株のもうけ, 年金など)収入の合計」
☐ 1126 **profit** [práfit] プラフィトゥ **B2**	**名 利益, 利潤** ▶「何かをして得たお金」
☐ 1127 **expense** [ikspéns] ア イクスペンス **B1**	**名 ① 費用, 経費　② (at the − of 〜) (〜を)犠牲(にして)** ▶「(比較的多額の)出費, 犠牲」
☐ 1128 **tax** [tǽks] テェックス **B1**	**名 税金(〈米〉→〈可算〉　〈英〉→〈不可算〉)** ▶英語は全体的に〈米〉より〈英〉のほうが簡潔に表現される. (〔例〕「交通機関」→〈米〉transportátion　〈英〉tránsport)
☐ 1129 **debt** [dét] 発 デットゥ **B1**	**名 借金** ◇「借金をする」は bórrow を用いる.
☐ 1130 **insurance** ★[inʃúərəns] インシュァランス **B1**	**名 保険〈不可算〉** ▶「保険会社との支払いに関する合意」
☐ 1131 **purchase** [pɔ́ːrtʃəs] 発 パーチェス 動名 **B2**	**他 ① 〜を購入する　名 ② 購入(品)** ▶「(高額な物)を購入する」
☐ 1132 **invest** [invést] インヴェストゥ **B1**	**他 (A in B) (A)を(Bに)投資する** ▶「(お金, 時間など)を投資する」
☐ 1133 **financial** ★[finǽnʃəl] フィネェンシォ **B1**	**形 財政的な** ▶「お金およびその運用に関わる」
☐ 1134 **industry** [índəstri] インダストゥリィ **B1**	**名 ① 工業　② (the 〜 industry)〜産業** ▶①「大規模な製品の製造」

Passive Vocabulary

earn a large **income**	高収入を得る

🔲語源 in-[中に]＋-come[来る] →「中に入ってくるもの」 🔶**expénse**「費用」

make a large **profit**	大きな利益を得る

🔲語源 pro-[前方]＋-fit[＝fic 作る]から「前に出て作り出す」→「利益」 *propéller「プロペラ」
🔶**prófitable**「利益が出る，有益な」 ◎**próphet**「予言者」(＊ prófit と同じ発音.)

① **cover** all my **expenses**	① 私の全ての費用をまかなう
② at the **expense** of my health	② 自分の健康を犠牲にして

🔶**expénsive**「高価な」(⇔ **inexpénsive**「安価な」)

pay taxes on my income	収入に課された税金を払う

🔲語源 *táxi「タクシー(←料金メーターのついた車)」 🔶**táx-free**「免税の」

pay back a **debt**	借金を返す

🔲語源 de-[＝down マイナス]＋-bt[＝have 持っている] →「負債を抱える」

buy health **insurance**	健康保険に入る

🔲語源 in-[＝en 動詞化]＋-sur-[＝sure 確かな]から「確実にするもの」→「保険」

① **purchase** an apartment in London	① ロンドンでマンションを購入する
② the **purchase** of a luxury car	② 高級車の購入

🔲語源 pur-[求める]＋-chase[追跡する]から「追求する」→「購入する」

invest one million yen in **stocks**	株に100万円を投資する

🔲語源 in-[中に]＋-vest[服] →「(投資で金をもうけて)よい服を着る」 *vést「ベスト，チョッキ」
🔶**invéstment**「投資」

receive **financial** support	財政支援を受ける

🔲語源 fin-[終わり] →「金による決着」 *fíne「罰金」 🔶**fínance**「財政，資金」

① **commerce** and **industry**	① 商工業
② the leisure **industry**	② レジャー産業

🔶**indústrial**「工業の，産業の」⇨ the Industrial Revolution「産業革命」

345

1135
agriculture
[ǽgrikÀltʃər] エァグリカォチャ **B1**

名 農業, 農学〈不可算〉
▶日常では fárming「農業」のほうが使われる.

仕事

1136
hire
[háiər] ハィァ **B1**

他 ① 〜を(一時的に)雇う
② (金を払って短期間)〜を借りる
◇emplóy「(正規に)〜を雇う」

1137
resign
[rizáin] **発** リザィン **B2**

自 ① (as 〜)(〜を)辞職する **他** ② (地位など)を辞める
▶「(地位のある人が途中で公的に)辞職する」

1138
assign
[əsáin] **発** アサィン **B1**

他 〜を割り当てる
▶「〜を(人に)割り当てる」

1139
labor
[léibər] レィバ **A2**

名 労働
▶主に「肉体労働」や「(肉体的, 精神的に)つらい仕事」

1140
service
[sə́ːrvis] **発** サーヴィス **B1**

名 ① (政府・企業による)事業 ② サービス, 接客〈不可算〉
▶「人の役に立つこと」

1141
occupation
[àkjupéiʃən] アキュペィション **A2**

名 職業〈可算〉
▶公文書などで使われる堅い語. (*日常ではjóbのほうが使われる.)

1142
career
[kəríər] **発** カリァ **B1**

名 職業, 経歴　▶「(生涯にわたって)人が歩む(歩んできた)道」
◇jób「(一時的なものも含めた)仕事」

1143
profession
[prəféʃən] プロフェッション **B1**

名 (専門的な)職業
▶「(弁護士, 医師など)特別な訓練や高度な知識を必要とする専門職」

organic **agriculture**	有機農業

🔟 **agricúltural**「農業の」

---

① **hire** movers	① 引っ越し業者を雇う
② **hire** a car	② 車を借りる

🔑 key 発音の似ている 図**fíre**「～をクビにする」とセットで覚えよう. ⇨ You're fired!「お前はクビだ.」

---

① **resign** as coach (＊役職名は〈不可算〉.)	① コーチを辞める
② **resign** my post	② ポスト(責任ある地位)を辞する

🟦語源 re-[後ろ]＋-sign[署名]→「署名を撤回する」 图**resignátion**「辞職」

---

assign the important job **to** him	彼にその大切な仕事を割り当てる

🟦語源 as-[＝ad 方向]＋-sign[印]から「(誰の担当かと)印をつける」→「～を割り当てる」
图**assígnment**「宿題, 割り当て」

---

manual labor	肉体労働

🟦語源 *collaborátion「共同作業, コラボ」

---

① **public services**	① 公共事業
② The **service** here is excellent.	② ここのサービスはすばらしい.

---

state my name and **occupation**	氏名と職業を述べる

🔑 key óccupy「～を占める」の名詞形(「人生を占有するもの」→「職業」).

---

begin a **career** as a doctor	医者として働き始める(職業を始める)

🔑 key 日本語の「キャリア」は「経歴」の意味で使われることが多い.

---

enter the legal **profession**	法律関係の仕事に就く

🟦語源 pro-[前方]＋-fess-[言う]→「はっきり言う人」 *conféss「～を告白する」(con-[すっかり])
proféssional📙「専門的な, プロの」图「専門家, プロ」

unemployment
[Ànimplɔ́imənt] アニムプロィメントゥ B1

名 失業, 失業率(= − rate)〈不可算〉
▶「無職の状態」もしくは「無職の人の総数」

1145

firm
[fə́ːrm] 発 ファーム
名形 B1

名① 会社 形② (土台, 信念などが)固い
▶①「(主に製造をしない小規模の)会社, 事務所」
　◇cómpany「(規模に関係なく製造したり売買したりする)会社」
　　búsiness「(小規模の一般の)会社」

1146

branch
[bræntʃ] ブレェンチ
A2

名① 支店, 支局 ② 枝
▶「枝(bránch)分かれしてできたもの」

本店 → 支店 支店 支店

1147

agency
[éidʒənsi] エィヂェンスィ
A2

名① 代理店 ② (政府)機関
▶「(権限を委ねられて業務を遂行する)組織」

1148

editor
[édətər] エディタ
A2

名 (新聞, 雑誌などの)編集長, (書籍の)編集者
▶「本, 雑誌などを企画し, 作る人」

1149

colleague
[káliːɡ] カリーグ
B2

名 同僚
▶主に「(専門職, 公職にある人の)同僚」
　(＊〈米〉では cóworker「同僚」のほうが使われる.)

社会

1150

code
[kóud] コゥドゥ
A1

名 (服装などの)規定
▶「書かれたもの」

1151

principle
[prínsəpl] プリンスィポォ
B1

名 原理
▶「(行動や思想などの基盤となる)一貫した考え, 信念」

1152

prejudice
[prédʒudis] プレヂュディス
B1

名 偏見, 先入観
▶「異なる民族, 宗教, 性を持つ人々に対する根拠のない意見・感情」
　◇a preconceived idea「(一般的な)先入観」

Passive Vocabulary

high **unemployment**	高い失業率

語源 un-[否定]+-employment[雇用]→「失業」 形**unemplóyed**「失業した」 他**emplóy**「〜を雇う」

① a law **firm**	① 法律事務所
② I am a **firm** believer in fate.	② 私は運命をとても強く信じている.

副**fírmly**「固く, きっぱりと」⇨ firmly believe 〜「〜を強く信じる」

① the **branch** of this bank	① この銀行の支店
② break **branches** off the trees	② その木の枝を折る

◈**a head office**「(銀行などの)本店」 **a headquarters**「本部」

① a travel **agency**	① 旅行代理店
② the Central Intelligence **Agency**(CIA)	② アメリカ中央情報局

語源 age-[行う]から「(業務を)行うところ」→「代理店, 機関」 *ágent「代理人」 *áct「行動する」

the **editor** of *The Japan Times*	『ジャパン・タイムズ』の編集長

他**édit**「〜を編集する」 名**edítion**「(出版物の)版」

a **colleague** from work	会社の同僚

語源 co-[=con 共に]+-league[選ばれた人]

a dress **code**	服装規定

◈〈米〉**a zip code** 〈英〉**a postcode**「郵便番号」(＊この code は「信号(体系), 暗号」の意味.)

in **principle**	原則的には

語源 princip-[第1位]→「1番のもの」 *príncipal「主要な；校長」(＊ príncipleと同じ発音.)

have racial **prejudice**	人種的偏見を持つ

語源 pre-[前に]+-judice[=judge 判断]→「見る前から判断すること」

349

1153
conduct
名[kándʌkt] カンダクトゥ
動[kəndʌ́kt] カンダクトゥ

名 B1
動 B2

名① 行為 他② ～を行う
▶②「(調査，実験など)を実施する」

1154
gender
[dʒéndər] ヂェンダ

A2

名 性 ▶「(社会的，文化的な観点での)性」
◇ séx「(生物学的な観点での)性」

1155
authority
[əθɔ́:rəti] オθォーリティ

B1

名 権威，権力
▶「他者を服従させる力，特定の分野で優れたものとして認められること」

1156
trend
[trénd] トゥレンドゥ

B1

名① (世の中の)風潮，傾向 ② 流行
▶「(一般的な)傾向，風潮」
◇「(個人の)傾向」は tend to do「～する傾向がある」と表現する.

1157
duty
[djú:ti] デューティ

B1

名① 義務 ② 関税
▶「(法律的，道徳的に)果たさなければならないこと」

1158
access
★[ǽkses] エァクセス

B1

名 利用する権利，方法
▶「目標となる場所，物に近づく権利，方法」

1159
poverty
[pávərti] パヴァティ

B1

名 貧困〈不可算〉
▶「家計が苦しい」は be badly off と表現する.

1160
racial
[réiʃəl] レイシォ

B1

形 人種の，民族の ▶「(身体の特徴によって分けられる)人種の」
◇ éthnical「(文化的特徴によって分けられる)民族の」

自由・正義・福祉・安全

1161
liberty
[líbərti] リバティ

A2

名 自由
▶「(主に社会的，政治的な)抑圧からの解放」
◇ fréedom「(主に個人の言動や思想の)自由」

① a code of **conduct** | ① 行動規範
② **conduct** a survey | ② 調査を行う

語源 con-[共に]+-duct[導く] → 「全体を導く」 *prodúce「～を生産する(←前に導く)」
condúctor「指揮者，(列車の)車掌，伝導(体)」

gender stereotypes | 性別による固定観念

語源 gen-[生む] → 「生まれたもの」 **génder-free**「性別に関係のない」

an **authority on** Russian history | ロシア史の第一人者(権威)

語源 author-[生み出す人]+-ity[であること] **authórities**「当局」

① a **trend toward** hiring cheap labor | ① 低賃金の労働者を雇う風潮
② the latest **trend** in high heels | ② ハイヒールの最新の流行

key 日本語でも「今年のトレンド」などで使われる． **tréndy**「流行の」

① **fulfill** my **duties** | ① 義務を果たす
② **duty**-free shops | ② 免税店

have **access to** a computer | コンピュータを利用できる
(利用する権利を持つ)

accéssory「付属品(←近くにある物)，アクセサリー」

fight against **poverty** | 貧困と戦う

key póor「貧しい」の名詞形.

racial discrimination | 人種差別

ráce「人種」⇨ the human race「人類」 **rácism**「人種差別」

the Statue of **Liberty** | 自由の女神像

líberal「自由主義の」 **líberate**「～を解放する」 **liberátion**「解放」

1162

justice

[dʒʌ́stis] ヂャスティス B1

名 正義
▶「公平で道徳的，法的に正しいこと」

1163

welfare

[wélfèər] ウェオフェア B2

名 福祉
▶〈健康＋幸福〉のイメージ．
（＊日本語の「福祉」とは若干意味が異なる.）

1164

security

[sikjúərəti] セイキュリティ B1

名 (国家などの)安全
▶「(外部の脅威からの)安全」

1165

aid

[éid] エイドゥ B1

名 援助〈不可算〉
▶「(政府や団体による)援助」

宗教

1166

religion

[rilídʒən] リリヂョン B1

名 宗教
▶「何かの信仰に基づく組織」

1167

myth

[míθ] ミθ B1

名 神話 ▶「(古代の)神話」から「(俗説という意味での)神話」まで.
◇légend「伝説」

1168

sacred

[séikrid] 発 セイクリッドゥ B1

形 神聖な
▶「神に関わる」→「尊重すべき」

1169

fate

[féit] フェイトゥ B2

名 運命，宿命
▶「(苛酷な)運命」

1170

destiny

[déstəni] デスティニ B2

名 運命
▶「(託された)運命」（＊必ずしも悲壮感はない.）

have a strong **sense** of **justice**	正義感が強い

語源 just-[正しい]＋-ice[状態]
他 **jústify**「～を正当化する」⇨ The end justifies the means.「目的は手段を正当化する.」

work for **social welfare**	社会福祉のために働く

語源 wel-[=well うまく]＋-fare[行く]から「健康で幸せになること」→「福祉, 幸福」
　　　 *fáre「運賃(←列車, バスなどに乗ってどこかに行く料金)」

be caught on a **security camera**	防犯(安全のための)カメラに映る

key secúre「～を確保する；安全な」の名詞形.

give **economic aid**	経済援助を行う

key Band-Aid「バンドエイド(救急ばんそうこう)」は「傷口の回復を援助するもの」

have a **religion**	宗教を信じている(宗教を持っている)

語源 re-[再び]＋-li-[縛る]から「(神と人間を)強く結びつける」→「宗教」　*álly「同盟」
形 **relígious**「信心深い」

ancient Greek **myths**	古代ギリシャ神話

Cows are **sacred** animals to the Hindus.	牛はヒンドゥー教徒にとって神聖な動物だ.

語源 sacr-[神聖な]＋-ed[を持った]　*sáint「聖人」

a terrible **fate**	恐ろしい運命

語源 fa-[話す]から「神の声」→「運命」　*fámous「有名な(←人々が話す)」
形 **fátal**「致命的な」⇨ a fatal mistake「致命的な間違い」

It was his **destiny** to save his nation.	国を救うことが彼の運命だった.

語源 de-[強意]＋-sti-[=stay] →「(運命の下に)いる」

353

1171
context
[kántekst] カンテクストゥ **A2**

名文脈, 状況
▶「(文, 発話の)前後関係, 文脈」から「(事柄をとりまく)状況」まで.

1172
biography
[baiágrəfi] ア バイアグラフィ **B1**

名伝記
▶「個人の生涯を記録したもの」

1173
tragedy
[trǽdʒədi] トゥレェヂェディ **B1**

名悲劇〈可算〉
▶「(劇のジャンルとしての)悲劇」から「悲劇的な出来事」まで.

1174
superstition
[sù:pərstíʃən]
スーパスティション **B1**

名迷信
▶「(総称的な)迷信」→〈不可算〉 「(個々の)迷信」→〈可算〉

1175
document
[dákjumənt] ダキュメントゥ **B1**

名書類, 資料
▶主に「公式の文書, 書類」

1176
fluent
[flú:ənt] フルーエントゥ **B1**

形流暢な
▶「流れるような, (流れるように)よどみない」

1177
ape
[éip] エイプ **B1**

名類人猿
▶「ゴリラ(gorílla)やチンパンジー(chimpanzée[chímp])
など, 尾のない[短い]大型のmónkey(猿)」

1178
species
[spíːʃiːz] 発 スピーシーズ **B2**

名種〈単複同形〉
▶「(生物分類上の)種」

1179
feed
[fíːd] フィードゥ **B1**

他~に食べ物を与える
▶「(動物, 赤ちゃん, 病人など)に食べ物を与える」

| guess the word from its **context** | その単語を文脈から推測する |

| **a biography of** Helen Keller | ヘレン・ケラーの伝記 |

■語源 bio-[命]＋-graphy[描く]から「生涯を描いたもの」→「伝記」　*biólogy「生物学」
◎**autobiógraphy**「自伝」

| a terrible **tragedy** | ひどい悲劇 |

形**trágic**「悲劇的な」（⇔ **cómic**「喜劇的な」）　反**cómedy**「喜劇」

| believe in a **superstition** | 迷信を信じる |

■語源 super-[上に]＋-stition[立つこと]から「（常識より）上にある話」→「迷信」
形**superstítious**「迷信の，迷信を信じる」

| look over the **documents** | 資料に目を通す |

■語源 docu-[教え示す]＋-ment[もの]　*dóctrine「教義，（政治上の）主義」
documéntary形「文書の」名「記録作品，ドキュメンタリー」

| speak **fluent** Spanish | 流暢なスペイン語を話す |

■語源 flu-[＝flow 流れ]＋-ent[性質]から「流れるように」→「流暢な」
*áffluent「裕福な（←お金が流れ込んでくる）」　副**flúently**「流暢に」

| great **apes** | 大型（×偉大な）類人猿 |

🔑key 映画『猿の惑星』の原題は *Planet of the Apes*.

| endangered **species**（*複数形） | 絶滅危惧種 |

■語源 spec-[見る]から「様相」→「形状，種類」　*áspect「側面，外観」

| **feed** these goldfish | これらの金魚にえさを与える |

🔑key fóod の動詞形。◎**féedback**「（利用者などの）反響，意見」　[活用]feed - fed - fed

1180
breed
[bríːd] ブリードゥ **B1**

自① 繁殖する　他② ～を繁殖させる
▶「(動物が)交尾をして，子を産む」

1181
reproduce
[rìːprədjúːs] リープロデュース **B1**

自① 繁殖する　他② ～を繁殖させる
▶「繁殖の仕方」に重点．⇨ Fish reproduce by laying eggs.
「魚は卵を産むことにより繁殖する．」

自然・環境

1182
desert
名[dézərt] デザートゥ　名 A2
動[dizə́ːrt] 発 ディザートゥ　動 －

名① 砂漠　他② ～を見捨てる
▶①「砂，岩石などからなる荒地」

1183
path
[pǽθ] ペェθ **A2**

名 (小)道　▶「(人が通る)道」から「(抽象的な)道」まで．
◇ stréet「(街の)通り」　róad「(幹線)道路」

1184
stream
[stríːm] ストゥリーム **B1**

名 小川
▶《大きさ》bróok(小川) < stréam < ríver(川)

1185
volcano
[vɑlkéinou] 発 ヴァォケイノゥ **B1**

名 火山
▶「噴火する可能性のある，または，噴火している山」

1186
layer
[léiər] レィァ **B1**

名 (大気や地面などの)層
▶「(ケーキなどの)層」の意味もある．

1187
atmosphere
[ǽtməsfìər] エアトゥモスフィァ **B1**

名① (the －)大気　② 雰囲気
▶①「(地球，惑星を覆う)大気」→ ②「(その場を覆う)空気」

自然の動き

1188
flow
[flóu] フロゥ **B1**

自 流れる
▶「(液体，気体が)流れる」から「(情報，言葉，人が)流れる」まで．

356

① Rabbits **breed** all year round.
② **breed** sheep for the market

① ウサギは年中繁殖する.
② 出荷用に羊を繁殖させる

🔑**key** 「(馬の)サラブレッド」は thóroughbred「(完全に育てられた→)競走用に品種改良された優良馬」のこと.
[活用]breed - bred - bred

① The virus can **reproduce** rapidly.
② **reproduce** bacteria

① ウイルスは急速に繁殖し得る.
② バクテリアを繁殖させる

📙**語源** re-[再び]+-**produce**[生み出す]

① the Sahara **Desert**
② **desert** my children

① サハラ砂漠
② 子どもたちを見捨てる

🔊**dessért**[dizə́:rt]「(食事の)デザート」

a **path to** the mountaintop

山頂への道

a mountain **stream**

谷川(山の小川)

🔊**stréaming**「ストリーミング(←インターネットに接続しながら動画や音楽を再生する(←流す)方法)」

an active **volcano**

活火山

📙**語源** ローマ神話の「火の神(<u>Vulcan</u>)」から. 🔊**láva**「溶岩」

the ozone **layer**
[óuzoun]

オゾン層

📙**語源** lay-[置く]+-**er**[もの]

① CO_2 in the **atmosphere**
② a friendly **atmosphere**

① 大気中の二酸化炭素
② 和やかな雰囲気

📙**語源** atmo-[水蒸気, 空気]+-**sphere**[球] →「大気」 *hémi<u>sphere</u>「半球」

The Tone River **flows into** the Pacific.

利根川は太平洋に流れ込む.

🔁**flow chart**「フローチャート, 流れ図」
[活用]flow - flowed - flowed(*fly - flew - flown と混同しないように区別.)

Part 1 Part 2 Part 3 Part 4

☐ 1189 **melt** [mélt] メォトゥ **B1**	**自① (固体が) 解ける 他② ～を溶かす** ▶「固体が解けて液体になる, 何かに溶ける」 ◇ dissólve「(固体が液体の中で)溶ける」
☐ 1190 **float** [flóut] フロウトゥ **B1**	**自浮かぶ** ▶「(水や空中に)浮かぶ, 漂う」 
☐ 1191 **sink** [síŋk] スィンク **動B1** **名A2**	**自① 沈む 名② (台所の)流し, シンク** ▶②「沈んだ所」

科学・技術

☐ 1192 **chemical** [kémikəl] ケミコォ **名B1** **形A2**	**名① (通例 −s)化学物質 形② 化学の** ▶ agricultural chemicals は「農薬」の意味.
☐ 1193 **fuel** [fjúːəl] フューォ **B1**	**名燃料** ▶「熱やエネルギーの元になる物質」
☐ 1194 **ray** [réi] レィ **A2**	**名光線** ▶「(太陽, 月, 宇宙などからの)光線」
☐ 1195 **cell** [sél] セォ **B1**	**名細胞〈可算〉** ▶同じ形・性質の cell が集まったものが tíssue「組織」
☐ 1196 **gene** [dʒíːn] ヂーン **B1**	**名遺伝子〈可算〉** ▶「細胞の中の遺伝に関わる部分」
☐ 1197 **phenomenon** [finámənàn] ⑦ フィナマナン **B1**	**名現象** ▶「現れたもの」が元の意味で, 「研究の対象」になるようなもの.

358

① **melt** quickly ｜ ① すぐに解ける
② **melt** the butter in a frying pan ｜ ② フライパンでバターを溶かす

語源「柔らかい」が元の意味. *míld「穏やかな」

float on the sea ｜ 海面に浮かぶ

key 「コーヒーフロート」はアイスコーヒーにアイスクリームを「浮かせた」飲み物.

① **sink** in water ｜ ① 水に沈む
② unwashed dishes in the **sink** ｜ ② 流しの中の洗っていない皿

key 「台所のシンク(＝流し)」は「沈んだ所」. 参 **stóve** [stóuv]「(料理用)レンジ」
a chopping board「まな板」 [活用] sink - sank - sunk

① **chemicals** that harm the environment ｜ ① 環境に有害な化学物質
② a **chemical** symbol ｜ ② 化学記号

名 **chémistry**「化学(的性質)」 名 **chémist**「化学者, 〈英〉薬剤師」

burn **fossil fuels** ｜ 化石燃料を燃やす

key fossil fuels「化石燃料」というフレーズで覚えよう.

the sun's **rays** ｜ 太陽光線

key X-ray「エックス線, レントゲン」という単語で覚えよう.

brain **cells** ｜ 脳細胞

語源「小部屋(←隠す場所)」が元の意味. *concéal「～を隠す」

gene therapy ｜ 遺伝子治療

語源 gen-[生む] *génerate「～を生み出す」 形 **genétic**「遺伝子の」

natural **phenomena** ｜ 自然現象

語源 phen-[出現] *phótograph「写真(←光が現れるもの)」 [複数形] **phenómena**

1198 **laboratory** ★[lǽbərətɔ̀:ri] レェボラトーリ **B1**	**名 研究室, 研究所** ▶主に「科学者が何かをする場所」
1199 **analysis** [ənǽləsis] アネェリスィス **B1**	**名 分析** ▶「対象を分解して，詳細に吟味すること」
1200 **launch** [lɔ́:ntʃ] 発 ローンチ **B1**	**他① ～を打ち上げる ② (運動, 事業など)を始める** ▶「(事実など)を打ち上げる」→②「始める」
1201 **nuclear** [njú:kliər] ニュークリァ **B1**	**形 原子力の, 核の** ▶「核家族」は a nuclear family と表現する.
1202 **solid** [sálid] サリッドゥ **B1**	**形 がっしりした, 固体の** ▶「中身がしっかり詰まっている」→「固体の」

医療・健康・身体

1203 **symptom** [símptəm] スィンプトム **B1**	**名 (通例 -s)症状** ▶「(病気の)症状」から「(深刻な問題の)兆候」まで.
1204 **cure** [kjúər] キュァ 動 B2 名 B1	**他① ～を治療する 名② 治療法** ▶「(病気, 病人など)を完全に治す」 ◇treat「～を治療(病気の処置)する」(＊完治するかは不明.)
1205 **cancer** [kǽnsər] キェンサ **B1**	**名 がん** ▶具体的な病名は lung cancer「肺がん」のように表現する.
1206 **pale** [péil] ペイォ **B1**	**形 (顔色が)青白い** ▶「(病気, 不安, 驚きなどの理由で)血の気がなく青ざめている」

laboratory experiments	研究室での実験

語源 labor-[労働]+-atory[所]　*fáctory「工場(←作る所)」

handwriting analysis	筆跡鑑定(分析)

他ánalyze[ǽnəlàiz]「～を分析する」　[複数形]anályses[ənǽləsìːz]

① launch a satellite	① 人工衛星を打ち上げる
② launch a campaign against smoking	② 禁煙運動を始める

語源 「lánce[やり]を突き刺す(→着手する)」が元の意味.
　　　*fréelance「(作家, 俳優などで)フリーの(←やりのない[主君を持たない])」

a nuclear power plant	原子力発電所

語源 nucle-[原子核]+-ar[の]

a solid wood desk	がっしりした木の机

名sólid「固体」　反líquid「液体;液体の」

the symptoms of a cold	風邪の症状

語源 sym-[=syn 一緒に]+-ptom[落ちる] →「(災いが)降りかかること」

① cure you of your disease	① あなたの病気を治す
② a cure for a headache	② 頭痛の治療法

語源 *mánicure「マニキュア(←手の手入れ)」

get[×become] cancer	がんになる

🔊an anticancer drug「抗がん剤」

look pale	顔色が悪い(青白い)

語源 *appáll「～をぞっとさせる」(ap-[=ad 方向]+-pall[=pale 青ざめた])

☐ 1207 **recover** [rikávər] リカヴァ **B1**	**自** (from ~) (~から)回復する ▶「風邪から回復する」程度なら get over *one*'s cold などと表現する.
☐ 1208 **nourish** ★[nə́:riʃ] **発** ナリシュ **B2**	**他** ~に栄養を与える ▶「人や身体に必要なものを与える」
☐ 1209 **sore** [só:r] ソーァ **B1**	**形** (のどや筋肉が)痛い ▶「触れたり使ったりすると痛い」(* páinful より口語的.)
☐ 1210 **pain** [péin] ペィン **B1**	**名** ① 苦痛 ② (-s)苦労 ▶「(突き刺すような)肉体的, 精神的痛み」
☐ 1211 **lung** [lʌ́ŋ] ラン(グ) **B1**	**名** 肺〈可算〉 ▶「息をするための身体の器官」
☐ 1212 **vision** [víʒən] ヴィジョン **B1**	**名** ① 視力, 視野〈不可算〉 ② 未来像〈可算〉 ▶①「見る力」 ②「見えているもの」

日常・生活

☐ 1213 **resident** [rézidənt] レズィデントゥ **B2**	**名** 住人, 居住者 ▶「ある地域, マンションなどに住む人」
☐ 1214 **routine** [ru:tíːn] **発 ア** ルーティーン **B1**	**名** 日課 ▶「(水まきや犬の散歩のように)手順が決まっているいつもの仕事」
☐ 1215 **household** [háushòuld] ハゥスホゥォドゥ **B1**	**名** (集合的に)所帯, 家庭〈可算〉 ▶「1つの家に住む全住人」

recover from a heart attack	心臓発作から回復する

　名 recóvery「回復, 取り戻すこと」

nourish the skin	皮膚に栄養を与える

　語源 nour-[乳を与える] ＊núrse「看護師(←元は乳母の意味.)」 　**nutrítion**「栄養(摂取)」

have a **sore** throat	のどが痛い

　語源 sor-[痛い] ＊sórry「気の毒で(←心が痛む)」

① feel **pain**	① 痛みを感じる
② take **pain**s to improve my image	② イメージアップに苦心する

　語源「罪に対する罰」が元の意味. ＊pénalty「罰則」 　**形 páinful**「(身体が)痛い, (精神的に)痛ましい」

the heart and the **lungs**	(人間の)心肺

　語源 líght「軽い」と同語源で「肺はほかの臓器より軽い」と思われていたことに由来.

① have good **vision**	① 視力が良い
② his **vision** for Japan's future	② 日本の未来の彼の予想図

　語源 vis-[見る]＋-ion[こと] 　**形 vísual**「視覚の」 　**形 vísible**「見える」

parking spaces for **residents** only	居住者専用の駐車スペース

　語源 re-[後ろ]＋-sid-[＝sit 座る]＋-ent[人] ＊président「大統領(←一人の前に座る人)」
　名 résidence「住宅」 　**自 resíde**「居住する, (権利などが)存する」

part of my daily **routine**	私の日課の一部

　key 日本語でも「決まりきった日常の仕事」のことを「ルーチンワーク」という.

a survey of 2,000 **households**	2,000世帯の調査

　語源 house-[家]＋-hold[抱える] → 「家が抱える(もの)」

1216
load
[lóud] 発 ロゥドゥ　A2

名荷(物)〈可算〉
▶「(全体としての大量の)荷物」

1217
architecture
[áːrkətèktʃər] アーキテクチャ　A2

名建築(様式)〈不可算〉　▶「建築物の様式やデザイン」
◇ búilding「(具体的な)建造物」

構成・構造

1218
function
[fʌ́ŋkʃən] ファンクション　動A2 名B1

自① 機能する　名② 機能
▶①日常で「機能する」は wórk のほうが使われる.

1219
structure
[strʌ́ktʃər] ストゥラクチャ　A2

名構造(物)
▶「(物の)構造」から「(社会)構造」まで.

1220
element
[éləmənt] エレメントゥ　B1

名 (最も重要な)要素
▶「(ある物を構成する)基本となる要素」

つなげる

1221
connect
[kənékt] コネクトゥ　B1

他① (A with B) (A)を(Bと)関連づける
　② (A to B) (Bに)(A)をつなげる
▶「(具体的なもの)をつなげる」から「関連づける」まで.

1222
relate
[riléit] リレイトゥ　B1

他 (A to B) (A)を(Bに)関連づける
▶「人と人」の場合「親戚関係」の意味となる.

1223
associate
★[əsóuʃièit] アソゥシエイトゥ　B1

他 (A with B) (A)を(Bと)関連づける,
　　(A)から(B を)連想する
▶「(本来は別々のカテゴリーに属していたもの)を結びつける」

1224
stick
[stík] スティック　B1

他① ～を貼り付ける　自② (to ～) (規則などを)守る
▶「stíck(棒切れ)が突き刺さる」イメージ.

a heavy **load**	重い荷物

■語源 コンピュータのダウンロード(downlóad)は「荷物を降ろす」, アップロード(uplóad)は「荷物を積む」が元の意味.

study **architecture**	建築(様式)を勉強する

■語源 arch-[主要な]+-tect-[技術] *techníque「技巧」 **图árchitect**「建築家, 設計者」

① **function** well	① うまく機能する
② bodily **functions**	② 身体の機能

图fúnctional「機能している, 機能的な」

a wooden **structure**	木造建造物(木の構造)

■語源 struct-[組み立てる]+-ure[こと] →「構造」 *constrúct「~を建設する, 組み立てる」

a key **element** of his success	彼の成功の鍵となる要素

图eleméntary「初歩的な, 基本の」⇨ elementary school「小学校」

① Exercise is **closely connected with** your health.	① 運動は健康に密接に関わっている.
② **connect** the printer **to** my PC	② パソコンにプリンターを接続する

图connéction「関係, つながり, コネ」

These two events are **closely related**.	これら2つの出来事は密接に関連している.

■語源 an 800m relay「800mリレー」のrélayと同語源. **图rélative**[rélətiv]「親戚」

associate brand names **with** high quality	ブランド名から高品質を連想する

■語源 as-[=ad方向]+-soci-[=society社会]から「同じ社会に入れる」→「結びつける」
图associátion「関連, 連想, 協会」

① **stick** posters **on** the wall	① 壁にポスターを貼る
② **stick to** the rules	② その規則を守る

🔑key 日本語の「ステッカー」は英語では stícker [stíkər]「貼り付くもの」と表現する.
[活用]stick - stuck - stuck

☐ 1225 **unite** [juːnáit] ユーナイトゥ **B1**	**他 ～を団結させる** ▶「併せて1つにする（合体させる）」
☐ 1226 **combine** [kəmbáin] カンバイン **B1**	**他 (A with B) (A)を(Bと)組み合わせる** ▶「2つ(以上)のものを一緒にする」
☐ 1227 **isolation** [àisəléiʃən] アイソレイション **B1**	**名 孤立** ▶「ほかから切り離されている状態」

固定する・発散する

☐ 1228 **tie** [tái] タイ 動 **B1** 名 **A2**	**動① (荷物など)を縛る，(ひも，ネクタイなど)を結ぶ** **名② (家族などの)きずな**
☐ 1229 **fix** [fíks] フィクス **B1**	**他① ～を固定する ② ～を修理する** ▶①「(ガタガタしたもの)を(ネジやクギなどで)固定する」 → ②「～を修理する」
☐ 1230 **scatter** [skǽtər] ア スキェタ **B1**	**他 ～をまき散らす** ▶「何かの全面に不規則に投げる(かける)」
☐ 1231 **release** [rilíːs] リリース **B1**	**他① ～を解放する** **② (映画など)を公開する，発売する**

人

☐ 1232 **spectator** ★[spékteitər] スペクテイタ **B1**	**名 観客〈可算〉** ▶「(スポーツや催しなどの)観客」 ◇ áudience「(コンサートやスピーチ，映画などの)聴衆，観衆」
☐ 1233 **relative** [rélətiv] レラティヴ 名形 **B1**	**名① (家族も含めて)親戚 形② 相対的な** ▶①「関連した人」 ②「他との関連における」

a **closely united** class	結束が固い(団結された)クラス

■語源 uni-[1つ]+-te「する」から「1つにする」→「団結させる」
形 **united**「団結した, 結合した」⇨ the United Nations「国際連合」

combine a diet **with** exercise	ダイエットを運動と組み合わせる

名 **combinátion**「結合, 組み合わせ」

be **in isolation from** society	社会から孤立している

■語源 isol-[=island 島]+-at-[する]+-ion[こと]から「島のように切り離すこと」→「孤立」
他 **ísolate**「~を孤立させる」

① **tie up** old magazines with string ② strong family **ties**	① ひもで古雑誌を縛る ② 強い家族のきずな

🔑key 名 **tíe**「ネクタイ」の意味もある.

① **fix** the camera **to** the tripod ② **fix** the bike	① カメラを三脚に固定する ② 自転車を修理する

His clothes were **scattered** all over the floor.	彼の服が床中に脱ぎ散らかされていた.

■語源 scat-[粉砕する]+-er[反復]→「(繰り返して粉砕して)まき散らす」

① **release** a bird **from** the cage ② **release** his new album	① 籠から鳥を解放する ② 彼の新しいアルバムを出す

🔑key 日本語でも「(釣りの)キャッチアンドリリース」などでよく使われる. 名 **reléase**「解放, 発売」

spectators at the tennis match	そのテニスの試合の観客

■語源 spect-[見る]+-or[人] *áspect「側面(←ある見方)」

① one of my **relatives** ② **relative** importance	① 親戚の1人 ② 相対的な重要性

🔑key reláte「~を関連づける」の派生語. 副 **rélatively**「比較的」 ②反 **ábsolute**「絶対的な」

Part 1　Part 2　Part 3　Part 4

1234	
citizen	**名① 市民 ② 国民**
[sítəzən] スィティズン A2	▶「市民権[国籍]を持つ1人の人間」

1235	
mayor	**名 市長**
[méiər] メィヤ B1	▶「村長」や「町長」の意味でも用いる.

1236	
humanity	**名 (集合的に)人類, 人間性**
[hju:mǽnəti] ヒューメニティ B1	▶「人類の権利」などを論じる堅い文で使われる.

教育・学問

1237	
biology	**名 生物学〈不可算〉**
[baiálədʒi] バイアロヂィ B1	▶「生物や生命現象を研究する学問」

1238	
philosophy	**名 哲学〈不可算〉**
[filásəfi] フィラサフィ B1	▶「(学問としての)哲学」から「人生哲学」〈可算〉まで.

1239	
geography	**名 地理(学)**
[dʒiágrəfi] ヂアグラフィ B1	▶まれに「地形, 配置」の意味でも使う.

1240	
psychology	**名① 心理学〈不可算〉 ② 心理**
[saikálədʒi] 発 サイカロヂィ B2	▶「心の動き(を研究する学問)」

1241	
logic	**名 論理(学)**
[ládʒik] ラヂックゥ B1	▶「思考などを進めていく上での道筋」

1242	
instruction	**名 (通例 -s)指示**
[instrákʃən] インストゥラクション B1	▶「(どのようにするのかの公式な)指示, 説明書」

① senior **citizens**	① 高齢者（高齢の市民）
② British **citizens** living in Japan	② 日本に住むイギリス人

語源 citi-[＝city都市]＋-zen[人]→「都市に住む人」 **名**cítizenship「市民権（←ある国に属する権利）」

the **village mayor**	村長

語源 májor「主要な」と同語源で「主要な人」→「長」 **⊛**góvernor「知事」

crime against **humanity**	非人道的犯罪

語源 *húmankind「人類，人類全体」 **⊛**mánkind「人類（＊性差別的な語なので注意.）」

study **biology** in university	大学で生物学を勉強する

語源 bio-[命]＋-logy[＝logic 論理] *bíorhythm「バイオリズム（←周期的な生体内の現象）」

Greek **philosophy**	ギリシャ哲学

語源 phil-[愛する]＋-sophy[知]から「知恵を愛すること」→「哲学」 *Sophia University「上智大学」

a great discovery in **geography**	地理上の偉大な発見

語源 geo-[土]＋-graphy[記述] *人名の George は「農耕者」の意味.
名geólogy「地質（学）」（geo-[土]＋-logy[論理]）

① a book on **psychology**	① 心理学の本
② the **psychology** of five-year-olds	② 5歳児の心理

覚え方 サイコロ（を）ジーと見る「心理学」 **語源** psycho-[精神]＋-logy[学]
名psychólogist「心理学者」

There is no **logic** in your argument.	君の主張には論理がない.

形lógical「論理的な」（⇔ illógical「非論理的な」）

follow the on-screen **instructions**	画面上の指示に従う

語源 in-[中に]＋-stru-[構築する]→「（人の）中に技能などを構築する」 *constrúction「建設」
名instrúctor「インストラクター」

| 1243 **discipline** [dísəplin] 発 ディサプリン **B2** | 名① しつけ, 規律　②(学問)分野 ▶①「規律」→②「(厳密に分けられた)分野」 |

取り組む・解決する

| 1244 **address** [ədrés] アドゥレス **B1** | 他① ～に取り組む　② ～に呼びかける ▶「(気持ち, 言葉, 手紙を)～に向けて出す」(＊①は「努力」に重点.) (＊名では「住所, (Eメールなどの)アドレス」の意味.) |

| 1245 **handle** [hǽndl] ヘェンドォ **B1** | 他 ～を扱う ▶「うまく解決する」ことを示唆. |

| 1246 **arrange** [əréindʒ] 発 アレィンヂ **B1** | 他 ～を手配する, 準備する ▶「(旅行など)を手配する」から「(予定など)を調整する」まで. |

| 1247 **resolve** [rizálv] リザォヴ **B1** | 他 ～を解決する ▶「(問題など)を解決する」 |

| 1248 **settle** [sétl] セトゥォ **B1** | 他①(紛争など)を解決する　自②定住する ▶「(不安定な状態)を落ち着かせる」 |

| 1249 **strategy** [strǽtədʒi] ストゥレェテヂ **A2** | 名 戦略　▶「ある目標を達成するための計画(全体的な戦略)」 ◇táctics「(戦略内の個々の)戦術(←タクトの振り方)」 |

| 1250 **approach** [əpróutʃ] 発 アプロゥチ 名 **B1** 動 **B2** | 名①(to ～)(～への)取り組み方, 接近 他② ～に取り組む, 接近する ▶「(距離[時間]的)に近づく」から「(問題など)に取り組む」まで. |

| 1251 **attempt** [ətémpt] ア アテァムプトゥ 名 **A2** 動 **B1** | 名① 試み　他②(to do)(～しようと)試みる ▶「(しばしば未遂に終わる)困難への挑戦」 |

① keep discipline : ① 規律を保つ
② cross academic **disciplines** : ② 学問分野を横断する

名 self-díscipline「自制心」 **形 interdísciplinary**「学際的な(←様々な学問分野をまたぐ)」

① **address** sleep problems : ① 睡眠障害に取り組む
② **address** the nation : ② 国民に呼びかける

語源 ad-[方向]+**-dress**[向ける] → ①「(問題に向ける→)～に取り組む」
②「(聴衆に向ける→)～に呼びかける」

handle stress well : ストレスにうまく対処する

key 「ハンドル」は〈自動車〉→ a steering wheel,〈自転車〉→ a handlebar と表現する.

arrange a meeting : 会議を手配する

語源 ar-[=ad 方向]+**-range**[整える] →「～をきちんと整える」
名 arrángement「手配, 取り決め, 配列」

resolve the matter on my own : 自分でその問題を解決する

語源 re-[再び→強意]+**-solve**[解決する] *dissólve「溶ける」 **名 resolútion**「解決, 決意」

① **settle** the issue : ① その問題を解決する
② **settle** (**down**) in Brazil : ② ブラジルに定住する

語源 set-[=seat 座らせる] →「固定する, 解決する, 定住する」 **名 séttlement**「解決, 定住, 入植」

a **strategy for** winning the game : その試合に勝つための戦略

形 stratégic[strətí:dʒik]「戦略的な」

① a new **approach to** anti-aging drugs : ① 老化防止薬への新たな取り組み方
② **approach** the problem carefully : ② その問題に慎重に取り組む

① **make an attempt to** break his record : ① 彼の記録を破ろうと試みる
② **attempt to** escape : ② 逃げようと試みる

覚え方 吹き矢を当てんブーと「試みる」

1252
clue

[klú:] クルー　A2

名 (to ～) (～の) **手がかり**
▶「(複雑な問題を解くための)糸口」

1253
challenge

[tʃǽlindʒ] チェリンヂ　A2

名 **難問, 課題**
▶「"解決してみろ！"と挑んでくるような(やりがいのある)難問」

ぶつかる・破裂する

1254
bump

[bʌ́mp] バンプ　B1

自 (into ～) (～に) **ぶつかる, 出くわす**
▶「(ドン！と)衝突する」

1255
crash

[krǽʃ] クレェッシュ　動名 B1

自① **激突する, (飛行機が)墜落する**　名② **激突, 墜落**
▶「すごい勢いでぶつかる」

1256
burst

[bə́:rst] 発 バーストゥ　B1

自① **破裂する**　② (熟語で) **突然～し始める**
▶①「(内部からの圧力や衝動によって)爆発する」

危険・損害

1257
crisis

[kráisis] クライシス　B1

名 **危機**
▶「(運命を決定するような)重大な局面, 分岐点」

1258
threat

[θrét] θレットゥ　B1

名 **脅威**
▶「危険になり得る人[物]」

1259
obstacle

[ábstəkl] ア(ブ)スタコォ　B1

名 (to ～) (～に対する) **障害**〈可算〉
▶「(前に立って)邪魔をするもの」

1260
harm

[há:rm] ハーム　動 A2　名 B2

他① **～に害を与える**　名② **害**〈不可算〉
▶①日常では be bad for ～のほうが使われる.

find a **clue to** the mystery	その謎の手がかりを見つける

🔎見え方 「手がかり」が狂う(クルー). ◉**a key to ~**「~の鍵」

face a big **challenge**	大きな課題に直面する

他**chállenge**「~に異議を唱える」 形**chállenging**「(大変だが)やりがいのある」

bump into a wall	塀にぶつかる

🔑key 「バン!(とぶつかる)」という擬音から覚えよう. ◉**bómb**[bám]「爆弾」

① **crash into** a tree	① 木に激突する
② a car **crash**	② 車の衝突事故

🔑key 日本語でも「クラッシュ(激突)する」などの形で使われる. ◉**crúsh**「~を粉々にする」

① The balloon **burst** suddenly.	① その風船が突然破裂した.
② **burst** <u>out</u> crying	② 突然泣き始める

◉**burst into laughter**「突然笑い始める」 [活用]burst - burst(ed) - burst(ed)

face a serious **crisis**	深刻な危機に直面する

形**crítical**「重大な, 危機的な」 [複数形]**críses**[kráisi:z]

a **threat to** humans	人類に対する脅威

📖語源 「押しつぶす」が元の意味. *thrúst「~を強く押す」 他**thréaten**「~を脅かす」

an **obstacle to** success	成功への障害

📖語源 ob-[=against に対して]+-stacle[=stand] →「~に対して立っているもの」

① **harm** his career	① 彼の経歴に傷をつける
② Smoking **does your body harm**.	② 喫煙は身体に害を及ぼす.

形**hármful** (to ~)「(~に)有害な」(⇔ **hármless**「無害の」) ②反**góod**「(利)益」

□ 1261 **rob** [ráb] ラブ **A2**	他① (銀行など)を襲う ② (A of B)(A)から(Bを)奪う ▶「無理やり奪う」 ◇ stéal A <u>from</u> B 「B から A を(こっそり)盗む」
□ 1262 **deprive** [dipráiv] ディプライヴ **B1**	他 (A of B)(A)から(Bを)奪う ▶「(権利, 機会などを)剝奪する」
□ 1263 **sacrifice** [sǽkrifàis] セェクリファイス **-**	名 犠牲 ▶「より重要なもののために捧げるもの」
□ 1264 **drown** [dráun] 発 ドゥラゥン **B1**	自 溺れ死ぬ ▶「溺れる」ではなく「溺れ死ぬ」という意味. (＊単に「溺れる」と表現するときは álmost や néarly を伴う.)

調査する

□ 1265 **examine** [igzǽmin] イグゼェミン **B1**	他 ～を調査する ▶「(事実や本質など)を厳密に調べる」→「診察する」「検閲する」など.
□ 1266 **investigate** [invéstəgèit] インヴェスタゲィトゥ **B2**	他 ～を調査する, 捜査する ▶「(研究班, 警察などが)調べあげる」
□ 1267 **search** [sə́ːrtʃ] 発 サーチ 動 **B1** 名 **A2**	他① (A for B)(B(物)を求めて A(場所))を捜す 名② 捜索 ▶日常では look (in A) for B 「B(物)を求めて(A(場所)を)捜す」 のほうが使われる.
□ 1268 **trace** [tréis] トゥレィス 名 **B1** 動 **B2**	名① (微妙な)跡 他② ～を追跡する ▶②「(犯人など)を追跡して見つける」から「(歴史)をさかのぼる」 まで.

犯罪

□ 1269 **arrest** [ərést] アレストゥ 動 名 **B1**	他① ～を逮捕する 名② 逮捕, (心肺などの)停止 ▶「罪を犯したので, 捕らえ, 連行する(こと)」

① rob the ship

② rob him of his bag
  (＊この of は本来 off「〜を離れて」の意味.)

① その船を襲う

② 彼からかばんを奪う

■語源 バスローブなどの「ローブ(róbe)」は同語源で「強奪の結果, 得た戦利品」が元の意味.
🈩róbbery「強盗(行為)」 🈩róbber「強盗」 ◉thíef「泥棒」

---

deprive him of his civil rights

彼から公民権を剥奪する

■語源 de-[分離]＋-prive[=private]から「人から離して自分のものにする」→「奪う」

---

make sacrifices for my company

会社のために犠牲を払う

■語源 sacri-[神聖な]＋-fice[作る, する]から「〜を神聖なものにする」→「〜を犠牲にする」

I almost drowned.

私は溺れかけた.

◉a drowning man「溺れて(死にかけて)いる男」⇔ a drowned man「溺れ死んだ男」

---

examine the old records

その古い記録を調べる

🈩examinátion「検査, 試験」
🈩exám「試験」(＊ examinátion の短縮形で, 日常で「試験」と表現する場合, exám のほうが普通.)

---

investigate a pyramid

ピラミッドを調査する

🈩investigátion「捜査, 調査」⇨the Federal Bureau of Investigation(FBI)「(米国の)連邦捜査局」
🈩invéstigator「(主に犯罪の)捜査員」

---

① search the house for my key

② in search of food

① 鍵がないか家を捜す

② 食べ物を捜して

🈐séarch (for 〜)「(〜を)捜す」

---

① disappear without trace

② trace the fox to its den

① 跡形もなく消える

② (その)キツネを巣まで追跡する

■語源 trac-[引っ張る]→「引かれた跡(を追う)」 ＊attráct「〜を引きつける」

---

① arrest a man for drunk driving

② You're under arrest!

① 飲酒運転で男を逮捕する

② お前を逮捕する！

■語源 ar-[=ad 方向]＋-rest[休息]から「〜の動きを止める」→「〜を逮捕する」

1270
witness
[wítnis] ウィットゥニス

動 B1
名 B2

他① ～を目撃する　名② 目撃者
▶「犯罪や事故について見たことを語る(人)」

1271
murder
[mə́:rdər] 発 マーダァ

A2

名 殺人
◇ mercy killing「安楽死」

1272
suspect
名 [sʌ́spekt] サスペクトゥ
動 [səspékt] サスペクトゥ

名 B1
動 B2

名① 容疑者　他② (that S V)～ではないかと思う
▶②「～であると疑う」

対立

1273
enemy
[énəmi] エナミ

B1

名 敵〈可算〉　▶「敵意, 憎しみを抱く相手」
◇ oppónent「(試合などの)対戦相手」

1274
victim
[víktim] ヴィクティム

B1

名 犠牲者〈可算〉
▶「(犯罪の)犠牲者」から「(自然災害の)犠牲者」まで.

1275
conflict
[kánflikt] カンフリクトゥ

B1

名 対立　▶「(意見や利害の)対立」から「(心の)葛藤」まで.
◇ disagréement「(人と人との)意見の不一致, 対立」

人の性格

1276
generous
[dʒénərəs] チェネラス

B1

形 気前のよい, 寛容な
◇ bróad-mínded「寛容な(=心が広い)」

1277
curious
[kjúəriəs] キュァリアス

B1

形 (人・動物が)好奇心が強い, (物が)好奇心をそそる
▶「未知のことをとても知りたいと思う」

① witness the accident
② the only witness to the murder

① その事故を目撃する
② その殺人の唯一の目撃者

■語源 wit-[知っている]+-ness[状態]→「目撃者,証人」 *wíse「賢い」 *wít「機知(←ものを知っていること)」

a murder case

殺人事件

■語源 mur-[死] *mórtal「死ぬ運命の」 **图múrderer**「殺人犯」

① the murder suspect
② suspect that she stole the money

① 殺人の容疑者
② 彼女がそのお金を盗んだのではないかと思う

🔑key 〈suspect that S V≒think that S V〉〈doubt that S V≒do not think that S V〉と覚えよう.
图suspícion「容疑, 疑い」 **圈suspícious**「疑わしい」

make an enemy of him

彼を敵に回す(彼から敵を作る)

図fríend「友人」

victims of the terrorist attack

そのテロ攻撃の犠牲者

■語源 vict-[たたく] →「たたかれた人」 *víctory「勝利(←たたいて勝った)」

a conflict between two parties

2つの政党の間の対立

■語源 con-[共に]+-flict[打つ] →「ぶつかり合う」

leave a generous tip

気前よく(気前のよい額の)チップを置く

■語源 gen-[生む](* gen- の形の語はプラスイメージのものが多い.) *génius「天才」

be curious about everything

あらゆるものに対して好奇心が強い

■語源 cur-[=cure 世話]から「気にかける」→「知りたがる」
图curiósity「好奇心」 ⇨ out of curiosity「好奇心から」

Part 1
Part 2
Part 3
Part 4

1278

aggressive

[əgrésiv] アグレッスィヴ   B1

形 ① 攻撃的な ② 積極的な

▶主に①の「マイナスイメージ」で使うが, 明らかに「プラスイメージ」と分かる場合は②の意味となる.

1279

stupid

[stjúːpid] ステューピッドゥ   B1

形 ばかな

▶「(判断力に欠けていて)愚かな」

1280

jealous

[dʒéləs] 発 ヂェラス   B1

形 (of ～) (～に)嫉妬した

▶「(人が持っている物や能力, 運などに)嫉妬する, (－を)妬ましく思う」(＊énvious「羨んで」に「不快感」が加わった語.)

1281

modest

[mádəst] マデストゥ   B2

形 ① (人が)謙虚な ② (物が)大きくない, 高くない

▶①「(よい意味で)慎み深い, 控えめな」②謙遜した表現.

プラスイメージの性質

1282

pure

[pjúər] ピュア   B1

形 純粋な

▶「混じり気のない」

1283

steady

[stédi] ステディ   B1

形 着実な, 一定の

▶「よい状態が安定して続く」

1284

stable

[stéibl] スティブォ   B1

形 安定した

▶「(上がったり下がったりの変化がなく)安定した」

1285

mature

[mətjúər] マチュア   B2

形 成熟した

▶「(心身ともに)十分に成長した, 〈英〉(チーズなどが)熟成した」

1286

magnificent

[mægnífəsnt] ア
メェグニファスィントゥ   B1

形 壮大な, すばらしい

▶＝very beautiful, very impressive

① his **aggressive** remarks
② the need to be **aggressive**

① 彼の攻撃的な発言
② 積極的になる必要性

語源 ag-[=ad 方向]+-gress-[進む] → 「前に進む」 *prógress「進歩, 発展」

make a **stupid** mistake

ばかな間違いをする

反 cléver「利口な」

be **jealous of** his promotion

彼の昇進を妬ましく思う

名 jéalousy[dʒéləsi]「嫉妬」

① *be* **modest about** my success

① 成功を鼻にかけない
　(成功に対して謙虚でいる)

② a **modest** house with a small garden

② 小さな庭つきの質素な家(*謙遜して)

語源 mode-[尺度] → 「適切な尺度を持つ」 *móderate「適度な」

a **pure** wool blanket
　　[wúl]

100%(純粋な)ウールの毛布

副 púrely「まったくの, 純粋に」

a **steady** pace

一定のペース

語源 ste-[=stay じっとして] → 「しっかり固定されていて, 揺るがない」 **副 stéadily**「着実に」

a **stable** environment

安定した環境

語源 sta-[=stay じっとして] *stáy「滞在する」

a **mature** society

成熟した社会

覚え方 私, あなたが「成熟する」までまちゅ(待つ)わ. **名 matúrity**「成熟」

a **magnificent** view of Mt. Fuji

富士山の壮大な眺め

語源 magni-[大きい]+-fic-[作る] → 「大きく作った」 *mágnitude「大きいこと, 重要性」

1287
incredible
[inkrédəbl] インクレディブォ **B1**

形 信じられない
▶ unbelievable を強調した語.

1288
superior
[supíəriər] スピァリァ **B1**

形 (be - to～) (～)より優れている
▶日常では be better than ～ のほうが使われる.

マイナスイメージの性質

1289
vague
[véig] 発 ヴェイグ **B1**

形 曖昧な, 漠然とした ▶「(情報不足で)輪郭がはっきりしない」
◇ ambiguous 「(いくつかの意味にとれて)曖昧な」

1290
rough
[rʌf] 発 ラフ **B1**

形 ① (表面が)粗い ② おおざっぱな
▶「粗い, ざらざらした」

1291
severe
[səvíər] スィヴィァ **B1**

形 (天候, 批判, 罰則などが)厳しい
▶「(天候などが)厳しい」から「(痛みなど)身体的に厳しい」
「(批判, 罰則など)精神的に厳しい」まで.

1292
passive
[pǽsiv] ペェッスィヴ **B1**

形 受動的な, 消極的な
▶「自分からは特に何もしない」

1293
primitive
[prímətiv] プリミティヴ **B1**

形 原始的な
▶「(発達していない)原始的な」

1294
odd
[ád] アドゥ **B2**

形 奇妙な, 奇数の
▶「違和感」を強調した語.
(＊「奇数の」の意味は「(偶数で割れない)奇妙な数」から.)

1295
horrible
[hɔ́:rəbl] ホーリブォ **B1**

形 (物, 天気などが)とてもひどい
▶ = very bad

incredible news
(＊news は〈不可算〉.) ┊ 信じられない知らせ

> 📙語源 **in-**[否定]＋**-credi-**[信用] ＊**crédit**「信用」
> 📖**incrédibly**「信じられないほど」⇨ incredibly beautiful「信じられないほどに美しい」

Your bike **is superior to** mine. ┊ 君の自転車は私のより優れている.

> 反*be* **inferior to**〜「〜より劣っている」

a **vague** idea ┊ 曖昧な考え

> 📙語源 **vag-**[さまよっている, 定まらない]→「曖昧な」

① a **rough** road
② a **rough idea** of the plan
┊ ① でこぼこの道
┊ ② その計画の概略(大まかな考え)

> 🔑key 日本語でも「ラフなプラン」など②の意味で使うことがある.
> ① 反**smóoth**[smúːð]「なめらかな」　📖**róughly**「おおよそ」

come in for **severe** criticism ┊ 厳しい批判を受ける

> 📖**sevérely**「ひどく」

passive smoking ┊ 受動喫煙

> 📙語源 **pass-**[苦しみに耐える]　＊**compássion**「同情」(**com-**[共に]＋**-pass-**[苦しむ])
> 反**áctive**「能動的な, 積極的な」

a **primitive** society ┊ 原始社会(原始的な社会)

> 📙語源 **prim-**[第1位]＋**-tive**[形容詞語尾]→「一番初めの」 ＊**príme**「主要な」
> 反**advánced**「進歩した」　反**módern**「現代の」

an **odd** habit ┊ 奇妙な習慣

> 反**éven**「偶数の」　名**the ódds**「可能性」　◉**odd number**「奇数」(⇔ **even number**「偶数」)

a **horrible** smell of sweat ┊ 汗のひどい臭い

> 🔑key 名**hórror**「恐怖」は日本語でも「ホラー映画」などで使われる.

1296
miserable
[mízərəbl] ミゼラブォ **B1**

形 悲惨な
▶「極めて不幸な」

1297
cruel
[krú:əl] クルーアォ **B1**

形 残酷な
▶「(相手に苦痛を与えても何も感じないくらいに)冷徹な」

1298
ridiculous
[ridíkjuləs] リディキュラス **B1**

形 ばかげた
▶「(信じられないような)ばかさ加減の」

1299
delicate
[délikət] 発 デリキットゥ **B1**

形 繊細な, 微妙な
▶「繊細が故に壊れやすい」

主要な・重要な

1300
principal
[prínsəpəl] プリンスィポォ
形 A2
名 B2

形① 主要な 名② 〈米〉校長
▶②〈英〉では héadmaster などと表現する.

1301
precious
[préʃəs] プレシャス **B1**

形 (時間や命などが)貴重な, (宝石などが)高価な
◇ príceless「(値段がつけられないほどに)値打ちのある」
 váluable「(金銭的に)価値のある」

1302
essential
[isénʃəl] イセンシォ **B1**

形 不可欠な
▶= extremely important and necessary

1303
critical
[krítikəl] クリティコォ **B1**

形① 重大な, 危機的な ② 批判的な
▶①「(運命を決定するような)重要な」 ②「同意できない」

合理的な

1304
efficient
[ifíʃənt] ア イフィシェントゥ **B1**

形 能率的な
▶「(物や組織などが)無駄がない」

lead a **miserable** life ┆ 悲惨な生活を送る

🔑key 映画にもなったフランス小説に『レ・ミゼラブル（悲惨な人々）』がある. 名**mísery**「悲惨さ, 不幸」

that **cruel** war ┆ あの残酷な戦争

📖語源 cru-[生の] →「人間として未発達の」 *crúde「粗末な」 名**crúelty**「残酷さ」

a **ridiculous** idea ┆ ばかげた考え

📖語源 *deríde「〜をあざける」

have a **delicate** skin ┆ 皮膚が弱い（繊細だ）

🔑key 日本語でも「デリケート」は使われるが, 発音・アクセントが異なるので注意.

① the country's **principal** export
② the **principal's** office
┆ ① その国の主な輸出品
┆ ② 校長室

🔑key príncipe「原理, 原則」と同じ発音.
📖語源 princip-[第1位]＋-al[形容詞語尾] →「第1の」 *prínce「王子」

my **precious** life ┆ 私のかけがえのない（貴重な）人生

📖語源 preci-[＝price 価値] *appréciate「〜を（正しく）理解する」

Water **is essential to** life. ┆ 水は生命にとって不可欠だ.

名**éssence**「本質」

① in **critical** condition
② a **critical** attitude
┆ ① 危篤状態（危機的な状況）で
┆ ② 批判的な態度

🔑key ①crísis「危機」の形容詞形. ②críticism「批判」の形容詞形.

an **efficient** use of resources ┆ 資源の能率的な活用法

名**effíciency**「能率, 効率」⇨ fuel efficiency「燃費」

1305

reasonable

[ríːzənəbl] リーズナブォ　**B1**

形 ① **理にかなった**　② **(値段が)手頃な**
▶②「値段が理にかなっていて高すぎない」

1306

rational

[ráʃənl] レァシャノォ　**B1**

形 理性的な
▶「(感情ではなく)理性に基づいた」

明白な・目立つ

1307

plain

[pléin] プレィン　**B1**

形 ① **明白な, 分かりやすい**　② **質素な**
▶「平らな, 何もない」

1308

obvious

[ábviəs] アブヴィアス　**B1**

形 明白な
▶「(見てすぐ分かるほど)明らかな」(＊時に「不快感」を示す.)

1309

vivid

[vívid] ヴィヴィドゥ　**B1**

形 鮮明な
▶「(記憶, 描写などが)鮮明な」から「(色が)鮮明な」まで.

1310

remarkable

[rimáːrkəbl] リマーカブォ　**B1**

形 注目すべき, すばらしい
▶「発言(remárk)に値するほどの」

1311

outstanding

[àutstǽndiŋ]
アゥトゥステェンディン(グ)　**B1**

形 傑出した, 目立った
▶「(通例, よい意味で)突出している」

1312

definite

[défənit] デフィニットゥ　**B1**

形 明確な
▶「(輪郭が)はっきりした」→「はっきり分かる」

1313

marked

[máːrkt] マークトゥ　**B1**

形 (名詞の前で)際立った
▶「すぐ目につく」

① a **reasonable** way of thinking
② at a **reasonable** price

① 理にかなった考え方
② 手頃な値段で

🔲語源 reason-[理性]+-able[可能] →「理性で納得できる」

make a **rational** decision

理性的な決定をする

🔲語源 ratio-[計算]+-nal[性質] →「計算ずくの」 *<u>rá</u>te「割合」 反**irrátional**「理性的ではない」

① write in **plain** English
② a **plain** building

① 平易な英語で書く
② 飾り気のない建物

🔑key plain yogurt(プレーンヨーグルト)は「甘みやフルーツを加えていないシンプルなヨーグルト」のこと.
副**pláinly**「はっきりと, 明らかに」

an **obvious** mistake

明白な間違い

🔲語源 ob-[上]+-vi-「=via 道」→「道の上にあって明白な」 *<u>ví</u>a「～経由で」
副**óbviously**「明らかに」

have **vivid** memories of the trip

その旅行の鮮明な思い出が残っている

🔲語源 vi-[命]から「命が躍動している」→「鮮明な」 *re<u>ví</u>ve「生き返る」 副**vívidly**「はっきりと, 鮮明に」

make **remarkable** progress

注目すべき進歩を遂げる

🔲語源 re-[再び]+-mark-[印]+-able[可能]から「何度も印をつけたくなる」→「注目すべき」

an **outstanding** golfer

傑出したゴルファー

🔑key stand out「目立つ」の語順が逆転してできた語.

a **definite** answer

明確な答え

🔑key de<u>fí</u>ne「～を定義する, 規定する」の形容詞形.
副**dé<u>fi</u>nitely**「絶対に」⇨ Definitely!「(相づち)そのとおり！」

a **marked** change in his behavior

彼の行動の際立った変化

副**márkedly**[má:ɾkidli]「際立って」

Part 1
Part 2
Part 3
Part 4

物・物質

☐ 1314
object
名[ábdʒikt] アブヂェクトゥ
動[əbdʒékt] アブヂェクトゥ

名B1
動B2

名① 物　② 目的　自③ (to ～) (～に感情的に)反対する
▶①「(生き物以外の)形ある物」
(＊日常では, ① thíng ② púrpose のほうが使われる.)

☐ 1315
stuff
[stʌ́f] スタッフ

名A2
動B2

名① (漠然とした)物　他② ～を詰める
▶「ごちゃごちゃと詰まった物」→ ①「名前が分からない物」

☐ 1316
fragment
[frǽgmənt] フレェグメントゥ　B1

名破片〈可算〉
▶「(何か1つの物の)かけら, 断片」

☐ 1317
substance
[sʌ́bstəns] サブスタンス

B2

名① 物質　② 本質, 根拠
▶① matérial より堅い語.

物事を特定する

☐ 1318
individual
[ìndəvídʒuəl] インディヴィヂュォ

形B1
名B2

形① 個人の, 個々の　名② 個人, 個体
▶「(社会, 集団を意識した場合の)個人, 個体」
(＊必ずしも「人間」を表しているとは限らない.)

☐ 1319
separate
形[sépərət] セパレトゥ
動[sépərèit] セパレイトゥ

形A2
動B2

形① 別々の　他② ～を引き離す
▶②「(本来はつながっている物)を引き離す」
(＊分けられた物はそれぞれが別の種類となる.)

☐ 1320
respective
[rispéktiv] リスペクティヴ　–

形それぞれの　▶通例, 名の複数形を伴う.
◇éach「それぞれの」(＊名の単数形を伴う.)

☐ 1321
particular
[pərtíkjulər] ⤴
パァティキュラァ

B2

形① ある特定の　② (about ～) (～の)好みがうるさい
▶②「(特定の)部分に注意を払う」→「こだわりがある」

① a hard **object**   ① 硬い物
② the **object of** this game   ② このゲームの目的
③ **object to** my studying abroad   ③ 私の留学に反対する

■語源 ob-[=against に対して]+-ject[投げる]→「反対, 対象, 目的」
*projéct「～を投影する(←前方に投げる)」 名objéction (to ～)「(～への)反対」

① lift heavy **stuff**   ① 重い物を持ち上げる
② **stuff** chicken **with** rice   ② 鶏肉に米を詰める

形stúffed「剥製の, ぬいぐるみの, 詰め物を詰めた」⇨〈米〉a stuffed lion「ライオンのぬいぐるみ」

glass **fragments**   ガラスの破片

■語源 frag-[破壊された]+-ment[名詞語尾] *frágile「壊れやすい」

① a cancer-causing **substance**   ① 発がん性物質
② a rumor with no **substance**   ② 根拠のないうわさ

■語源 sub-[下]+-stance[=stand 立つ]から「物の下に存在するもの」→「(基本となる)物質」
*súbmarine「潜水艦(←海の下)」

① **individual** action(⇔ group action)   ① 個人行動(⇔団体行動)
② the rights of the **individual**   ② 個人の権利

■語源 in-[否定]+-divid-[分割]から「それ以上分けられない」→「個人」 *divíde「～を分割する」

① **separate** bedrooms   ① 別々の寝室
② **separate** fish **from** the bones   ② 魚の骨と身を分ける

名separátion「分離, 別れ」

Go back to your **respective** rooms.   それぞれの部屋に戻りなさい.

■語源 respect-[見るところ→点]+-ive[性質]→「それぞれの」 副respéctively「それぞれ」

① a **particular** situation   ① ある特定の状況
② be **particular about** pillows   ② 枕にこだわりがある

■語源 part-[部分]+-cular[小さい]から「(全体の中の)小さい1部分」→「ある特定の」
副particularly「特に」(=in particular)

☐ 1322 **mutual** [mjúːtʃuəl] ミューチュォ **B1**	**形** (感情, 行為などが)**相互の** ▶「お互いが相手に対して働きかけている」

単位・比率・量など

☐ 1323 **unit** [júːnit] ユーニットゥ **A2**	**名 単位** ▶「(全体を構成する)単位」から「(グラムなど測定の)単位」まで.
☐ 1324 **proportion** [prəpóːrʃən] プロポーション **B1**	**名 比率** ▶「(全体の中での)割合, (ほかとの)比率」
☐ 1325 **quantity** [kwántəti] クヮンティティ **B1**	**名 量** ▶「分量, 数量」
☐ 1326 **calculate** [kælkjulèit] ケォキュレイトゥ **B1**	**他 ～を計算する** ▶「(数量や費用など)を算出する」

不足・減少など

☐ 1327 **shortage** [ʃɔ́ːrtidʒ] ショーティヂ **B1**	**名 不足〈可算〉** ▶「(外部から供給可能な物が)必要な量に足りていない状態」 ◇ láck 「(「自信」など外部から供給<u>不可能</u>な物が)足りていない状態」
☐ 1328 **decline** [dikláin] ディクラィン **B1**	**名 減少** ▶「(減少した結果)悪影響を及ぼす」ことを示唆.
☐ 1329 **sufficient** [səfíʃənt] ⦿ サフィシェントゥ **B1**	**形 十分な** ▶ enóugh より堅い語.

範囲・規模

☐ 1330 **range** [réindʒ] レィンヂ **名A2 動B2**	**名① 範囲 自② (from A to B) (A から B の)範囲に及ぶ** ▶「範囲」を表す最も一般的な語.

mutual understanding 　　　　　　　　　相互の理解

📖語源 mut-[変化→交換]　*commúte「通勤する」

The family is the smallest **unit** of society. 　家族は社会の最小の単位だ.

📖語源 元は únity「単一」と dígit「数字, 桁」の造語で「単一の桁」→「単位」

the **proportion of** men **to** women 　　男女の(女性に対する男性の)比率

🔑key 日本語の「プロポーション」は「身体の均整(比率)」の意味.

Quality is more important than **quantity**. 　量より質が重要だ.

反quálity「質」

calculate the total cost 　　　　　　　総額を計算する

📖語源 calc-[石]+-ul-[小さい]から「小石を用いて数える」→「計算する」
　　　*cálcium「カルシウム」　名calculátion「計算」

---

a **water shortage** in this area 　　　　この地域の水不足

📖語源 short-[足りていない]+-age[状態]　*be[run] short of ～「～が不足している[する]」

a **sharp decline** in the birthrate 　　　出生率の急激な減少

📖語源 de-[=down 下]+-cline[傾く]から「下に傾く」→「減少(する)」　*clímb「登る」

sufficient food for everyone 　　　　　全員に行き渡るのに十分な食料

📖語源 suf-[=sub 下]+-fic-[作る]から「下から上まで(すっかり)作る」→「十分な」
反insufficíent「不十分な」

---

① a **wide range of** knowledge 　　　　① 幅広い(範囲の)知識
② Their ages **range from** seven **to** eleven. 　② 彼らの年齢は7歳から11歳にわたっている.

📖語源 ránge[列]→「(1列に伸びていった)範囲」　*arránge「～を手配[整理]する(←列を整える)」

1331
enormous
[inɔ́:rməs] **ア** イノーマス
A2

形 莫大な, 巨大な
▶「(大きさや量, 程度などが)桁外れの」

1332
numerous
[njú:mərəs] ニューメラス
B1

形 多くの
▶日常では a lot of ～ のほうが使われる.

1333
broad
[brɔ́:d] **発** ブロードゥ
B1

形 幅広い
▶「(道や肩幅などが)広い」から「(知識などが)幅広い」まで.

1334
vast
[væst] ヴェストゥ
B1

形 (地域, 土地などが)広大な
▶「だだっ広い」

1335
huge
[hjú:dʒ] ヒューヂ
B1

形 巨大な
▶「巨大な(象)」から「巨額の(赤字)」まで.

1336
tiny
[táini] タィニィ
B1

形 とても小さな
▶「(ほかと比べて)とても小さい」

種類・内容

1337
sort
[sɔ́:rt] ソートゥ
B1

名① 種(類) ② (副詞的に) (～ of)多少
▶①「性格」や「性質」などに関する分類

1338
content
名[kántent] カンテントゥ
形[kəntént] **ア** カンテントゥ
名B1
形B2

名① 中身, 内容 形② (with ～) (～に)満足して
▶「中身[心]が満たされている」→②「これ以上何もいらない(満足)」

1339
alternative
[ɔ:ltɔ́:rnətiv] **発** **ア**
オォ**タ**ーナティヴ
名形B1

名① (to ～) (～の)代わりのもの 形② 代わりの
▶①「ある方法がダメな場合に取る別の方法」

390

an enormous amount of time [×an enormous time]	莫大な(量の)時間

語源 e-[＝ex 外に]＋-norm-[＝normal 基準] →「基準を外れた」

receive **numerous** complaints	多くの苦情を受ける

語源 numer-[＝number 数]＋-ous[多い]

have **broad**[×wide] shoulders	肩幅が広い

key Bróadway「ブロードウェイ」は, ニューヨークの劇場が多くある「広い」通り.

a **vast** land	広大な土地

語源 va-[空っぽの]＋-st[最上級語尾]から「空っぽの中の空っぽ」→「広々としている」
*vacátion「休暇(←家を空っぽ(留守)にすること)」

a **huge** elephant	巨大な象

語源 huge[＝high 高い所に達する] 反tíny「とても小さな」

a **tiny** hole in the wall	壁に空いたとても小さな穴

覚え方 タイに「とても小さな」村がある. 反húge「巨大な」

① What **sort of** music do you like? ② I'm **sort of** tired today.	① どのような(種類の)音楽が好きなの. ② 今日はちょっと疲れている.

① the **contents** of her bag ② *be* **content with** my job	① 彼女のかばんの中身 ② 仕事に満足している

語源 contáin「～を含む」と同語源.

① an **alternative to** plastic ② **alternative** energy sources	① プラスチックの代わりになるもの ② 代替エネルギー源

語源 alter-[変える] →「ほかのものにする」

1340
contrast
[kántræst] カントゥレストゥ **A2**

名 対比
▶「2つの物事を比べて，その相違を明確にすること」

1341
resemble
[rizémbl] リゼンブォ **B1**

他 ～に似ている
▶日常では look like ～のほうが使われる.

1342
abstract
★[ǽbstrækt] エァブストゥレェクトゥ **B1**

形 抽象的な
▶「主要素だけを抽出した」

時

1343
annual
[ǽnjuəl] エァニュォ **B1**

形 ① 年に1度の ② 1年間の
▶後ろにくる 名 により①か②か意味が決まる.

1344
current
★[ká:rənt] 発 カラントゥ **B1**

形 最新の，今の
▶それが「普通の状態」となっていることを示唆.

1345
contemporary
[kəntémpərèri] ア
コンテムパラリィ **形 B2**
名 -

形 ① 現代の 名 ② 同時代の人
▶①「現在という時代に属する」 ②「同じ時代に属する人」

1346
temporary
[témpərèri] テンパレリィ **B1**

形 一時的な
▶「(長期間ではなく)束の間の」.

1347
permanent
[pá:rmənənt] 発 ア **B1**
パーマネントゥ

形 永久的な
▶「変化せず永続する」

1348
brief
[brí:f] ブリーフ **B1**

形 手短な，簡潔な
▶「(期間が)短い」から「(発言，説明が)短い」まで.
(＊short より堅い語.)

the **contrast** between the two ┆ その両者の対比

> 語源 contra-[逆]+-st[=stand 立つ] →「向かい合って立っている」

resemble my father **in every way** ┆ あらゆる点で父親に似ている

> 語源 re-[再び→強意]+-semble[=same 同じ] *símilar「よく似た」

an **abstract** work of art ┆ 抽象的な芸術作品

> 語源 abs-[=away ～から離れて]+-tract「引っ張る」→「抽出する」 反cóncrete「具体的な」

① an **annual** event ┆ ① 毎年恒例の(年に1度の)行事
② an **annual** income ┆ ② 年収

> 語源 annu-[年] *annivérsary「記念日」 副ánnually「毎年, 年1回の」

the **current** energy crisis ┆ 現在のエネルギー危機

> 語源 cur-[=run 走る]から「今走っている」→「最新の, 今の」 *cúrsor「カーソル(←コンピュータの画面上を走るマーク)」 名cúrrency「通貨(←流通しているもの)」 副cúrrently「現在」

① **contemporary** music ┆ ① 現代音楽
② Shakespeare's **contemporaries** ┆ ② シェイクスピアと同時代の人々

> 語源 con-[共に]+-temp-[時間]から「同じ時間を共有する」→「同時代の」

a **temporary** job ┆ 一時的な仕事

> 語源 tempo-[(有限の)時間]+-ary[形容詞語尾]から「限られた時間の」→「一時的な」 *téntative「(計画などが)仮の」(←「tent は仮の住まい」で覚えよう.)

permanent peace ┆ 永続的な平和

> key pérm「(髪の)パーマ(ネント)」は permanent waves の略. 反témporary「一時的な」

have a **brief conversation** with her ┆ 彼女と少し話(手短な会話)をする

> key 男性用の短い下着は「ブリーフ(briefs)」と表現する.

393

☐ 1349 **rapid** [rǽpid] レェピッドゥ **B1**	**形 急速な** ▶ fást よりも「急激な速さ」を表す.	

☐ 1350
former
[fɔ́:rmər] フォーマ
形 B1
名 -

形① 前任の　名② (the -)前者
▶①「(現在と比較して)昔の, 以前の」　②「(後者と比較して)前者」

☐ 1351
immediately
[imí:diətli] イミーディアットリィ **B1**

副 すぐに
▶「今すぐに」(＊日常では right away のほうが使われる.)
◇ sóon「今から短時間のうちに」

☐ 1352
meanwhile
[mí:nhwàil] ミーンワィォ
B1

副 その間
▶ 接 while「～している間に, 一方」が 副 になったイメージ.

☐ 1353
era
★[íərə] イァラ **B1**

名 時代
▶「(ほかの時代と明確に区別できる重要な出来事が起きた)時代」
◇ époch「(新しく画期的な)時代」

☐ 1354
decade
[dékeid] デケィドゥ **B2**

名 10年
▶日常では ten years のほうが使われる.

場所・空間など

☐ 1355
region
[rí:dʒən] リーヂョン **B1**

名 地域
▶「(山岳地域のように)明確な線引きはできない広い地域」
　(＊日常では área のほうが使われる.)

☐ 1356
district
[dístrikt] ディストゥリクトゥ **B1**

名 地区
▶「(特定の目的で明確に区分された)地域」

☐ 1357
border
[bɔ́:rdər] ボーダ **B1**

名 国境(地帯), 境界
▶「(国や別の種類の物などを)区別する線」
◇ bóundary「(主に, 知識, 領域などの)境界」

a **rapid** river	急流(流れが急速な川)

■語源 rap-[強奪する, 運び去る]→「さっと(奪い去る)」 副**rápidly**「急速に」(=with rapidity)

① a **former** principal ② the **former** and the latter	① 前任の校長(の1人) ② 前者と後者

副**fórmerly**「以前は」②反**the látter**「後者」

immediately after breakfast	朝食後すぐに

■語源 im-[否定]＋-media-[媒介]から「中間にくるものがない」→「すぐに」 形**immédiate**「当面の」

My wife was shopping. **Meanwhile,** I was waiting in the car.	妻は買い物をしていた. その間, 私は車で待っていた.

■語源 mean-[中間]＋-while[時間]→「その時間の間」

the beginning of a new **era**	新たな時代の始まり

●**era name**「元号」

for **decades** to follow	今後, 数十年の間に

●覚え方 「10年」はデッケイド(でっかいど). ●**millénnium**「1,000年」

a wine-producing **region**	ワインの生産地域

■語源 reg-[=rule 支配]＋-ion[こと]→「支配する地域」 形**régional**「地域の」

an election **district**	選挙区

■語源 dis-[バラバラ]＋-strict[引っ張る]→「(区分された)場所」

cross the **border**	国境を越える

●**Doctors Without Borders**「国境なき医師団」

1358
distant
[dístənt] ディスタントゥ
B1

形 遠い
▶「(地理的に)遠い」から「(時間, 関係が)遠い」まで.
　(＊日常で「A は B から(距離・時間が)遠い」は A is a long
　　way from B と表現することが多い.)

1359
remote
[rimóut] リモゥトゥ
A2

形 遠い
▶「(人々が住んでいる地域から)遠く離れた, へんぴな」から
　「(時間・関係などが)遠い」まで.

1360
domestic
[dəméstik] ドメスティック
B2

形 ① 国内の　② 家庭内の
▶②「家の中の, 家庭の」→ ①「国内の」

1361
locate
★[lóukeit] ロゥケイトゥ
B1

他 (be −d) 〜に位置している
▶ be「〜がある(存在する)」より堅い表現.

1362
occupy
[ákjupài] 発 アキュパイ
B1

他 〜を占める
▶「(時間, 場所, 地位など)を占める」

1363
surround
[səráund] サラゥンドゥ
B1

他 〜を取り囲む
▶「(物理的に)取り囲む」(＊「恩師を囲む(〜を囲んで歓談する)」な
　どは sit around 〜 と表現するほうがよい.)

機会・状況

1364
occasion
[əkéiʒən] 発 オケィジョン
B1

名 場合
▶「ある特別な時間」

1365
incident
[ínsədənt] インスィデントゥ
B1

名 (主に不快な)出来事
▶「(深刻な, 暴力を伴うような)出来事, 事件」
◇háppening(s)「(妙な)出来事」(＊通例, 複数形.)

1366
circumstance
[sə́ːrkəmstæns] 発 サーカムステェンス
B2

名 (通例 −s)状況, 事情
▶「(ある特定の)状況」

a **distant**[×far] island : 遠い島

■語源 dis-[バラバラ]+-stant[=stand 立つ]から「バラバラに立っている」→「遠い」
distance「距離」⇨ in the distance「遠くに」

---

live in a **remote** village : へんぴな村に住んでいる

♪key a remote control「リモコン(←遠隔操作機)」のフレーズで覚えよう.
remote working「在宅勤務」

---

① a **domestic** flight : ① (飛行機の)国内線
② **domestic** violence (DV) : ② 家庭内暴力

■語源 dome-[家] **fóreign**「外国の」

My office **is located in** Tokyo. : 私の職場は東京にある.

■語源 loc-[場所]+-ate[動詞語尾] **locátion**「位置, 場所」⇨ The GPS will show your location.「GPS があなたの場所を教えてくれる.」

---

occupy two seats on the train : 電車で2つの席を占有する

■語源 oc-[=against に対して]+-cup-[=catch]→「捕まえること」 **occupátion**「職業, 占領」

---

a lake **surrounded by** forest : 森に囲まれた湖

surróundings「環境(←取り囲むもの)」

---

on this **occasion** : このような場合には

occásional「時折の」 **occásionally**「時折」

---

a violent **incident** : 暴力事件

---

under the circumstances : そのような状況では

■語源 circum-[円]+-stance[立つ]から「円の周りに立つ」→「(周囲の)状況」
things「事情, 事態」⇨ Things are getting better.「状況は好転している.」

397

状況の説明

1367

secure
[sikjúər] スィキュア 形 B1 / 動 –

形① 安全で　他② (場所, 地位, 契約など)を確保する
▶「睡眠時間を確保する」は get enough sleep という表現が適切.

1368

rare
[réər] レア　B1

形 珍しい
▶「(めったになくて)貴重だ」という意味を含むこともある.

1369

urgent
[ə́ːrdʒənt] 発 アーヂェントゥ　B1

形 緊急の
▶「(とても重要なので)急を要する」

1370

inevitable
[inévətəbl] イネヴィタブォ　B1

形 避けられない
▶「確実に起きる」

1371

tense
[téns] テンス　形 名 B1

形① 張り詰めた, (人が)緊張した　名② 時制
▶①「(神経や筋肉が)張り詰めた, (人が)緊張した」(＊②は別語源.)

1372

calm
[káːm] 発 カーム　形 B1 / 動 –

形① 落ち着いた　自② 落ち着く
▶「穏やかで波風のない海のような状態」

1373

awkward
[ɔ́ːkwərd] オークワォドゥ　B1

形 ぎこちない
▶「(通常の状態から)ずれている」

手段・方法・装置

1374

method
[méθəd] メθアッドゥ　A2

名 方法
▶「(一般的に知られていて, 使用されている)方法」(＊wáyより体系的.)

1375

medium
[míːdiəm] 発 ミーディアム　名 形 B1

名① (情報伝達)手段, 媒体, メディア　形② 中間の
▶「何かと何かの間を取りもつもの」

398

① **feel secure about** the future
② **secure** a window seat

① 将来に対して安心感を持つ
② 窓側の席を確保する

語源 se-[=side 離れて]+-cure[心配]から「心配がない」→「安全で」

---

collect **rare** stamps

珍しい切手を集める

key 「レアな(珍しい)カード」などの「レア」 **rárely**「めったに～ない」

---

an **urgent need** for money

お金に対する緊急の必要性

key úrge「～をせきたてる, ～に強く迫る」の形容詞形(「強く迫られた」→「緊急の」).

---

an **inevitable** result

避けられない結果

語源 in-[否定]+-evit-[避ける]+-able[可能]

---

① a **tense** situation
② the present **tense**

① 緊迫した状況
② 現在時制

語源 tens-[伸びていく]から「引き伸ばされた」→「張り詰めた」
ténsion「緊張, 張り詰めていること」 **reláxed**「くつろいで」

---

① **stay calm**
② Try to **calm down**.

① 落ち着いている
② 落ち着きなさい.

覚え方 ガムをかーむと「落ち着く」 **upsét**「気が動転した；～を動揺させる」

---

the **awkward** movements of the robot

そのロボットのぎこちない動き

語源 awk-[=away 離れて]+-ward[方向]から「遠くに行ってしまっている」→「ずれている」
*fór<u>ward</u>「前へ」 *áfter<u>ward</u>(s)「その後で」

---

a **method for** reducing stress

ストレスを減らすやり方

key 日本語でも「メソッド」はよく使われる.

---

① the **mass media**
② cook over **medium** heat

① マスコミ(マスメディア)
② 中火で調理する

key ステーキの焼き具合の「ミディアム」は, rare「レア」と well-done「ウェルダン」の「中間の」焼き具合のこと. ①[複数形]**média**[míːdiə]

1376 □ **consequence** [kánsəkwèns] カンスィクウェンス A2	**名 結果** ▶主に「(よくない)結果」

1377 □ **process** [práses] プラセス 名 B1 動 B2	**名① 過程 他② ～を加工する, 処理する** ▶②主に「(食品の)加工, (コンピュータによる)処理をする」

1378 □ **equipment** [ikwípmənt] イクウィップマントゥ B1	**名① 設備 ② 用品, 機器 (＊共に〈不可算〉)** ▶「(比較的, 大きな)設備」から, 「キャンプ用品」まで.

1379 □ **device** [diváis] ディヴァイス B1	**名 装置〈可算〉** ▶「(測定, 記録, 操作などのための)工夫満載の装置」

意図・目的

1380 □ **intend** [inténd] インテンドゥ B1	**他 (to do)～するつもりだ** ▶日常では mean to do のほうが使われる.

1381 □ **aim** [éim] エィム 名 B1 動 B2	**名① 狙い, 目的 自② 狙う** ▶②「明確な目的を定め, その達成のために努力する」

1382 □ **objective** [əbdʒéktiv] オブチェクティヴ 名 B1 形 B2	**名① 目標 形② 客観的な** ▶①「(長期的な視野に立った具体的な)目標」(＊堅い語.) ◇ subjéctive「主観的な」

程度

1383 □ **nearly** [níərli] ニァリィ A2	**副① ほとんど ② あやうく～しかける** ▶① nearly＋(数字)は「(数字に)近い, ほぼ(数字)」の意味 (＊「(数字)以上」は表さないので注意.)

1384 □ **largely** [lá:rdʒli] ラーヂリ B1	**副① 大部分は ② 主に** ▶①＝móstly ②chíefly より強い語.

| serious **consequences of** his error | 彼のミスの深刻な結果 |

■語源 con-[共に]+-sequence[連続] →「(~に続いて)連続して起こること」
副 cónsequently「その結果」 名 séquence「連続(するもの)」

| ① the **process of** growing up | ① 成長の過程 |
| ② **process** the data | ② そのデータを処理する |

🔑key 「プロセスチーズ(processed cheese)」とは「加工されたチーズ」のこと.

| ① new factory **equipment** | ① 新しい工場設備 |
| ② camping **equipment** | ② キャンプ用品 |

■語源 equip-[=ship 船] →「(船の)装備」 他 equíp A with B「AにBを備え付ける」

| a drone equipped with a GPS **device** | GPS 装置を搭載したドローン |

🔑key IT用語の「デバイス」は「コンピュータを構成する部品や装置, 様々な周辺機器など」のこと.

| **intend to** see the movie | その映画を見るつもりだ |

■語源 in-[中に]+-tend[伸びていく] →「~の中へ(心が)伸びていく」
名 inténtion「意図」 副 inténtionally「意図的に」

| ① the **aim of** this course | ① この講座の狙い |
| ② **aim to** finish by Wednesday | ② 水曜日までに終わらせるつもりだ |

| ① achieve my **objective** | ① 目標を達成する |
| ② try to be **objective** | ② 客観的になるように努める |

■語源 ob-[に対して]+-ject-[投げる]から「対象を(物を投げるくらい)離れた所から見る」→「客観的に」

| ① **nearly** 100 people | ① 100人近い人々(100は超えない) |
| ② **nearly** lose my life | ② あやうく命を落としかける |

形 néar「~の近くの[に]」

| ① Our customers are **largely** women. | ① 私たちのお客様は大部分が女性だ. |
| ② Her success was **largely because of** luck. | ② 彼女の成功は主に幸運のおかげだった. |

🔑key lárge「大きい, 多い」の副詞形. 反 pártly「一部には」

☐ 1385 **entire** [intáiər] インタィア　**B1**	**形 全ての** ▶「(欠けることなく)全ての」(＊whóle より「完全性」を強調.)
☐ 1386 **subtle** [sʌ́tl] 発 サトゥォ　**B2**	**形 かすかな** ▶「注意しないと気がつかないほど微細な」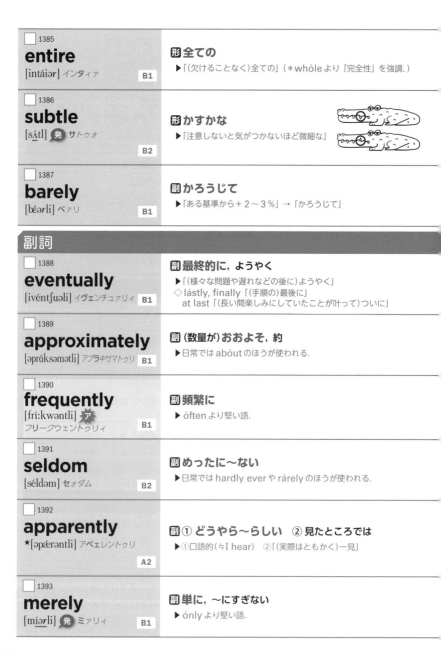
☐ 1387 **barely** [béərli] ベァリ　**B1**	**副 かろうじて** ▶「ある基準から＋2〜3％」→「かろうじて」

副詞

☐ 1388 **eventually** [ivéntʃuəli] イヴェンチュァリィ　**B1**	**副 最終的に，ようやく** ▶「(様々な問題や遅れなどの後に)ようやく」 ◇ lástly, fínally「(手順の)最後に」 　at last「(長い間楽しみにしていたことが叶って)ついに」
☐ 1389 **approximately** [əprάksəmətli] アプラギサマトゥリ　**B1**	**副 (数量が)おおよそ，約** ▶日常では abóut のほうが使われる.
☐ 1390 **frequently** [frí:kwəntli] ア フリークウェントゥリィ　**B1**	**副 頻繁に** ▶ óften より堅い語.
☐ 1391 **seldom** [séldəm] セォダム　**B2**	**副 めったに〜ない** ▶日常では hardly ever や rárely のほうが使われる.
☐ 1392 **apparently** ★[əpǽrəntli] アペェレントゥリ　**A2**	**副 ① どうやら〜らしい　② 見たところでは** ▶①口語的(≒I hear)　②「(実際はともかく)一見」
☐ 1393 **merely** [míərli] 発 ミァリィ　**B1**	**副 単に，〜にすぎない** ▶ ónly より堅い語.

Passive Vocabulary

This **entire** area is smoke-free. | この地域は全て禁煙です.

圖 entírely「完全に」

---

a **subtle** difference in appearance | 外見のかすかな違い

語源 sub-[下]+**-tle**[織り込み]から「織り込みの下(よく見えない)」→「かすかな」 *téxtile「織物」
反 óbvious「明白な」

---

barely enough food to go around | かろうじて行き渡るだけの食物

key báre「むき出しの」から「それしかない」→「かろうじて(ある)」

The storm passed **eventually**. | その嵐はようやく過ぎ去った.

key 様々な出来事(evént)があった後「ついに」

---

approximately one million yen | およそ100万円

語源 ap-[に]+**-proxim-**[最も近くに]→「～に近似して」

Buses run **frequently** to the airport. | 空港へのバスの便は頻繁にあります.

形 fréquent「頻繁な」 **名 fréquency**「頻度」

Ted **seldom** shows his feelings. | テッドは自分の感情をめったに表さない.

---

① **Apparently**, Jim's a good cook. | ① ジムはどうやら料理が上手いようだ.
② two **apparently** unrelated incidents | ② 一見無関係に見える2つの出来事

形 appárent「一見～らしい, (通例, 補語の位置で)明らかな」

Jill is **merely** a child. | ジルは子どもにすぎない.

形 mére「単なる」(*圖 mérely・形 mére とは異なり, ónly は 圖 と 形 が同形なので注意.)

403

1394
nevertheless
[nèvərðəlés] ⟋ ネヴァ ðァレス
B1

副 **それにもかかわらず**
▶日常では 接 but のほうが使われる.

1395
somehow
[sʌ́mhàu] サムハゥ
B1

副 ① **何らかの方法で** ② **どういうわけか**
▶「方法」や「理由」は不明確であることを示唆.

1396
thus
[ðʌ́s] ðァス
B1

副 ① **それゆえ(に)** ② **このように**
▶堅い語.

$$A \rightarrow B$$
原因　　結果

1397
pretty
[príti] 発 プリティ
副 A2
形 A1

副 ① **まあまあ** 形 ② **かわいい**
▶①文語では fairly のほうが使われる.
②日本語の「かわいい」よりも, もっと大人っぽい「美しさ」に対して用いる(＊主に女性言葉).

前置詞

1398
regardless
[rigáːrdlis] リガードゥリス
B2

副 (of ～)(～とは)**無関係に**
▶～には性別, 民族などが置かれることが多い.

1399
despite
[dispáit] ディスパイトゥ
B1

前 **～にもかかわらず**
▶ in spite of ～「～にもかかわらず」より堅い表現.

接続詞

1400
unless
[ənlés] アンレス
B1

接 **～の場合を除いて**
▶唯一の「例外条件」を示す(≠if not「もし～ないなら」).

| It started snowing; **nevertheless** we continued to work in the fields. | 雪が降り始めた．それにもかかわらず，私たちは畑仕事をし続けた． |

📘**nonethelèss**「それにもかかわらず」(＊堅い語.)

| ① escape from the box **somehow** | ① 何らかの方法でその箱から脱出する |
| ② She looked different **somehow**. | ② どういうわけか彼女は違って見えた． |

■語源 some-[(よく分からない)何かの]＋-how[方法, 点]

| ① This problem is very simple and **thus** easy to solve. | ① この問題はとても単純なので，それゆえ，解くのは簡単だ． |
| ② She began **thus**. | ② 彼女はこのように切り出した． |

| ① I know him **pretty** well. | ① 彼のことはまあまあ知ってるよ． |
| ② a really **pretty** bag | ② 本当にかわいいかばん |

◉**pretty good**「まあまあいいよ」(＊人に対しては失礼な表現.)

| **regardless of** sex, race, or nationality | 性別，民族，国籍とは無関係に |

■語源 regard-[見る]＋-less[否定] →「〜を見ないで」

| I went out **despite** the heavy rain. | 大雨にもかかわらず，私は外出した． |

◉**although**[(**even**) **though**] **S V**「〜だが」

| Today I will play tennis **unless** it rains. | 今日は雨が降らないなら(雨が降る場合を除いて)，テニスをするよ． |

🔑key (言い換え可能の場合もあるが)必ずしも if not と言い換え可能ではない．⇨ I'll be surprised if she does not come[×unless she comes]. 「彼女が来なかったら，私は驚くだろう.」

(31) **only have to** *do* / **have only to** *do* 「～さえすればよい」
  ▶「ただ **1** つのことを要求する」フレーズ.
    ⇨ You <u>only have to push</u> this button.「このボタンを押しさえすればよい.」

(32) **cannot help** *do***ing** 「思わず～する」（＊ cannot help but *do* も同じ意味.）
  ▶「感情の噴出」を表すフレーズ. cannot help で「～を避けられない」の意味.
    ⇨ I <u>cannot help feeling</u> for him.「彼には同情せざるを得ない.」

(33) **do nothing but** *do* 「～しかしない」
  ▶「選択肢が **1** つしかない」ことを表すフレーズ. この前but は「～以外の」
    の意味. ⇨ I can <u>do nothing but wait</u> here.「ここで待つしかできない.」

(34) **make sure that S V** 「必ず～するようにする」
  ▶「念には念を入れて実行する」ことを表すフレーズ.
    ⇨ <u>Make sure that</u> the door is locked.「必ず戸に鍵を閉めてください.」

(35) **when it comes to** ～「～に関して言えば」（＊この it は「漠然とした状況」を示す.）
  ▶「話題の範囲を限定する」ときに使うフレーズ.
    ⇨ <u>When it comes to</u> jazz, Bill is an expert.「ジャズに関しては, ビルは専門家だ.」

(36) **That[This] is why** ～.「そういう[こういう]わけで～だ.」
  ▶先に原因・理由を説明して, その後に結論を言うときに使うフレーズ.
    ⇨ I had an accident. <u>That's why</u> I was late.
      「事故に遭ったんだ. だから遅れた.」

(37) **This is also the case with** ～.「これは～にも当てはまる.」
  ▶直訳すると, 「～に関して, これもまた実情(**the case**)だ」となる.
    ⇨ <u>This is also the case with</u> us.「これは私たちにも当てはまる.」

(38) **Could you (please)** *do*?「～していただけませんか.」
  ▶**Can you** *do*?「～してくれませんか.」をより丁寧にしたフレーズ.
    ⇨ <u>Could you</u> take our picture?「写真を撮っていただけませんか.」

(39) **How come S V?** 「どうして～？」（＊しばしば「驚き」や「非難」を表す.）
  ▶**why** よりも口語的な表現. ⇨ <u>How come</u> you didn't tell me about that?
    「どうしてそのことを私に言ってくれなかったの.」

(40) **It's up to you.** 「それは君次第だ.」
  ▶何かを相手に委ねるときのフレーズ.

さくいん

数字は見出語の単語番号を示す. なお, 見出語は**太字**, ニュアンスの◇に掲載されている
語(句)や Tip に掲載されている派生語(句)(㊟など)を含む)は細字で示す.
また, フレーズの第1語が冠詞(a[an], the)や one's, 英単語の代わりを示すA などの場合,
第2語を基準として掲載する(ただし, 一部の定型表現は除く).
(例) a <u>k</u>ey to ~→k の項目を参照, A <u>s</u>uch as B → s の項目を参照.

407

410

413

418

422

●英文校閲●
Helen Rebecca Teele
●イラストレーション●
サンダースタジオ

初 版
第 1 刷　2020 年11月 1 日　発行
第10刷　2023 年 6 月 1 日　発行

（＊）『CEFR-J Wordlist Version 1.6』東京外国語大学投野由紀夫研究室.
　　（URL: http://cefr-j.org/index.html より2020年 9 月ダウンロード）

◆本書の音声を弊社ホームページからダウンロードできます.
- -
　https://www.chart.co.jp/data/eigo/leap_basic/
　※ダウンロードには，メールアドレスの登録が必要です.
- -
◇スマホで，タブレットで，「一問一答テスト」のご案内.

ISBN978-4-410-14432-5

著　者　竹岡 広信
編　集　CHART INSTITUTE
発行者　星野 泰也

発行所　**数研出版株式会社**

〒101-0052 東京都千代田区神田小川町 2 丁目 3 番地 3
　　　　〔振替〕00140-4-118431
〒604-0861 京都市中京区烏丸通竹屋町上る大倉町205番地
　　　　〔電話〕代表 (075)231-0161

ホームページ　https://www.chart.co.jp
印刷　共同印刷工業株式会社

必携英単語

LEAP
Basic

.